医药类高职高专院校"十三五"规划教材·药学类专业

医药市场营销技术

第2版

主　编　刘　徽　黄远珺　王　力

副主编　侯晓亮

编　者　（以姓氏笔画为序）

王　力　江西中医药大学

刘　徽　辽宁医药职业学院

杨显辉　郑州铁路职业技术学院

张　媛　陕西中医药大学

庞　红　辽宁医药职业学院

郑　丽　邢台医学高等专科学校

赵文骅　山西药科职业学院

胡彦涵　江西中医药大学

侯晓亮　黑龙江民族职业学院

黄远珺　宜春职业技术学院

程　芬　陕西国际商贸学院

西安交通大学出版社

XI'AN JIAOTONG UNIVERSITY PRESS

图书在版编目(CIP)数据

医药市场营销技术/刘徽,黄远珺,王力主编.—2版.—
西安:西安交通大学出版社,2020.8(2024.7重印)
ISBN 978-7-5605-4345-1

Ⅰ.①医… Ⅱ.①刘… ②黄… ③王… Ⅲ.①药品—
市场营销学—高等职业教育—教材 Ⅳ.①F724.73

中国版本图书馆 CIP 数据核字(2020)第 143118 号

书　　名	医药市场营销技术(第2版)	
主　　编	刘　徽　黄远珺　王　力	
责任编辑	李　晶	
责任校对	杨　花	

出版发行　西安交通大学出版社
　　　　　(西安市兴庆南路 1 号　邮政编码 710048)
网　　址　http://www.xjtupress.com
电　　话　(029)82668357　82667874(市场营销中心)
　　　　　(029)82668315(总编办)
传　　真　(029)82668280
印　　刷　西安五星印刷有限公司

开　　本　787mm×1092mm　1/16　印张 16.25　字数 411 千字
版次印次　2020 年 9 月第 2 版　2024 年 7 月第 6 次印刷
书　　号　ISBN 978-7-5605-4345-1
定　　价　46.00 元

再版说明

上一版医药类高职高专院校规划教材于 2016 年出版,现已使用近 4 年,为我国药学类职业教育培养大批药学专业技能型人才发挥了积极的作用。本套教材着力构建具有药学专业特色和专科层次特点的课程体系,以职业技能培养为根本,力求满足学科、教学和社会三方面的需求。

随着我国职业教育体制改革的不断深入,药学类专业办学规模在不断扩大,办学形式、专业种类、教学方式亦呈多样化发展。同时,随着我国医疗卫生体制改革,国家基本药物制度和执业药师制度建设不断深入推进与完善,以及《中国药典》(2020 年版)的颁布等,对药学职业教育也提出了新的要求和任务。为了更好地贯彻落实《国家中长期教育改革和发展规划纲要(2010—2020 年)》文件精神,顺应职业教育改革发展的趋势,在总结汲取上一版教材成功经验的基础上,西安交通大学出版社医学分社于 2020 年启动了"医药类高职高专院校'十三五'规划教材·药学类专业"的再版工作。

本轮教材改版,以《高等职业学校专业教学标准(试行)》为依据,按照新的《中华人民共和国药品管理法》《国家基本药物目录》《国家非处方药目录》要求,进一步提高教材质量,邀请医药院校教师、医药企业人员共同参与,以对接高职高专药学类专业教学标准和职业标准。教材编写以就业为导向,以能力为本位,以学生为主体,突出药学专业特色,以国家执业药师资格准入标准为指导,以培养技能型、应用型专业技术人才为目标,坚持"基础够用,突出技能"的编写原则,做到精简实用,从而更有效地施惠学生、服务教学。

为了便于学生学习、教师授课,在教材内容、体例设置上编出特色,教材各章开篇以教学要求为标准,编写"学习目标";正文中根据课程、教材特点有选择性地增加"知识拓展""实例解析""课堂活动""思维导图"等模块;在每章内容后附有"目标检测",供教师和学生检验教学效果、巩固复习使用。此外,本轮教材编写紧扣执业药师资格考试大纲,增设了"考纲提示"模块,根据岗位需要设计教材内容,力求与生产实践、职业资格鉴定(技能鉴定)无缝对接。

由于众多教学经验丰富的专家、学科带头人和教学骨干教师积极踊跃并严谨认真地参与本轮教材的编写,教材的质量得到了不断完善和提高,并被广大师生所认同。在此,西安交通大学出版社医学分社对长期支持本套教材编写和使用的院校、专家、老师及同学们表示诚挚的感谢!我们将继续坚持"用最优质的教材服务教学"的理念,为我国医药学职业教育做出应有的贡献。

本轮教材出版后,各位教师、学生在使用过程中,如发现问题请及时反馈给我们,以便及时更正和修订完善。

编审委员会

主任委员

高健群（宜春职业技术学院）　　　杨　红（首都医科大学燕京医学院）

副主任委员

刘诗泆（江西卫生职业学院）　　　张知贵（乐山职业技术学院）

李群力（金华职业技术学院）　　　涂　冰（常德职业技术学院）

王玮瑛（黑龙江护理高等专科学校）郑向红（福建卫生职业技术学院）

刘　敏（宜春职业技术学院）　　　魏庆华（河西学院）

郭晓华（汉中职业技术学院）

委　　员（按姓氏笔画排序）

马廷升（湖南医药学院）　　　　　孟令全（沈阳药科大学）

马远涛（西安医学院）　　　　　　郝乾坤（杨凌职业技术学院）

王　萍（陕西国际商贸学院）　　　侯志英（河西学院）

王小莲（河西学院）　　　　　　　侯鸿军（陕西省食品药品监督管理局）

方　宇（西安交通大学）　　　　　姜国贤（江西中医药高等专科学校）

邓超澄（广西中医药大学）　　　　徐世明（首都医科大学燕京医学院）

刘　徽（辽宁医药职业学院）　　　徐宜兵（江西中医药高等专科学校）

刘素兰（江西卫生职业学院）　　　黄竹青（辽宁卫生职业技术学院）

米志坚（山西职工医学院）　　　　商传宝（淄博职业学院）

许　军（江西中医药大学）　　　　彭学著（湖南中医药高等专科学校）

李　淼（漳州卫生职业学院）　　　曾令娥（首都医科大学燕京医学院）

吴小琼（安顺职业技术学院）　　　谢显珍（常德职业技术学院）

张多婷（黑龙江民族职业学院）　　蔡雅谷（泉州医学高等专科学校）

陈素娥（山西职工医学院）

前　言

　　《医药市场营销技术》(第2版)是西安交通大学出版社组织策划的"医药类高职高专院校'十三五'规划教材·药学类专业"项目之一,以期贯彻和落实《国家中长期教育改革和发展规划纲要(2010—2020年)》,推进和践行医药卫生类高职高专"十三五"教育信息化建设工作,推动高职高专教学模式的信息化改革。

　　《医药市场营销技术》(第2版)配合和引领医药市场营销学科的教学活动,使教师在教学过程中轻松教学,获得良好的教学效果。本教材旨在成为指导和训练学生未来在实际医药营销工作中的指南针。

　　本教材本着"真实医药营销项目驱动"的核心编写思路,将医药营销理论体系、专业技能训练、真实的医药企业项目三方面整合,是一本理论基础夯实、营销技能训练实用、营销案例实时、营销项目真实、营销素质和能力得以综合提升的符合学生学习、教师教学的"生产性医药营销教材"。本教材系统性地编入真实的医药营销项目,案例和营销资料更具有实时性、典型性,医药营销案例的原创性比例提高,医药营销理论简洁、实用,具有一定逻辑性。

　　本教材共分四个项目、十五个模块。项目一是对医药市场营销的全面认知,包括三个模块,分别为第一模块:认知医药市场营销,由江西中药大学王力负责编写;第二模块:认知企业经营观念,由陕西国际商贸学院程芬负责编写;第三模块:认知市场营销的产生与发展,由江西中医药大学王力负责编写。项目二是医药市场营销分析技术,包括四个模块,分别为第四模块:医药市场营销环境分析,由陕西中医药大学张媛负责编写;第五模块:医药消费者市场购买行为分析,由江西中医药大学胡彦涵负责编写;第六模块:医药组织市场购买行为分析,由江西中医药大学王力和郑州铁路职业技术学院杨显辉负责编写;第七模块:医药竞争者分析,由辽宁医药职业学院刘徽负责编写。项目三是分析和开发医药目标市场,包括两个模块,分别为第八模块:医药市场调研技术,由黑龙江民族职业学院侯晓亮负责编写;第九模块:医药目标市场营销技术,由宜春职业技术学院黄远珺负责编写。项目四是医药市场营销组合策略,包括六个模块,分别为第十模块:医药市场营销组合理论及其发展,由辽宁医药职业学院庞红负责编写;第十一模块:医药产品策略,由邢台医学高等专科学校郑丽负责编写;第十二模块:医药价格策略,由山西

1

药科职业学院赵文骅负责编写;第十三模块:医药渠道策略,由辽宁医药职业学院刘徽负责编写;第十四模块:医药促销策略,由江西中医药大学胡彦涵负责编写;第十五模块:撰写医药市场营销计划,由郑州铁路职业技术学院杨显辉负责编写。

由于编者水平所限以及营销理论和营销技术的迅速发展,教材中难免会存在一些缺点和不足。敬请广大师生在使用时提出宝贵意见,以便在今后修改和提高。

编者
2020 年 5 月

目　录

项目一　对医药市场营销的全面认知/001

模块一　认知医药市场营销/003
一、认知市场与市场营销/004
二、认知医药市场与医药市场营销/007
三、理解医药市场营销相关核心概念/011

模块二　认知企业经营观念/015
一、认知传统企业经营观念/016
二、认知现代企业经营观念/018

模块三　认知市场营销的产生和发展/021
一、初创阶段/022
二、应用阶段/023
三、重大变革阶段/023
四、扩展阶段/024

项目二　医药市场营销分析技术/029

模块四　医药市场营销环境分析/030
一、医药市场营销宏观环境分析/031
二、医药市场营销微观环境分析/037
三、SWOT 分析法/040

模块五　医药消费者市场购买行为分析/044
一、医药消费者市场的购买决策分析/045
二、第一终端医药市场消费者购买行为分析/051
三、第二终端医药市场消费者购买行为分析/055
四、第三终端医药市场消费者购买行为分析/063

模块六　医药组织市场购买行为分析/067

一、医院购买行为分析/068

二、连锁药房购买行为分析/071

三、社区医院、单体诊所、单体药店的购买行为分析/073

模块七　医药竞争者分析/076

一、市场竞争者/077

二、竞争者分析/078

三、市场竞争策略选择/079

项目三　分析和开发医药目标市场/084

模块八　医药市场调查技术/085

一、认知医药市场调查/086

二、医药市场调研程序/087

三、医药市场调查问卷设计技术/089

四、医药市场调查方法/094

五、市场调研报告的撰写技术/101

模块九　医药目标市场营销技术/109

一、医药市场细分/110

二、选择医药目标市场/117

三、明确医药市场定位/122

项目四　医药市场营销组合策略/131

模块十　医药市场营销组合理论及其发展/133

一、4P市场营销组合理论/134

二、4C市场营销组合理论/136

三、4R市场营销组合理论/137

四、4V市场营销组合理论/137

模块十一　医药产品策略/141

一、医药产品整体概念/142

二、医药产品组合的设计/144

三、产品生命周期/146

四、医药品牌策略/151

五、医药产品包装和包装决策/155

模块十二　医药价格策略/161

一、我国医药产品价格管理政策/162

二、医药产品价格的影响因素/163

三、医药产品定价方法/165

四、医药产品定价策略/168

五、医药产品价格调整策略/172

模块十三　医药渠道策略/175

一、认识医药分销渠道/176

二、设计医药分销渠道/181

三、管理医药分销渠道/193

四、调整医药分销渠道/198

模块十四　医药促销策略/203

一、认识促销策略/204

二、医药人员推销/212

三、医药广告/224

四、医药营业推广/231

五、医药公共关系/233

模块十五　撰写医药市场营销计划/242

一、执行概要和要领/243

二、企业目前营销状况/243

三、SWOT 分析/244

四、企业目标/244

五、营销策略/245

六、行动方案/246

七、财务计划/247

八、风险控制/248

参考文献/250

项目一　对医药市场营销的全面认知

【项目简介】

从项目一开始对医药市场营销进行认知。首先应理解与医药市场营销有关的专业词汇和术语,为后续医药市场营销知识的学习奠定基础;其次探索企业经营过程中不同的经营理念,即经营思想和思维方式,尝试性分析企业经营观念对医药市场营销的影响;最后了解医药市场营销的产生和发展历程,熟识营销的新模式,全新、全面地认知医药市场营销。

【项目案例】

新修订的药品管理法对药品经营活动的规定

2019年8月26日全国人大常委会发布最新修订的《中华人民共和国药品管理法》,于2019年12月1日正式施行。其中,新修订的药品管理法对药品经营活动进行了详细规定,简述如下。

1.从事药品批发活动,应当经所在地省、自治区、直辖市人民政府药品监督管理部门批准,取得药品经营许可证。从事药品零售活动,应当经所在地县级以上地方人民政府药品监督管理部门批准,取得药品经营许可证。

2.从事药品经营活动应当具备以下条件:有依法经过资格认定的药师或者其他药学技术人员;有与所经营药品相适应的营业场所、设备、仓储设施和卫生环境;有与所经营药品相适应的质量管理机构或者人员;有保证药品质量的规章制度,并符合国务院药品监督管理部门依据本法制定的药品经营质量管理规范要求。

3.从事药品经营活动,应当遵守药品经营质量管理规范,建立健全药品经营质量管理体系,保证药品经营全过程持续符合法定要求。从事药品零售连锁经营活动的企业总部,应当建立统一的质量管理制度,对所属零售企业的经营活动履行管理责任。

4.国家对药品实行处方药与非处方药分类管理制度。

5.药品上市许可持有人、药品生产企业、药品经营企业和医疗机构应当从药品上市许可持有人或者具有药品生产、经营资格的企业购进药品。

6.药品经营企业购进药品,应当建立并执行进货检查验收制度,验明药品合格证明和其他标识;不符合规定要求的,不得购进和销售。

7.药品经营企业购销药品,应当有真实、完整的购销记录。

8.药品经营企业零售药品应当准确无误,并正确说明用法、用量和注意事项;调配处方应当经过核对,对处方所列药品不得擅自更改或者代用。对有配伍禁忌或者超剂量的处方,应当拒绝调配;必要时,经处方医师更正或者重新签字,方可调配。

9.药品经营企业应当制定和执行药品保管制度,采取必要的冷藏、防冻、防潮、防虫、防鼠等措施,保证药品质量。药品入库和出库应当执行检查制度。

10.城乡集市贸易市场可以出售中药材,国务院另有规定的除外。

11.药品上市许可持有人、药品经营企业通过网络销售药品,应当遵守本法药品经营的有关规定。疫苗、血液制品、麻醉药品、精神药品、医疗用毒性药品、放射性药品、药品类易制毒化学品等国家实行特殊管理的药品不得在网络上销售。

12.药品网络交易第三方平台提供者应当按照国务院药品监督管理部门的规定,向所在地省、自治区、直辖市人民政府药品监督管理部门备案。

13.新发现和从境外引种的药材,经国务院药品监督管理部门批准后,方可销售。

14.药品应当从允许药品进口的口岸进口,并由进口药品的企业向口岸所在地药品监督管理部门备案。海关凭药品监督管理部门出具的进口药品通关单办理通关手续。

15.医疗机构因临床急需进口少量药品的,经国务院药品监督管理部门或者国务院授权的省、自治区、直辖市人民政府批准,可以进口。进口的药品应当在指定医疗机构内用于特定医疗目的。

16.进口、出口麻醉药品和国家规定范围内的精神药品,应当持有国务院药品监督管理部门颁发的进口准许证、出口准许证。

17.禁止进口疗效不确切、不良反应大或者因其他原因危害人体健康的药品。

18.国务院药品监督管理部门对下列药品在销售前或者进口时,应当指定药品检验机构进行检验;未经检验或者检验不合格的,不得销售或者进口:首次在中国境内销售的药品;国务院药品监督管理部门规定的生物制品;国务院规定的其他药品。

【案例思考】

通读案例并深入思考,探讨对我国药品管理的认知,分析我国药品经营法规背后的深刻意义。

模块一 认知医药市场营销

【模块解析】

通过模块一的学习和训练,能够对市场、医药市场、市场营销、医药市场营销等相关概念及基本知识有深刻的认识和理解,了解目前医药市场的发展现状和前景,为后续其他模块的学习奠定坚实基础。

【知识目标】

◆ 掌握市场和医药市场的构成要素,市场营销和医药市场营销的基本概念。
◆ 掌握医药市场营销不同于一般市场营销的特点。
◆ 理解医药市场营销相关核心概念。
◆ 了解医药市场的现状与发展趋势。

【能力目标】

◆ 理解市场、医药市场及相关核心概念,学会运用营销基本理论分析医药市场。
◆ 认识到医药市场营销与一般市场营销的不同特点,构建合格医药市场营销人员的知识体系。
◆ 对我国及世界医药市场的发展现状、前景有初步认识,具备分析医药市场常见问题的能力。

【案例导读】

国内医药商业巨头深耕医药零售

2017 年 7 月 26 日,HR 医药商业集团旗下某药房正式揭牌。

据了解,该药房是一家专营 DTP 药房,有执业药师 3 人,药师 8 人,主管药师 1 人。该药房目前有二百多个品规,店内药品已接入医保体系,实现医保实时结算。

DTP(direct to patient)即高值药品直送,DTP 药房模式则指制药企业或大型渠道商将产品直接授权给药店做区域经销代理,省略中间分销环节。患者凭处方直接到药店领取药物,获得用药指导。

包括 HR 医药、GY 控股、SH 医药等在内的国内医药商业巨头都拥有丰富的工业产品资源、完善的物流配送体系,随着招标降价、降低医院药占比政策的影响,有不少原本在医院市场的药品选择弃标流向院外市场,这部分产品将逐步通过 DTP 模式来销售。而这也是诸多连锁药店加入 DTP 阵营的一个主要原因。

按照计划,HR 医药商业集团将以发展专业药店和社区连锁药店为核心业务。其中,专业药店以肿瘤与免疫抑制剂等高端品类为主要销售品种,继续扩展对利益相关群体的服务;社区药店覆盖不同需求层次的消费者,提供多元品类和服务。

从发达国家的经验来看,在医药分家后,零售终端成为主要医药终端渠道。2017 年国家已全部取消药品加成,实现药品销售利润和医院经营利润脱钩。业内达成的共识是,医药零售行业发展的一个重要契机在于处方外流。未来十年,药品零售消费信息与处方信息、医保结算信息互联互通,药店分级政策落实推动药店分层承接外流处方。

不过,长期以来,我国药品销售的主渠道是医院,零售药店尚未成为我国医药销售的主要终端,而处方外流短期内仍不可实现。统计数据显示,2016 年,我国通过医院实现的药品销售额占整体药品销售额的 64%,通过药店实现的药品销售额仅占 10%。

中国人民大学医药卫生行业发展研究中心副主任吴学东也认为:"医院收入的补偿机制建立需要一个长期的过程,从医院和医生的导向来说,处方外流,把药品放到零售市场去销售这种机制他们是不愿意建立的。"

麦斯康莱创始人史立臣亦持有类似意见:"在处方外流机制没有完全建立之前,零售药店很难占据销售终端的高点。目前国家希望处方外流,但是没给医院建立相应的补偿机制,医院肯定不情愿将自己的营收外流。"

【实践与探索】

1.取消医院药品加成对于医药营销市场意味着什么?

2.你认为 DTP 药房未来的发展趋势如何?

一、认知市场与市场营销

(一)认知市场

1.市场的产生

市场是社会分工的产物,是商品经济的产物。随着社会分工和商品生产、交换的产生与发展,相应的市场随之产生。最早的市场指买方和卖方聚集以交换各自货物的场所,即市场是商品交换的场所,这是市场的原始概念。

2.广义的市场和狭义的市场

随着社会生产力的发展,社会分工不断细化,商品交换日益丰富,交换形式越来越复杂。从广义方面来讲,市场不仅指具体的交易场所,而且指所有卖者和买者实现商品转让的交换关系的总和,是各种错综复杂的交换关系的总体。市场营销学中的市场就是购买者,指对于经营的某种商品有需求、有支付能力和有购买欲望的人或组织。狭义的市场指买方和卖方聚集以交换各自货物的场所,即市场是商品交换的场所,如农贸市场、药材市场、服装市场等。

(二)认知市场营销

1.对市场营销内涵的理解

"市场营销"这个概念是从工商企业的市场营销实践和活动中概括出来的。因此,市场营销概念的含义是随着工商企业的市场营销实践活动的变化而发展的。

20 世纪初,美国工商企业的市场营销活动主要是推销和销售促进,因而英文中的"Marketing"(市场营销)和"Selling"(推销)是同义词。自 20 世纪 50 年代以来,"市场营销"一词已经有了更加丰富的内涵,与"推销"就不再是同义词了。

美国市场营销协会(AMA)定义委员会 1960 年将市场营销定义为:"市场营销是引导货物和服务从生产者流向消费者或用户所进行的一切企业活动。"

菲利普·科特勒在《市场营销导论》一书中对市场营销的定义:"市场营销指为创造价值及满足需要和欲望来管理市场,从而实现交换和建立关系,交换过程涉及大量的工作。卖方必须搜寻买方,找到他们的需要,设计良好的产品和服务,设定合理的价格,有效地开展促销活动,并高效率地进行存储和运输。产品开发、调研、联络、销售、定价和服务等都是核心营销活动。"我国学者多数接受这一定义。

ⅢⅢ 知识链接

营销之父——菲利普·科特勒

菲利普·科特勒出生于 1931 年,美国经济学教授,被誉为"现代营销学之父",任美国西北大学凯洛格管理学院终身教授,美国西北大学凯洛格管理学院国际市场学 S·C·强生荣誉教授,美国管理科学联合市场营销学会主席,美国市场营销协会理事,中国 GMC 制造商联盟国际营销专家顾问等。

菲利普·科特勒的著作众多,许多都被翻译为各国语言销往世界各地。其中,他的《营销管理》被不断再版,是世界范围内使用最广泛的营销学教科书。该书成为现代营销学的奠基之作,被选为全球最佳的 50 本商业书籍之一,许多海外学者把该书誉为市场营销学的"圣经"。科特勒一直致力于营销战略与规划、营销组织、国际市场营销及社会营销的研究。他的最新研究领域包括:高科技市场营销,城市、地区及国家的竞争优势研究等。他创造的一些概念,如"反向营销"和"社会营销"等,被人们广泛应用和实践。

1985 年,美国市场营销协会定义委员会重新给市场营销下了定义:"市场营销是(个人和组织)对思想、产品或服务的产品、定价、分销及促销的计划和执行过程,以创造符合个人和组织目标的交换。"这一定义较全面地表述了市场营销的含义,它把市场营销的主体从企业扩展到整个社会;把市场营销的客体从产品扩展到思想、服务的领域;强调了市场营销的核心功能是交换,市场营销的指导思想是顾客导向,市场营销活动是一个过程,而不是某一个阶段。

ⅢⅢ 知识链接

美国市场营销协会定义委员会对市场营销的英文定义

Marketing(Management) is the process of planning and executing the product,price,place and promotion of ideas,goods and services to create exchanges that satisfy individual and organizational goals.

我们拟采用美国市场营销协会的定义,对市场营销可以有下述理解:市场营销是个人和群体通过创造并同他人交换产品和价值,以满足需求和欲望的一种社会过程和管理过程。对此概念理解如下。

(1)市场营销与推销和销售不是同义词。市场营销活动范围很广,包括市场调研、市场细分、市场开拓、产品开发、定价、分销、促销和售后服务等;推销、销售只是市场营销活动的一部分。菲利普指出:"市场营销最重要的部分不是推销,推销仅仅是营销的职能之一;市场营销的目标就是要使推销成为多余。"

（2）市场营销的目的是满足消费者现实需求和长远利益。

（3）市场营销活动的核心功能是交换，通过交换活动，在适当的时间和地点，用适销对路的产品，以合适的价格和方式，提供给市场，满足消费者的需求。企业在满足消费者需求过程中，取得最大的经济效益，从而实现自己的战略任务和目标。

2. 市场营销所涉及的范围

市场营销学涉及的范围十分广泛，可以在下述方面运用营销思想：创意、商品、服务、经历、事件、地点、财产权和组织等。

（1）创意　一家生产化妆品的企业老板说："我们在工厂里制造化妆品，我们在商店里出售希望。"可以看出，这是一位成功的老板，因为他十分清晰地知道消费者购买化妆品真正追求的不是化妆品本身，而是追求化妆品带给消费者的年轻、美丽的希望。进一步剖析，消费者购买化妆品更青睐于那些能够给她们带来青春、美丽希望的产品，消费者购买产品的核心本质是其创意。

（2）商品　商品包括有形商品和无形商品。有形的商品就是看得见、摸得到的产品。在发展中国家，有形商品尤其是食品、日用品、服装和住房等是经济的主要支柱。无形商品是用肉眼无法看见，但却真实、客观存在的商品，如技术、信息、服务等。

（3）服务　衡量一个国家的经济发展水平。服务业作为第三产业，所占 GDP 的比重是衡量经济发展水平的重要指标。发达国家的服务业通常占国民生产总值 60% 以上的比重，美国作为发达国家中较发达的经济体，其经济是由 70% 的服务和 30% 的有形商品组成的。服务有以下两类：纯服务和双重服务。

纯服务指买方与卖方之间不借助任何实体物品传递的服务，如精神科医生听到患者的倾诉后为其提供的咨询服务。

双重服务指买方与卖方之间需要借助实体物品传递服务，但消费者真正购买的不是实体物品而是服务，实体物品只是传递服务的媒介，如快餐食品行业，顾客在食用食品时更多的是享受了企业快捷、便利的服务。

（4）经历　经历可以运用营销技巧出售给需要的消费者，如美国好莱坞在拍摄电影时设计的地震、火山喷发等场景的影棚，就可以供游客体验电影中的情节，使游客有种身临其境的感觉。

（5）事件　企业在周年纪念、艺术表演、体育比赛、贸易展览等事件中，运用营销技巧为企业的品牌做策划，提升企业在公众心目中的形象和地位。现在已有大量为"一个营销事件"精心策划，并负责让它完美推出的专业"事件营销"人士。

（6）地点　包括城市、地区甚至整个国家，都积极地争取吸引游客、工厂、公司总部和新居民入驻该地区，以促进当地经济的发展。例如，我国依靠迅速发展的市场增长空间，安定的政治、经济环境，良好的国际形象吸引了大量的外国投资机构；爱尔兰岛上有许多出色的"地点营销专家"，在发展经济过程中曾经吸引了 500 多家企业把它们的厂房设于此地，爱尔兰又成立了"爱尔兰发展董事会""旅游董事会"和"出口董事会"，分别对内部投资、旅游、出口负责。地点营销专家包括经济发展专家、房地产经销商、商业银行、本地区商业协会、广告机构和公众关系机构。

（7）财产权　指所有权的无形权利，如房地产产权或股票、债券等金融资产。房地产代理机构、投资公司、银行等需要在买卖过程中运用营销力量实现交易。

（8）组织　各种组织总是积极致力于在公众心目中树立起强大的、良好的形象。一些营利和非营利组织在运行中需要运用营销塑造组织形象，如消费者协会、红十字会等组织。其中，美国总统大选中各竞选组织就是运用营销手段来争取选票的。

（三）市场营销的主要内容

市场营销研究的是企业的营销活动及其规律性，即卖方的产品或服务如何转移到消费者和用户手中的全过程，主要包括以下3方面内容。

1. 消费者需求分析

这部分主要研究消费者需求的特点、消费者的购买行为等，以寻找消费者未被满足的现实需求、未被发现的潜在需求，从而为企业寻找合适的市场机会。

2. 确定目标市场

这部分主要研究如何确定企业所要进入的市场。由于消费者的需求不同，一种产品不可能满足所有消费者的需求，企业必须根据自己的资源和经营条件选择合适的目标市场，并制订合适的市场定位，以提高产品营销的针对性和准确性。

3. 营销策略的实施

企业围绕产品、价格、渠道、促销四个方面实施有效的营销策略。产品策略包括整体产品策略、产品生命周期策略、品牌策略、包装策略等。价格策略就是制订一个让企业与消费者都满意的价格，主要围绕定价的基本原则、定价方法以及定价技巧等。渠道策略主要围绕如何构建通畅、快捷、经济、可控的销售渠道而展开。促销策略指企业如何通过人员推销、广告、公共关系、营业推广等各种促销方式，最大限度地提高产品的知名度、美誉度，让消费者了解、熟悉、喜欢购买企业的产品。

二、认知医药市场与医药市场营销

（一）认知医药市场

从市场营销学角度讲，医药市场指个人和组织对某种医药产品现实和潜在需求的总和。医药市场有三要素：人口、购买力、购买欲望。这三个要素互相影响、缺一不可，只有三者结合起来才能构成市场，才能决定医药市场的规模和容量。

1. 医药市场的分类

对市场进行分类，有利于营销者更充分认识和了解某一特定市场。关于医药市场的分类，主要有以下5种。

（1）按医药产品的类型分类　医药市场分为药品市场、医疗器械市场、医疗耗材市场、医疗服务市场。

（2）按购买者及其购买目的分类　医药市场分为消费者市场和组织市场。组织市场又可以分为生产者市场、中间商市场、医疗机构市场和政府市场。按照这种分类方法进行研究能够更好地体现以顾客为中心的现代市场营销学指导思想。

（3）按营销区域分类　医药市场分为国内市场和国际市场。国内市场分为城市市场、农村市场，以及沿海市场、中部市场和西部市场等。国际市场按区域可分为北美市场、南美市场、欧洲市场、澳洲市场、非洲市场、亚洲市场等。该分类方法在建立和管理区域市场方面更适用。

（4）按营销环节分类　医药市场分为批发市场和零售市场。医药批发市场是为零售企业、生产企业或其他商品转卖者提供大宗医药产品交易的市场。医药零售市场是为个人、家庭和公共团体非生产性消费需求(即消费终端)提供零售医药产品交易的市场。

(5)按医药产品的供求关系分类　医药市场分为买方市场和卖方市场。当医药产品供大于求、销售者竞争激烈、商品价格有下降趋势、买方占据主动权时,就形成买方市场,买方在交易上处于有利地位,有任意挑选商品的主动权。而当医药产品供不应求、购买者竞争激烈、商品价格有上涨趋势、卖方占据主动权时,就形成了卖方市场。这时,买方很少有挑选商品的余地,卖方则在交易上处于有利地位。

2. 我国医药市场的现状与发展趋势

(1)中药科研投入不足,技术创新能力有待提高　从美国的制药科研数据上可以看出,美国在21世纪初期研发出一个新型药品需要8.02亿美元,在药品的投入上占整个医药体系的15%以上。相比之下,我国医药资金投入不足其5%,相差甚远。此外,在美国进行药品研发,往往一个新型药的研发时间在10年以上,而我国的医药科研组织或机构研究新型药品往往5~6年就可以问世,即便如此,很多人都认为过于漫长。单纯从风险方面来看,美国在筛选化合物时基数在1万个以上,成功率约万分之二,这说明1万个化合物中只有1~2个可以被美国食品药品监督管理局批准为药物。

(2)市场规模稳步增长,化学仿制药为主导　据国家统计局数据,截至2019年12月,我国医药行业规模以上企业数量达到7382家;2019年1月至12月,我国医药行业营业收入达到23 908.6亿元,同比增长7.4%,行业实现利润总额达到3119.5亿元,同比增长5.9%。从医药细分产品产量来看,2019年,我国化学药品产量达262.1万吨,同比增长3.1%;中成药产量达246.4万吨,同比减少2.9%。受医保控费、招标降价等政策压力,2019年医药行业利润增速依旧维持低位。随着带量采购等政策的落地及全国推广,预计医药行业仍将承受较大的业绩压力。

目前,我国90%的市场仍然是以化学仿制药为主导的仿制药市场,国内药企未来仍然会以仿制药为主要发展方向。因为现阶段我国药企普遍存在企业规模小、资金投入少、科研实力弱的特点。国内药品市场竞争激烈,药品价格稳中有降,因而广大药企普遍很难在药品研发方面投入太多资金。国家推进仿制药一致性评价,因此仿制药将迎来发展契机。

(3)缺乏产权保护意识　目前,我国很多中药企业,无论是研发机构还是科研机构,对于医药用品都缺乏足够的品牌意识,甚至出现了这样的现象:很多的科技工作者或医药科研人员在医药新品发明问世后,并没有在我国注册专利,反而让很多国外医药商人抢先注册了国际专利。如青蒿素、六神丸、牛黄救心丸等,使"洋中药"等大肆入侵,这种品牌入侵,给我国的医药产业发展带来了巨大的经济损失,也为我国医药市场带来了巨大冲击。

我国中医药产业的发展要受到国际社会的认可,应突出中医药发展的特色和特殊的保健康复作用,因为其推广价值已经被西方发达国家和国际社会普遍接受。但是,国际医药和保健品的主流市场尚没有中医药的席位。因此,作为我国中医药产业工作者,应不断提高自己,进行产业创新,只有这样,才能将我国的中医药文化发扬光大。

3. 全球医药市场的现状与发展趋势

随着世界经济的发展、人口总量的增长、社会老龄化程度的提高以及民众健康意识的不断增强,全球医药行业保持了数十年的高速增长。2019年全球药品市场需求达12 249亿美元,2015—2019年全球药品市场需求年均复合增长率维持在4%~5%;新兴市场的药品需求增长尤其显著,亚洲(日本除外)、非洲、澳大利亚 2014 年至 2019 年的医药市场增速达到 6.9%～9.9%,超过同期全球 4.8% 的增速水平。中国是医药行业全球最大的新兴市场,我国医药工业总产值从 2007 年的 6719 亿元增长到 2017 年的 35 699 亿元,年复合增长率为 18.2%(图 1-1、图 1-2)。

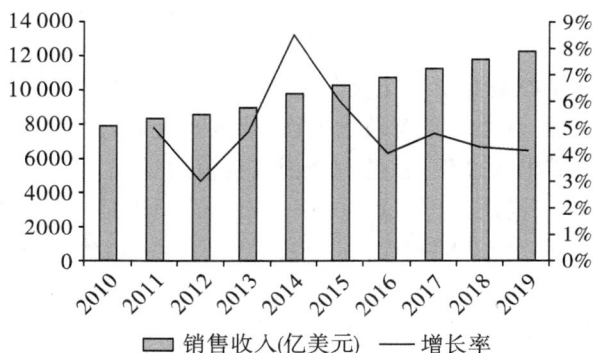

图 1-1　全球医药市场规模及增长率情况

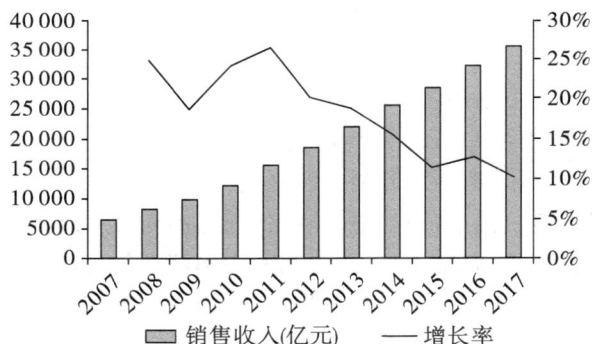

图 1-2　2007—2017 年我国医药工业总产值及增速

新药研发是全球医药行业创新之源,对人类健康和生命安全有着重大的意义。2011—2020 年全球医药研发总支出总体呈不断上升趋势,年复合增长率为 1.6%。2020 年研发支出预计达到 1598 亿美元。随着我国药企研发实力的提升和政府对仿制药监管的加强,如仿制药一致性评价的开展、临床试验数据的自查及核查工作的推进等,我国医药研发投入会持续增加。预计至 2021 年,我国医药研发投入将达到 292 亿美元。

此外,从行业发展趋势来看,整体行业将呈现一体化、多元化趋势。由于积累了资金、技术、人才、渠道优势,国际大型医药企业纷纷加入并购整合的行列,参与横向、纵向一体化过程,开拓多元发展的新局面;扩大企业规模可以进一步发挥规模经济效应,拓展业务领域,最终确立市场领先优势。

(二)认知医药市场营销

1.对医药市场营销内涵的理解

医药市场营销是市场营销的重要组成部分,是市场营销理论在医药领域的综合运用。医药市场营销指个人和医药组织通过创造并同他人交换医药产品和价值以满足需求的一种社会管理过程。可以从以下五个方面理解医药市场营销的含义。

（1）医药市场营销的主体是医药组织和个人　现代市场营销的主体包括一切面向市场的个人和组织,如医院、学校等组织,以及拟通过交换获取产品和价值的个人。医药市场营销的主体为个人和医药组织,医药组织包括药品生产企业、药品批发企业、医疗服务药房和社会药房等。

（2）医药市场营销的客体是医药产品和价值　医药产品主要指药品和药学服务,价值包括医药产品的价值和使用价值。医药市场营销不仅是医药产品的交换,还是价值的交换。

（3）医药市场营销的核心是交换　交换是医药市场营销的核心,交换是通过提供他人所需之物来换取自己所需之物的过程。只有通过交换,才能产生营销活动。交换过程是一个主动、积极寻找机会,满足双方需求的过程,也是一个创造价值的过程。

（4）医药市场营销是一种社会管理过程　医药市场营销既是一种社会过程,又是一种顾客价值管理过程,是由一系列社会活动构成的,涉及卫生、药监、物价等政府机构,医药产品是重要的民生产品,社会关注度高,医药企业必须承担社会责任。医药市场营销包括分析市场、规划营销战略、制订并实施营销策略等活动,通过这些活动实现产品和价值的交换。结合美国市场营销协会给市场营销所下的定义,我们可以把市场营销看作是一个评估、选择、创造、传递和传播顾客价值的过程。

（5）医药市场营销的最终目的是有效满足医疗保健需求　市场营销的最终目的是有利益地满足消费者的需求,而医药市场营销的目的则更为明确:医药企业采用多种更为科学、有效的营销策略来充分满足目标市场的各种医疗需求,最终实现企业经营目标。

2. 医药市场营销不同于一般市场营销的特点分析

（1）营销活动管制法规多　医药产品属于特殊商品,关系到人的生命、健康及安全,所以医药市场营销相关的法规较多。例如,为加强监管,保证药品质量,保障人体用药的安全性,维护人民身体健康的合法权益,我国制定了《中华人民共和国药品管理法》《中华人民共和国药品管理法实施条例》等法规,对药品的生产经营、价格、广告、新药、特殊药品管理、包装、中药种植等都做出了具体的规定。

（2）营销人员专业化　由于医药产品的特殊性,要求医药营销人员除了掌握营销知识以外,还必须具备一定的医药专业知识,如掌握所经营的医药产品的适应证、用法用量、配伍禁忌、不良反应,熟悉医药行业的相关法律、法规及实际操作方法。

（3）营销对象双重化　一般产品营销的对象是消费者,但是医药产品在购买过程中需要医生或执业药师提供指导和帮助决策,对相关群体(医生、执业药师)依赖性较强。因此,医药产品在营销时需面对双重营销对象,即消费者和相关群体(医生、执业药师)。

（4）营销终端多元化　一般产品的营销终端是各种形式的商店,但是医药市场营销终端有三类:第一终端为大城市的大医院;第二终端为大城市的连锁药店;第三终端是除第一、第二终端之外的,以农村市场为主的城市单体药店、诊所等。第三终端的主要阵地是广大农村地区和一些城镇的居民小区,如社区和农村的个体诊所、企业和学校的医疗保健室、乡村医生的小药箱、农村供销合作社及个体商店中的常用药品销售柜台等。

3. 医药市场营销的研究对象

医药市场营销的研究对象主要是医药企业营销活动及其规律性。

（1）医药市场营销研究的是买方,即医药产品消费者,主要包括医药经销商、医院、患者市场。医药企业应根据医药消费者的需求以及企业的资源条件来选择医药企业的目标市场,从而组织生产和营销。

（2）医药市场营销研究的是卖方，即医药企业如何组织市场营销活动。企业应充分考虑影响市场营销组合的各种因素及因素间的关系，运用企业可以控制的一切市场营销手段，以最佳的组合来进行市场营销工作。

三、理解医药市场营销相关核心概念

（一）物品、产品与商品

1. 物品

物品指世间万物具有物质性的事物，如空气、树木、信息、技术等。

2. 产品

产品概念有狭义和广义之分。传统上认为产品是具有具体的物质形态和用途的有用物品，如各种中药、西药、医疗器械等，这是产品的狭义概念。而现代市场营销学认为，产品指能够提供给市场以满足人类某种需求或欲望的任何东西，包括有形物品、无形服务、事件、体验、人物、地点、财产权、组织、信息和理念等方面，这是广义的产品概念。

产品的价值不在于拥有它，而在于它给我们带来的对需求的满足。市场营销者必须认识到，产品不管形态如何，若不能满足人们的需求和欲望，就可能会被淘汰。

3. 商品

商品是为交换而产生（或用于交换）的对他人或社会有用的劳动产品。狭义的商品仅指符合定义的有形产品；广义的商品除了可以是有形的产品外，还可以是无形的服务，如"保险产品""金融产品""医药产品"等。商品的基本属性是价值和使用价值。使用价值指商品能够满足人们某种需要的属性，价值指凝结在商品中的无差别的人类劳动。一般使用价值越高的商品，价值也越高。

（二）需要、欲望与需求

1. 需要

需要指人们没有得到满足而产生的客观感受。其中，人的需要是市场营销中最基本的概念，也是人类经济活动的起点。人类的需要主要分为生理需要和心理需要两大类，具体指人类生存必需的吃、穿、住、用、行等生理需要和安全、归属、受人尊重、自我实现等需要。当人们的需要没有被满足时，就会寻找可以满足这种需要的东西，或降低需要。因此，需要是客观存在的，人们不可能创造需要，只能调查、发现、了解需要的存在，并设法满足需要。

2. 欲望

欲望指人们为了得到满足而想要获得某个具体物品的愿望。欲望是多种多样的，无限制的。在不同社会环境下，尽管人们的需要相同，满足需要的方式却是各种各样的。如为了满足交通的需要，人们可能选择自行车、电动车、公交车、小汽车等工具。

3. 需求

需求指有能力购买并且愿意购买某个具体产品的欲望，即有购买能力的欲望。欲望是无穷无尽的，只有有支付能力的欲望才是需求。因此，企业要调查、预测有多少顾客喜欢本企业的产品，更要了解有多少顾客愿意购买本企业的产品，并且有支付能力。如高档补血产品，只有少数人有能力并愿意购买。

（三）价值、效用与满意

1. 价值

从经济学的角度讲，价值就是凝结在商品中无差别的人类劳动。市场营销学研究的是顾客让渡价值，即顾客从购买某种产品中所获得的利益与所付出的成本之差。所获得的利益包括产品质量、服务、形象、人员等利益；所付出的成本包括货币成本、时间成本、体力成本和精力成本等。反映了顾客对利益与所付出的成本之间比较的认知，而顾客最希望购买到"物美价廉"的产品，即以最低成本获得最大价值，因此当顾客认知价值高时，就会"满意"，反之，则"不满意"。

企业应加强对顾客认知价值的理论研究与实践研究，从而提升企业在市场中的竞争实力。

📶 知识链接

顾客让渡价值

顾客让渡价值是用来衡量顾客满意度的，顾客让渡价值越大，顾客越满意。

顾客让渡价值＝顾客总价值－顾客总成本

＝（产品＋服务＋售货人员＋形象）－（货币＋时间＋体力＋精力）

2. 效用

效用指消费者对产品实现其满足程度的整体能力的评价。消费者常会从产品价值和所支付的成本两方面来综合评价产品的效用，从而做出是否购买的决定。

3. 满意

满意指当人的欲望得以实现时，所得到的幸福、快乐的感觉，是一种心理状态。这种心理状态无法用客观具体的标准进行衡量，而满足的程度也会因人而异，但是人们获得最大满足的经济学原则是一定的，即以最小的代价，获得最大的满足。

（四）交换与交易

1. 交换

交换是以提供某种东西作为回报与他人换取所需物品的过程。人们通过交换来满足各自的需要或欲望。而对于企业来说，只有通过交换，在满足消费者需求的同时才能实现产品或服务的价值，同时获得利润。因此，交换是市场营销的核心。

2. 交易

交易指交换过程中双方达成协议、实现价值交换的过程，也是交换的基本组成单位。因此，交易是达成意向的交换，是市场营销活动的直接目的。

（五）市场营销者

市场营销者，指希望从别人那里取得资源并愿意以某种有价值的东西作为交换的人。也就是说，在交换双方，如果一方比另一方更主动、更积极地寻求交换，我们就将前者称为市场营销者，将后者称为潜在顾客。市场营销者可以是卖方，也可以是买方。当买卖双方都表现积极时，我们就把双方都称为市场营销者，并将这种情况称为相互市场营销。

【实训任务】

保健品乱象严重

保健品乱象调查:不少产品靠忽悠赚钱,部分效果明显的保健品系非法添加有害成分。记者调查发现,近年来,火热的保健品市场背后,是大量保健品依靠炒作概念、夸大宣传等占领市场,成本和研发费用则只占很小比例。保健品"伪装"成药品、普通食品以号称有保健功能等现象层出不穷,不少产品靠"忽悠"蒙骗消费者赚取暴利。而一些表面上效果明显的保健食品,实际上是非法添加了一些对人体有害的违禁成分。特别是减肥类保健食品,很多都非法添加西布曲明、酚酞等违禁药物,消费者食用后短期内体重迅速下降,但长期食用副作用十分明显。

安徽省食品药品监督局有关专家说,保健食品只有辅助治疗的功效,但为了吸引眼球,一些企业和经销商大肆宣称其治疗效果优于专门药物并且无副作用。

患者迷信保健品以致延误治疗并非个案,近年来一些晚期肿瘤患者把一些夸大其词的保健品当作"救命药",耗尽家财大量购买,甚至人去世了保健品还没吃完。

近年来,一些针对老年人举办的免费"健康讲座"不断增多,实际上就是给老年人"洗脑"。保健品的营销策略也从"广而告之"升级为专门针对老年人的精准"忽悠"。

"老人被'洗脑'之后,儿女阻止买保健品就是不孝顺。"安徽一家三甲医院药剂科主任告诉记者,连她都无法阻止父母去听所谓的健康讲座、购买保健品。对于买得特别多的"会员",保健品公司会授予他们一些"职务",邀请他们当嘉宾坐在讲座主席台上,或带他们去旅游,从高额利润里挤出一点小甜头让老人深陷迷局。

谈到保健品市场存在的问题,不少业内人士颇为忧心。"药品需要通过严格的临床测试,如果保健食品真的有如此奇效,那企业还生产药品干什么?"一位药剂科专家告诉记者。

专家称,消费者无法从外观、口感等判断保健品质量和功能优劣,因此广告和推荐就成了选择保健品的"指南"。而企业有法不依、有关部门执法不严,都让保健品行业陷入靠吹牛赚暴利的恶性竞争中。

相关专家认为,对于保健品行业,需要政府有关部门加大监管和引导力度。同时,行业和企业更需要加强自律,建立以质取胜的良性竞争规则。此外,提高全民健康常识、让消费者不盲目迷信保健品也是当务之急。

【实训问题】

1. 保健品与药品有何区别?
2. 案例中的"忽悠式"营销是否与市场营销内涵相一致?为什么?
3. 从市场营销过程分析,案例中的保健品营销属于市场营销的哪个过程?
4. 从医药市场类型角度分析,案例中涉及哪些类型的医药市场?

【小结】

市场不仅指具体的交易场所,而且指所有卖者和买者实现商品转让的交换关系的总和,是各种错综复杂的交换关系的总体。市场营销则是个人和群体通过创造并同他人交换产品和价值,以满足需求和欲望的一种社会过程和管理过程。其核心是交换,目的是满足需求和欲望。

市场营销是企业最重要的职能。医药市场营销是个人和医药组织通过创造并同他人交换医药产品和价值以满足需求的一种社会管理过程。医药产品是特殊商品,医药市场营销与一般营销在营销人员、营销对象、营销终端、营销法规方面的特点均不同。医药市场可以用不同的分类原则分为不同的市场;医药市场营销的主要相关概念有需要、欲望、需求、产品、价值、市场营销者。医药市场营销是医药企业最基本的职能,不同于推销。

【能力检测】

1.简述医药市场营销的含义及其特点。
2.什么是市场营销? 市场营销与推销有哪些区别?

（王　力）

模块二　认知企业经营观念

【模块解析】

企业经营观念是企业经营者在其所处的特定社会条件下,为了更有效地实现企业的经营目标和保证企业的生存和发展,在实践中逐渐产生和形成的。通过本模块的学习和训练,使学生熟悉企业经营观念的基本概念和发展历史,会运用现代营销观念分析企业的实际经营活动并能提出针对性建议。

【知识目标】

◆ 掌握企业经营观念及相关基本概念。
◆ 熟悉现代企业经营观念。
◆ 了解传统企业营销的发展进程。

【能力目标】

◆ 能够建立现代企业的经营观念。
◆ 学会运用营销相关理论分析企业经营活动。

【案例导读】

某公司发展经营历程

某公司成立于1995年,公司初创时产品的思路是"广告+功能"。

2001年,公司将产品定位从强调产品功效的模式转变成基础营养模式,专注做膳食营养补充剂。此后,公司慢慢发展壮大,成为国内首屈一指的企业。回顾其发展历程,可分成四个阶段。

第一阶段:2002—2006年,建立以药店、商超为主的线下销售渠道

该公司是国内为数不多一直坚持在药店渠道上发展的保健食品企业。2002年,公司转型做膳食营养补充剂的时候,发挥自身优势,进行差异化竞争,迅速抢占非直销领域空白渠道。

第二阶段:2006—2012年,品牌推广,树立渠道知名品牌

药店渠道上的大力扩张也成了该公司早期发展的主要动力。该公司的药店终端数从2007年的3415个大幅提升至2010年的近10 000个、2012年近20 000个。产品覆盖的国内百强药店数从2007年的20个迅速增至2010年的83个,并在2012年达到96个,百强商超数从1个上升至50个。至此,公司树立了国内膳食营养补充剂非直销领域渠道网络的领先优势。

第三阶段:2012—2016年,渠道知名品牌向大众知名品牌过渡

渠道野蛮式增长遭遇瓶颈。2014年伊始,公司主动削减了数十家渠道精细化工作不到位、存在网上串货现象的经销商,并调整了经销商考核KPI(不再将新开店数目纳入考核KPI,侧重同店考核),以建立更为良性的渠道系统,缓解前期粗放发展所带来的渠道不景气,致使2014年整体开店速度下滑,收入增速不达预期的问题。

2015年的开局并不顺利,该公司寄希望于大健康产业的发展,投资了掌上医院和基因检测等公司,但这些投入在短期内未见明显效益。

其次,公司集中推出中药材产品"无限能",定位重要贵细品类;互联网产品"每日每加",是定位于都市年轻人群的蛋白质粉、维生素等制剂。

2015年7月,公司推出第一期核心管理团队持股计划,期望推动核心管理团队从"经理人"向"合伙人"的思维转变,主动承担公司长期成长责任。

第四阶段:2017至今,大单品战略和电商品牌化战略

这一阶段公司实行大单品战略。将旗下的某品牌改由经销商推广和销售,实现资源聚焦,以优势品牌高增长带动主品牌增长。该优势大单品战略的成功和在电商渠道的快速增长,使公司重回高速增长期。公司提出与实施"电商品牌化"策略。年初公司成立电商部门并投入专项费用加强支持,推出近20个专供线上的普通食品,由于该公司主品牌线上、线下同价,专供产品推出后,线上促销的灵活性大幅提升了主品牌线上产品销售的增速。

创业以来,在外部环境出现波动的情况下,该公司通过自身战略多次调整,收入、利润逐渐恢复,磨炼和验证了公司本身优秀的渠道掌控和管理能力。

【实践与探索】

1.企业如何应用互联网进行营销活动?

2.实施电商品牌化战略需要考虑哪些方面?

一、认知传统企业经营观念

企业经营观念是企业在策划和实践经营管理活动时所遵从的指导思想和行为准则,贯穿于整个市场营销活动的过程之中,是一切经营管理活动的出发点。简而言之,企业经营观念就是一种指导思想、一种根本态度和一种思想方法。市场营销学的产生和发展就是企业经营观念不断演变与更新的过程,企业经营观念的更新带动着企业市场经营活动的发展和进步。与此同时,企业经营观念是伴随着一定的经济基础产生的,并随着社会经济的发展和营销环境的变化而不断演变。

(一)认识生产观念

生产观念是一种传统的经营思想,在供给相对不足、卖方竞争有限的条件下,一直支配着企业的生产经营活动。生产观念的核心是以生产者为中心,具体表现为企业生产什么就销售什么,生产多少就销售多少,是一种典型的"以产定销"的理论。这种观念认为企业应把注意力主要集中在企业内部的生产问题上,企业的主要任务是扩大生产经营规模,增加供给并努力降低成本和售价。企业对市场的关心,主要表现在关心市场上产品的有无和产品的多少,而不是市场上消费者的需求。这种观念是在商品供不应求时期的一种古老观念。

知识链接

生产指人们创造物质财富的过程。在经济学中,生产指将投入转化为产出的活动,或是将生产要素进行组合以制造产品的活动。生产要素主要有:劳动(包括各种不同工作性质的人,

如电工、秘书、医生等所提供的劳务）；土地（包括地上和地下的一切自然资源，如矿藏和树木等）；资本（指在生产过程中被生产出来的，并被用于进一步生成的物品，即所有的投入，如机器、工具等）。

（二）认识产品观念

产品观念同样产生于市场产品供不应求的"卖方市场"，以生产为中心。产品观念指企业不是通过市场分析开发相应的产品和品种，而是把提高质量、降低成本作为一切活动的中心，以此扩大销售、取得利润的经营指导思想。产品观念认为，消费者最喜欢高质量、多功能和具有某种特色的产品，企业应致力于生产高值产品，并不断加以改进。

▋▊▋ 知识链接

产品的定义：向市场提供的引起注意、获取、使用或者消费，以满足欲望或需要的任何东西。狭义概念指被生产出的物品；广义概念指可以满足人们需求的载体。

产品的"整体概念"指人们向市场提供的能满足消费者或用户某种需求的任何有形物品和无形服务。消费者购买的不只是产品的实体，还包括产品的核心利益（即向消费者提供的基本效用和利益）。产品的实体称为一般产品，即产品的基本形式，只有依附于产品实体，产品的核心利益才能实现。期望产品是消费者采购产品时期望的一系列属性和条件。附加产品是产品的第四层次，即产品包含的附加服务和利益。产品的第五层次是潜在产品，潜在产品预示着该产品最终可能的所有增加和改变的利益。

（三）认识推销观念

推销观念产生于20世纪20年代末至50年代前，是为许多企业所采用的另一种观念，表现为"我卖什么，顾客就买什么"。消费者通常表现出一种购买惰性或抗衡心理，如果听其自然的话，消费者一般不会足量购买某一企业的产品。因此，企业必须积极推销和大力促销，以刺激消费者大量购买本企业产品。推销观念在现代市场经济条件下被大量用于推销那些非渴求物品，即购买者一般不会想到要去购买的产品或服务。许多企业在产品过剩时，也常常奉行推销观念。

▋▊▋ 知识链接

从广义的角度讲，推销是由信息发出者运用一定的方法与技巧，通过沟通、说服、诱导与帮助等手段，使信息接收者接受发出者的建议、观点、愿望、形象等的活动总称。

从狭义的角度讲，推销指企业营销组合策略中的人员推销，即企业推销人员通过传递信息、说服等技巧与手段，确认、激活顾客需求，并用适宜的产品满足顾客需求，以实现双方利益交换的过程。

推销是一个古老的名词，是人们所熟悉的一种社会现象，它是伴随着商品交换的产生而产生、伴随着商品交换的发展而发展的。它是现代企业经营活动中的一个重要环节，渗透在人们的日常生活之中。推销就其本质而言，是人人都在做的事情。人类要生存，就要交流，而正是在交流中彼此展示着自身存在的价值。世界首席保险推销员齐藤竹之助在几十年的实践中总结出的经验是"无论干什么都是一种自我显示,也就是一种自我推销"。

二、认知现代企业经营观念

传统的市场营销理论往往把营销目标作为企业经营的唯一目标,唯订单至上,甚至不惜损害消费者的利益。现代企业经营观念呈现目标多元化的趋势,不仅追求销售的商品数量,还追求产品的高质量,企业的经营观念也发生了转变,从单一的销售目标转变为多目标的市场营销,从以物为本的营销转变为以人为本的营销,从静态营销转变为动态营销等。现代消费者的需求发生了变化,不但消费能力增强,而且消费观念改变,消费层次提高,这种变化要求企业的营销观念由传统的被动式变为主动式,充分发挥企业的主观能动性,创造需求。

(一)认识市场营销观念

市场营销作为一种计划或者执行活动,其过程包括对一个产品或一项服务的研发、生产、定价、销售和流通等活动。其是在以顾客需求为中心的理念指导下,企业所进行的有关产品生产、流通和消费等与市场相关的一系列经营管理活动。这种观念是以消费者需求和欲望为导向的经营哲学,是消费者主权论的体现。该观念认为,实现企业目标的关键在于正确确定目标市场的需求和欲望,一切以消费者为中心,并且比竞争对手更有效、更有利地传送目标市场所期望满足的东西。

市场营销观念的产生是市场营销哲学的一次质的飞跃和革命,它不仅改变了传统旧观念的逻辑思维方式,而且在经营策略和方法上也有很大突破。它要求企业营销管理贯彻"顾客至上"的原则,将管理重心放在善于发现和了解目标顾客的需求上,并千方百计去满足它,从而实现企业目标。因此,企业在决定其生产经营时,必须进行市场调研,根据市场需求及企业本身条件选择目标市场,组织生产经营,最大限度地提高顾客满意程度。

📚 知识链接

营销组合理念的演变

市场营销组合这一概念是由美国哈佛大学教授尼尔·鲍顿于1964年最早采用的,按照这个定义,市场营销组合指为了达到既定的市场营销目标,企业对"营销变量"(营销要素)进行有效的优化组合。他认为市场需求在某种程度上受"营销变量"的影响,为了寻求一定的市场反应,获得最大的利润,企业要对这些变量进行有效的组合。随着市场营销观念的演变和发展,市场营销组合理论的发展大致经历了"4P""4C"和"4R"三个阶段。

4P:1960年麦卡锡在其著作《基础营销学》一书中提出了著名的组合理论,第一次将企业的市场营销要素归结为四个基本营销策略的组合:产品(product)、价格(price)、渠道(place)、促销(promotion)。该组合以满足市场需求为目标,可以说是当今世界上影响最为深远的一种模式,被奉为营销理论中的经典,对市场营销理论和实践活动产生了深刻的影响。

4C:1990年,美国劳特朋教授提出了著名的4C理论,即顾客(consumer)、成本(cost)、方便(convenience)、沟通(communication)。它改变了传统以生产者为中心的理论观念,指出企业应站在消费者的角度来关注消费者的需求,通过与消费者的沟通和交流,充分倾听顾客的意见,为消费者在经营活动过程中提供便利,满足消费者的欲望与需求,从而培养消费者的忠诚度。

4R:21世纪初,艾略特·艾登伯格在其《4R营销》一书中提出了4R理论,组合包含了新的市场营销四要素:关联(relevance)、反应(reaction)、关系(relation)、回报(retribution)。4R理论以关系营销为核心,重在建立顾客忠诚。它既从厂商的利益出发又兼顾消费者的需求,是一个更为实际、有效的营销制胜术。其主要内容包括:与顾客建立联系、提高市场反应速度、与顾客建立长期而稳固的关系、回报是营销的源泉等观点。

(二)认识社会市场营销观念

社会营销观念是一种更先进的以社会长远利益为中心的市场营销观念。社会营销观念认为,企业提供的产品和服务不仅要满足消费者目前的需求,而且要符合整个社会的长远利益,充分保障社会的最大福利。20世纪70年代以来,社会环境不断恶化、资源日趋短缺、人口暴增等问题不断涌现,面对这种严峻的形势,西方学者提出"人性观念""绿色消费观念"等新的营销观念。药品作为特殊的商品,与人们的生命健康息息相关,医药企业更应该贯彻社会市场营销的新观念,承担社会责任,兼顾企业、消费者、社会的共同利益。

(三)认识优势市场营销观念

优势市场营销观念又叫生态市场营销观念,指企业要根据市场需求和自身资源特点,在企业资源范围限度内最大限度地满足消费者需求。这一观念倡导企业内部资源与外部环境的协调和配合,既要求企业避免资源浪费,又要避免超出企业的能力范围。

优势市场营销观念是强调市场需求与企业资源相一致的经营指导思想,借鉴了生态学中"适者生存"的原理。自然界中的各种生物如果能根据自身的生存能力,各取所需地寻找到所适合的生存环境和生存方式,就能生存下来,并得到持续发展。而有些生物若无法寻找到适合的生存环境和生存方式,同时又不能调整自身的生存能力,最终会被自然界淘汰。

每个企业在经营过程中,都应该寻找自己独有的竞争优势,将这种企业优势发挥于满足消费者需求中,且在其经营过程中,要做到只做企业资源和能力范围内的业务,超出资源限度而去满足消费者的需求是不理智、不现实的,也会影响到企业的整体发展。

于是,企业营销者发现,只考虑市场需求这一层面且不断寻求满足需求的途径,这一思想是不科学的,且思考问题的角度是不全面的。企业在经营过程中,在考虑市场需求的同时,还应考虑企业满足市场需求的资源和能力。实践证明,企业若不量力而行,去做自己做不到(或不占优势)的事情,结果很可能会失败,甚至整个企业会因此"倒塌",于是就产生了"优势市场营销观念"。

【实训任务】

改进营销策略训练

实训目的

使学生切实掌握传统营销与现代营销的区别,感受营销策略变化对企业的影响,能在传统落后的营销手段的基础上进行改进和完善,以更好地适应市场的需求与变化,为后续营销知识的学习奠定基础,同时提高学生的学习兴趣,逐步锻炼其查阅资料、独立分析问题、解决问题的能力。

实训内容

某公司计划推出一款新的感冒药来代替以前的产品,通过市场调查发现,目前市场占有率比较高的产品有新康泰克和泰诺。在这两个品牌中,新康泰克凭借其独有的缓释胶囊技术,建立了全国强势品牌,其广告是"早一粒、晚一粒,远离感冒困扰",在当时普遍6小时吃一次的感冒药中,确立了"长效"定位;泰诺则依赖"30分钟缓解感冒症状"诉求成功,其定位于"快效",与新康泰克针锋相对。面对强大而又被消费者所广泛认同的竞争对手,该公司的感冒药如何进入市场?

实训要求

1.分组讨论,8～10人为一组,确定组长。

2.查阅课本知识或课外资料。

3.分组讨论20分钟。

4.组长根据组员讨论结果,总结发言10分钟。

5.分组发言,其他组可以提出质疑,15分钟。

实训步骤

1.进行感冒药产品的查阅及市场资料收集。

2.根据查阅或收集的资料对感冒药传统营销策略进行分析。

3.根据所学知识,结合现代营销观念,对该公司感冒药营销策略进行改进和完善。

4.小组选派代表结合分组讨论及查阅的资料,对本次实训进行汇报。

实训考核的内容和标准

教师明确实训目的和要求,适时指导实训,学生分组组织开展实训,实训结束后进行交流,师生共同评价工作成果。考核内容见下表所示。

考核项目	考核标准	分数	得分
资料准备	能正确查阅相关资料	20分	
分析市场信息	能正确分析感冒药的市场情况	20分	
策划营销方案	能设计感冒药的营销策略,无明显缺陷	20分	
实训报告	能对实训内容进行良好汇报	20分	
团结协作	组内成员分工合理,团结合作	20分	
合计		100分	

【小结】

本部分内容主要介绍了传统企业经营观念和现代企业经营观念。其中,传统企业经营观念包括生产观念、产品观念、推销观念;现代企业经营观念包括市场营销观念、社会市场营销观念、优势市场营销观念,以及市场营销的新进展,包括关系营销、绿色营销、网络营销、DTC与DFC营销和文化营销。

【能力检测】

1.传统营销观念主要分为哪几种?

2.简述市场营销的含义。

3.简述几种现代营销观念的思想。

(程 芬)

模块三 认知市场营销的产生和发展

【模块解析】

在近百年的市场营销发展的历程中,市场营销的理论与实践经过了不同的历史阶段,理论体系不断完善,实践运用不断丰富。本模块将带领大家了解在人类社会进步过程中,市场营销的发展与表现。

【知识目标】

- ◆ 掌握市场营销的产生与发展历程。
- ◆ 掌握影响市场营销产生和发展的因素与各个阶段的特点。
- ◆ 了解市场营销扩展阶段的表现形式。

【能力目标】

- ◆ 掌握市场营销的产生和发展的背景与表现,学会分析不同阶段的特点。
- ◆ 掌握市场营销扩展阶段的表现,学会运用新的市场营销理念与模式。

【案例导读】

医药新营销:药企直供模式解读

直供模式,就是制药企业绕过医药流通商业,直接向医院、药店等供应药品的模式,由于砍掉了中间环节,表面上节约了很多中间费用,可以使药价降低。

药品直供模式目前有三种:

第一种是制药企业为单体药店直供

制药企业为单体药店直供是早期一些制药企业为了让单体药店终端获得更多的利润,从而更积极主动的销售制药企业的产品,所以,经过销售人员的活动推动和上门推销,单体药店直接从制药企业进购药品。这种情况下,制药企业、单体药店和销售人员获益都多于经过商业流通进货单体药店。

制药企业直接向单体药店供货,可以避免商业公司到处串货,也可以控制价格,避免不同的药店销售价格不一样。所以,过去这种向单体药店直供的模式获得了大量单体药店的支持,让直接向单体药店供货的制药企业形成了较快的发展速度,销售业绩高速增长。为了规避政策,向单体药店直接供货的制药企业会通过过票或者成立商业公司等方式解决中间流通问题。

现在,随着国家支持药店连锁化发展,很多单体药店或者倒闭,或者被收购,或者主动加盟大型连锁药店,或者一些单体药店联合起来形成新的连锁药店。直接向单体药店供货,需要庞大的销售团队,即人海战术。国家政策导向和药店行业的格局转变,让大规模直供单体药店的模式成了鸡肋。

第二种是向连锁药店供货

由于连锁药店有着覆盖较广的终端资源,也掌控着数量庞大的客户资源,他们能够直接和制药企业谈判,在带量采购的前提下,要求制药企业避开中间环节,以较低的价格直接向连锁药店指定地点供货,统一结算。

很多制药企业为了应对这种格局,纷纷成立了 KA 部,专门和连锁药店对接。但是,在这种直供中,连锁药店有很大的话语权,比如很多连锁药店要求进店费、摆放费、位置费、店庆费、促销费等,这些费用都成了连锁药店的净利润。

向连锁药店直供是很多制药企业痛并快乐的事情,快乐是连锁药店年度采购量都很大,而且基本都能完成协议指标,痛是各种费用让制药企业利润降低,苦不堪言。

第三种是直接向医院、医联体或者 GPO 供货

在以药养医的惯性经营思维下,一些地方二次议价发展很快,于是地方的一些医院或者多家医院组成的医联体和制药企业就价格进行谈判,要求制药企业在招标价格基础上降低百分点,比如深圳市在《深圳市公立医院药品供应保障制度改革实施方案(征求意见稿)》中提出降价 30% 的目标,为了达到降价目标,深圳市建立了集中采购组织(GPO)。经过二次议价谈判,医院或者医联体会要求制药企业可以直接向医院供货,从而砍掉中间环节。由于制药企业向医院、医联体或者 GPO 直供现象的出现,一些省份干脆在两票制的基础上,提出了一票制。

由于直供模式的诸多好处,现在很多大型制药企业都在布局终端,比如一些制药企业在区域收购临终端商业,这样可以直接在区域向终端供货。甚至,有些制药企业干脆延伸产业链,进入连锁药店行业或者医疗行业,以期在制药行业复合增长率整体疲软的情况下,构建新的业务体系,获得更好的企业发展。

【实践与探索】

1.直供模式,对制药企业来说有什么好处?
2.你认为哪一种模式对消费者更有利,为什么?

一、初创阶段

初创阶段指 20 世纪初到 20 世纪 20 年代末这一时期。

(一)初创阶段背景

20 世纪前,各资本主义国家经过工业革命,市场需求空前扩大,市场的基本特征是商品供不应求。1900 年以后的 20 年,是市场营销阶段的初创阶段。当时一些经济学家开始着手研究市场营销的若干问题,很快发现了工业产品中"分销"方面的难题。当时的分销概念无法描述产品或货物分配所涉及的复杂因素和相关局面。少数企业家在经营思想上,开始注意商品推销和广告内容。一些经济学家根据企业销售实践活动的需要,着手从理论上研究商品销售问题。

(二)初创阶段表现

1900—1910 年,"营销"(marketing)一词开始出现。1905 年,克洛西在宾夕法尼亚大学讲述以"产品市场营销"为名的课程,标志着市场营销首次进入大学课堂。1912 年美国哈佛大学教授赫杰特齐出版了第一本以"Marketing"命名的教科书,着重研究推销和广告等内容,这本书的问世,被认为是市场营销学作为一门独立学科产生的标志。此后,美国各大高校不约而同地开设了有关现代销售理论的讲座课程。现代市场营销学开始慢慢建立起来。

二、应用阶段

应用阶段指 20 世纪 30 年代到第二次世界大战结束这一时期。

（一）应用阶段背景

20 世纪 20 年代之后，市场营销进入了应用阶段。这时，企业所面临的问题不再是简单的扩大生产和降低成本，而是如何把已经生产出来的产品推销出去，特别是 1929—1933 年的世界性经济危机，出现生产过剩、产品销售困难、企业纷纷倒闭的尴尬局面。现实迫切需要广泛应用市场营销学，市场营销的各种观点进入社会，受到人们的重视并开始为工商企业提供服务。市场营销学开始受到了学术界和企业界的重视，各种流派的思想和研究相继出现，逐渐形成了市场营销学的基本概念和理论体系。

📚 **知识链接**

世界经济大危机

世界经济大危机又称"1929—1933 年资本主义世界经济危机"或"30 年代大危机"，指 1929—1933 年间发生的资本主义发展史上波及范围最广、打击最为沉重的世界经济危机。1929 年 10 月 24 日星期四，美国纽约股市的大暴跌，成为此次大危机的导火线。这次危机历时近五年，其间资本主义各国工业生产量剧烈下降，各国企业大批破产，失业人数激增，失业率高达 30% 以上。资本主义农业危机与工业危机相互交织激荡，农副产品价格大幅度下跌，农业生产严重衰退。同时国际贸易严重萎缩，各国相继发生了深刻的货币信用危机，货币纷纷贬值，相继废止了金本位制，资本主义国际金融陷入混乱之中。由于商品严重滞销，市场问题变得异常尖锐，主要资本主义国家争夺市场的斗争日益激烈。1933 年危机逐渐结束。此后，资本主义世界又出现了五年左右的持续萧条。这次经济大危机还加速了法西斯主义在德国、日本和意大利的发展，使这些国家走上了对期内强化军事统制、对外大肆侵略扩张的军国主义道路。

（二）应用阶段表现

1932 年克拉克和韦尔德出版《农产品市场营销》一书，整本书包括了 7 种市场营销职能：集中、储存、融资、承担风险、标准化、销售和运输。1937 年美国成立"美国市场营销协会"，其后，市场营销学在研究的深度和广度上都有了一定发展，但从未超出流通领域，人们的经营思想仍局限于推销和广告，营销理论没有获得重大突破。

三、重大变革阶段

重大变革阶段指 20 世纪 50 年代初到 20 世纪 70 年代末这一时期。

（一）重大变革阶段背景

第二次世界大战结束后，世界范围内的资本主义势力急剧衰落，一批殖民地国家摆脱了帝国主义的统治，开始走上独立自主的道路。资本主义国家开始把急剧膨胀的军事工业转向民用工业，尤其是战后科技革命的发展，社会生产力空前提高，经济迅速发展。世界市场形式开始发生急剧变化。在战争中膨胀起来的美国大企业集团及其过剩的生产产能急需寻找新的出路,市场竞争日益激烈。这种情况下,原来的市场营销理论和实务,已经不能完全适应企业市场营销活动的需要。一股整合营销理论的浪潮随之而来。

(二)重大变革阶段表现

在这一时期,市场营销理论出现重大突破,现代市场营销观念及一整套现代企业经营战略和方法应运而生。在西方国家,有人把这一变化称为"营销革命",它迫切要求企业把市场在生产过程中的位置颠倒过来。市场需要成为生产的终点,即企业通过对消费者的了解来生产商品,进而使消费者实际参与企业的生产计划、投资计划、研究计划的制订。这种新的理论不仅导致销售职能的扩大和强化,而且促使企业组织结构出现了新的变化。由此,市场营销学的地位空前提高。

1960年麦卡锡的《基础市场学》的出版,对市场营销学的发展产生了深远的影响。20世纪70年代之后,市场营销学开始逐步与消费者行为学、心理学、社会学、统计学等学科相结合,市场营销学开始走向成熟阶段。

四、扩展阶段

扩展阶段指1966年至今。

(一)扩展阶段背景

第三次科技革命之后,新技术革命使物质生产部门进一步专业化和协作化,消费水平进一步提高,消费结构发生了很大变化,企业逐步将第一、第二产业转移到第三产业。第三次科技革命使制造业内部更进一步专业化、细分化。电子商务的广泛发展,企业营销和营销策略发生了巨大变化。营销管理已经从以满足消费者需求为导向的营销观念,转向以满足消费者的注意力为导向的新的营销观念。1983年西奥多·莱维特提出了"全球营销"概念;1985年巴巴拉·本德·杰克逊强调了"关系营销",1986年菲利普·科特勒提出了"大市场营销"的概念,20世纪90年代,一系列新的营销概念陆续出现。

(二)扩展阶段表现

1.大市场营销

大市场营销又称6P策略,是在传统市场营销组合策略(4P)基础上,又增加了两个P,即权力(power)和公共关系(public relations)。大市场营销主要用于企业准备进入具有一定贸易壁垒的区域市场,可以在国际贸易中使用,也可以在一个国家内具有保护色彩的不同区域市场中使用。大市场营销是为了成功地进入特定市场,并在那里从事业务经营,在战略上协调使用经济的、心理的、政治的和公共关系等手段,以获得各有关方面(如经销商、供应商、消费者、市场营销研究机构、有关政府人员、各利益集团及宣传媒介等)的合作及支持。

2.全球营销

全球营销指企业通过全球性布局与协调,使其在世界各地的营销活动一体化,以便获取全球性竞争优势。全球营销有三个重要特征:全球运作、全球协调和全球竞争。因此,开展全球营销的企业在评估市场机会和制订营销战略时,不能以国界为限,而应该放眼于全球。全球采用统一的标准化营销策略,应用前提是各国市场的相似性,具有规模经济性等优点。

3. 绿色营销

绿色营销指企业以环境保护为经营指导思想,以绿色文化为价值观念,以消费者的绿色消费为中心和出发点的营销观念、营销方式和营销策略。它要求企业在经营中贯彻自身利益、消费者利益和环境利益相结合的原则。

📚 营销案例

同仁堂提升中药的"绿色指数"

在全球性的以保护人类生态环境为主题的"绿色浪潮"中,消费者逐步意识到其生活质量、生活方式正在受到环境恶化的严重影响。因此,人们日益强烈的绿色消费欲望不仅对现代企业生产,还对现代企业营销提出了挑战。在绿色浪潮的冲击下,同仁堂进一步加快了中药GAP研究,围绕消费者的绿色需求制订生产研发计划,严格实施药品国际质量认证标准。据悉,同仁堂已计划专门建立10个品种的绿色药材种植基地,在环境、土壤、施肥等一系列环节实施深度控制,从原料药入手解决中药材的农药残留、重金属、有效成分含量等问题。企业拟以源头上的"绿色原料"为基础,确保产品的"绿色属性",最大限度地保证药材内在质量的可行性和稳定性,全面提升中药的"绿色指数",从而使中华医药瑰宝在国际市场大放异彩。

4. 关系营销

关系营销(relationship marketing)的讨论和实践始于20世纪80年代。1983年,美国营销学者贝瑞最早提出关系营销的概念,他指出"关系营销就是吸引、保持顾客和增强客户关系"。关系营销以系统论为基本指导思想,将企业置身于社会经济大环境中考察企业的市场营销活动,认为企业营销乃是一个与消费者、竞争者、供应商、分销商、政府机构和社会组织发生互动作用的过程。关系营销的基本思想是"更好地了解你的顾客(客户、公众等)就能更好地满足他们的需求和欲望",它的最终目的是通过正确处理这些个人、组织与企业的关系,实现企业持续发展。它符合现代企业的营销实践活动,一经产生就获得企业界的广泛响应,并得到了迅猛发展。

关系营销把营销活动看成是一个企业与消费者、供应商、分销商、竞争者、政府机构及其他公众发生互动作用的过程,其核心是建立和发展与公众的良好关系。

5. 服务营销

服务营销是企业在充分认识消费者需求的前提下,为充分满足消费者需求在营销过程中所采取的一系列活动。服务作为一种营销组合要素,真正引起人们的重视是在20世纪80年代后期。这时期,由于科学技术的进步和社会生产力的显著提高,产业升级和生产的专业化发展日益加速,一方面使产品的服务含量即产品的服务密集度日益增大,另一方面,随着劳动生产率的提高,市场转向买方市场,消费者随着收入水平的提高,他们的消费需求也逐渐发生变化,需求层次也相应提高,并向多样化方向拓展。

6. 直复营销

直复营销(direct response marketing)是个性化需求的产物,是传播个性化产品和服务的最佳渠道。美国直复营销协会(ADMA)的营销专家将它定义为"一种为了在任何地点产生可以度量的反应或达成交易而使用一种或几种广告媒体的互相作用的市场营销体系"。

知识链接

直复营销的起源

直复营销起源于邮购活动。1498 年，阿尔定出版社的创始人阿尔都斯·马努蒂乌斯（Aldus Manutius）在意大利威尼斯出版了第一个印有价目表的目录。这被普遍认为是最早有记载的邮购活动。1667 年，威廉·卢卡斯（William Lucas）在英国出版了第一个园艺目录。后来，邮购活动在美国、意大利、英国等地有了一定的发展。到了 1926 年，谢尔曼（Sherman）和沙克海姆（Sackheim）在美国创办了第一个现代图书俱乐部——月月图书俱乐部（The Book of the Month Club）。他们开始运用免费试用方式，即先向消费者寄书，直到消费者不再订购或者不再付款为止。这与传统的先收款后寄书的方式截然不同。这也是营销人员试图测量顾客终身价值（lifetime customer value）的首次尝试，世界第二大直接反应公司——伟门营销顾问公司（WCJ）的创办人莱斯特·伟门说："生产商 90％ 的利润来自回头客，只有 10％ 来自零星散客。少损失 5％ 的老顾客便可增加 25％ 的利润。"因此，从战略上讲，企业必须明确自己是要侧重于争夺市场份额，还是要保持顾客或培养忠诚度。据专家分析，面临激烈的市场竞争，维持一个老顾客所需的成本是寻求一个新顾客成本的 0.5 倍，而要使一个失去的老顾客重新成为新顾客所花费的成本则是寻求一个新客户成本的 10 倍。如何把传统广告投放到"得到的客户"保持下去，并转化为忠实客户是进行直复营销的一个重要目的。

7. 网络营销

网络营销是 21 世纪最有代表性的一种低成本、高效率的全新商业形式，包括 B2B、B2C、C2C 等形式，是以互联网为核心平台，以网络用户为中心，以市场需求和认知为导向，利用各种网络应用手段去实现企业营销目的的一系列行为。虽然网络营销以互联网为核心平台，但也可以整合其他的资源形成整合营销，比如销售渠道促销、传统媒体广告、地面活动等。互联网拥有其他媒体都不具备的综合营销能力，网络营销可进行从品牌推广，到销售、服务、市场调研等一系列的工作，包括电子商务、企业展示、企业公关、品牌推广、产品推广、产品促销、活动推广、挖掘细分市场、项目招商等方面。这里所指的网络不仅包括互联网（Internet），还应该包括外联网（Extranet）以及内联网（Intranet），即应用互联网技术和标准建立的企业内部信息管理和交换平台。

知识链接

五种常见的电子商务模式

B2B（business to business），企业与企业之间的电子商务。B2B 方式是电子商务中应用最多和最受企业重视的形式，企业可以使用 Internet 或其他网络对每笔交易寻找最佳合作伙伴，完成从定购到结算的全部交易行为。其代表是阿里巴巴电子商务模式。

B2C（business to consumer），企业与消费者之间的电子商务。B2C 是消费者利用因特网直接参与经济活动的形式，类同于商业电子化的零售商务。随着因特网的出现，网上销售迅速发展起来。

C2C(consumer to consumer)，消费者与消费者之间的电子商务。C2C 商务平台就是通过为买卖双方提供一个在线交易平台，使卖方可以主动提供商品上网拍卖，而买方可以自行选择商品进行竞价。其代表是 eBay、淘宝电子商务模式。

C2B(consumer to business)，消费者与企业之间的电子商务。C2B 通常情况为消费者根据自身需求定制产品和价格，或主动参与产品设计、生产和定价，产品、价格等彰显消费者的个性化需求，生产企业进行定制化生产。

O2O(online to offline)，线上与线下相结合的电子商务。O2O 通过网购导购机，把互联网与地面店完美对接，实现互联网落地。让消费者在享受线上优惠价格的同时，又可享受线下贴心的服务。

8. 知识营销

知识营销指向大众传播新的科学技术以及它们对人们生活的影响，通过科普宣传，让消费者不仅知其然，而且知其所以然，重新建立新的产品概念，进而使消费者萌发对新产品的需求，达到拓宽市场的目的。随着知识经济时代的到来，知识成为发展经济的资本，知识的积累和创新，成为促进经济增长的主要原动力。因此，作为一个企业，在搞科研开发的同时，要想到知识的推广，使一项新产品研制成功的市场风险降到最小，而要做到这一点，就必须运用知识营销。

9. 体验营销

体验营销指通过看(see)、听(hear)、用(use)、参与(participate)的手段，充分刺激和调动消费者的感官(sense)、情感(feel)、思考(think)、行动(act)、关联(relate)等感性因素和理性因素，重新定义、设计一种思考方式的营销方法。这种思考方式突破传统上"理性消费者"的假设，认为消费者消费时是理性与感性兼具的，消费者在消费前、消费中和消费后的体验才是购买行为与品牌经营的关键。

10. DTC 营销与 DFC 营销

DTC(direct to consumer)营销指直接面对消费者的营销模式，它包括任何以终端消费者为目标而进行的传播活动，它与传统媒体(如电视广告等)的传播方式相比，优势主要体现在更接近消费者，更关注消费行为的研究，更重视消费者生活形态的把握。DTC 营销模式作为营销理论很早就被提出，很多操作的手法就是 DTC 营销模式的体现，比如针对消费者宣传的印刷品投递、会员活动、产品网站等。

DFC(direct from consumer)营销是新型的促销方式。患者对药品的看法和体验将直接影响医生未来的处方习惯和药品选择；同时，企业也将据此来调整不同地区或市场的促销活动。从某种意义上来说，DFC 营销是一种双向的 CRM(customer relationship management)系统，它可以同时满足患者、医生和企业的需求，从而实现医药市场"三方共赢"的局面。

据美国艾美仕市场研究公司(IMS Health)的统计数据，DFC 营销使新药的医生处方量比原先增加了 24%～110%。目前，DFC 营销活动多集中在那些用于治疗患者高度关注病情缓解程度和生命质量的疾病的新药，比如类风湿关节炎(RA)、多发性硬化症(MS)、阳痿以及止痛药品等。

【实训任务】

某艾灸养生馆的体验营销策略

实训目的

1.分析消费者消费行为中的理性与感性因素。

2.分析产品和服务的外延价值。

3.理解消费者体验与品牌经营的关系。

4.训练体验营销的整体思维与策略。

实训内容

设计某艾灸养生馆的体验营销策略与措施。

实训步骤

1.教师安排实训任务,提出实训目标和实训要求;每个班级分成若干小组,从艾灸养生馆的感官体验策略、情感体验策略、思考营销策略、行动营销策略、关联营销策略等方面思考设计方案。

2.学生以小组为单位,做好终端市场的实际走访、文献资料的调研等信息资料的收集和整理及相关记录,教师指导并监控整个信息收集过程。

3.以实训小组为单位分析某艾灸养生馆的体验营销现状,形成分析报告。

4.小组讨论,形成营销策略的方案。

实训体会

通过实训,了解消费者消费过程中的情感影响因素,学会在分析的基础上设计体验营销的主要策略与措施。

实训作业

1.以每个分组为单位分别提交现状分析报告。

2.以实训小组为单位,撰写渠道设计方案。

3.以PPT形式呈现。

实训考核的内容和标准

每个分组提交的分析报告	撰写策略设计方案	PPT呈现
30分	50分	20分

【小结】

本部分介绍了市场营销产生与发展的基本历程,主要分为初创阶段、应用阶段、重大变革阶段和拓展阶段。阐述了每个阶段所处的历史时期、背景和表现,重点介绍了拓展阶段的表现形式,包括大市场营销、全球营销、绿色营销、关系营销、服务营销、直复营销、网络营销、知识营销、体验营销、DTC营销与DFC营销。

【能力检测】

1.市场营销学各发展阶段彼此间的相关性有哪些?

2.市场营销学扩展阶段的表现有哪些?

3.市场营销学的发展趋势是什么?

(王 力)

项目二　医药市场营销分析技术

【项目简介】

医药市场营销分析技术包括医药市场营销环境分析、医药消费者购买行为分析、医药竞争者分析三个方面。

企业的市场营销活动是在一定环境下展开的,医药市场营销的第一项分析技术即是对营销环境的分析;而"顾客"和"竞争者"作为市场营销的两个导向,医药消费者购买行为分析技术和竞争者分析技术也至关重要。

【项目案例】

带量采购降价超预期

2018年12月,上海某医药采购平台公布"4+7"城市药品集中采购拟中标结果,31个带量采购品种最终有25个中标、6个弃标。从中标价格来看,降幅超过之前市场预期(降价30%～40%)。其中降价幅度在70%以上的有10个,降价幅度在40%～70%的有8个,降价幅度小于40%的仅有7个。25个品种中原研药仅3个中标,占比12%;而仿制药有22个,占比88%,仿制药替代作用明显。

本次31个带量采购品种有6个最终未中标,根据《4+7城市药品集中采购文件》,不参加或不接受议价谈判结果的,均做流标处理,且将影响该企业在试点地区所涉药品的集中采购。但文件对于流标品种的具体处理措施并不明确。

目前只有上海地区出台的补充文件针对未中标品种的使用做出规定,其他地区可借鉴:①医疗机构可以继续采购使用未中标品种,但使用量不得超过中标品种。②参与带量采购的未中标最高价品种(基本为原研品种),根据价差实现梯度降价后方可继续使用;非最高价品种,挂网价不高于调整后的最高价药品挂网价。③参与带量采购同品种企业超过3家的,不再采购不符合带量采购申报要求的品种;不超过3家的,仍可采购不符合带量采购申报要求品种,但其挂网价不高于中标价。

首次带量采购腾笼换鸟效果显著,药品支出节约近8成。根据测算,带量采购拟中标的25个品种原市场规模约78.85亿元,全部按拟中标价格计算后总市场规模仅为18.05亿元,可节约60.80亿元药品支出,节约比例高达77%。

带量采购政策设计的初衷是以价换量,利用通过一致性评价的仿制药去替代原研药,同时降低仿制药虚高价格,以节省医保资金。从首次带量采购结果来看,该政策目标取得了良好效果。目前,过期专利药在我国医药销售中占比仍在50%以上,理想情况下,带量采购全国推广节省的医保资金将达千亿级别。

【案例思考】

带量采购将对医药市场营销环境带来怎样的影响?

模块四　医药市场营销环境分析

【模块解析】

企业作为最具活力的社会组织,总是在一定的环境条件下开展市场营销活动,市场营销环境的变化深刻地影响着企业的经营活动。通过本模块的学习和训练,学生能够对市场营销环境的概念、特点及构成因素有一定的认知和理解;通过对宏观、微观环境的构成因素的学习,从而更加深刻地理解哪些环境因素能够实际地影响企业的市场营销活动;通过对环境因素的收集、分析和鉴别,应用 SWOT 分析法分析环境因素中的机会和威胁,从而及时调整企业的市场营销策略,做到趋利避害、扬长避短、适应变化、抓住机会。

【知识目标】

◆ 掌握市场营销环境的概念。
◆ 熟悉医药市场营销宏观环境、微观环境的构成因素。
◆ 了解各种环境因素对营销活动的影响。

【能力目标】

◆ 认知市场营销环境,学会对各种影响市场营销活动的环境因素进行收集、鉴别和分析。
◆ 学会 SWOT 分析方法,知晓如何应对市场环境的变化。

【案例导读】

新冠疫情影响下医药行业的机遇与挑战

2020 年 1 月 30 日,我国新型冠状病毒感染的肺炎疫情被世界卫生组织(WHO)宣布构成国际关注的突发公共卫生事件。在此次新冠肺炎疫情防治中,中医药得到了广泛的应用。在业内人士看来,中医药在防治疫情方面所显示的独特功效,有望大幅增加中成药及中药方剂的市场规模。

由于 2019 - nCoV 与 SARS 冠状病毒的同源性达 85% 以上,SARS 的疫情发展和医药行业表现的回顾对本次疫情发展具有重要的借鉴意义。结合中医药治疗非典的经验,在此次新型冠状病毒感染的肺炎疫情早期,中医药就已参与到对疫情患者的救治当中。在业内人士看来,国家卫健委发布的《新型冠状病毒肺炎诊疗方案(试行第六版)》的通知中,将包括连花清瘟胶囊、血必净注射液等药品纳入其中,对中药行业及企业形成一定利好,尤其是相关药品的生产企业。此次新冠肺炎疫情中,中医药得到了更加广泛而及时的应用,这将逐渐促成我国中药审批制度的完善,拉动中成药制造业需求增长。

此次新冠肺炎疫情暴发,带动了对静丙、白蛋白等产品的需求,使企业库存快速消耗,同时,短期内采浆工作陷入停滞对未来投浆量造成一定影响,进而导致血制品供不应求。受疫情延迟复工影响,2020 年 2 月 3 日至 9 日,仅有 14 条疫苗批签发记录;春节后第二周 2 月 10 日至 16 日,中检院批签发工作已恢复正常,该周有 120 条疫苗批签发记录,与以往正常周次基本持平。据有关机构研究预计，由于疫苗、血制品需求拉动，我国生物制药行业市场规模在短暂调整后将会迎来更快的扩张。

近几年，我国网上药店市场规模逐渐扩大。根据某网发布的《2019年度中国医药市场发展蓝皮书》显示，2018年我国实体药店和网上药店（含药品和非药品）销售规模达到6106亿元，其中网上药店的销售规模已从2013年的39亿元上升到2018年的905亿元。疫情肆虐期间，消费者足不出户，网上药店发挥了独特的作用。另外，我国的电子商务环境也为医药电商提供了坚实的基础。据测算，网上药店药品销售市场规模在2012—2018年达到64%的较高复合年增长率，预计2020年我国网上药店将保持高增长态势。

【实践与探索】

1.新冠疫情对我国医药企业带来哪些机遇和挑战？

2.医药企业如何应对疫情带来的影响？

菲利普·科特勒认为："市场营销环境是影响企业的市场和营销活动的不可控制的参与者和影响力。"从此定义可以看出，市场营销环境指一切影响、制约企业的市场和营销活动的各种内部、外部因素的总和。

医药市场营销环境指与医药企业生产经营有关的、影响企业市场与营销活动的所有客观要素的总和，是医药企业赖以生存与发展的内、外部条件。

医药市场营销环境分为宏观环境和微观环境（图4-1）。

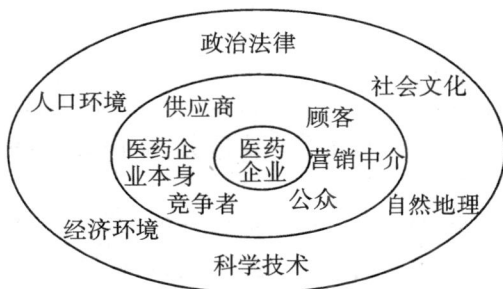

图4-1　医药市场营销环境

一、医药市场营销宏观环境分析

（一）人口环境

人口是市场的第一要素，他们是形成市场的直接购买力。人口数量决定市场规模和潜在容量，人口越多，潜在市场规模就越大。人口的性别、年龄、民族、婚姻状况、职业、出生率、死亡率、居住分布及其文化教育等特性也对市场格局产生着深刻影响，从而影响着企业的营销活动和经营管理。

1.人口规模与增长率

人口规模指一个国家或地区人口数量的多少，人口增长率指一个国家或地区人口出生率与死亡率的差，它反映了一个国家或地区人口增长速度的快慢。人口规模和增长率能够反映一个国家或地区市场规模的大小以及发展潜力。

2.人口结构

人口结构主要包括人口的年龄结构、性别结构、家庭结构、教育结构与职业结构、社会结构、民族结构。

(1)年龄结构　不同年龄的消费者对商品和服务的需求是不一样的。不同年龄结构形成了具有年龄特色的市场。例如,我国已经进入老龄化社会,诸如保健用品、营养品、心脑血管疾病相关药品、老年人生活用品市场等需求将会旺盛。

(2)性别结构　性别差异会给人们的消费需求带来显著的差别,反映到市场上就会出现男性用品市场和女性用品市场。例如,男女因为生理特征不同,在保健品市场上,男性需要壮阳类的保健食品,而女性更注重减肥、美容、有益于预防妇科疾病的保健食品。

(3)教育与职业结构　人口的教育程度与职业不同,对市场需求表现出不同的倾向。受教育程度高的消费者一般获得信息的渠道宽,知识面广,对一些新药接受能力强;相反,受教育程度越低,对新鲜事物的接受能力越慢。企业应关注人口的不同教育与职业背景,采取不同的营销策略。

(4)家庭结构　家庭是商品购买和消费的基本单位。一个国家或地区的家庭单位的数量以及家庭平均人员的数量,可以直接影响到某些消费品的需求数量。目前世界上普遍存在着家庭规模缩小的趋势,越是经济发达的地区,家庭规模就越小。欧美国家的家庭规模基本上户均3人左右,发展中国家户均5人左右。在我国,由于受计划生育制度的影响,家庭的规模逐渐在缩小,"四世同堂"现象已不多见,"三口之家"家庭结构越来越普遍。另外,随着经济发展,职业妇女增多,单亲家庭、丁克家庭和独身者大量涌现,这些不同类型的家庭往往有不同的消费需求。

(5)社会结构　我国是一个农业大国,虽然全国第六次人口普查数据显示城镇人口比重近10年来上升了13.46%,但是,居住在乡村的人口数仍然占到总人口数的50.32%。这说明农村市场蕴含着巨大的潜力。对于中小型医药企业来说,除了关注城镇市场外,还应考虑乡村市场的消费规模,开发乡村第三终端市场。

(6)民族结构　我国是一个多民族的国家,除汉族外,还有50多个民族。民族不同,其文化传统、生活习性也不相同,具体表现在饮食、居住、服饰、礼仪等方面的消费需求都有自己的风俗习惯。

3.人口分布

人口分布指人口在不同地区的密集程度。各地人口的密度不同,则市场大小不同、消费需求特性不同。当前,我国农村人口大量涌向城市,内地人口向沿海经济开放地区流动,人口流动必然引起购买力的转移,企业在拓展各个地区市场时,不仅要分析当地登记人口的多少,还要分析流动人口的数量,便于制订有针对性的营销策略。

(二)经济环境

经济环境指影响企业市场营销方式与规模的经济因素,如消费者的收入水平、支出状况、经济发展状况等。

1.直接影响营销活动的经济环境因素

(1)消费者收入水平　收入因素是构成市场的重要因素,它是购买行为发生的基础条件。消费者的收入来源比较广泛,包括工资、退休金、股息红利、租金、知识产权收益、赠予以及其他收益。市场的规模归根结底取决于消费者的购买力,而消费者的购买力取决于他们收入的多少。

分析收入对消费需求的影响时,通常从以下四个方面进行分析。

1)国内生产总值指一个国家所拥有的生产要素所生产的最终产品总价值,它是衡量一个国家经济实力与购买力的重要指标。国民生产总值增长越快,消费者对商品的需求和购买力就越大,反之就越小。

2)人均国民收入是用国民收入总量除以总人口的比值。这个指标大体反映了一个国家人民生活水平的高低,也在一定程度上决定商品需求的构成。一般来说,人均收入增长,对商品的需求和购买力就大,反之就小。

3)个人可支配收入,又称为可支配的个人收入,指在个人收入中扣除消费者个人缴纳的各种税款和非商业性支出后剩余的部分,可用于消费或储蓄的那部分个人收入,它构成实际购买力。个人可支配收入是影响消费者购买生活必需品的决定性因素。

4)个人可随意支配收入,又称为可随意支配的个人收入,指在个人可支配收入中减去消费者维持生活所必需的支出(如房租、水电、食物、衣着等开支)后剩余的部分。这部分收入是消费需求变化中最活跃的因素,也是企业开展营销活动时所要考虑的主要对象。这部分收入一般用于购买高档耐用消费品、娱乐、教育、旅游等。

(2)消费者支出状况　随着消费者收入的变化,消费者支出会发生相应变化,继而使一个国家或地区的消费结构也会发生变化。恩格尔系数表明,一个家庭收入越高,用于购买食物的支出占总支出的比重越小,用于其他方面的支出,如住房、教育、医疗保健、奢侈品等方面的支出比重越大;反之,一个家庭的收入越低,食物开支占总开支的比重越大,其他方面的开支越小。一般来说,食物开支占总消费量的比重越大,恩格尔系数越高,说明生活水平越低;反之,食物开支所占比重越小,恩格尔系数越小,生活水平越高。

(3)消费者储蓄和信贷情况　消费者的购买力还要受到储蓄和信贷的直接影响。消费者的储蓄行为直接制约着市场消费量的多少。当收入一定时,如果储蓄增多,现实消费量就减少,但潜在的消费量较大;反之,储蓄越少,现实消费量就增加,潜在的消费量就减少。企业应关注居民储蓄的增减变化,了解居民储蓄的不同动机,制订相应的营销策略,获取更多的商机。

消费者信贷,也称信用消费,指消费者凭信用先取得商品的使用权,然后按期归还贷款,完成商品购买的一种方式。随着我国商品经济的日益发达,人们的消费观念大为改变,信贷消费方式在我国逐步流行起来,值得企业去研究。

2. 间接影响营销活动的经济环境因素

(1)经济发展阶段　经济发展阶段的高低直接影响企业的营销活动。经济发展阶段高的国家和地区,其产品款式、性能、特色、品质等竞争力强;投资主要集中于新兴能源行业、知识产业、精密自动化程度高的生产设备;注重营销广告宣传及推广活动而非价格竞争;分销渠道成熟、广泛而复杂。目前我国的经济发展还比较落后,经济增长主要集中于重工业领域,资源供应比较紧张、环境破坏较严重。

(2)经济发展结构　我国地区经济发展相对不平衡,形成了东、中、西三大地带和东高西低的发展格局。这种格局对医药企业的投资方向、目标市场和营销策略都将产生巨大影响。例如,西部建立医药企业其劳动力成本较低,但是将产品推广到东南沿海一带的营销费用较高。另外,处于不同经济地带的企业所处的行业和部门,政府的支持程度也不同。

(3)城镇化程度　一个国家城镇化的程度能反映出其经济发展的状况,城镇化程度高的国家,其居民普遍受教育水平高、思想开放、经济能力好、接受新生事物的能力强;城镇化水平低的国家,由于其农村人口比重大,农村相对闭塞,教育水平、医疗水平、经济水平等都比较低,人们观念保守,接受新鲜事物能力差。

(三)自然环境

自然环境指自然界提供给人类各种形式的物质资料,如阳光、空气、水、森林、土地等,它分为自然物质环境和地理环境。

1.自然物质环境

自然物质环境即自然资源,可分为两类:一类为可再生资源,如森林、农作物等,这类资源是有限的,可以被再次生产出来;另一类资源是不可再生资源,如石油、煤炭、银、锡、铀等,这种资源蕴藏量有限,随着人类大量开采,有的矿产已经处于枯竭的边缘。目前人类普遍面临自然资源短缺和环境严重污染的问题,这给企业带来了成本压力。在这个威胁与机会并存的时期,企业只有不断改革创新,一方面要禁止过度采伐森林和侵占耕地,节约资源;另一方面还要研究更合理地利用资源的方法,开发新的资源和代用品,减少浪费和环境污染才能创造出新的营销机会,开拓市场。

2.地理环境

地理环境指一个国家或地区的地形、地貌和气候,它是企业开展市场营销活动所必须考虑的因素。如平原地区道路平坦,较少山河沟壑,会减少企业的运输成本,而山区、丘陵地带道路崎岖,运输成本自然高;我国南方气候潮湿,对预防和治疗风湿类药品的需求要比北方大,而夏季天气炎热,对防暑降温的药品需求量也比北方大。因此,企业开展营销活动,必须分析当地的地理环境因素,开发出适销对路的产品,这样才能更好地开展营销活动。

(四)政治法律环境

政治法律环境中,政治环境引导着企业营销活动的方向,法律环境则为企业经营活动提供了行为准则。政治与法律相互联系,共同影响企业的市场营销活动。

1.政治环境

政治环境指企业市场营销活动的外部政治形势,主要表现为政治、政治体制,政府方针政策,政治局势等。

(1)政治、政治体制对医药企业的影响　我国长期实行计划经济体制,医药企业没有太多的自主权;在进入市场经济以后,才真正成为独立的市场主体,自主经营、自负盈亏。

(2)政府方针政策对医药企业的影响　政府方针政策主要包括人口政策、能源政策、物价政策、财政政策、货币政策等,都会影响企业的营销活动。例如,国家通过降低利率来刺激消费的增长;通过征收个人收入所得税调节消费者收入的差异,从而影响人们的购买;通过增加产品税,对香烟、酒等商品的增税来抑制人们的消费需求。这种政策不仅影响本国的企业,还影响外国企业在本国市场的营销活动。

(3)政治局势对医药企业的影响　政治局势指医药企业营销活动所处的国家或地区的政治稳定状况。如果政局稳定、人民安居乐业,就会使企业营销形成良好的环境。相反,政局不稳、社会矛盾尖锐、秩序混乱,就会影响经济发展和市场稳定,进而影响企业的营销活动。企业在市场营销中,特别是在对外贸易活动中,一定要考虑东道国政局变动和社会稳定情况。

2.法律环境

法律是由国家制定或认可,并由国家强制力保证实施,规定人们权利和义务的行为规范。

法律为企业营销活动提供了行为准则,企业只有依法进行各种营销行为,才能受到国家法律的有效保护。为适应经济体制改革和对外开放的需要,我国陆续制定和颁布了一系列法律法规,例如《中华人民共和国产品质量法》《中华人民共和国食品安全法》《中华人民共和国药品管理法》《中华人民共和国反不正当竞争法》《中华人民共和国消费者权益保护法》《中华人民共和国价格法》《中华人民共和国进出口商品检验条例》等。企业的营销管理者必须熟知有关的法律条文,才能保证企业经营的合法性。对从事国际营销活动的企业来说,不仅要遵守本国的法律制度,还要了解和遵守国外的法律制度和有关的国际法规、惯例和准则。例如,有些国家法律对产品的纯度、安全性能有严格的规定。美国曾以安全为由,限制欧洲汽车在本国销售;英国也曾以法国牛奶计量单位是以公制而非英制,将法国牛奶逐出英国市场;而德国以英国的割草机声音太大超过本国噪声标准为由,不允许英国的割草机在本国出售。再如,有些国家法律对商标、广告、标签等这些商业标识、宣传方式都有自己特殊的规定。例如,德国广告中不允许比较,也不允许使用"较好""最好"之类的广告词;还有的国家不允许做烟草和酒类广告等。企业只有了解熟悉这些国家有关贸易政策的法规,才能制订有效的营销对策,在国际营销中取得主动权。

知识链接

广告法关于医药"八大看点"

2018年10月26日修订的广告法,在医药产品广告的规定中有八大看点。

(1)药品广告需显著标明不良反应。药品广告的内容不得与国务院药品监督管理部门批准的说明书不一致,并应当显著标明禁忌、不良反应。

(2)保健食品非药品广告不得涉及疾病防治。保健食品广告不得涉及疾病预防、治疗功能,不得声称或者暗示广告商品为保障健康所必需,并应当显著标明"本品不能代替药物"。

(3)养生栏目禁发药品、保健食品广告。广播电台、电视台、报刊音像出版单位、互联网信息服务提供者不得以介绍健康、养生知识等形式变相发布医疗、药品、医疗器械、保健食品广告。

(4)母乳代用品广告不能"登"上公共场所。禁止在大众传播媒介或者公共场所发布声称全部或者部分替代母乳的婴儿乳制品、饮料和其他食品广告。

(5)代言过虚假广告者或将有三年"禁期"。对在虚假广告中做推荐、证明受到行政处罚未满三年的自然人、法人或者其他组织,不得利用其作为广告代言人。

(6)违法发布广告,医疗机构执业许可证或被吊销。医疗机构违法发布广告情节严重的,除由工商行政管理部门依照本法处罚外,卫生行政部门可以吊销其诊疗科目或者吊销医疗机构执业许可证。

(7)部门合力治理违法广告。新闻出版广电部门以及其他有关部门对有广告违法行为的广播电台、电视台、报刊音像出版单位,不依法予以处理的,对负有责任的主管人员和直接责任人员,依法给予处分。

(8)互联网广告不能"一键关闭"将受罚。任何单位或者个人未经当事人同意或者请求,不得向其住宅、交通工具等发送广告,也不得以电子信息的方式向其发送广告。在互联网页面以弹出等形式发布的广告,应显著标明关闭标志,确保一键关闭。违者将被处五千元以上三万元以下罚款。

（五）社会文化环境

社会文化环境指在一种社会形态下已经形成的民族特征、价值观念、宗教信仰、风俗习惯、伦理道德、教育水平、语言文字、社会结构等的总和。在人们赖以成长和生活的社会中,形成了人们的基本信仰、价值观念和生活准则。任何企业都处于一定的社会文化环境中,企业营销活动必然受到所在社会文化环境的影响和制约。

1. 文化

文化是人类欲望和行为最基本的决定因素,指人类所创造的一切物质产品和精神产品的总和。

2. 亚文化

亚文化(subculture),又称小文化、集体文化或副文化,是与主文化相对应的那些非主流的、局部的文化现象。亚文化是一个相对的概念,是总体文化的次属文化。在国外历史中,著名的爵士乐与摇滚乐都曾经是亚文化,但随着专业人士与文化学者的不断介入,它们到后来都成了正规文化的一部分。昨天的亚文化可能就是今天的主流文化,今天的亚文化可能就是明天的主流文化。近年来,在世界的范围内,已经出现了研究都市亚文化热的趋势。企业在具体的营销活动中,应关注一个地区的亚文化,营销策略不仅要和当地的主流文化相适应,还应考虑到亚文化群体的需求。

3. 宗教信仰

宗教对人们消费需求和购买行为的影响很大。不同的宗教有自己独特的礼仪、要求和禁忌。例如,穆斯林不吃猪肉,禁止饮酒;基督教礼拜天不允许营业。某些宗教组织甚至在教徒购买决策中有决定性的影响。为此,企业可以把影响较大的宗教组织作为自己的重要公共关系对象,在营销活动中也要注意到不同的宗教信仰,以避免由于矛盾和冲突给企业营销活动带来的损失。

4. 价值观念

价值观念指人们对社会生活中各种事物的态度和看法。不同文化背景下,人们的价值观念往往有着很大的差异,如中国人喜欢坚固耐用的产品,美国人则喜欢标新立异、与众不同的产品;东方人将群体放在首位,重人情,讲"面子",因此在消费上易形成"风潮","社交型"产品也更有市场。企业营销必须根据消费者不同的价值观念设计产品,提供服务。

5. 消费习俗

消费习俗是在人们长期的经济生活中所形成的一种消费方式与习惯。不同的消费习俗,具有不同的商品要求。了解目标市场消费者的禁忌、习惯、避讳等是企业进行市场营销的重要前提。例如,和沙特阿拉伯买主做生意,绝不可以问及对方的妻子,相反与墨西哥人谈判,问候夫人是必需的;中东地区严禁带六角形的包装;在法国,仙鹤是蠢汉和淫妇的代称;墨西哥人视黄花为死亡,红花为晦气而喜爱白花,认为可驱邪;德国人忌用核桃,认为核桃是不祥之物;伊拉克人视绿色代表伊斯兰教,视蓝色为不吉利;日本人在数字上忌用"4"和"9",因在日语发音中"4"同死相近,"9"同苦相近。

（六）科技环境

科学技术是第一生产力,科技的发展极大地促进了经济的发展,对企业营销活动的影响更是显而易见。一项新技术的产生,会导致若干个新兴产业或行业的诞生,为企业的发展创造机会,但是也会给某些行业造成威胁。例如,移动电话的问世,冲击了寻呼机行业;复印机的发明排挤了复写纸行业;数码相机的产生使传统胶卷相机遭到淘汰。

1.科技发展对企业经济活动的影响

现代科学技术使企业的生产效率得到很大提高,生产成本大大缩减,企业有更多的时间和能力去研发新产品、新技术,创造新工艺、新流程。同时,技术开发扩大并提高了劳动对象利用的广度和深度。另外,科技进步还能带来新的原材料和能源。这些都不可避免地影响了企业的管理程序和营销活动。

2.科技发展对消费者购买行为的影响

随着多媒体和网络技术的发展,人们有了更多的渠道了解和购买医药产品,例如,消费者通过网上购物、物流配送足不出户就可以买到想要的医疗产品。工商企业也可以利用这种系统进行广告宣传、营销调研和推销商品。随着新技术革命的开展,"在家便捷购买、享受服务"的方式还会继续发展。

3.科技发展对企业营销组合策略的影响

科技发展使新产品不断涌现,产品寿命周期明显缩短,企业必须关注新产品的开发,加速产品的更新换代;科学技术降低了产品成本,使产品价格下降,互联网使得价格信息能快速被人们掌握,企业要及时做好价格调整工作;科技发展促进流通方式的现代化,企业应采用顾客自我服务和各种直销方式;科技发展使广告媒体呈现多样化,信息传播速度加快,市场范围更加广阔,促销方式更显灵活。

4.科技发展对企业营销管理的影响

科技发展为企业营销管理现代化提供了必要的装备,如电脑、传真机、电子扫描装置、光纤通信等设备的广泛运用,对改善企业营销管理,实现现代化起了重要的作用。同时,科技发展对企业营销管理人员也提出了更高要求。

二、医药市场营销微观环境分析

(一)供应商

供应商指对医药企业生产提供原材料、辅助材料、设备、能源、劳务、资金等资源的供货单位。供应商对医药企业营销活动的影响主要表现在以下几个方面。

1.供货的及时性和稳定性

原材料、设备等货源的保证供应,是企业营销活动顺利进行的前提。如制药厂不仅需要对原料药等生产原料进行加工,还需要设备、能源作为生产的手段与要素,任何一个环节在供应上出现了问题,都会导致企业的生产活动无法正常开展,不能及时交货。为此,企业为了在时间上和连续性上保证得到货源的供应,就必须和供应商保持良好的关系,必须及时了解和掌握供应商的情况,分析其状况和变化。

2.供货的价格变动

医药企业的利润来源就是以最小的成本获取最大的产出,供应商如果提高原材料价格,会使企业的产品成本上升,企业若提高产品价格,会影响市场销路;企业若为了保住市场使其销售价格不变,就会获得较少利润甚至没有利润。为此,企业必须密切关注和分析供应商的货物价格变动趋势。

3.供货的质量保证

供应商提供质量有保证的生产原料是企业生产出质量合格产品的前提,从而影响企业的销售额、利润及信誉。例如,劣质葡萄难以生产出质优葡萄酒,劣质建筑材料难以保证建筑物的百年大计。为此,企业必须了解供应商的产品,分析其产品的质量标准,从而来保证自己产品的质量,赢得消费者,赢得市场。

(二)企业内部环境

企业是组织生产和经营的经济单位,是一个系统组织。企业内部一般设立计划、技术、采购、生产、营销、质检、财务、后勤等部门,这些部门构成了企业的内部环境。企业内部各职能部门的工作及其相互之间的协调关系,直接影响企业的整个营销活动。

医药企业内部的管理人员及一般员工,属于企业的内部环境部分。因此,医药企业应该处理好与广大员工的关系,调动他们的积极性与创造性,从而使市场营销活动顺利进行。由于各部门各自的工作重点不同,有些矛盾往往难以协调。所以,企业在制订营销计划、开展营销活动时,必须协调和处理好各部门之间的矛盾和关系。

(三)营销中介

营销中介指为医药企业营销活动提供各种服务的企业或个人,包括中间商、物资分配机构、营销服务机构和金融机构。营销中介对医药企业营销产生直接、重大的影响,只有通过有关营销中介所提供的服务,企业才能把产品顺利地送达到目标消费者手中。营销中介的主要功能是帮助企业推广和分销产品。

1.中间商

中间商指把产品从企业推送到消费者的中间环节或渠道,它主要包括经销商和代理商两大类。一般医药企业都需要与中间商合作,来完成企业营销目标。为此,医药企业需要选择适合自己营销策略的合格中间商,与之建立良好的合作关系,了解和分析其经营活动,并采取一些激励性措施来推动其业务活动的开展。

2.营销服务机构

营销服务机构指为医药企业营销提供专业服务的机构,包括广告公司、传播媒介公司、市场调研公司、营销咨询公司、财务公司等。这些机构的主要任务是协助医药企业进行市场定位,进行广告宣传、产品推广,为营销活动提供方便。一些大的医药企业或公司往往有自己的广告和市场调研部门,但大多数企业则以合同方式委托这些专业公司来办理有关事务。

3.物资分销机构

物资分销机构指帮助医药企业进行保管、储存、运输的物流公司,包括仓储公司、运输公司等。这些物流机构是否安全、便利、经济,直接影响医药企业的营销效果。因此,在企业营销活动中,必须了解和研究物资分销机构及其业务变化动态。

知识链接

《全国电子商务物流发展专项规划(2016—2020年)》

《全国电子商务物流发展专项规划(2016—2020年)》中关于药品流通主要提到三方面,一是做好相关标准的制订、修订和应用推广工作;二是支持医药生产和经销企业开展网上招标和统一采购，按照GSP(《药品经营质量管理规范》)要求，构建服务医药电子商务的网络化、规范化和定制化的全程冷链及可追溯的物流体系，确保药品安全；三是支持医药电商冷链物流配送中心和配送站点建设，鼓励药品的电子商务平台企业创新经营方式和商业模式，实现线上、线下结合，有效降低冷链成本。

根据医药电商发展现状，调研了解到多家医药电商已经着手布局医药物流配送网络，医药电商物流规划建设的时代到来。预计随着未来对处方药电商的限制逐步放宽，未来医药电商预计将迎来新的暴发式增长。

思考问题：

1.我国《药品经营质量管理规范》的具体内容是什么？

2.我国目前对医药电商的政策法规是如何规定的？

4.金融机构

金融机构指医药企业营销活动中进行资金融通的机构，包括银行、信托公司、保险公司等。在现代化社会中，任何企业都要通过金融机构获取经营资金，资金成本的高低与信贷额度都会影响营销效果。因此，企业必须与金融机构建立密切关系，以保证企业资金渠道的畅通。

(四)竞争者

在市场经济条件下，任何企业在目标市场进行营销活动时，不可避免地会遇到竞争对手的挑战。竞争者的营销战略以及营销活动的变化，如新产品推广、促销活动、广告宣传等，都将对医药企业造成威胁，影响医药企业的市场份额。从消费者需求角度来看，医药企业的竞争者分为以下几种。

1.欲望竞争者

欲望竞争者指提供不同产品、满足不同消费需求的竞争者。例如，生产药品的厂商可以将生产医疗器械、卫生材料、健身器械等满足不同需求的厂商作为自己的竞争者，因为如果消费者通过使用医疗器械、健身器械进行疾病保健预防后，会在一定程度上降低人们对药品的需求。

2.替代品竞争者

替代品竞争者又称种类竞争者、平行竞争者，指生产满足同一消费欲望的不同种类的、可替代性产品的竞争者。例如，生产青霉素的厂商将生产先锋霉素、头孢氨苄的厂商作为自己的竞争者，因为他们的产品都属于抗生素。

3.产品形式竞争者

产品形式竞争者指满足同一消费欲望的同种类产品，但产品形式不同的竞争者，消费者在决定了需要的属类产品之后，还必须决定购买何种形式的产品。例如，同种类的药品可以制作成冲剂、胶囊剂、片剂等不同剂型。

4.品牌竞争者

品牌竞争者指满足同一消费欲望、同一种类、同种产品形式但不同品牌的竞争者。如感冒药市场有不同的品牌竞争。

(五)顾客

顾客是医药产品或医药服务的最终接受者或使用人，也是医药企业营销活动的最终目标市场。企业的一切营销活动都以满足顾客需求为中心。顾客市场可以分为以下五种。

1.消费者市场

消费者市场指为满足个人或家庭消费需求购买产品或服务的个人和家庭。

2.生产者市场

生产者市场指为生产其他产品或服务,以赚取利润为目的而购买产品或服务的组织。

3.中间商市场

中间商市场指购买产品或服务以转售,从中营利的组织。

4.政府市场

政府市场指购买产品或服务,以提供公共服务或把这些产品及服务转给其他需要的消费者的政府机构及非营利机构。

5.国际市场

国际市场指国外购买产品或服务的个人及组织,包括国外消费者、生产商、中间商及政府等。

(六)公众

社会公众是与企业营销活动发生关系的各种群体的总称。公众对医药企业的态度,会对其营销活动产生巨大的影响,它既可能有助于医药企业树立良好的形象,也可能妨碍医药企业的形象。医药企业的社会公众环境包括以下几个方面。

1.媒体公众

媒体公众主要包括报纸、杂志、电台、电视台等传播媒介,他们掌握传媒工具,有着广泛的社会联系,能直接影响社会舆论对医药企业的认识和评价。

2.政府公众

政府公众主要指与医药企业营销活动有关的各级政府机构部门,他们所制定的方针、政策对医药企业营销活动会产生有利或不利的影响。

3.社会团体公众

社会团体公众主要指与医药企业营销活动有关的非政府机构,如消费者组织、环境保护组织以及其他群众团体。医药企业开展营销活动时,来自这些社团公众的意见、建议往往对医药企业的营销决策有着十分重要的影响作用。

4.社区公众

社区公众主要指医药企业所在地附近的居民和社区团体。社区是医药企业的邻里,医药企业需与社区保持良好的关系,得到社区居民的认可后,社区居民的口碑能帮助医药企业在社会上树立积极的形象。

三、SWOT 分析法

SWOT 分析法指对企业的优势(strength)、劣势(weakness),对企业在市场中所面临的机会(opportunity)和威胁(threat)所进行的全面分析、评估,旨在帮助企业结合自身的优势与劣势,识别环境中的机会与威胁,在不同的环境中制订适宜企业发展的营销策略。

(一)优势与劣势分析(SW)

竞争优势指一个企业超越其竞争对手的能力。竞争优势可以是企业产品线的宽度,产品的大小、质量、可靠性、适用性、风格和形象以及服务是否及时、态度是否热情等。

企业的劣势指相比较于竞争对手,企业的资源和能力短缺的方面。

由于企业是一个整体,所以,在做优劣势分析时必须从整个价值链的每个环节上出发,将企业与竞争对手进行详细的对比。如产品是否新颖、制造工艺是否复杂、销售渠道是否畅通以及价格是否具有竞争性等。只有这样,才能更准确地识别出企业的优势与劣势。需要指出的是,衡量一个企业及其产品是否具有竞争优势,只能站在现有潜在用户角度上,而不能站在企业的角度上(表4-1)。

表4-1 SWOT分析法之SW的内容举例

SW项目	优势(S)	劣势(W)
内容	(1)贷款利息降低	(1)劳动力成本高
	(2)企业利润率超过行业平均水平	(2)技术创新不足
	(3)产品质量位于上游水平	(3)设备趋于落后
	(4)企业舆论基础好	(4)缺乏高水平的管理者
	(5)流动资金充足	(5)劳动力素质低下
	(6)员工团结勤奋	(6)资金短缺
	(7)研发能力强	(7)供应商不稳定

(二)机会与威胁分析(OT)

机会指环境中对企业发展有利的因素,如政府支持、技术先进、市场前景广阔等,这种有利条件将给企业带来积极的影响。

威胁指环境中对企业发展不利的因素,如新的竞争对手出现、市场经济不景气、技术老化等,如果不采取果断的营销行为,这种不利因素将会导致公司的竞争地位削弱(表4-2)。

表4-2 SWOT分析法之OT的内容举例

OT项目	机会(O)	威胁(T)
内容	(1)消费者医疗保健意识增强	(1)消费者讨价还价能力增强
	(2)政府政策放宽	(2)政府政策调整
	(3)市场中未形成知名品牌	(3)竞争品牌众多
	(4)贷款利息降低	(4)贷款利息提高
	(5)消费者需求多样化	(5)市场细分难度增大
	(6)劳动力成本降低	(6)劳动力素质下降
	(7)互联网市场前景广阔	(7)竞争压力增大

(三)SWOT分析步骤

(1)根据企业的总体目标和总体战略的要求,列举出对企业发展有重大影响的所有企业的优势与劣势,并分为两组。

(2)对外部环境中的环境因素,进行评判分析,判断哪些孕育着机会,哪些对企业构成威胁,并分为两组。

(3)通过SWOT分析表格,把上两步列举出的优势、劣势与机会、威胁相结合,分别形成四种不同的战略,即SO战略、WO战略、ST战略、WT战略,具体内容见表4-3。

表 4-3　企业 SWOT 分析表

内部优势与劣势　　外部机会与威胁	内部优势(S) 企业呈规模经济发展 企业采用现代经营管理模式 企业拥有优良的品牌 企业利润率超过行业平均水平 企业员工团结勤奋	内部劣势(W) 企业缺乏健全的营销服务体系 产品技术缺乏创新性 企业缺乏融资渠道 企业缺乏优秀管理者 企业物流环节薄弱
外部机会(O) 属于朝阳产业 市场潜力大 消费者需求趋于多样化 市场未形成优秀品牌	SO 战略 凭借内部优势,抓住外部机会	WO 战略 利用外部机会,克服内部劣势
	提高市场份额 扩大产品生产量 树立并增强品牌优势 创新现代经营管理模式	建设并完善营销服务体系 吸引外部科研力量加入 加大员工培训投入 提高企业的物流储备能力
外部威胁(T) 外资企业占据市场份额 消费者讨价还价能力增强 市场中品牌众多,竞争激烈 替代品销售量增加	ST 战略 凭借内部优势,抵制外部威胁	WT 战略 削弱内部劣势,回避外部威胁
	提高研发能力,促进产品更新换代 丰富产品的种类 控制成本,适当降价	拓展多种融资渠道 提高客户服务水平 降低生产成本,节约资金

(4)结论。通过以上分析,可以形成四种战略,以报告的形式,为企业选择出具体的对应战略(表 4-4)。

表 4-4　SWOT 分析报告的结构

题目	报告的主题
正文	前言(介绍此次 SWOT 分析的前提、目的与意义)
	介绍企业的现状
	介绍企业外部环境因素及其发展趋势
	进行 SWOT 分析
结论	选择企业发展战略和营销策略

【实训任务】

关于互联网＋医药市场营销环境分析的实训

国务院办公厅正式印发的《全国医疗卫生服务体系规划纲要(2015—2020 年)》,在医药领域引发了强烈反响,互联网＋医药逐渐成为行业热议的话题,不少行业龙头纷纷公开发表了布局互联网医疗的战略规划。某医药企业也想搭建一个互联网中医药养生保健平台,致力于中医药养生保健文化知识的推广,进行中药饮片保健品线上销售。该平台分为文化推介平台和线上销售平台两部分。微信公众号文化推广与微店淘宝店线上销售相结合。文化推广与销售相互促进,相互发展。以"天然绿色产品让你变得更加健康"为品牌理念,旨在提高国人中医药养生保健意识和身体素养,推动全民中医药养生保健进程。继承并发扬我国优秀的中医药养生保健文化。请你结合所学,为该企业做环境分析。

实训目的

1.使学生掌握医药市场营销环境的构成要素。

2.学会收集、整理、分析和鉴别环境因素。

3.会应用 SWOT 分析法进行分析,找出适宜的市场营销策略。

实训内容

为该医药企业的互联网中医药养生保健平台做市场营销环境分析。

实训步骤

1.教师安排实训任务,提出实训目标和实训要求;把全班分为若干小组,每个实训小组再分为 3 个分组,分工完成该养生保健平台微观环境信息资料的收集、整理;宏观环境信息资料的收集、整理;采用 SWOT 分析法分析三个分项实训任务。

2.学生以小组为单位,收集整理宏观环境中的政策因素、经济因素、技术因素、社会因素等信息,收集并整理(必要时进行市场调查)微观环境中的消费者市场信息、竞争者信息等资料,对获得的一手资料或者二手资料做好记录,教师巡回指导并监控整个信息收集过程。

3.以实训小组为单位整理信息资料,进行 SWOT 分析,最终得出结论,形成分析报告。

4.实训小组根据分析报告,在小组间讨论,并选择代表在全班进行汇报。

实训体会

通过实训,学生更加深刻地理解环境因素对企业的营销活动的影响,学会收集环境因素,掌握环境因素分析的方法。

实训作业

1.在实训小组分为 3 个分组的基础上,以每个分组为单位分别提交宏观环境分析报告、微观环境分析报告和 SWOT 分析报告。

2.制订收集计划,进行市场调查,提交实际收集中的所有原始记录数据。

3.以实训小组为单位,撰写 SWOT 分析报告。

实训考核的内容和标准

每个分组提交 的分析报告	制订收集计划、进行市场调查 和提交所有原始记录数据	撰写并汇报 SWOT 分析报告
30 分	30 分	40 分

【小结】

模块四讲述了医药市场营销环境,分为宏观环境和微观环境两个部分,其中宏观医药市场营销环境包括人口环境、经济环境、自然环境、科技环境、政治法律环境和社会文化环境;微观医药市场营销环境包括供应商、企业本身、营销中介、顾客、竞争者和公众。

【能力检测】

1.分析医药企业的营销环境如何变化。

2.分析医药企业的营销环境发生变化时对企业的影响。

3.尝试用 SWOT 方法分析医药企业的营销环境。

(张　媛)

模块五　医药消费者市场购买行为分析

【模块解析】

医药消费者市场是个人或家庭为了满足其防病治病、健身强体等生活需要而购买药品和服务所形成的市场。随着社会经济的发展,人们保健意识的不断提高,对生命质量的关注越来越多。不仅从总量需求上要求不断扩大医药市场的规模,而且对医药不同品种、质量、疗效都提出了更高的要求。我国参照国际通行的管理办法,实行处方药和非处方药的分类管理,这让广大医药企业看到了希望,但同时又提出了新的挑战:只有动态地研究分析消费者市场的全面情况,提供适销对路的医药产品,并采取正确的营销策略,才能把握住医药市场的机会。本模块通过对医药消费者购买行为的分析,为医药营销者如何赢得消费者以及为消费者服务提供参考,为营销策略提供依据。

【知识目标】

◆ 理解医药消费者购买决策的概念,掌握医药消费者购买决策的内容。

◆ 了解医药消费者市场的购买模式,掌握医药消费者市场的购买过程。

◆ 熟悉第一终端医药市场的消费者购买行为特点,掌握影响第一终端医药市场消费者购买行为的因素。

◆ 熟悉第二终端医药市场的消费者购买行为特点,掌握影响第二终端医药市场消费者购买行为的因素。

◆ 熟悉第三终端医药市场的消费者购买行为特点,掌握影响第三终端医药市场消费者购买行为的因素。

【能力目标】

◆ 学习分析医药消费者市场情况,能够帮助医药企业制订正确的市场营销计划和科学的营销决策。

◆ 通过对消费者市场购买过程的学习,帮助医药企业提高市场竞争力,改善服务质量,为消费者合理用药提供保障。

◆ 通过对第一、第二、第三终端医药市场消费者购买行为特点和影响因素的学习,可以增强对医药消费者购买行为的认识,从而为后续内容的学习打下基础。

【案例导读】

给顾客创造购买产品的理由

伴随着医药市场的激烈竞争,消费者的消费心理从稚嫩逐渐走向了成熟,消费行为也从盲动变得越来越理性。这里的"理性"并不是说消费者像医生一样正确认识自己的身体和需要,而是先从道理上说服他,从而达到引发购买欲望的目的。对于医药企业而言,意味着除了要有知名度宣传外,还要有功效宣传,要从理念上说服消费者,告诉消费者这些方面很重要,这样他们才有可能购买。医药市场的消费行为主要有：生病用药、预防用药、保健。消费者购买的是对他的健康有帮助的产品，比如糖尿病患者肯定会对降糖药品感兴趣，而不会对减肥药感兴趣，即使减肥药效果非常好，也不是他的购买目标。

医药产品利益点的挖掘是患者购买的首要理由，只有对患者有良好作用的产品，才会有长久的生命力，靠短时间的炒作只能适得其反。

赠礼需求也成为消费者购买医药产品的重要缘由，不是给自己买，是给亲戚朋友买。"送保健品就是送健康"的理念已深入人心，成为节假日医药保健品市场的一大亮点。很多医药产品的消费者与产品宣传受众不一定相同。例如，针对孩子的产品，消费者是孩子，而宣传受众是父母；针对改善老年痴呆疾病的产品，消费者是老年痴呆患者，而宣传受众只能是儿女，所以情感需求也是顾客为亲人购买医药产品的理由。

此外，医药产品不仅仅是卖给顾客就结束了，后期的跟踪服务非常重要，是顾客持续购买和介绍新顾客的理由。可以说，谁的持续服务做得好，谁就能最终取得成功。

医药企业销售产品，不是采用某一项购买理由就能实现产品的销售，需要有效的整合，将顾客的所有购买理由灵活机动的运用，不同时期采用不同的策略，才会使购买行为的效用最大化。

【实践与探索】

1.药品能够给消费者带来的核心价值是什么？
2.保健品顾客群体的特征是什么？

一、医药消费者市场的购买决策分析

医药消费者购买决策指医药消费者为了满足某种需求，在一定购买动机的支配下，在可供选择的两个或者两个以上的购买方案中，经过分析、评价、选择并且实施最佳购买方案以及购买后进行评价的所有环节和过程。

消费者购买决策是一个系统的决策活动过程，包括需求的确定、购买动机的形成、购买方案的抉择和实施、购后评价等环节，如图5-1所示。

图5-1　消费者购买决策过程

医药消费者购买决策的内容因消费者和医药市场营销环境的不同而存在着明显的差异，这使得医药消费者市场呈现多变性。但所有医药消费者的购买决策都离不开以下9个方面的内容（即"5W4H"），购买动机（why）、购买对象（what）、购买地点（where）、购买时间（when）、购买主体（who）、购买方式（how）、购买数量（how many）、购买价格（how much）以及购买频率（how often）。

这9项内容涵盖了市场营销人员在进行消费者市场分析时所需掌握的全部情况，也是做好医药企业市场营销的前提和基础。例如，一家医药企业要生产一种新药，事先必须经过分析研究，回答以下几个问题：目前市场上最需要什么药品？顾客为什么要购买这种药品？哪一类顾客会选用这种药品？他们在什么情况下（何时、何地、如何）进行购买？药品的价格会不会对顾客产生影响？会不会重复购买等？如果对这几个问题的分析是正确的，那么对这种药品的市场需求就形成了，消费者的消费心理和购买行为也就了解清楚了。

（一）医药消费者市场的购买模式

医药消费者市场指个人或家庭为了满足其防病、治病、强身健体等生活需要而购买医药产品和接受服务所形成的市场。

1. 医药消费者购买行为的一般模式

医药消费者购买行为的一般模式为刺激-反应模式，如图 5-2 所示。

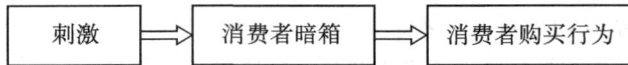

刺激 ⟹ 消费者暗箱 ⟹ 消费者购买行为

图 5-2 消费者购买行为的一般模式

由于购买动机、消费方式与习惯的差异，医药消费者的消费行为形形色色，各不相同。尽管如此，在千差万别的医药消费者行为中，仍然存在着某种共通的、带有规律性的因素。心理学家在深入研究的基础上，揭示了消费者行为中的共性或规律性，并以模式的方式加以总结描述，这就是消费者行为的一般模式。该模式可以分为以下阶段。

（1）刺激阶段 医药消费者的购买行为都是由刺激引起的，刺激具体可分为外部刺激与内部刺激、主动刺激与被动刺激。

外部刺激：由消费者自身以外的因素对消费者产生的刺激。外部可对消费者产生刺激的因素有许多，例如，产品的质量、价格、广告、社会的政治经济情况、科技水平、地域特点、文化因素、家庭结构、居住条件、职业、收入、社会阶层、相关群体等。

内部刺激：由消费者自身内部的因素对消费者产生的刺激。内部可对消费者产生刺激的因素也有许多，如生理需要、心理需要、个性、态度、性格、气质、观点、习惯、情绪、情感、感觉、知觉等。

主动刺激：消费者在有意注意状态下受到的刺激。

被动刺激：消费者在无意注意状态下受到的刺激。

该阶段的特点：消费者所受刺激既可能是由外部因素产生的，也可能是由内部因素产生的；既可以是主动刺激，也可以是被动刺激。主动刺激、被动刺激主要反映消费者受刺激时的状态，它揭示了刺激消费者的途径；而外部刺激、内部刺激揭示了刺激消费者过程中的许多具体刺激点，实际上它们均有可能成为消费者产生不足之感的决定因素，只是对于不同的消费者具体情况有所不同而已。

（2）暗箱阶段 消费者在内外部各种因素的刺激下，就产生了购买动机，继而在动机的驱使下，做出购买商品的决策，并实施购买行为。在实施购买行为后，还会对购买的产品及其服务或品牌做出评价，这样就完成了一次完整的购买决策过程。这个过程中，刺激和反应是外显的，但中间过程（消费心理）是复杂而且无法看到的，所以消费者心理被称作消费者购买行为的"暗箱"或"黑箱"。

1）消费者在受到刺激之后，产生了"缺少什么并由此需要此物"的感觉。此时，消费者产生了消费需要。需要特别指出的是，消费者的不足之感既可以是生理上的，也可以是心理上的，还可以是两者兼而有之的。消费者的不足之感既可能是因消费者自己认识到而产生，也可能是因经厂商诱导而产生。因此,需求不仅是可以满足的,而且是可以创造的。

2)消费者在产生了不足之感后,自然产生了满足、弥补此不足的愿望,即萌发了购买此物的动机,希望通过购买得到满足。在此阶段消费者产生了购买动机。

3)消费者在产生了购买动机之后,开始着手了解和搜集各种相关信息,为日后的分析评价和进行购买决策提供依据。消费者搜集的信息一般有正式渠道信息和非正式渠道信息两种。正式渠道信息指厂家通过大众传播媒介发布的信息,如广告;而非正式渠道信息则指未通过大众传播发布的信息,如消费者从亲朋好友处听到的消息。

(3)购买决策和实施阶段　消费者在经过"暗箱"阶段后,做出相应购买决策。购买决策包括购买原因决策、购买目标决策、购买方式决策、购买地点决策、购买时间决策、购买频率决策等内容。影响消费者购买决策的因素有内部因素和外部因素两大类:内部因素有消费者的需要和动机、个人经验(具体表现为兴趣爱好、个性、自我形象、购买经验、风险经验);外部因素有家庭、参与群体、消费指导者、文化(包括风俗、爱好、习惯、社会规范、社会价值观念)等。

消费者购买行为的"刺激-反应"模式揭示了消费者购买行为的规律,对解释消费者的购买行为具有普遍意义,同时也为企业的产品营销和服务提供了依据。这一模式表明,消费者最终的购买行为取决于内、外部刺激及消费者本身的心理过程。也就是说,营销刺激以及其他刺激被消费者认知后,购买者的特征和决策过程导致了购买决策。因此,向消费者提供适当的,以及符合消费者内在心理活动发生、发展规律的刺激,才能比较顺利地促使消费者形成购买决策,最终完成购买。

知识链接

刺激-反应模式案例

如果说漂亮的商店外观、精美的橱窗可以产生吸引顾客走进商店的心理效应,那么,能否激发店内顾客的购买欲望并促成现场购买行为的产生,则在很大程度上受商店内部环境条件的影响。店内气氛对顾客起着推动或促进购买的主导作用。

在当今激烈的商战中,降价打折、有奖销售等手段对一些消费者不再具有强大吸引力,利用不同商店的微观环境来营造其特有的商店气氛,促使顾客产生某种心理效应,提高店内顾客的购买率,是目前商家要充分利用的一种促销手段。

店内营销刺激的设计应以消费者的行为为中心。商店的基础设施、平面及空间布置、商品陈列方式、商品价格等因素都会影响顾客,也是构成商店气氛和对店内顾客产生重要心理影响的主要因素。

2.几种典型的购买模式

(1)马歇尔模式　马歇尔认为,消费者的购买行为是根据本人的偏好、商品的价格和效用等因素决定的,是一种基于理性判断和清晰思考的经济行为。马歇尔模式主要从经济角度来研究消费者的购买行为,因此他提出了以下几种假设:①产品价格越低,购买者越多;价格越高,购买者越少;②消费者收入水平高,需求总量增加,价格作用相对减弱,偏好的作用增强;③购买额越大,购买行为越慎重;收入越低,购买行为越慎重;④替代产品降价,被替代产品的购买者减少;替代产品提价,被替代产品的购买者增加;⑤某产品价格下跌,互补产品购买者增加;某产品价格上涨,互补产品购买者减少。

(2)科特勒模式　如图5-3所示。

营销刺激	外部刺激	购买者特征	购买者决策过程	购买者的反应
产品 价格 地点 促销	经济的 技术的 政治的 文化的	文化 社会 个人 心理	问题认识 信息搜集 评估 决策	产品选择 品牌选择 经销商选择 购买时机 购买数量

图5-3　科特勒购买行为模式

(3)恩格尔模式　恩格尔模式是消费者行为模式理论中比较完整而且清晰的一个理论,它由美国俄亥俄州立大学的三位教授恩格尔(Engel)、科特拉(kollat)和克莱布威尔(Blackwell)于20世纪70年代提出。该模式是以消费者制订购买决策过程为基础建立起来的,特别强调购买决策过程,可以说是一个购买决策模式。

恩格尔模式认为:外界信息在有形和无形因素的作用下,输入中枢控制系统,即对大脑引起、发现、注意、理解、记忆与大脑存储的个人经验、评价标准、态度、个性等进行过滤加工,构成了信息处理程序,并在内心进行研究评估选择,对外部进行探索及选择评估,从而产生决策方案。整个决策研究评估选择过程,同样要受到环境因素,如收入、文化、家庭、社会阶层等影响。最后产生购买过程,并对购买的商品进行消费体验,得出满意与否的结论。此结论通过反馈又进入了中枢控制系统,形成信息与经验,影响未来的购买行为。

EKB模式认为,消费者的决策程序由五个步骤构成,如图5-4所示。

| 问题认知 | → | 收集信息 | → | 方案评估 | → | 选择 | → | 购买结果 |

图5-4　恩格尔消费者的决策模式

以上是消费者决策过程中的五个阶段,然而这个过程同样会受到其他因素的影响,诸如外在的文化、参考群体、家庭的影响以及个人内在的动机、人格形态、人口统计变量等。其中人口统计变量及人格形态是构成消费者之间购买行为差异的主要因素。

(4)尼科西亚模式　尼科西亚模式是尼科西亚于20世纪60年代在其著作《消费者决策过程》中提出来的。这种模式主要是将消费者购买过程划分成决策程序的流程图,以此对消费者决策过程进行模拟,该模式由4个部分组成。

1)信息流程:从信息源到消费者态度,包括企业和消费者两方面的态度。企业将有关产品的信息通过广告等媒介传至消费者,经过消费者的内部消化后,形成态度。

2)信息寻求及方案评估:消费者对商品进行调查和评价,并且形成购买动机的输出。消费者态度形成后,对企业的产品产生兴趣,将收集的信息作为评估准则,产生购买动机。

3)购买行动:消费者采取有效的决策行为,将动机转变为实际的购买行动,这一过程受品牌的可用性、经销商因素的影响。

4)信息反馈:消费者购买行动的结果被大脑记忆、贮存起来,为消费者以后的购买提供参考或反馈给企业。消费者购买产品以后,经过使用对所购买产品产生实际的认知,由使用的满意程度,决定是否再次购买,同时企业也从消费者使用的满意程度和再次购买意向,获得信息的反馈,以作为产品、价格以及渠道和促销策略改进的参考依据。

尼科西亚模式推理严谨,简单明了,对市场营销理论做出了积极贡献。但该模式忽视了外界环境对消费行为的影响,同时,四大组成中的内容也不容易掌握。

(5)霍华德-谢思模式 该模式于20世纪60年代初由霍华德提出,后经修改与谢思合作出版了《购买行为理论》,提出了霍华德-谢思模式。该模式用四大因素描绘了消费者的购买行为:①刺激或投入因素;②外在因素;③内在因素;④反应或产出因素。霍华德-谢思模式主要是解释一段期间内的品牌选择行为,通过消费者的学习过程来探讨消费行为,它将购买决策分为三种类型:①广泛性问题解决;②有限性问题解决;③例行性问题解决。

霍华德-谢思模式利用心理学、社会学和管理学的知识,从多方面解释了消费者的购买行为,可适用于各种不同产品和各种不同消费者的购买模式,其参考价值较大。但这种模式过于繁杂,不易掌握和运用。

(二)医药消费者购买行为类型

根据医药消费者的购买介入程度和产品品牌差异程度区分出四种复杂程度不同的购买类型,见表5-1。

表5-1 购买行为的四种类型

购买类型	购买介入程度	品牌差异程度
复杂的购买行为	高	大
减少失调感的购买行为	高	小
多样性的购买行为	低	大
习惯性的购买行为	低	小

1.复杂的购买行为

如果医药消费者属于高度介入,并且了解现有各医药产品的品牌、质量、品种和规格之间具有的显著差异,则会产生复杂的购买行为。

复杂的购买行为指医药消费者购买过程完整,要经历大量的信息收集、全面的药品评估、慎重的购买决策和认真的购后评价等各个阶段。例如感冒药,不同品牌之间差异大,消费者若想购买,对于不同品牌之间的功效、质量、价格等无法判断,如果贸然购买会有极大的风险。因此,消费者要广泛收集资料,逐步建立对此药品的信念,然后转变成态度,最后才会做出谨慎的购买决定。

对于复杂的购买行为,营销者应制订策略,帮助购买者掌握医药产品知识,运用多种手段宣传本品牌的优点,发动药店营业员和购买者的亲友影响最终购买决定,简化购买过程。

2.减少失调感的购买行为

如果医药消费者属于高度介入,但是并不认为各品牌之间有显著差异,则会产生减少失调感的购买行为。

减少失调感的购买行为指消费者并不广泛收集产品信息,也不会精心挑选品牌,因此,购买过程迅速而简单。但是在购买以后会认为自己所买药品具有某些缺陷或其他同类药品有更好的效果而产生失调感,怀疑原先购买决策的正确性。某些药品价格不高,不常购买,但是消费者看不出或不认为某一价格范围内的不同品牌有什么差别,不需要在不同品牌之间精心比较和选择,购买过程迅速,可能会受到与药品质量和功能无关的其他因素的影响,如因价格便宜、销售地点近而决定购买。购买之后会因使用过程中发现产品的缺陷或听到其他同类药品的优点而产生失调感。

对于这类购买行为,营销者要提供完善的售后服务,通过各种途径经常提供有利于本企业和产品的信息,使顾客相信自己的购买决定是正确的。

3.多样化的购买行为

如果医药消费者属于低度介入,并了解现有各医药产品品牌和品种之间具有显著差异,则会产生多样性的购买行为。当一个消费者购买的商品品牌间的差异较大,但可供选择的品牌很多时,他们并不花太多的时间选择品牌,也不专注于某一产品,而是经常变换品种。比如购买感冒药,消费者一般不会特别忠诚于某个品牌。这种品种的更换并非对上次购买不满意,而是希望有所变化。

4.习惯性的购买行为

如果医药消费者属于低度介入,并认为各品牌之间没有什么显著差异,就会产生习惯性购买行为。

习惯性购买行为指医药消费者并未深入收集信息和评估品牌,没有经过信念—态度—行为的过程,只是习惯于购买自己熟悉的品牌。在购买后可能评价产品,也可能不评价产品。

知识链接

习惯性购买行为的主要营销策略

(1)利用价格与促销,促使医生诱导患者试用。

(2)开展大量重复性广告,加深医药消费者印象。

(3)加强购买介入程度和品牌差异。在习惯性购买行为中,医药消费者只购买自己熟悉的品牌而较少考虑品牌转换,如果竞争者通过技术进步和产品更新,将低度介入的产品转换为高度介入产品并扩大与同类药品的差距,将促使消费者改变原先的习惯性购买行为,寻求新的品牌。

(三)医药消费者市场的购买过程

在复杂购买中,消费者购买决策过程由认知需求、搜集信息、评价方案、决定购买和购后评价五个阶段构成,如图5-5所示。

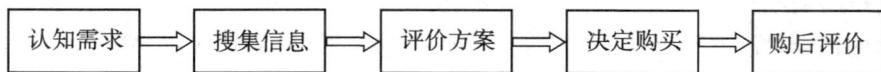

认知需求 → 搜集信息 → 评价方案 → 决定购买 → 购后评价

图5-5 医药消费者购买决策过程

1.认知需求

当消费者认识到自己有某种需求时,就是其决策过程的开始。这种需求可由内在的生理活动引起,也可由外界的某种刺激而引起。

例如,当人们发现自己感冒时,就产生了购买感冒药的需求,形成认知需求阶段。因此,营销者应注意不失时机地采取适当措施,唤起和强化消费者的需求。

2. 搜集信息

信息来源主要有以下四个方面。

(1)个人信息来源,如家庭、亲友、邻居、同事等。

(2)商业信息来源,如医生处方、药店店员的建议、广告、促销员、分销商等。

(3)公共信息来源,如大众传播媒体、消费者组织等。

(4)经验信息来源,如操作、实验和使用产品的经验等。

3. 评价方案

消费者得到的各种有关信息可能是重复的,甚至是互相矛盾的,因此还要进行分析、评估和选择,这是决策过程中的决定性环节。

在消费者的评估选择过程中,营销者需要注意如下内容。

(1)产品性能是购买者所考虑的首要问题。

(2)不同消费者对产品的各种性能给予的重视程度不同,或评估标准不同。

(3)多数消费者的评选过程是将实际产品同自己理想中的产品相比较。

4. 购买决策

消费者对商品信息进行比较和评选后,已形成购买意愿,然而从购买意图到决定购买之间,还受以下两个因素的影响。

(1)他人的态度,反对态度愈强烈,或持反对态度者与购买者关系愈密切,修改购买意图的可能性就愈大。

(2)意外的情况,如果发生了意外的情况,如失业、意外急需、涨价等,则很可能改变购买意图。

5. 购后评价

购后评价包括:购后的满意程度、购后的活动。

消费者购后的满意程度取决于消费者对产品的预期性能与产品使用中的实际性能之间的对比。购买后的满意程度决定了消费者的购后活动、是否重复购买、对该品牌的态度,并且会影响到其他消费者,形成连锁效应。

二、第一终端医药市场消费者购买行为分析

医院是依法成立的从事疾病诊断、治疗活动的卫生机构。人们常说"小病上药店,大病上医院。"医院作为医药消费的第一终端医药市场,在医药消费者市场中不容忽视。当前许多医院是根据患者的来源范围而进行科室设置的,随着医疗体制的改革和所有制形式日益多元化,以地域为基础的目标患者分析应该更为灵活。例如,预计现有消费者和新消费者的需求,分析失去消费者的原因,研究新措施的使用情况;关注消费者对价格的敏感性、消费者购买行为、产品销售力度以及消费者所需信息指导。

(一)第一终端医药市场消费者购买行为特点

(1)专业性强,购药程序较复杂。患者在医院购买药品通常是在医生的指导下用药。由于医疗行为的风险性,具有执业医师资格的卫生专业技术人员才能开写处方。药剂科的人员在调配药品时也有着严格的程序,患者确诊—医生处方—药剂科调配处方—审核—患者使用。购药程序相较于第二、三终端更为复杂。

(2)患者自主选择性差。患者经医生诊断、指导后用药以控制疾病的发展,缓解并减轻因

疾病而带来的痛苦,最终达到恢复健康的目的。每一种药物都有其物理、化学特性和对人体产生一定生理效应的特性。这种特性具有两重性,既有利于医疗目的的药理作用,又有不利于医疗目的的副作用。这种在医生的指导与建议下的用药更具有安全性,患者也更放心。因此,患者通常会遵从医嘱,按方购药。

(3)患者不会因为距离的远近而影响购药品决策。一般来说,患者选择在医院购药,通常在购药的同时还会有其他的需求,比如,需要医生的诊断和用药建议等服务。因此,患者会选择一些信誉好、知名度高、专业性强的医疗机构,而不会考虑路途的远近。

(4)一些能够使用医疗保险的定点医疗机构通常会成为享受医保患者的首选医院。

(5)处方药购买占据的比重大。处方药是解除疾病用药的主体,必须依法进行严格监督管理。只有凭医生开具的处方才可以获得处方药,药品选择权在医生;处方药只能在医院或者零售药店的处方药专柜等渠道,由执业药师或药师审核后调配购买,进入患者手中使用;处方药只能在专业性的医药报刊和媒体进行广告宣传;处方药不允许开架销售;一般患者会选择在医生的指导下进行购药,以保证用药的安全。

(6)受广告宣传的影响较小。

(二)第一终端医药市场消费者购买行为影响因素

由于人口的自然增长、GDP的提高、国民自我保健意识的增强以及临床治疗水平的快速发展等刚性指标,导致医院用药销售金额逐年上升。老龄社会的到来,使老年性疾病用药增加;人民生活水平进入小康与快节奏的工作现状,导致消化系统、心血管系统及神经系统疾病的发病率增高;治疗水平的提高,又使一些过去束手无策的肿瘤及疑难病症能够得到治疗。这些因素致使医院用药结构中,相应大类的药品使用比例增高。

患者是药品的最终消费者,也是药品消费链的最后环节,患者获取药品的地点可能是医院,也可能是药店,既可按医生处方购买药品,也可持有医生处方到药店自行购买药品。影响患者购买决定的因素主要有以下几点。

1. 药品的本身特征会影响消费者购买行为的决定

药品的消费分为物质性消费和感性消费两种。药品的物质性消费与人们自身的物质和精神生活需要相关联,且以物质性满足为主要目的。尽管人们更注重药品内在质量特征,直接利用药品的实际效用,但在感性消费意识的驱动下,消费者购买药品往往并不仅限于此,他们也注重能与其心理需要引起共鸣的感性药品。通过消费药品表现出药品消费者的社会地位、生活情趣及个人修养等个性特征的品质。如注重药品的品牌、使用的科学性和方便性、包装、味道等。

药品是一种特殊的商品,其本质是治病救人、去病强身,直接关系到人们的生命健康,人们对其实际效用的需要,即它的物质性消费永远是第一位的。这就决定了药品的感性消费,必须依赖于其实际效用的发展而发展,不能独立于其物质性消费而单独存在,换言之,感性消费总是建立在物质性消费的基础之上而为人们所接受的。基于以上观点,我们可得出药品对消费者购买决定的影响主要有以下几个方面。

(1)药品自身的疗效和质量 药品的质量和疗效与消费者的健康和生命安全息息相关,是患者最关注的方面,医药企业若想在激烈的市场竞争中争取到更多的消费者,经受住优胜劣汰的考验,产品质量和疗效是关键。

(2)品牌和包装 知名的品牌和精美的包装从另一个方面暗示着产品质量的可靠。随着人们消费能力的提高和消费心理的成熟,作为较高层次的消费——感性消费在总消费中所占的比重不断提高,消费者已经开始重视通过消费药品获得个性的满足、精神的愉快、舒适及优越感。正如有些人所说,最好"良药不再苦口"。这些都预示着消费者感性消费意识的萌芽。随着经济的不断发展,人们的生活水平已开始从温饱状态到富裕乃至富足状态转变,人们具备了采取新的消费形式以及消费形态转变的物质基础。人们使用药品也从维持生命、挽救生命的观念转变为善待自己、优化生活。药品消费中的感性消费已经越来越迫切。生产经营企业只有研究感性消费者的心理,创造感性设计,才能引导需求,创造市场,以新制胜。

(3)**药品价格** 药品不同于普通商品,其价格弹性较小,有些药品的降价策略对需求影响不大,因此厂家对降价促销的方式要慎重使用,当然对于由多家药厂生产的同一类药品,时机适合的降价促销也不失为增加销售量、扩大市场占有率的好方法。

2.**医生处方的影响**

医生在整个处方药的销售中处于绝对的主动地位,因此医生对药品的态度对其使用具有决定性作用。一般来说,医生的态度大体分为下列几种类型。

(1)**敌意型** 医生不承认该药品的优点,对其持有反对态度,那么自然也不会开含有该药品的处方。医生对药品形成这种态度,一方面可能是由于该药品的医药代表或医药公司的人员在与医生的接触中发生冲突;另一方面可能由于该药品使用中发生过一些问题,使医生在使用中对该药品不信任,从而产生了敌意。

(2)**未接触型** 由于每个医药公司都致力于不断推出新的药品,每年医药市场上都会出现大量的新药,因此会发生医生不认识某药品或者只是听说过该药的情况,但对其并无使用经验,或者没有从其他同事那里听到过这个药品的疗效反馈,因此无法形成对此药品的任何看法。出于医生的谨慎原则,他们一般不会开该种药品的处方。

(3)**中立型** 医生知道某药品,甚至对此药品有过一两次的处方经验,但态度并不积极,即医生对此药品的态度是不赞同也不反对,对其没有特殊的兴趣,只是根据以往的使用情况进行一定程度的替代使用。

(4)**赞同型** 医生对某药品持积极的态度。在长期的处方实践中,医生不仅认同该药品的疗效或者服务等优点,对该药品的特性等方面还产生了相当的兴趣,而且对此药品的使用积累了好的经验,所以会在同类病症中只开该药品的处方。

(5)**支持型** 与赞同型态度不同的是,医生除了同意药品的优点和坚持开处方外,鉴于该药品的特殊疗效等原因,医生还会在各种场合帮助宣传和推荐该药品。

3.**经济承受能力的影响**

经济承受能力指为了治疗疾病,在利用医疗卫生服务和消费药品和其他物品的过程中,支付相关的费用的能力。可以看到,在现代社会收入结构与收入水平条件下,治疗疾病的费用远远超过普通居民的收入水平,除了疾病给患者带来的痛苦,这种远远超过收入水平的经济负担,对于个人和家庭来说,所带来的破坏性作用极大地影响了医药产品的市场需求。

4.**疾病的严重程度及患者认知水平的影响**

(1)疾病带来的痛苦影响到了人们正常的工作和生活,如果病痛超出了人们的忍受程度,人们就会使用医药产品。

(2)患者对感觉到的症状的可能性结果的推测与预期。尽管一些症状带来的痛苦并没有超过忍受程度,但是这些信息可能与一些不好的结果,或严重的疾病有非常密切的关系,那么患者还是愿意使用医药产品的。

（3）人们对那些尚未出现不良征兆，但是已经发生的可能导致患病的事件给予的关注程度。如果这些事件恰好是疾病的重要起因，就容易引起人们的重视。例如，尽管没有可信的证据证明化妆品对胎儿的影响，一些孕妇还是在孕期改变了过去的生活习惯，不再化妆。

（4）人们的健康知识和自我保健意识的影响。那些掌握一定健康知识的群体，更容易采取健康行为，在没有疾病发生或没有诱发疾病条件存在的前提下，仍然预防性的使用药品、营养保健品并有计划地参加体育锻炼。

5. 受政策的影响较大

基本药物与现有非基本药物招标并行，基本药物将按计划实行招标采购，国家基本药物纳入各省市药品集中采购目录，并优先列入招标采购计划。基本药物的最终价格取决于实际交易中的地方政府招标采购价，所以，药品的招标采购将直接影响医院用药。

基本医疗保障制度是社会保障体系的重要组成部分，是由用人单位和职工共同参加的一种社会保险。按照用人单位和职工的承受能力来确定参保人员的基本医疗保障水平。基本医疗保险实行个人账户与统筹基金相结合，以保障广大参保人员的基本医疗需求，主要用于支付一般的门诊、急诊、住院等费用。

享有国家医疗保险的患者会把第一终端作为医药消费的首选。

（三）第一终端医药市场消费者购买行为过程

药品在医院完整的消费过程，大致经过医生的诊断、医生的处方、药剂科的调配、送达患者、患者的评价等环节。

1. 医生的诊断

首先是需求的发生，即患者因治疗疾病对用药的需要，在确认需求后，患者会根据医生的建议进行购买。

2. 医生的处方

在患者对现有信息（治疗疾病的需要、自身经济条件、对药品的了解程度等）进行评估后，将做出具体的购买决策，并实际购买。而对于另一类特殊消费者——医生而言，其购买行为表现为在充分权衡后给患者开具处方。

3. 药剂科的调配

药学专业技术人员应按操作规程调剂处方药品，一般包括以下过程：认真审核处方，准确调配药品，正确书写药袋或粘贴标签，包装；向患者交付处方药品时，应当对患者进行用药说明与指导。

（1）审核处方　审核开方医师的资质是否符合规定，不同的药品是否使用规定的处方笺书写。还包括以下内容：①对规定必须做皮试的药物，处方医师是否注明过敏试验及结果的判定；②处方用量与临床诊断的相符性；③剂量、用法；④剂型与给药途径；⑤是否有重复给药现象；⑥是否有潜在临床意义的药物相互作用和配伍禁忌。

（2）调配药品　①仔细阅读处方，按照药品顺序逐一调配；②对贵重药品及麻醉药品等分别登记；③药品配齐后，与处方逐条核对药名、剂型、规格、数量和用法，准确规范地书写标签；④调配好一张处方的所有药品后再调配下一张处方，以免发生差错；⑤对需要特殊保存的药品加贴醒目的标签提示患者注意，如"置 2～8℃ 保存"；⑥在每种药品外包装上分别贴上用法、用量、贮存条件等标签；⑦核对后签名或盖签名章；⑧相关法律法规、医保制度等的执行情况。

特殊调剂:根据患者个体化用药的需要,药师应在药房中进行特殊剂型或剂量的临时调配,如稀释液体、磨碎片剂并分包、分装胶囊、制备临时合剂、调制软膏等,应在清洁环境中操作,并做记录。

4.发药——送达患者手中

(1)核对患者姓名,最好询问患者就诊的科室,以帮助确认患者身份。

(2)逐一核对药品与处方的相符性,检查规格、剂量、数量,并签字。

(3)发现配方错误时,应将药品退回配方人,并及时更正。

(4)向患者说明每种药品的服用方法和特殊注意事项,同一药品有两盒以上时要特别说明。

(5)发药时,应注意尊重患者隐私。

(6)尽量做好门诊用药咨询工作。

5.患者的评价

在购买行为发生后,医生会根据药物的疗效和药厂其他方面的表现,来综合评估并决定是否继续处方,医生的态度还会影响药剂科继续进药的决心。患者在实际用药后会根据自身对疗效和费用的感受做出是否再购买决定,见图5-6。

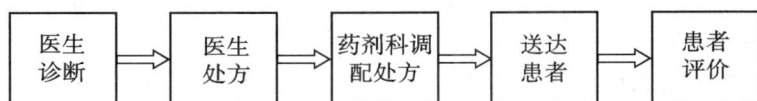

图5-6 第一终端消费者购买行为过程

三、第二终端医药市场消费者购买行为分析

2019年,全国零售药店总体销售规模达到4008亿元,同比增速下降至4.3%。药品市场规模基本维在7.5%的正常增长水平,但包括保健品、医疗器械和日用品在内的非药品类市场规模比2018年下降了5%,行业的盈利能力明显受到挑战。零售行业整体客流和价格这两个增长引擎均增长乏力,中小门店加速淘汰,头部连锁企业通过并购、加盟等多种方式进行行业整合,行业集中度明显提高。

随着带量采购的全面铺开,招标品种在医院药店之间的巨额价差驱动部分药品购买者回流医院端,特别是中老年人群。根据数据显示,中老年购药人群,从购药(仅药品)的客单价和购买频次上,都明显高于青壮年人群,中老年客流的流失势必对药店的经营造成巨大冲击。

另外,医药电商对实体药店造成冲击,由于医药电商的主要消费者在一、二线城市,故对一、二线城市零售市场的影响最为明显。由于药店市场面对的环境在新医改逐步推行下变得更为复杂,经营情况目前也面临着一些瓶颈,围绕"大健康"概念,进行多元化经营的探索是一个很好的方向。带量采购品种在"4+7"城市的医院端价格下行同时也会逐渐传导到药店端,而随着带量采购范围的扩大,在全国范围内,集中采购品种在零售药店端价格势必随之下行,因此越来越多的处方药品种在药店的经营定位从盈利产品变成引流产品,探索"引流+关联购买""引流+药事服务"是药店突围的突破口。

(一)第二终端医药市场消费者购买行为特点

1.以售带医

药品销售过程包含着诊治、释疑。营业员要在顾客的自诊过程中恰当地、准确地推荐和出售药品,如果营业员懂点医药知识,能进一步帮助患者确诊所患之症,应该选什么药最合适,则大多能成交。

2. 自诊选购

自诊选购即患者知道自己得了什么病,或者重复购买一种药,最终是患者自己决定买何种药品。此时,营业员的作用就显得更加重要,能不能说服顾客改换品牌买店内销售的产品,一要看营业员对产品是否了解、信任;二要看其是否乐于向患者推荐。

3. 顾客重效用而轻价格

药品无价,购药者首先考虑的因素是其疗效,疗效好即使价格贵,消费者也愿意购买。

4. 准顾客多

踏进药店的顾客大多数有购买药品的意向,无病的人一般是不会进药店的,不同于百货商场,逛的人多,买的少。

5. 专业知识要求

要求营业员具备一定的医药知识和识别顾客知识层次、病症、购买力的能力。

6. 购买非处方药品比重大

非处方药指不需要凭执业医师处方即可自行判断、购买和使用的药品。最初源于美国的柜台发售药品,简称 OTC 药。

非处方药的推行,极大地方便了公众自行治疗和处理日常生活中的轻微病症及身体不适,且促进了人们医疗保健观念的更新,为在全社会形成对健康自我负责的外部环境提供了物质保障。

◢▮▮ 知识链接

非处方药的特点

非处方药的标签、说明书必须具有国家制定的专用标识,即"OTC"字样。这类药一般用于治疗不严重的小病、小伤,由于主要靠自行判断使用,为家庭常备用药,因此具有如下特点。

(1)安全性大。临床长期实践已确定为较安全的药物,在推荐治疗剂量下,一般无严重不良反应,即便有反应,也较轻微,停药后可迅速自行消退。

(2)疗效可靠。使用后能较迅速起效,适应证明确,容易为消费者掌握。

(3)说明书通俗易懂。大众易理解,便于广大城乡居民自行判断、选择和使用。

(4)使用方便。用量不需要经常调整,服药前后不需要进行特殊试验和检查。

(5)质量稳定。一般储存条件下较长时间不会变质,不需要特殊的保存条件。

7. 消费者对新品牌反应比较迟钝

消费者对药品品牌的忠诚度较高,持续购买一种产品的时间长,不易转换品牌。

（二）第二终端医药市场消费者购买行为影响因素

影响第二终端消费者购买的因素主要有文化因素、社会因素、个人因素、心理因素四个方面。

1. 文化因素

(1)文化　文化是一个社会精神财富的结晶,其内容包括价值观念、伦理道德、风俗习惯、宗教信仰、语言文字等,它是决定人们需求和行为的基本因素之一。

(2)亚文化 从市场营销学的角度来看,每个社会的文化又可分为若干亚文化群。①民族亚文化群:不同的民族,如汉族、回族、维吾尔族等,有其独特的风俗习惯和文化传统;②宗教亚文化群:不同的宗教信仰,如佛教、基督教、伊斯兰教等,有着不同的文化倾向和戒规;③种族亚文化群:不同种族,如黄种人、白种人、黑种人等,具有不同的文化特点和生活习惯;④地理亚文化群:各地因自然地理环境、地形气候等的不同,其地方特色和生活方式有很大不同。

(3)社会阶层 社会阶层指按照一定的社会标准(如收入、财产、文化教育水平、职业和社会地位等),将社会成员划分为不同的社会等级。同一社会阶层的成员通常具有相类似的价值观念、生活方式、物质文化基础和相似的购买行为。不同的阶层在其生活方式、价值观念、消费结构、消费观念和对商品的需求等方面都有许多明显的差异,他们的购买行为也就显著不同。因此,在任何社会中,各种阶层都有其代表性的商品,各种档次、各种类型的产品也均有其相应的市场。市场营销学从销售商品的角度来看待社会阶层,因此确立一个人属于哪一社会阶层,必须综合考察他的职业、收入来源、财产和文化程度等。

从市场营销学的观点来看,社会阶层是影响消费者购买行为的重要因素之一,特别是涉及一些代表性产品。企业营销的关键是要找准自己的目标市场,确定合理的市场定位,有针对性地提供适销对路产品,制订合适的产品档次和价格。

通过合适的分销途径和促销方式,使企业的产品真正被消费者所接受。企业研究社会阶层的购买行为,对于细分市场具有特别重要的意义。企业的营销活动应从各方面去适应不同社会阶层的需求和爱好,才能获得较好的销售效果。

2.社会因素

人既是自然人,更是社会人,这是人两重性的体现。一个人的消费习惯和爱好,并不是天生就有的,往往是在一定的社会环境里受别人的影响而逐渐形成的。这种直接或间接影响他人消费行为的个人或集团的作用,就是这个人行为的社会影响。每一个人的行为在很大程度上要受社会背景和社会环境的影响,人类的需求、欲望与行为,取决于他所处的社会地位、文化素养和相关群体。社会因素的影响主要反映在以下方面。

(1)家庭 家庭是每一个消费者接受影响最早、最多的外部环境,消费者基本的价值观念、消费爱好与模式、风俗习惯都直接来自于家庭。市场营销学者研究家庭对个人购买行为的影响时,最感兴趣的内容是家庭结构与规模、家庭经济收入与支出、家庭成员之间的关系与影响等。

1)家庭结构:家庭的组成模式与规模。家庭结构和规模会影响那些直接以家庭为基本消费单位的商品营销,如电视机、电冰箱、空调器等,其尺寸、容量、功率等都受家庭规模、住宅条件等的限制。

2)家庭生命周期:营销学研究家庭影响时会根据家庭生命周期(不同状态)来分析其购买力的高低和需求商品的差异,因为一个家庭的收入变化和需要商品的重点会随家庭生命周期的变化而变化。西方营销学者一般将家庭划分成以下七个不同阶段。

第一阶段:单身阶段。

第二阶段:新婚阶段。

第三阶段:满巢期,年轻夫妻且有 6 岁以下孩子。

第四阶段:满巢期二,年轻夫妻且有 6 岁或 6 岁以上孩子。

第五阶段：满巢期三，年纪较大夫妻且有已能自立的孩子。

第六阶段：空巢阶段，年纪较大的夫妻，没有孩子与他们住在一起。

第七阶段：寡居阶段，单身老人。

结合医药市场的特点，我们可将家庭简单地划分为以下几个对市场营销有意义的阶段。

新婚阶段：此阶段包括从刚结婚一直到生育后代之前，基本属于青年型家庭。由于没有其他经济负担，加上双方父母会给予一定的经济资助，因此购买力旺盛。此阶段对药品企业而言不存在太多的特殊商机，因此只能按常规的营销策略开展营销活动。

哺养子女阶段：此阶段包括从生育、哺育后代开始到子女工作、结婚独立为止，属于中青型家庭。自从有了小孩，家庭生活的重心由此转移到了后代身上，望子成龙的心态使得孩子的成长、教育成为家庭的最大支出项目。整体购买力相对下降，而且需要的商品集中在小孩的用品上。在这一阶段，对医药企业有利的是儿童药品市场，每年出生的新生儿越多，其药品市场规模就越大。而且出于年轻父母对独生子女的爱护，加上经济压力较小，因此只要药品效果好、作用快、副作用小、易于小孩服用，销路易较好，价格不是主要问题。此时，生产经营儿童药品的企业其营销战略可以走名牌、高档次、精包装、高价格的线路。

子女独立阶段：此阶段包括从所有子女结婚另立门户开始，一直到原来家庭消失为止的过程。这一阶段的特征是：随着消费者年龄的增大，各种疾病也随之而生，看病吃药成为常事，与年轻家庭相比整体消费趋于保守并有很强的针对性。这一阶段对于医药企业来说是最具吸引力的时期。各种疾病的存在，为其提供许多商机；经济收入的提高、经济条件的改善，消费者能够承受较多的医疗开支；追求生活质量和保健意识的增强，使消费者愿意朝这方面投资。这种不得不买、买得起、愿意买的市场特征，往往使相应的营销工作容易展开。当然具体到企业和产品，还是要深入研究中老年消费者的心理、爱好、观念等，制订有效的营销策略，才能占领这个市场。

（2）相关群体　相关群体指消费者在日常的学习、工作、生活、社交中建立起来的相对稳定的各种社会联系，如同学、老乡、同事、邻居等。人们在生活中的各种行为，无时无刻不受到各类相关群体的影响。不过，由于关系不同，其影响程度也不同。研究相关群体对消费行为的影响，对于企业的营销活动是十分重要的。因为人们在需求上有很强的模仿性和可诱导性，在购买上经常体现为从众行为。某些明星的消费行为常常成为普通消费者竞相模仿的对象。

药品消费行为中的群体影响包含以下两类：首先是医患关系，这种关系在一定程度上也可算作是影响消费者行为的一种群体关系，其影响力是众所周知的。其次，一些重慢症患者自发组成的类似"哮喘之家""糖尿病、慢阻肺俱乐部""肾友会"等患者组织更是影响他们行为的群体因素。这些组织会定期举行活动，让那些既受病症折磨又受世俗偏见困扰的人们有机会在一起互相鼓励，以提高战胜病魔的勇气，并互相交流用药体会。这种组织对成员之间行为的影响是绝对不可小视的。一些精明的药品经营者已经在利用这样的组织进行促销活动。他们出资组织、举办活动，宣传有关医学、药学的最新动态，同时进行相关药品、器械的销售。这种更具人性化的营销方式非常受这些患者的欢迎，促销效果非常明显。另外，随着传媒科技的飞速发展，拉近了人们之间的距离，群体的作用会越来越大。

医药企业在市场营销过程中必须充分重视消费者的相关群体对其购买行为的影响力。在制订生产和营销策略时，要选择同目标市场（顾客）关系最密切、传递信息最迅速、影响力最大的相关群体，了解其消费心理与爱好，做好产品促销工作，以便提高企业和产品的知名度，扩大产品销售范围。应注意避免由于相关群体定位不当(如用消费者普遍反感的人物类型做广告、用"义诊"方式强力推销药品等)而造成负面效果。

3.个人因素

影响消费者购买行为的个人因素主要包括以下几个方面。

(1)年龄与生命周期阶段 消费者对产品的需求会随着年龄的增长而变化,在生命周期的不同阶段,相应的需要各种不同的商品。如在幼年期,需要婴儿食品、玩具等;而在老年期,则更需要保健品和延年益寿产品。

(2)职业与经济状况 不同职业的消费者,对于商品的需求与爱好往往不同。一个从事教师职业的消费者,一般会较多地购买书报杂志等文化商品;而对于时装模特来说,漂亮的服饰和高端的化妆品则更为需要。

(3)经济状况 消费者的经济状况也会影响消费者的消费水平和消费范围,并决定着消费者的需求层次和购买能力。消费者经济状况较好,就可能产生较高层次的需求,购买较高档次的商品,享受较为高级的消费。相反,消费者经济状况较差,通常只能优先满足衣、食、住、行等基本生活需求。

4.心理因素

(1)个人感觉 由于任何外界事物都会通过每一个人的感觉器官在心中留下印象,而由于个体的差异,每个人感觉器官的感觉能力是不同的,因而即使是完全相同的事物作用在不同人身上,每个人的感受也是不一样的。从市场营销学的观点来看,消费者的感觉,并不是完全由外界刺激物的特点决定的,它还受到消费者固有的文化、社会和心理评判标准、价值观念等主观因素的影响。例如,同样的一种药品,对其产品名称、包装外观、广告方式和用语、价格等,有人会给出好的评价,而另一部分人会给出不好的评价,从而直接影响其买与不买行为的发生。

(2)过滤效应 特别值得注意的是,并不是每一件事物都能在所有人的心里产生感觉效应。因为每个人从感觉器官接受外界刺激到形成感受的过程里,会发生过滤效应(心理学上称知觉的选择性),即所谓的选择性注意、选择性理解、选择性记忆。

1)选择性注意:心理学家发现,由于兴趣、精力等原因,人们在五彩缤纷的世界中往往会注意预期的刺激物和变化较大的刺激物。一个想买保健品的消费者,会十分注意有关保健品的广告、商店、生产厂家,并会在大脑中留下各类保健品的印象,尽管他也同时接触到许多洗涤剂和杀虫剂的广告,但大脑里不会留下什么印象。

2)选择性理解:人们对感觉到的外界刺激物进行理解时,往往按自己的想象(即个人经历、偏好及当时的情绪)去理解。如一则药品广告宣传某药品同时具有助消化功能和助睡眠功能时,消化不良者会注意其助消化功能,而失眠症患者则会根据其助睡眠功效来判断其疗效的好坏。

3)选择性记忆:人们每日接触到的信息可谓是不计其数,但真正在大脑中留下印象、记忆的东西不会太多,能记住的往往是与个人的兴趣、爱好、态度、信念相一致的事物,这也得益于大脑的过滤功能。根据消费者这样的心理特点,医药企业为了使药品能在消费者心中形成潜在预期的感觉,提高其在消费者心中的形象,从而刺激消费需求,就有必要采取多种方式,把商品的形状、颜色、功效、味道、剂型、成分、包装等特性,通过有别于其他药品的方式全部展示给消费者。另外,为增加对消费者的刺激作用,还要增加广告宣传的频率或实际接触的次数,如此反复宣传、"强化",才能加深消费者的印象。

(3)自我形象　每个人都有多方面的精神面貌，"自我形象"指消费者心目中首先把自己看成什么样的人，或者希望别人把自己看成什么样的人。"别人眼中的自我"指每个人估计别人怎么看他(她)，他怎么看自己和别人怎么看他，存在着一些差距。"理想的自我"指一个人希望能达到的一种形象，也就是理想中想追求的一种形象。许多消费者的购买行为，是由于期望保持或美化"自我形象"，达到"理想的自我"而采取的购买决策。他们选购商品时，如果认为某种商品与自己的形象相一致就会购买，与自己的"形象"不相称就会拒绝购买。消费者的"自我形象"在企业市场营销中越来越重要，了解消费者的自我形象类型，将有助于医药企业正确地确定药品的市场定位。

(4)学习能力　学习能力指人们从实践经验中得到知识的能力。心理学家认为，人类除本能驱使力(如饥、渴等)支配的行为外，其他所有的行为皆属学习行为。与市场营销密切相关的概念有保留、强化和选择等。

1)保留：人们在实践中会把与自己爱好、兴趣相关的内容记忆在大脑中。当人们通过感觉器官接收外界(刺激物或提示物)的刺激后，会对其做出相应感受，无论是好的感受还是坏的感受，人们都会产生一定的记忆。

2)强化：如果上述感受反应带来的结果令人满意，下次再遇到类似的刺激物时，他就可能再次做出相似的反应，这就是反应的进一步"强化"。相反，如果反应的结果令人失望，下次做出类似反应的可能性就变小，甚至不存在。

3)选择：好的并经过若干次"强化"的感受反应，会支配人们以后的消费行为。当类似的需要再产生时，消费者就会在相同的药品中挑选那些自己感觉好的产品。如不小心将手划破的人，初次使用某一品牌创可贴后，如果其护创、伤口痊愈等效果令其十分满意，他就会自动保留感受，几次使用后，良好的效果会进一步"强化"其对创可贴的良好印象。当以后再遇到类似情况，他就会不假思索地去购买使用(选择功能)。

(5)消费者态度　态度是人们对某一事物的喜爱或厌恶的情绪表现，态度的形成是经验累积的结果，而且具有持久性和行动性特点。消费者对于一种商品的态度，常由三个相互联系的要素组成，即信念、感性和意向。人们对商品的信念可以建立在不同的基础上：有的信念是建立在"知识"基础上，如对于缓释剂可以减少服药次数的信念；有的信念是建立在"见解"的基础上，如认为长期服用滋补保健品可以延年益寿；有的信念是建立在"信任"的基础上，如对某种品牌的药品的信赖。大多数消费者往往并非根据"知识"，而是根据自己的"见解"和"信任"决定购买。

消费者的态度来源：第一是实际使用药品后的亲身体验，如感冒患者服用几种感冒药后，哪些有效、哪些作用不明显就一清二楚了。第二是相关群体的介绍与推荐，除了医生的作用外，日常生活中关系密切的普通人也会对当事人产生影响。第三是媒体、广告的宣传作用，它对药品消费者的影响也越来越大。态度的持久性指人们一旦对某产品形成态度后，很长时间内不会改变，要想使其转变具有相当大的难度。态度的行动性指态度对消费者行为的指挥作用：喜爱的就会合作，厌恶的就会排斥。因而医药企业营销工作的重点就是通过各种方式影响、促使消费者建立对本产品的固定喜爱态度以及对本企业的信任，争取消费者的好感。在产品日益丰富、市场竞争日趋激烈的今天，这可谓是医药企业销售工作取得成功的先决条件。医药企业如何使得购买者的态度倾向于其产品，做法有两种：一种是保持或改变消费者对其他产品的原有态度，使其转向对企业有利的方面；另一种是先摸清消费者对某些产品的倾向性后再生产出投其所好的产品。前者是非常困难的,企业应倾向于后一种做法,改变产品款式、包装,改进剂型,使其符合消费者的需求。

(6)动机 心理学家认为,消费者的购买行为和任何其他行为一样,都产生于某种尚未得到满足的需求,但是需求要被强烈地诱导与刺激才能形成动机。心理学家虽然不同意把人的需求机械地归纳为若干层次,但是美国心理学家马斯洛在 1954 年发表的《动机与人》一书中提出的"人类需求层次论"在西方被公认是有用的理论,在市场营销学中占有很重要的地位。他的理论基于以下两种前提。

第一,人类是有欲望的动物,需求什么,要看已有了什么。只有尚未满足的需求才影响人的行为,已得到满足的需求不是一种动力。

第二,人类的需求按重要性被划分成几个层次,当某种低层次的需求获得满足时,另一种较高层次的需要才会出现并要求获得满足,图 5-7 为马斯洛需求层次理论。

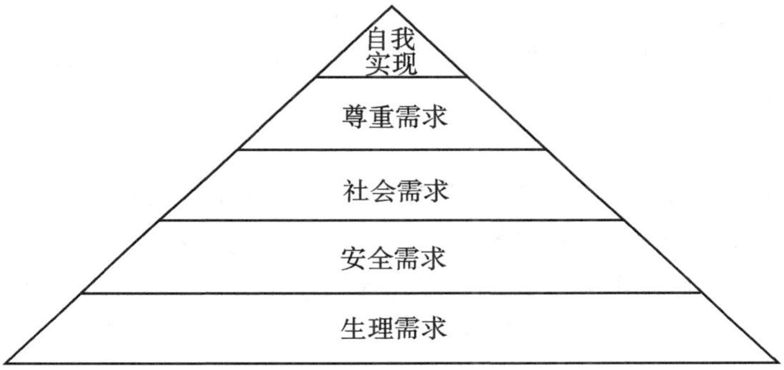

图 5-7 马斯洛需求层次论

生理需求:人们为了求得延续生命的基本需求,是最低层次的需求,如满足其解饥、御寒和睡眠等所需的食、衣、住等方面的需求。

安全需求:保障人身安全,以免遭受危险和威胁,如保险、保健、药品等的需求。

社会需求:人的一种归属感。人类在社会中生活,往往很重视人与人之间的交往,希望成为某一团体或组织有形或无形的成员,得到人们的重视和友谊等。

尊重需求:人类具有自尊心和荣誉感,希望得到别人的尊重,希望在才能、品德及成就等方面得到他人的好评,受到公众的承认。

自我实现需求:人本身的潜力、才智与能力能得到充分发挥的需求,是最高层次的需求。马斯洛对这一需求是这样解释的:"一个健康的人总是被要充分发挥自己的才力的需求所鼓舞,别人能干什么,他就要干什么。"

人们行为的推动力,是没有得到满足的需求。当低层次需求得到满足后,人们就开始追求更高一级的需求;当一种需求得到满足以后,它就失去了对行为的刺激作用。需求层次理论对市场营销学产生了巨大的影响。药品是特殊商品,其购买行为的背后是消费者身体康复的欲望未被满足。因此可以说消费者购买药品行为的根本原因是因为生了病。然而,从现代市场营销理论来看,生病后吃药是无疑的,但具体吃什么药、吃多少药、如何吃药等问题是由众多影响因素决定的,这是市场研究人员最感兴趣的。同时,相对于其他可以刺激或诱导的需要而言,服药治病的需要不是随便可以刺激的,因而医药企业更需要在其他方面下功夫。

（三）第二终端医药市场消费者购买行为过程

第二终端医药市场消费者购买行为过程，见图5-8。

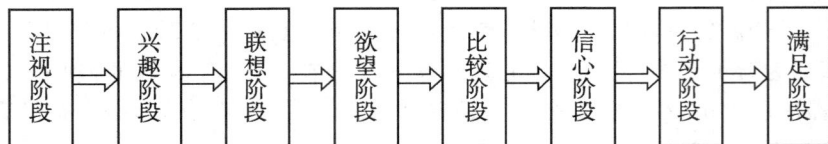

图5-8　第二终端消费者购买行为过程

1. **注视阶段**

"百闻不如一见"，药品最能打动顾客的时候是顾客将药拿在手中，仔细阅读标签的时候。如果顾客想买药，他就会进入店内，请店员拿出对症的药品，仔细观看，阅读说明书。

2. **兴趣阶段**

顾客仔细查看药品时，其疗效说明会激发他对该药品的兴趣，这时他会注意药品的其他方面，如使用方法、价格等。

3. **联想阶段**

一旦顾客对某种药品有所确定，他除了想看一看这种药品，还会联想自己服用后疾病痊愈时的情形。联想阶段在购买过程中起着举足轻重的作用，它直接关系到顾客是否要购买这种药品。顾客在选购药品时，店员一定要适度提高他的联想力。优秀的店员都懂得，要在这个时候让顾客转移到充分认可药品的疗效中来，以丰富他的联想，促使他下定决心购买。

4. **欲望阶段**

如果顾客对使用这种药品后的疗效有一个美妙的联想，他一定会产生购买这一药品的欲望。与此同时他又会产生疑问：有没有更好的药呢？

5. **比较阶段**

产生购买欲之后，顾客就打起了心中的"小算盘"，多方比较、权衡。这时有关同类药品的各项指标，如适应证、安全性、剂型、价格、服用是否方便等都会进入他的脑海。顾客会表现出犹豫不决，此时正是店员对顾客进行介绍的最佳时机。

6. **信心阶段**

在经过一番权衡之后，顾客会认为"这种药应该还可以"，并对药品建立信心。这一信心可能来源于三个方面：①相信店员的诚意；②相信药品生产商及品牌；③相信某种习惯用品。优秀的店员应该从这三个方面全面、全方位地帮助顾客建立对药品的信心。

7. **行动阶段**

下定决心之后，顾客一般会选定这种药品，当场付款。这时店员应当迅速收款，并包装好药品，不要耽误顾客的时间。

8. **满足阶段**

在完成购买药品过程后，顾客一般都会有一种欣喜的感觉。这一感觉来源于两个方面：其一是在购买药品中产生的满足感，包括享受到店员优质服务的喜悦；其二是药品使用后产生的满足感。这一感觉直接决定顾客下一次还会不会光临本店。如果在购得一种药品后，顾客能够同时获得两种满足感，他一定会成为该药店的忠实顾客。

四、第三终端医药市场消费者购买行为分析

第三终端的主要阵地是广大农村和一些城镇的居民小区,如社区和农村的个体诊所、企业和学校的医疗保健室、乡村医生的小药箱、农村供销合作社及个体商店中的常用药品销售小柜等。随着市场的拓展,我们又对第三终端的概念进行了进一步延伸,认为第三终端应该随着医药渠道和终端市场变化而不断延伸和转变。提出第三终端概念的根本目的,是想把营销工作进行更大范围的延伸,以扩大乡镇卫生院、小型厂矿医院和医务室等零售终端的工作。

第三终端医药市场以治疗常见病、多发病、慢性病的普药为主。例如,解热镇痛类药(治疗感冒、发热、头痛、咳嗽等)、消化系统疾病用药(治疗胃肠道疾病)、皮肤病用药、外用药、普通的抗生素、中成药、慢性病用药等。还有一点需要注意,第三终端因不像第一终端那样可以靠诊疗费用获取高额利润,所以,常在药品剂型上做文章。针剂与口服制剂相比,因为具有价格透明度低和被动消费的优点,利润空间大,所以在第三终端最受欢迎。

(一)第三终端医药市场消费者购买行为特点

(1)第三终端营销的产品无论是针剂还是其他剂型,都以普药为主。

(2)消费者购买药品受医疗机构影响大。第三终端都是经过卫生行政部门培训或审批的卫生行政机构,也是经过当地药品监督管理部门批准的药品销售网点。由于国家有鼓励社区医疗中心、社区卫生站发展的政策,使得一些医院大力开展社区医疗中心、门诊部、社区卫生站的建设,这些机构的用药对居民用药习惯影响很大,但是它们的用药受到国家基本药物制度的限制,也受到地方政府实施国家基本药物制度具体方案和增补目录的影响。

(3)消费者在购买时自主选择意识不强。第三终端主要针对农村市场以及一些社区单体药店和诊所,患者普遍受教育程度低,对药品的自我诊断能力弱,其在零售终端的购药决策缺乏自我意识。

(4)医疗和药品在同一地点消费,基层医生和店员的推荐成为其选购药品的主要因素。

(5)第三终端属于中低端市场,消费水平比较低,对药品价格和疗效双重敏感。广大的基层群众,特别看重价格和疗效,因为他们的收入相对于城市消费群体的收入要低很多,人均药品消费能力不高,因而一般会买那些价格比较便宜而疗效又十分确切的药品。

(6)第三终端消费者获得药品信息的途径狭窄。主要通过以下渠道获取药品信息:①大媒体广告传播;②专题片接触;③宣传栏与墙体广告接触;④小报接触;⑤依靠外出打工人员口碑传播;⑥集市乡村医生义诊传播。

(二)第三终端医药市场消费者购买行为影响因素

(1)消费者自身因素　第三终端市场面临的对象在农村表现为所有农民,而在城市及城乡交界处则表现为所在地社区居民、无力去大型医院就医的贫穷市民等。这个群体总体表现为收入比较低,并且多以中老年人为主。一般情况下,他们通常只购买自己常用并且认为疗效较好、价格相对较低、符合自身情况的普药,从而群体忠诚度较高。

(2)第三终端销售者影响因素　消费者通常与第三终端医务人员关系较好,当医务人员向他们推荐药品时,出于双方的相互信任,有时也能使消费者迅速接受新药,并在使用一段时间、疗效较好的情况下成为新药的忠实购买和使用者。

(3)社区便利性及服务性影响因素　由于第三终端消费者的高稳定性及高忠诚度,企业应

该利用和加强社区药店的便利性和服务性,在智能消费时代针对消费者进行数据库营销。

(三)第三终端医药市场消费者购买行为过程

第三终端消费者购买行为过程,见图5-9。

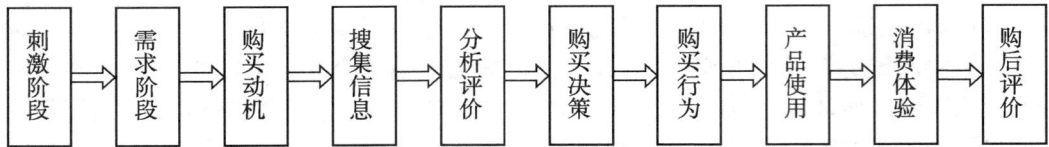

图5-9　第三终端消费者购买行为过程

1.刺激阶段

消费者的购买行为都是由刺激引起的,消费者所受刺激既可能是由外部因素产生的,也可能是由内部因素产生的;既可以是主动刺激,也可以是被动刺激。

2.需求阶段

需求阶段指消费者在受到刺激之后,产生不足之感并由此需要此物(商品或劳务)的感觉。此时,消费者产生了消费需求。需要特别指出的是,消费者的不足之感既可以是生理上的,也可以是心理上的,还可以是二者兼而有之的。消费者的不足之感既可能是因消费者自己认识到而产生,也可能因经厂商诱导而产生。据此,我们可树立一个重要的观点:需求不仅是可以满足的,而且是可以创造的。例如,药物牙膏等产品的成功。该阶段的特点是:有了不足之感,就可能产生消费需求。

3.购买动机阶段

购买动机阶段指消费者在产生了不足之感之后,自然产生了满足、弥补此不足的愿望,即萌发了购买此物的动机,希望通过购买得到满足。在此阶段消费者产生了购买动机。

4.搜集信息阶段

消费者在产生了购买某产品或某服务的动机之后,开始着手了解和搜集各种有关信息,以帮助对此产品或此劳务的了解,为日后的分析评价和购买决策提供依据。

5.分析评价阶段

分析评价阶段是在搜集信息的过程中和搜集到足够多的商品信息后,消费者依据自身的情况对可供选择的商品进行综合分析、比较、评价,做出相应的综合结论,为下一步进行购物决策提供充足的依据。

该阶段的特点是:①消费者是以自己的选择标准来评价商品的,总的要求是物美价廉;②当消费者对商品缺乏了解时,其亲朋好友等人的意见常常有决定性的影响。

6.购买决策阶段

消费者在经过上述阶段后,做出相应购买决策。影响消费者购买决策的因素有内部因素和外部因素两大类:内部因素有消费者的需要和动机、个人经验;外部因素有家庭、参与群体、消费指导者、文化等。该阶段的特点:任何一个因素均可能导致消费者做出不购买的决策。

7.购买行为阶段

购买行为指消费者为满足某种需求在购买动机的驱使下,以货币换取商品的行动。消费者做出了购买决策,并非就是实际购买行为。在购买中还会受一些因素的影响(如资金的问题),可能最终出现不购买的结果。

8.产品使用阶段

消费者对产品的使用大致可以分为不使用、一次使用(含对一次性使用的产品的使用)、重复使用三种情况。对产品重复使用的情况更为常见。该阶段的特点:消费者对产品的使用情况可以反映出消费者对所购产品的认可、接受及满意程度的高低。消费者购买了产品后,可能会正常使用该产品,也可能会非正常对待之。而发生这种情况的绝大多数原因在于该产品未能满足消费者的需求。了解消费者对产品的使用情况,有助于掌握其对产品、企业的满意程度。

9.消费体验阶段

消费者在使用和消费商品(或劳务)的过程中,会从中获得相应的消费体验,但由于不同消费者对商品的期望要求不同,加之个性以及经验方面的差异,他们得到的消费体验也会各不相同。从消费者需要的满足程度看,一般而言,商品的特性与消费者需要越接近,消费者就越易满意,产生满意的体验就越深刻;反之,则消费者不满的体验就越深刻。满意的消费体验具体表现为:对于自我认识该商品的肯定;对于商品销售企业和销售人员的信赖感;对于商品价格的认同感;感到使用方便;得到亲朋好友的赞许等。不满意的消费体验则具体表现为:对于自我认识该商品的否定;对于商品销售企业和销售人员的怀疑;在认知商品价格与功能方面产生不平衡心理,感到上当受骗;受到其他人的批评等。消费者的购后评价不仅会影响其本人的下一次购买,也会影响到其他消费者的购买行为,并直接影响商品的下一期销售效果。

10.购后评价阶段

购后评价是消费者在获得消费体验后的主观评价及其行为表现。消费者如果消费体验好、购后评价高,则会采取积极的、正面的行动,如为该产品或服务做正面的宣传,需要时再购买等;如反之,则会采取要求退货、索赔、不再购买、主动对其进行反面宣传、劝阻他人购买等行动。

【实训任务】

关于老年人保健药市场购买行为分析的实训

实训目的

1.通过本任务的学习,能分析影响药品消费者购买行为的因素,具备分析药品消费者购买决策内容和过程的技能。

2.试分析药品市场购买决策参与者与其在药品采购决策中的角色和作用。

实训内容

关于老年人保健药市场购买行为分析的实训。

实训步骤

1.联系调研服务对象——保健药品的销售商和老年消费者。

2.与调研服务对象沟通协商调研内容,并取得部分支持。

3.制订详细具体的调研方案。

4.实施调研活动,进行实地调研。

5.写出消费者购买行为分析报告。

实训体会

通过本任务的学习,同学们能分析影响药品消费者购买行为的因素,具备分析药品消费者购买决策内容和过程的技能。通过实训,了解医药消费者购买行为的特点;学会分析影响医药消费者购买行为的主要因素。

实训作业

试写一份关于老年人保健药品市场购买行为分析报告。

实训考核的内容和标准

终端医药市场实地调研	制订走访记录单和原始走访记录单	撰写消费者购买行为分析报告
30分	20分	50分

【小结】

本模块讲述了医药消费者市场的购买决策分析,包括医药消费者市场的购买模式;医药消费者购买行为的类型;医药消费者市场的购买过程以及消费者购买决策的影响因素四部分内容。这部分重点掌握如何分析消费者购买决策的影响因素,第一、二、三终端消费者购买行为分析,理解这三个终端医药市场购买行为的特点以及影响因素。

【能力检测】

1.如何理解医药消费者购买决策的概念以及医药消费者购买决策的内容?

2.影响医药消费者购买行为的因素有哪些?

3.医药消费者购买决策过程分哪几个阶段?

4.分析影响第一终端医药市场消费者购买行为的因素?

5.讨论第二终端医药市场消费者购买行为的特点?

(胡彦涵)

模块六　医药组织市场购买行为分析

【模块解析】

医药组织市场购买者主要为医院、连锁药房、单体诊所、单体药店等,不同类型的组织其购买行为呈现多样化,针对不同的医药组织市场购买者,分析不同的购买行为。通过了解医药组织的采购类型、特点、程序、渠道等内容,可以合理设计采购程序和采购方案、采购渠道等。

【知识目标】

◆ 掌握医药组织者的购买行为类型、程序、特点,理解医药组织市场购买行为在医药企业中的意义。

◆ 掌握医药组织者的购买行为类型、医药组织者分类,了解影响医药组织购买行为的影响因素。

◆ 了解医院采购的模式、程序、特点等。

◆ 了解连锁药房采购的模式、程序、特点等。

◆ 了解社区医院、单体诊所、单体药店采购的模式、程序、特点等。

【能力目标】

◆ 认知医药组织市场,可以分析出不同医药组织市场购买行为的模式、程序、特点。

◆ 学会分析不同医药组织市场的购买行为之间的区别,以及其对医药企业营销模式的影响。

◆ 具备与医药组织市场采购者沟通协调的能力。

【案例导读】

你了解 GPO 集团采购吗?

GPO(group purchasing organization),即集团采购组织,起源于 20 世纪初的美国,作为一种中介组织将其会员医疗机构的订单整合再以"团购"方式与供应商进行洽谈,由此具备较强的议价能力,为医疗机构节省大量成本,同时间接为消费者提供优惠的药品和优质的服务。

2010 年中国医疗器械工业公司与 Anvil Medical 公司合作推出的医疗器械 GPO,推动了我国医疗器械的规模采购。此前我国出现过类似 GPO 的中介组织,但其成立方式、职能以及权利与成熟市场经济国家的 GPO 模式有较大差别,并且受到行政机关的严格监督。

近两年来,在全面深化医疗体制改革的指导下,上海、深圳陆续试点了以降低药价为首要目的 GPO 集团采购;广州依托广州公共资源交易中心建立 GPO 集团采购平台,确定将实施 GPO 集团采购;湖北省亦开始探索试行 GPO 集团采购,借助具有 GPO 功能的华中药品交易中心推行。可以预见,GPO 带量采购降低药价的模式有望成为我国未来药品采购的大趋势。

GPO 集团采购解决痛点:

实行集团采购后,每年可节省 40% 的人力成本;

与传统采购相比,每人每天还能节省30%～60%的采购时间;

如果医院信息系统能与平台实现对接,通过医院信息系统直接将计划同步到平台集团采购系统中来进行按需采购,还可节省0.5%～1%的库存损耗成本。

GPO集团采购实施效果:

深圳全市公立医院2017年通过GPO集团采购,使1159种药品成本平均降价22.57%,全年可节省药品采购成本15.37亿元。

上海公立医院机构继2016年推出第一批药品GPO集团采购、药品平均降价20.8%后,2017年陆续推出第二批、第三批和第四批药品GPO集团采购,大大降低了医院的采购成本。

参照深圳GPO的成功经验,广州、中山和东莞医疗机构的价值192亿的药品,通过GPO平台采购。全国多个省市陆续推出本地区和跨省市的GPO药品和耗材采购平台。

【实践与探索】

1.GPO集团采购的优势是什么?

2.你认为GPO能否促进药品企业的公平竞争?

一、医院购买行为分析

(一)医院购买模式

1.医院采购的类型

医疗机构必须从具有药品生产、经营资格的企业购进药品。医疗机构使用的药品应当按照规定由专门部门统一采购,禁止医疗机构其他科室和医务人员自行采购。通常,医院药品采取分类采购形式。

对临床用量大、采购金额高、多家企业生产的基本药物和非专利药品,发挥省级集中批量采购优势,由省级药品采购机构采取双信封制公开招标采购,医院作为采购主体,按中标价格采购药品。落实带量采购,医院按照不低于上年度药品实际使用量的80%制订采购计划和预算,并具体到品种、剂型和规格,每种药品采购的剂型原则上不超过3种,每种剂型对应的规格原则上不超过2种,兼顾成人和儿童用药需要。省级药品采购机构应根据医院用药需求汇总情况,编制公开招标采购的药品清单,合理确定每个竞价分组的药品采购数量,并向社会公布。

对部分专利药品、独家生产药品,建立公开透明、多方参与的价格谈判机制。谈判结果在国家药品供应保障综合管理信息平台上公布,医院按谈判结果采购药品。

对妇儿专科非专利药品、急(抢)救药品、基础输液药品、临床用量小的药品(上述药品的具体范围由各省、区、市确定)和常用低价药品,实行集中挂网,由医院直接采购。

对临床必需、用量小、市场供应短缺的药品,由国家招标定点生产、议价采购。

对麻醉药品、精神药品、防治传染病和寄生虫病的免费用药、国家免疫规划疫苗、计划生育药品及中药饮片,按国家现行规定采购,确保公开透明。

医院使用的所有药品(不含中药饮片)均应通过省级药品集中采购平台采购。省级药品采购机构应汇总医院上报的采购计划和预算,依据国家基本药物目录、医疗保险药品报销目录、基本药物临床应用指南和处方集等,按照上述原则合理编制本行政区域医院药品采购目录,分类列明招标采购药品、谈判采购药品、医院直接采购药品、定点生产药品等。鼓励省际跨区域、专科医院等联合采购。采购周期原则上一年一次。对采购周期内新批准上市的药品,各地可根据疾病防治需要,经过药物经济学和循证医学评价,另行组织以省、区、市为单位的集中采购。

知识链接

公立医院药品集中采购坚持"双信封"制

2015 年 2 月 28 日,国务院办公厅发布《关于完善公立医院药品集中采购工作的指导意见》,此次文件在双信封制度上提出了明确要求:投标的药品生产企业须同时编制经济技术标书和商务标书。经济技术标书主要对企业的药品生产质量管理规范(GMP)资质认证、药品质量抽验抽查情况、生产规模、配送能力、销售额、市场信誉、电子监管能力等指标进行评审,并将通过《药品生产质量管理规范(2010 年修订)》认证情况,在欧盟、美国、日本等发达国家(地区)上市销售情况,标准化的剂型、规格、包装等作为重要指标。通过经济技术标书评审的企业方可进入商务标书评审。在商务标书评审中,同一个竞价分组按报价由低到高选择中标企业和候选中标企业。对竞标价格明显偏低、可能存在质量和供应风险的药品,必须进行综合评估,避免恶性竞争。优先采购达到国际水平的仿制药。

(资料来源:《关于完善公立医院药品集中采购工作的指导意见》)

2. 医院采购的程序

为了规范医院采购工作流程,更好地保障临床科室的需要和医院日常工作的顺利开展,使采购工作更科学、流程更规范、效率更高、质量更优、成本更低廉,医院根据《医疗机构药品监督管理办法(试行)》及医院自身情况制订了相应的采购流程。

自 2010 年 7 月原卫生部发布《药品集中采购监督管理办法》以来,集中招标采购成为全国大部分医疗机构采购药品的重要方式。在药品集中招标采购过程中,联系医疗机构、药品生产经营企业、政府监管部门三方的纽带就是药品集中采购平台。采购平台是由采购方发起的一种采购行为,是一种不见面的网上交易,如网上招标、网上竞标、网上谈判等。电子采购管理平台通过提供便捷、高效的互联网采购管理技术和行业信息资讯服务,促进了采购过程高效、透明、公平,促进了采供双方的良性合作,创造了一个共享、共赢的市场环境。

具体采购流程如下所述。

(1)医疗机构根据本单位的药品使用目录编制采购计划,签订采购合同,明确采购的品种和数量。罕见病用药、临床用量少和管制的药品等,若需采购还应向省级药品采购管理部门申报。

(2)药品生产企业、经营企业在平台上填写相关信息,管理部门会对其信息进行审核并公布审核结果。医疗机构和管理部门会组织药品评价和遴选,确定入围企业和药品,并在平台上公示药品集中招标采购结果。

(3)价格主管部门审核入围的药品价格,然后公布入围品种、采购价格、零售价格等信息。

(4)医疗机构在确认了本单位的药品种类和数量之后与生产企业或受委托经营企业签订购销合同,然后按合同规定送货。

实行药品挂网采购,确保从验收到付款不超 30 天

2016 年 5 月 20 日,国家卫计委下发《关于做好国家谈判药品集中采购的通知》。为做好国家谈判药品集中采购工作,进一步健全药品价格谈判机制,国家明确提出:实行集中挂网采购,各地要及时将国家药品价格谈判结果在省级药品集中采购平台上公开挂网;医疗机构与企业签订采购合同,明确采购数量,按谈判价格直接网上采购;采购周期内,医疗机构的采购数量暂实行单独核算、合理调控;完善配送结算服务;谈判药品的生产经营企业要确保药品的质量安全和供应保障;医疗机构从药品交货验收合格到付款的时间不得超过 30 天;促进"互联网十"和现代医药物流融合发展,鼓励生产企业改进结算方式和创新谈判药品配送服务,满足患者用药需求,保障药品供应及时。

思考问题:

1.何为"药品挂网采购"?

2.药品挂网采购的利弊分析。

3.医院采购的特点

(1)采购方式多样　公立医院的采购方式主要以招标采购方式为主,个别医院是直接市场采购,招标方式以政府主导的区域性集中采购为主,其次是政府采购和医院自行采购,集中采购主要以药品、医疗设备和器械为主。政府采购主要是医疗设备和政府采购目录规定的品种及采购金额内货物,其他的后勤使用货物仍采用直接市场采购。总之,采购方式既有全国招标、全省招标,也有地市招标,又有医院自行招标等,方式多样,来源渠道复杂。

(2)涉及部门众多　医院为保证正常的医疗、科研和教学活动,每年都需要进行一定规模的采购,如药品、医疗器械、卫生材料的采购等。从医院外部来讲,涉及药品生产经营企业、药品监管部门、价格监管部门等;从医院内部来讲,采购涉及的科室较多,包括药剂科、设备科、总务科、办公室、信息科、党办、检验科等,需要多部门的信息共享与协调运行。

(3)采购品种繁杂　对医院而言,既要采购临床用量大的基本药物和非专利药品,也要采购非基本药物和专利药品;既有国产药品,也有进口药品;既有常规药品,也有特殊药品,品种繁多。不同品种的药品市场交易信息存在差异,比如部分进口药品或者独家专利产品,价格可比性较弱,尤其是医院使用的进口介入类产品,市场价格普遍较高。同时公立医院也承担着应急采购任务,医院的应急采购和保障性储备,通常按照国家相关规定采用特殊采购方式。

(4)供应企业散乱　当前我国的药品市场行业集中度较低,供应商比较分散,不同供应商的资质也不同,供应的药品品种和质量存在差异,服务质量也参差不齐,对医院的采购质量控制会造成一定的影响。

(二)医院采购行为的影响因素

1.医院的业务量

医院的业务量即门诊及住院患者数量,通常医院业务量对药品采购量起决定作用,即医院门诊及住院患者的数量增加,其消耗的药品量也将同步增加。

2.药品质量

药品的质量是影响药品采购的重要因素,药品质量的高低直接影响医生的处方行为。药品的疗效确切,安全稳定,医生会增加药品的处方行为,单品种药品的医院采购量就会随之增加。

3.医保政策

随着我国基本医疗保障制度的不断完善,医保政策所涉及的药品品种范围、报销比例、支付方式等都会对医院药品的采购产生重要的影响作用。对于医保定点机构的医院而言,必须考虑其不同医保类型患者目录内药品的使用范围和比例,这直接影响患者的就医选择行为。

4.环境因素

医院所面临的外部环境不同,对药品采购的数量、品种也会产生间接的影响。如当地居民的经济水平、医院的地理环境、当地的气候特点等因素都会对药品采购产生间接影响。

二、连锁药房购买行为分析

连锁药房也叫连锁药店,指由连锁总部统一进货、统一定价、统一管理的药店,从属于药品零售企业。连锁药店的经营模式:制药/批发企业—连锁总店—连锁分店—消费者。连锁药店作为一种先进的营销经营管理模式,其优势在于:连锁门店数量多、覆盖地区广,通过统一管理、统一配送、统一定价、统一核算的规范化管理,对资源进行有效的整合,帮助制药企业提高销量和终端市场覆盖率;连锁药店大多拥有自己的配送中心,利用集约化的配送模式,既可以保证流通中的药品质量,又可以有效地控制流通环节和流通成本;连锁药店的规模优势使得其在与批发商、制药企业讨价还价中具有一定的话语权,有利于成本控制及培育品牌。

知识链接

药品零售企业申办《药品经营许可证》的法律要求

开办药品零售企业,应符合当地常住人口数量、地域、交通状况和实际需要的要求,符合方便群众购药的原则,并符合以下设置规定。

(一)具有保证所经营药品质量的规章制度。

(二)具有依法经过资格认定的药学技术人员;经营处方药、甲类非处方药的药品零售企业,必须配有执业药师或者其他依法经过资格认定的药学技术人员。质量负责人应有一年以上(含一年)药品经营质量管理工作经验。经营乙类非处方药的药品零售企业,以及农村乡镇以下地区设立药品零售企业的,应当按照《中华人民共和国药品管理法实施条例》第15条的规定配备业务人员,有条件的应当配备执业药师。企业营业时间,以上人员应当在岗。

(三)企业、企业法定代表人、企业负责人、质量负责人无《中华人民共和国药品管理法》第76条、第83条规定情形的。

(四)具有与所经营药品相适应的营业场所、设备、仓储设施以及卫生环境。在超市等其他商业企业内设立零售药店的,必须具有独立的区域。

(五)具有能够配备满足当地消费者所需药品的能力,并能保证24小时供应。药品零售企业应备有的国家基本药物品种数量由各省、自治区、直辖市(食品)药品监督管理部门结合当地具体情况确定。

（一）连锁药房购买模式

连锁药房作为药品零售的最后终端，其交易药品的种类和规模仅低于医院，远高于单体药店及其他终端。因此，连锁药房是医药市场营销的重要渠道之一。

1. 连锁药房采购的类型

依据连锁药房购买活动的稳定性来分，连锁药房的购买行为可以分为以下几种。

（1）直接重购　即连锁药房总部的采购部门按照过去的订货目录和交易条件，继续向原先的药品供应商购买产品。只要对原供应商并无不满，在其存货水平低于订购点的时候，企业就会要求续购。

（2）调整购买　即连锁药房总部的采购部门希望现有供货商在原有交易条件上有所让步，从中获得更多利润。当企业采购部门找寻到更优供货商或同类产品供应商增多时，对原供货商的产品在品种和规模上进行一定的调整，以寻求与新供货商的业务交往。

（3）全新购买　即连锁药房总部采购以前从未购买的某类新产品。该类购买行为首先要决定是否购买，然后再确定向谁购买。企业往往需要综合分析市场需求、利润、市场风险等因素后再做决定，该类型购买行为决策有更多参与者，影响因素比较复杂。

2. 连锁药房采购的程序

连锁药房采购一般按照一定的程序进行，但由于经营的灵活性，对最佳供应商寻找、改善交易条件的采购及直接重构则会跳过某些阶段。

（1）认识需求　当连锁药房在销售分析中发现现有产品不适销，或通过广告、展销会、供应商的推销和消费者的询问等多种渠道了解到有更适销对路的新产品时，就会产生购买欲望。

（2）确定需求　即连锁药房根据其配货策略决定其产品经营范围的广度、深度和相关性。

（3）说明需求　连锁药房总部采购部门根据采购计划确定其采购说明书，包括所要购买产品的品种、规格、质量、价格、数量和购进时间。其中购进时间最为重要，因为销售时机将直接影响产品的销路。对进购数量的确定则要考虑消费需求、存货水平、产品利润空间等因素。

（4）寻找供应商　企业采购人员根据采购说明书的要求寻找合适的货源。只要不是直接重购，这个过程都可能存在，复杂程度有所不同而已。

（5）征求供应商建议　企业采购人员邀请合格的供应商提交供应建议书，对供应商进行初步筛选。

（6）选择供应商　连锁药房作为企业，其购进药品的目的是为了销售药品，因此，企业更关注的是是否能实现快速销售而获得毛利润。一般来说，企业选择供应商时比较关心的问题有：供应商合作欲望和态度、产品质量与其目标顾客的吻合程度、价格及折扣和信用条件、交货及时率、促销支持、售后服务、退货制度等。

（7）签订合约　为保证货源稳定性及降低存货成本，企业倾向于签订长期合同。

（8）绩效评价　企业对各供应商的绩效、信誉、合作态度等进行评价，以决定是否继续交易。

3. 连锁药房采购的特点

连锁药房采购与其他医药组织采购相比具有不同的特点。

（1）购买目的是为了销售　医疗机构购买药品是以临床诊断或治疗疾病为目的的，为了使就诊患者康复，获得医疗服务效果，而连锁药房采购药品是以满足药品市场需求为直接目的。因此，对于企业来说，不仅仅要关注药品的使用属性，还要重视药品的市场特性。

（2）购买数量较少，规模相对较大 由于连锁药房主要是针对医药消费者进行药品的提供，相对医疗机构采购数量较少。连锁药房的采购由其总部统一进行，所以相对于单体药店、基层医疗机构来说，规模相对较大。

（3）品种差异明显，相对单一 连锁药房在进行经营时，不同企业经营策略不同，为配合经营策略的实施，连锁药房在药品供应上会形成本企业的经营特征，主要表现在药品品种的不同。同时，作为消费者购药的终端，其品种以常用药为主，相对单一。

（4）购买程序规范 连锁药房开办条件要求较高，在市场准入方面，国家设置了相对严格的标准，企业在运行时，管理水平及执行力相对其他第三方终端市场要高。

（二）连锁药房采购行为的影响因素

影响连锁药房市场购买的因素包括宏观环境因素（政治、经济、文化、科技等）和微观的环境因素。影响其购买行为的主要因素如下所述。

1.医药供货商因素

（1）是否提供合法手续 医药生产企业或医药批发企业主体是否合法；企业的规模、信誉如何；能否提供合格的产品报验资料、药检报告、授权委托书、增值税发票等。

（2）医药商品情况 医药商品的生产或经营是否符合国家政策法规；医药商品的质量如何；医药商品的价格是否合理；包装是否有利于保证质量和进行销售。

（3）市场支持情况 医药生产企业能否提供全套的市场开发操作计划；广告力度、促销支持和服务水平如何；有无严格的市场保护措施以杜绝窜货和不正当竞争；有无完备的退货制度；医药生产企业或医药批发企业的付款是否具有优惠条件。

2.消费者的要求

消费者作为连锁药房医药服务的直接购买方，其要求是药房采购的出发点，决定了企业的购买行为。

3.竞争者情况

医药商品面临的竞争是否激烈；同行药房采购同种医药商品的情况如何；供货方的竞争是否激烈。

4.业务联系情况

连锁药房与供货商之间是否建立了稳定和协同的供货机制；相关人员的业务联系是否建立了忠属感。

5.连锁药房本身因素

（1）企业的采购程序、组织机构、采购目标等因素。

（2）企业与供货商的人际关系因素。

（3）企业采购工作相关人员的个人因素。

三、社区医院、单体诊所、单体药店的购买行为分析

（一）社区医院的购买行为特点及影响因素

1.社区医院的购买行为特点

（1）购买目的是为了使用 社区医院作为我国公共医疗卫生体系的基层组织，承担了居民基本医疗保健服务任务。社区医院药品主要用于满足居民基本卫生服务需求，更加注重药品

的治疗和经济属性。

（2）品种单一，数量少　社区医院主要提供基本医疗服务，药品需求以常用药品为主，品种需求单一。受服务人群范围的影响，社区医院医疗服务的项目较少，因此，其药品采购的种类和数量均较少。

（3）政策限制性大　社区医院作为公立基层医疗机构，在诊疗服务类别、机构建设和日常服务开展中都要受相关卫生政策影响。如现行基本药物制度，在基本药物目录药品采购过程中，很多地区都需要通过省级集中招标采购。

2.社区医院的购买行为影响因素

社区医院在进行药品采购时，主要影响因素有：国家相关政策的要求、地区疾病谱及季节性疾病状况、内部药事管理、医生处方习惯等。

（1）国家相关政策的要求　社区医院药品购进要受到国家卫生、药品采购及医疗保险等方面政策的影响。作为国家开办的非营利性机构，社区医院的运行受到卫生部门的影响。药品集中招标采购制度、医疗保险制度等都会影响社区医院药品的购进行为。

（2）地区疾病及季节性疾病状况　社区医院作为居民疾病诊疗的最前沿阵地，不同地区疾病的发病率不同。因此，社区医院在进行药品购进时，会受到当地疾病发生状况影响。另外，有些疾病暴发具有一定规律，社区医院在购药时会考虑季节性疾病治疗药物的购进。

（3）内部药事管理　社区医院需要设立药剂科及药事管理组织，这些组织对药品购买行为决策产生一定影响。

（4）医生处方习惯　医生处方是社区医院药品调配的主要依据，处方直接决定了医院药品采购的类别及数量。

（二）单体诊所的购买行为特点及影响因素

单体诊所作为最基层的医疗单位，其主要承担机构周边居民基本医疗服务工作。因此，相对于社区医院，单体诊所药品购进的种类更少、数量更小。但单体诊所在药品购进时，受到的国家相关药品购进政策限制要远远少于社区医院。

单体诊所药品购进的影响因素也少于社区医院，主要因素为医生的处方习惯，这直接决定或影响药品购进。季节性疾病、与供应商的关系等也是影响单体诊所购买行为的重要因素。

（三）单体药店的购买行为特点及影响因素

单体药店的药品购进相对连锁药房具备不同特征。由于企业规模等方面影响，单体药店整体药品采购量及品种较少，供应商的稳定性也较差，主要以非处方药品为主。

单体药店购进行为的影响因素主要是消费者用药习惯。同连锁药房一样，其影响因素也包括了供应商因素、竞争者情况、业务联系及自身因素。

【实训任务】

《国家基本药物目录管理办法》解析

实训目的

1.了解《国家基本药物目录管理办法》。

2.分析《国家基本药物目录管理办法》对医药行业影响。

3.训练医药营销的宏观环境思维。

实训内容

对《国家基本药物目录管理办法》的理解与分析。

实训步骤

1.教师安排实训任务,提出实训目标和实训要求;每个班级分成若干小组,从《国家基本药物目录管理办法》对医药行业、目录内企业、目录外企业、企业的营销策略等方面的影响进行理解与分析。

2.学生收集资料,下载《国家基本药物目录管理办法》,以及国家基本药物制度的相关政策、法律、法规、文献等进行学习。

3.小组讨论,交流学习成果。

4.以小组为单位,形成学习小结报告。

实训体会

通过实训,了解国家政策对医药企业的影响。

实训作业

1.以每个小组为单位提交学习小结报告。

2.以 PPT 形式汇报。

实训考核的内容和标准

每个分组提交的学习小结	PPT 汇报
60 分	40 分

【小结】

模块六讲述了医药组织市场购买行为分析,按照购买者的运行模式,将购买主体分为三种类型,即医院、连锁药店、基层组织(社区医疗机构、单体诊所、单体药店等),分别分析了三种主体采购的类型、程序、行为特点、影响因素等。其中,医院采购受国家基本药物制度、药品采购政策、医保政策的影响较大,需要把握不同时期政策的变化;连锁药店的购买行为对企业的管理能力提出了更高的要求;基层组织购买行为相对灵活,影响因素较为复杂。

【能力检测】

1.医院采购具有什么样的特点?

2.单体药店和连锁药店的购买行为有何不同?

(王　力　杨显辉)

模块七　医药竞争者分析

【模块解析】

竞争是市场营销的导向之一,通过本模块的学习和训练,学生能够区分竞争者的类型;分析竞争者的战略、目标、优劣势和反应模式;掌握市场领导者、市场挑战者、市场追随者和市场补缺者的市场竞争策略。

【知识目标】

- ◆ 掌握医药竞争者类型。
- ◆ 掌握医药竞争者优势、劣势的分析方法。
- ◆ 掌握医药竞争者的反应模式。
- ◆ 掌握不同类型的医药市场竞争者的策略选择。

【能力目标】

- ◆ 能够分析竞争者的营销战略、经营目标、企业优劣势和面对竞争的反应模式。
- ◆ 学会根据市场领导者、市场挑战者、市场追随者和市场补缺者的具体情况,正确制订市场营销策略。

【案例导读】

药店经营的竞争现状

药店扎堆的现象在行业内屡见不鲜。有经济学博士谈到这个问题,认为我国的药店行业已经出现严重的产能过剩,供给远远超过需求。上述现象导致的结果是"市场形成了恶性竞争"。一般药店盈利能力并不强,有些甚至亏本运行。

对此,他谈到一种解决方案:需要引导药店空间合理布局,引导"药店和参保人员服务比"从当前1∶3000回归到1∶6000。如果按照1∶6000的比例计算,在合理布局下,我国只需要23.3万家药店,但是目前国内有近50万家药店。

此外,对于零售药店严重的产能过剩,除了导致零售药店畸形发展外,零售药价在这些年也持续上涨,毛利虽然高,但是净利却很低。从实际调查看,目前药店零售行业的确面临从未有过的"冬天",行业平均净利润率在3%左右,许多小、散药店运行已处于长期成本线以下。

从国际对比看,2018年,中国、美国、日本药店的净利润基本在3%~6%,但是中国、美国、日本药店的毛利润率分别是40%、24%、20%。这组数据也反映出了一些问题,说明我国药店的人工、物流等成本是美国和日本的两倍,药店行业要想盈利,必须改变商业模式,提高资金周转率,降低人工成本,减少压仓成本。

【案例思考】

1.案例中,零售药店的密集设置如何体现了"博弈论"理论的思维模式?

2.我国零售药店如何在市场竞争中获取竞争优势?

一、市场竞争者

(一)市场竞争者的内涵

医药企业在制订和执行市场战略的过程中,要始终贯穿市场竞争的思想。市场竞争观念开阔了企业视野,使其注意到还存在着更多潜在的和现实的竞争者。

竞争者指满足同一顾客群的相似顾客需求的公司。医药企业在考虑竞争策略时,必须拥有关于竞争对手的准确信息,应了解到以下基本情况:我们的主要竞争者是谁? 怎样确定竞争者的市场战略和市场目标? 竞争者的优势、劣势是什么? 竞争者的反应模式属于哪种类型? 参与竞争的企业分别作为市场领导者、市场挑战者、市场追随者或市场补缺者等不同市场角色时,应如何做好市场定位? 企业如何平衡顾客导向和竞争导向?

(二)企业竞争能力的影响因素

医药企业在市场竞争中会面临5种威胁,这5种威胁力量是:同行业竞争者、新竞争者、替代产品、购买者和供应商。它们决定了一个行业市场(或一个细分市场)的长期内在吸引力,见图7-1。

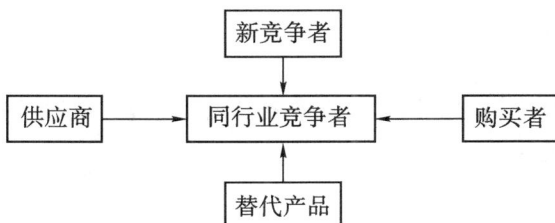

图7-1 企业在市场竞争中面临的5种力量

1.同行业竞争者

如果某行业市场的竞争很激烈,例如,出现竞争者众多,某一个竞争者很强大或者竞争者的竞争意识较强烈等,该市场则不具有吸引力。如果某行业投资很大,企业想从该市场撤出是困难的,随着生产能力的扩大,固定成本越来越大,那么相对于上一情形,该市场更不具有吸引力,企业的利润也会有所下降。

2.新竞争者

新竞争者对企业的威胁取决于该市场可进入的难易程度。如果该市场进入门槛高,退出门槛低,新公司很难进入该市场。前期进入这类市场的企业便会拥有较高且稳定的回报,如果经营不佳也可以安全撤退,所以这是最有吸引力的市场;如果市场进入和退出壁垒都较低,企业可以进退自如,获得的收入虽然稳定但不高;如果进入的壁垒较低,退出的壁垒较高,这是最坏的情况,会出现大家蜂拥而入的情形,每家企业的生产能力过剩,收入下降,很难退出。

3.替代产品

某类市场如果存在替代产品,该市场的吸引力就会下降。替代产品的生产技术发展、价格下降或消费者越来越倾向于选择替代产品等情况,都会使这类市场的价格和利润下降。

4.购买者

当顾客消费知识增加、讨价还价能力日益加强、对价格敏感时,顾客会设法压低价格或者对产品质量提出更高要求,企业的利润水平会下降,那么企业只能通过提供优质产品来赢得市场。

5.供应商

如果企业的供应商提高价格、降低原材料品质、减少产品供应数量、供应原材料不及时等,这类市场不具备吸引力。为避免以上事情发生,企业应该开拓多种供应渠道,与供应商建立良好的长期合作关系。

二、竞争者分析

(一)识别竞争者

百事可乐公司是可口可乐公司的主要竞争者;麦当劳快餐是肯德基快餐的主要竞争者,这些信息普通消费者都熟知,参与市场竞争的各家企业更是深谙于心。识别竞争者似乎是一项简单的工作,然而企业实际和潜在的竞争者范围非常广。对于医药企业而言,它的竞争者可能是经营同类药品的医药公司,可能是某保健品经销商,也可能是经营其他产品的任何公司。医药营销工作者需要识别出竞争者,竞争者主要分为以下类型。

1.欲望竞争者

欲望竞争者指满足消费者不同欲望的企业,如食品企业属于服装企业的欲望竞争者,也属于医药企业的欲望竞争者。

2.种类竞争者

种类竞争者指满足同一种欲望的不同类型商品的竞争者,例如,治疗感冒的药品中,中药感冒药和西药感冒药属于种类竞争者。

3.形式竞争者

形式竞争者指生产或销售满足同类欲望的同类产品、但产品形式不同的竞争者,例如,选择中药治疗感冒时,针剂中药、片剂中药和口服液中药等不同剂型的中药企业构成形式竞争者。

4.品牌竞争者

品牌竞争者指生产或销售满足同种欲望、同类产品、同种形式,但不同品牌的医药企业,例如A品牌的感冒清热颗粒和B品牌的感冒清热颗粒二者属于品牌竞争者。

(二)辨别竞争者策略

由于竞争者随着市场环境的变化经常修订经营策略,所以企业需要不断观测、分析竞争者的策略。

(三)判定竞争者目标

竞争者目标受到其自身规模、当前经营状况等因素制约,企业必须判定竞争者的主要目标是为了长远发展还是为了短期内快速获得利润。竞争者目标主要有销售量、销售额、现金流量、市场占有率、投资收益率、服务领先、技术领先等,每个竞争者在不同的发展阶段会有不同的目标组合,也会在不同的环境下有不同的侧重目标,企业的任务是识别竞争者的主要目标,以及不同目标在其计划中的地位。

(四)评估竞争者优势与劣势

企业在分析其竞争者的优势和劣势时,需要分析3个变量。

1.市场份额

市场份额又称为市场占有率,指企业在行业市场上的销售份额,即竞争者产品的销售额与行业整体销售额之间的比值。

2.心理份额

心理份额指消费者购买同类产品时,竞争者产品成为首选产品的数额在行业整体销售额中的比例。例如,消费者在购买中药产品时,A 公司药品成为首选产品的数额在同类药品中的比例最高,则说明 A 公司产品在中药领域的心理份额最高。

3.情感份额

情感份额指行业内同类产品中,竞争者产品最受消费者喜欢的投票百分比。但有时消费者虽然最喜欢某一产品,却可能因为某种原因没有购买该产品。

市场份额、心理份额和情感份额之间相互影响。心理份额和情感份额上升的企业,市场份额未来也会上升;而市场份额上升的企业,未来心理份额和情感份额则不一定上升。

(五)确定竞争者的反应模式

每个竞争者都有相对稳定的企业文化、经营理念和管理模式,它们对外界影响的反应有一定的模式,竞争者的不同反应模式一般有 4 种类型。

1.从容型竞争者

从容型竞争者指一个企业对它的竞争者的行动反应不迅速或反应不强烈。从容型竞争者反应缓慢的原因是多样的,例如,它们认为竞争对手的行动不会给它们带来较大影响,消费者不会因为竞争对手的行为而转移消费。对企业来说,关键要分析出竞争者从容不迫行为的原因。

2.选择型竞争者

选择型竞争者指竞争者倾向于只对某种类型的攻击做出反应。例如,企业只对降价做出反应,对竞争者的广告宣传不做任何反应。

3.凶狠型竞争者

凶狠型竞争者指竞争者对各种类型的攻击都会做出迅速而强烈的反应。典型的凶狠型竞争者不会给竞争对手任何机会,它会对竞争者的行为抗争到底。

4.随机型竞争者

随机型竞争者指竞争者受到攻击时的反应没有固定模式,其行为是不可预知的。大部分小公司属于这种类型的反应模式,如高科技类小公司。它们对竞争者的某些攻击有时有反应,有时没有反应,会结合自身经济状况、市场状况和营销环境做出不同的反应。

三、市场竞争策略选择

根据企业在市场所处的地位不同,分为市场领导者、市场挑战者、市场追随者和市场补缺者。不同角色的竞争者其市场份额不同,以下市场份额的数据只是理论上的范畴,在营销实务中,不同行业的市场其市场份额的划分均不同,具体见表 7-1。

表 7-1　不同角色的市场竞争者所具有的市场份额

市场领导者	市场挑战者	市场追随者	市场补缺者
40%左右	30%左右	20%左右	10%左右

（一）市场领导者策略

每个行业市场都有一个市场份额最大的企业，该企业是被公认的市场领导者。它经常在价格调整、新产品开发、建立分销渠道模式和制订促销强度等方面领导行业内其他企业。领导者是所有竞争企业共同关注的对象，竞争者会向它挑战、模仿，或者避免与它竞争。如果领导者没有合法的独占权利（如专利），就必须时刻保持警惕，避免其他竞争者的攻击。

市场领导者要具有第一的竞争优势，必须在以下三个方面保持自己的领导地位。首先，寻找到扩大目标市场需求总量的方法；第二，通过有效的防御和进攻体系保护自己的市场份额；第三，如果市场需求总量不变，领导者能够努力采取措施扩大其自身的市场份额。

1.扩大市场需求总量

市场领导者保证其市场第一地位的最好办法就是扩大目标市场需求总量，处于领导地位的企业在总市场需求扩大时收益最多。

（1）寻找新用户　潜在消费者对产品或用途不了解，因此不能接受产品价格。企业可以通过宣传、促销的方式说服潜在消费者购买，如补钙产品的生产企业在说服孕妇购买的同时，也向老年消费者展示了用途。

（2）开辟产品新用途　市场规模可以通过发现和推广产品新用途得到扩大。如凡士林最初只作为润滑油使用，现今发现该产品可用作皮肤软膏、润肤露等。

（3）增加产品使用量　人们在较多的场合使用该产品会增加产品使用量。处于领导地位的企业可以告诉消费者有计划地废弃。如降压药生产企业告知消费者不能长时间使用同一种降压药。

2.保护市场占有率

领导者在扩大市场需求规模的同时，还必须时刻保护现有业务不受竞争对手的侵犯。市场挑战者通常都是很有实力的企业，市场领导者稍有疏忽就会受到竞争对手的严重打击，甚至其领导地位会被取而代之。领导者企业可以采取以下6种防御策略保护市场占有率。

（1）阵地防御　在企业周围建造坚固的"防卫堡垒"。现在可口可乐生产着全世界将近一半的软饮料，但仍积极从事多角化经营。

（2）侧翼防御　市场领导者除了建造和保卫自己的阵地外，还应建立一些辅助性基地作为侧翼阵地，保护自己的弱点，防止竞争对手乘虚而入。

（3）先发防御　在竞争对手发动进攻前，先发制人抢先进攻，这是一个比较积极的防御策略。一家大型药品公司透露消息说，它正考虑降低其处在领导地位的药品价格，并同时考虑可能扩建新厂，以此来阻止竞争对手进入该药品市场。

（4）反击式防御　大部分市场领导者受到攻击时，会向对手做出反击。某行业领导企业A公司在受到B公司的某小瓶装洗涤液的首次攻击时，就进行了大规模反击。小瓶装的洗涤液因为符合消费者的类似需求，且占据的货架空间较少，受到零售商的欢迎，但A公司则致信经销商要求撤销这种产品的销售，否则会停止供应A公司产品，经销商只好将该洗涤液下架。

（5）运动防御　市场领导者不仅要坚守原有阵地，还要将业务范围扩展到新的有潜力的领域，以作为将来防御和进攻的中心。

（6）收缩防御　市场领导者意识到防守所有的领域是得不偿失的，会选择放弃企业弱势的领域，集中资源在较强的领域中。

3.扩大市场份额

企业利润率与市场份额成正比,市场份额较高的企业,利润水平较高,市场领导者通过增加市场份额提高利润。例如,美国通用电气公司要求其产品应在每个市场上占有第一或第二的地位,否则便放弃该业务,由于不能在行业市场中占有领导地位,通用电气公司已经放弃了它的计算机和空调业务。

(二)市场挑战者策略

在行业中位于第二、第三和后面的企业,如高露洁、百事可乐、福特等公司,这些公司一般采用两种态度对待竞争:一种向市场领导者发动攻击,夺取更大的市场份额,其称为市场挑战者;另一种参与竞争但维持现状,不向市场领导者发动攻击,不引起争端,其称为市场追随者。市场挑战者有以下策略可以选择。

1.正面进攻

正面进攻即集中全力向竞争对手的长处发动进攻,打击竞争对手的强项而非弱点。正面进攻的胜负取决于双方的实力强弱,由于市场挑战者的资源和力量要比市场领导者少,这种进攻策略失败的可能性大。

2.侧翼进攻

侧翼进攻即集中力量攻击对手的弱点。市场领导者往往是强大的,但在它的侧翼和后方也会有薄弱环节。市场挑战者本着"集中优势兵力打击对方弱点"的原则,扬长避短,发挥企业优势攻击市场领导者的弱势区域。

3.包围进攻

包围进攻即一种大规模、全方位的进攻策略。市场挑战者在几个方面同时发动进攻形成包围之势,迫使竞争对手在前方、侧翼和后方同时防卫。这一策略成功的前提是挑战者拥有比领导者更为优越的资源。

4.迂回进攻

迂回进攻即避免正面冲突,攻击其较容易进入的市场,是一种间接的进攻竞争策略。有三种办法推行该战略:多角化经营无关产品;用现有产品进入新市场并实行多角化;用新产品取代现有产品。

5.游击进攻

游击进攻适用于规模较小、力量较弱的企业。游击战可以发动间歇性小型攻击,目的是骚扰对方使其士气低落,最终建立永久性据点。

(三)市场追随者策略

模仿比创新易获得更大的盈利水平,这是市场追随者采取追随战略的核心。当市场领导者开发出新产品,为新产品做宣传时,市场追随者会紧紧跟上,迅速模仿或改进其新产品。由于追随者不必承担创新成本,它获得的利润可能会高于领导者,这种保守战略不会招致报复,有自我保护的作用。但市场追随者是市场挑战者攻击的主要目标,所以低成本、高质量的产品是市场追随者必须具备的,并在开辟新市场时,追随领导者一同进入。模仿者不进攻领导者,领导者也不注意模仿者。市场追随者的竞争策略如下。

1.紧密追随策略

这种策略指追随者尽可能在目标市场营销和市场营销组合方面模仿领导者。这种类型的追随者表面上看好像是挑战者,但它不从根本上侵犯领导者的地位,双方不会发生直接冲突。紧密追随者只是希望依靠市场领导者努力生存。

2.有距离追随策略

有距离追随策略即追随者与领导者保持一定距离,但在目标市场、产品、分销渠道、促销等方面与领导者保持一致。

3.有选择追随策略

有选择追随策略即追随者在某些方面紧跟领导者,在其他方面发挥独创性,不直接与领导者竞争,这些追随者中有些会成为市场挑战者。

(四)市场补缺者策略

小公司为避免与大公司竞争,会选择市场容量小或大公司不感兴趣的细分市场,这些细分市场是大公司不屑一顾的。无论选择哪个市场,该企业都有可能成为市场的补缺者。市场补缺者可采用以下几种策略。

(1)成为最终用户专家 公司专门致力于为某类最终用户服务。如某小型软件企业专门为超市的软件提供升级服务;某医疗诊所专门提供专业的医疗康复服务。

(2)顾客规模专业化 公司专门为小型、中型或大型客户服务。大部分的市场补缺者专门为小型客户服务,因为这部分消费者常被大公司忽略。

(3)地理区域专业化 公司的销售只集中在某个区域。如农村医疗市场中可能只有一家诊所提供医疗服务。

(4)产品或产品线专业化 只生产某一类产品。如某家小型工厂只生产药用酒精,提供给医疗机构和科研机构。

(5)质量、价格专业化 公司选择专门为某一目标市场生产高档或低档产品。如惠普公司专门生产高质量、高价格的袖珍计算器。

(6)渠道专业化 公司只为某一种分销渠道服务。如一家化妆品生产企业只生产超大容量的药妆美容产品,并只在美容院里出售。

【实训任务】

某品牌OTC感冒药的竞争者分析

实训目的

1.收集该OTC药品的市场竞争产品信息。

2.分析该OTC药品的竞争者类型。

3.确定该OTC药品的主要竞争产品。

4.通过市场信息的收集,分析主要竞争企业、竞争产品的营销现状。

实训内容

分析该OTC药品的竞争者和主要竞争者。

实训步骤

1.在教师指导下,学生以实训小组为单位,共同商议选择每个实训药品。

2.教师安排实训任务,提出实训目标和实训要求,学生制订"竞争者信息收集方案"。

3.学生以小组为单位,通过实地考察,收集主要竞争产品的信息,整理并分析,形成分析报告。

4.每个实训小组根据分析报告,制作PPT进行竞争者分析的汇报。

实训体会

通过实训,了解竞争者分析的步骤和主要内容。

实训作业

1.制订走访记录单,提交实际走访中的所有原始记录。

2.以每个实训小组为单位提交报告。

3.以实训小组为单位,制作汇报竞争者分析的PPT。

实训考核的内容和标准

每个小组提交的竞争者分析报告	制订走访记录单和原始走访记录单	制作汇报PPT
50分	20分	30分

【小结】

模块七讲述了医药竞争者分析,主要包括对于市场竞争者的理解、竞争者分析和不同类型竞争企业的市场竞争策略选择。其中,关于市场竞争者的理解包括市场竞争者的内涵、企业竞争能力的影响因素;竞争者分析包括识别竞争者、辨别竞争者策略、判定竞争者目标、评估竞争者优势与劣势、确定竞争者的反应模式;企业市场竞争策略分别从市场领导者、市场挑战者、市场追随者和市场补缺者四个角色讲述不同的市场竞争策略选择。

【能力检测】

1.如何理解竞争者类型?

2.竞争者分析的步骤?

3.不同市场竞争者的竞争策略选择有哪些?

(刘 徽)

项目三　分析和开发医药目标市场

【项目简介】

项目三主要针对行业市场进行相关分析。通过市场调研技术,收集、整理和分析行业市场的信息;通过目标市场营销技术,以市场调研收集的信息为基础,对行业市场进行市场细分、目标市场选择和市场定位,为后续市场营销组合策略的制订提供依据。

目标市场营销是市场营销全过程中起到承上启下作用的重要环节。项目三是项目二和项目四之间的桥梁和纽带,企业目标市场营销策略制订的准确与否直接决定市场营销组合策略的实施是否顺利。

【项目案例】

广告打造 OTC 大品牌,渠道终端精耕细作

众多医药营销模式之中,OTC 大产品、打广告是医药企业最为推崇的一种营销模式。有许多医药企业采用该模式都取得了成功。

关于大家都耳熟能详的某含片广告,其品牌也已深入人心。此后,该企业又推出了健胃消食片,并通过电视广告隆重亮相,使得其知名度和市场占有率不断上升。随即,该企业紧跟势头发展,相继推出了两个产品,前者采用娱乐化营销,后者定位于术后患者,广告定位精准,使得其在行业内产生了极大的影响力。

该企业除了大力做好品牌传播及维护以外,对终端渠道也进行了精耕细作。企业通过深度分销,将二级经销商的数量扩充到 2000 家左右,同时不断加强第三终端的营销力度,使得企业销售终端向新的市场迈进了一步。该企业通过终端维价、产品陈列以及终端包装,使得终端面貌发生了革命性的变化,并且还因此建立了良好的渠道和终端秩序,渠道商和终端的满意度也得到了较大的提升,从而使得其旗下 OTC 产品在行业市场熠熠发光。

OTC 药品和保健品的本质是消费者可自主选择购买,其拥有快消品的特征,正因为如此,也证明了品牌对于 OTC 产品销售的重要性,可以说,品牌知名度决定了产品的成交率。该企业所采用的营销模式,即通过广告打造 OTC 大品牌,对渠道终端进行精耕细作是很成功的。

伴随着该企业获得的成功,其他越来越多的制药企业走起了相似的营销模式,所幸的是,他们都取得了傲人的成绩,并在行业市场占据了一席之地。

【案例思考】

请仔细思考"该企业模式"目标市场及市场定位?

模块八 医药市场调查技术

【模块解析】

通过学习,了解医药市场调查的概念、作用和类型,能按要求设计市场调查问卷,为将来从事药品市场调查工作打下基础;熟悉药品市场调查报告制订的步骤和方法,能按要求撰写市场调查报告,为市场调研分析提供可靠的保证。通过对医药市场调研技术的学习,能够更好地理解医药市场调查理论,较全面地掌握市场调查技能,提高各项通用能力,实现课程教学目标。

【知识目标】

◆ 掌握医药市场调查的内涵。
◆ 了解并掌握医药市场调查的程序。
◆ 掌握问卷设计技术。
◆ 掌握医药市场调查的方法。
◆ 熟悉市场调研报告的撰写内容。

【能力目标】

◆ 能够合理安排市场调查前的准备工作。
◆ 学会搜集市场调查信息。
◆ 学会设计市场调查问卷。
◆ 学会撰写市场调查报告。

【案例导读】

某药业的市场调研案例

某药业股份有限公司一直以来高度重视科研投入,每年的科研投入费用超过公司收入的5%,公司形成了一整套的产品开发思路,在PPA事件后,感冒药市场一方面有所缩水,另一方面很多新的制药企业也在不断发展壮大。在这个时候该药业推出了一种纯中药治疗感冒的药品,为什么在这个时候推出新产品呢?

因为该药业在做过充分的市场调研后,发现市场上部分消费者不再愿意吃西药感冒药,而且原来市场上没有一个真正纯中药的全国性感冒药品牌,也没有一个真正针对老人、儿童等特殊人群的全国性感冒药品牌。企业判断该纯中药感冒药存在很大生存空间,便及时将产品推入市场,取得很好的效果。

在充分市场调研基础上,研发适合大众需求的产品,才能取得市场销售的成功。

【实践与探索】

1.结合案例,讨论市场调研在市场营销过程中的重要作用。
2.该药业的市场调研给企业营销提供了哪些决策信息?

一、认知医药市场调查

（一）医药市场调查的内涵

市场调查的英文是 Marketing Research，也被称为市场调研、营销调研、市场研究等。由于研究的切入点和对其认识的不同，使人们对市场调查的定义有不同的表述。

医药市场调查指在市场营销观念的指导下，以满足医药消费者需求为中心，运用科学的方法，搜集、记录、整理、分析和研究有关医药市场各种基本状况及其影响因素的信息资料，并提出解决医药市场营销问题的建议的过程。市场调查有以下几个方面的含义。

（1）医药市场调查是一个系统工程，不是简单地搜集、记录、整理、分析和研究市场信息资料，而是一个经过周密组织和策划的、由一系列环节和步骤组成的工作过程。

（2）医药市场调查是为解决特定的市场营销问题而设立的，是一个有明确目的的活动。市场调查本身不是目的，它服务于医药市场营销活动，其最终目的是为医药企业制订正确的市场营销决策提供依据。

（3）医药市场调查必须采用科学的方法和技术，包括信息收集、数据资料处理和统计分析等方法与技术。只有采用科学的方法和技术，才能保证调查结果的客观性和准确性。

（4）从本质上讲，医药市场调查是一项市场信息工作，按照一定的工作程序，收集、整理、分析和研究药品市场信息。信息管理的全部职能在医药市场调查过程中都能得到体现，特殊之处就在于其研究对象为医药市场信息，并为医药市场营销决策服务。

（二）医药市场调查的意义

医药市场调查实质上就是取得、整理、分析医药市场营销信息的过程。掌握及时、准确、可靠的市场信息是医药企业经营管理机构的一项重要任务，有助于企业了解市场动态，掌握市场供求变化关系，更好地满足消费者需求，为管理者正确决策提供有力的支持。

1. 有助于企业了解市场供求关系，推广适销对路的药品

通过对医药销售市场的购买能力、消费水平、消费结构、消费趋势等方面调查，了解市场中医药产品的需求总量及需求结构；通过对医药生产企业、药品库存、进口药品需求和货源的调查，了解医药市场的供应总量，从而有利于了解医药市场的供求情况和变化规律等。

2. 有助于企业发现市场机会，发挥潜在的竞争优势

药品的特殊性决定了医药市场不同于其他商品市场。企业通过搜集消费者信息，能更好地了解消费者的需求变化和消费者对自己产品的看法，从而帮助企业重新认识市场，把握新的市场机会开发新药。特别是在现代社会，人们对生命健康有了新的认识和新的理念，发现市场机会能够使企业在市场竞争中处于不败之地。

3. 有助于管理者正确决策，扩大销售

医药市场调查通过为管理者提供及时、准确、灵活、有效的市场信息，使管理者进一步分析研究产品适销对路的情况，对自身的经营资源和经营能力、市场需求、营销环境都有了更清晰的认识，进一步确定哪些药品能在激烈的市场竞争中站稳脚跟，从而能够理智地做出适合的营销决策，使产品得以推广。

4. 改善医药企业经营管理水平，提高经济效益

医药市场调查是医药企业改善经营管理水平、增强企业活力、提高经济效益的基础。通过市场调查,可以发现企业自身存在的问题,分析研究产品的生命周期,确定开发新产品,整顿或淘汰老产品的计划,制订产品阶段性的市场营销策略。综合运用各种营销手段,尽量减少不必要的中间环节,缩短运输路线,降低储运费用和销售成本,以最低的费用成本将药品转移到消费者手中,获得更好的经济效益。

二、医药市场调查程序

市场调查通常需要经过以下程序:确定医药市场调查问题和调查目标、设计调查方案、收集医药市场信息、整理和分析医药市场信息、撰写调查报告。

(一)确定医药市场调查问题和调查目标

确定医药市场调查的问题及目标是进行市场调查时应首先明确的问题。调查目标确定后,市场调查就有了方向。根据研究的问题、目的、性质和形式的不同,市场调查一般分为以下四种类型。

1. 探测性调查

探测性调查用于探询企业所要研究问题的一般性质。研究者在研究之初对所欲研究的问题或范围还不是很清楚,不能确定到底要研究什么问题。这时就需要应用探测性调查去发现问题、形成假设。至于问题的解决,则有待进一步的研究。例如,企业产品销售量下滑,市场调研正式开始前,运用探测性调查可以帮助找到调查方向。

2. 描述性调查

描述性调查是通过详细的调查和分析,对市场营销活动的某个方面进行客观的描述。

大多数市场调查属于描述性调查,如市场潜力和市场占有率、产品的消费群结构、竞争企业现状的调查。在描述性调查中,可以发现调查对象中的关联因素,但此时并不能准确说明变量中哪个是因、哪个是果。与探测性调查相比,描述性调查的目的更加明确,研究的问题更加具体。

3. 因果关系调查

因果关系调查的目的是找出关联现象或变量之间的因果关系。描述性调查可以说明某些现象或变量之间相互关联,但要说明某个变量是否引起或决定其他变量的变化,就要用到因果关系调查。因果关系调查的目的是寻找足够的证据来验证变量间的因果假设。

4. 预测性调查

市场营销所面临的最大问题是市场需求等方面的预测问题,这是企业制订市场营销方案和市场营销决策的基础和前提。预测性调查就是指企业为了推断和测量市场的未来变化而进行的研究,它对企业的生存与发展具有重要意义。

(二)设计调查方案

根据所确定的医药市场调查问题和调查目标,可以提出调查的命题及实施的计划。可采用重点调查法,并配合个人访问法和电话调查法来进行调查研究。在收集原始资料时,一般需要被调查者填写或回答各种调查表格或问卷。调查表及问卷的设计既要有科学性,又要有艺术性,以利于市场调查工作条理化、规范化展开。在实施调查前,调查人员应该选择决定抽查的对象、方法和样本的大小。一旦明确下来,参加实施的调查人员必须严格按照抽样设计的要求进行工作,以保证调查质量。

（三）收集医药市场信息

1.收集一手资料

第一手资料指通过调研者本人直接实地调研所获得的原始资料,比如通过实地采访、与医生和患者交谈、参加医药产品交易会等活动所取得的资料。调查人员按调查计划中确定的调查对象、调查方法进行实地调查,收集一手资料。现场实地调查工作的好坏,直接影响调查结果的准确性。

2.收集二手资料

由于收集一手资料花费的费用和时间较多,调研通常通过信息渠道收集内部和外部的二手资料,然后对资料进行整理、评估、处理和加工。一般通过以下渠道获得的二手资料较为可靠。

（1）政府权威机构的定期出版物,如政府部门的各种统计年鉴、统计报告、调研报告等。

（2）医药行业协会的报告和定期的公开出版物。

（3）企业内部的资料。

（4）专业市场咨询公司的研究报告。

为了节约时间和成本,现在医药企业进行市场调研活动时往往尽量使用二手资料,并有条理地把收集的二手资料与一手资料结合起来。

（四）整理和分析医药市场信息

这一步骤是将调查收集到的资料进行汇总整理、统计和分析,具体包括以下几个方面。

1.编辑整理

编辑整理就是把零碎的、杂乱的、分散的资料加以筛选,去粗取精,去伪存真,以保证资料的系统性、完整性和可靠性。在资料编辑整理过程中,要检查调查资料的误差,剔除那些错误的资料;之后要对资料进行评定,以确保资料的真实与准确。

2.分类编号

分类编号就是把调查资料编入适当的类别并编上号码,以便于查找、归档和使用。

3.统计

统计就是将已经分类的资料进行统计计算,系统地制成各种计算表、统计表、统计图等。

4.分析

分析就是对各项资料中的数据和事实进行比较分析,得出一些可以说明有关问题的统计数据,直至得出必要的结论。

（五）撰写调查报告

撰写和提交调查报告是市场调查工作的最后环节。调查报告反映了调查工作的最终成果。要十分重视调查报告的撰写,并按时提交调查报告。撰写调查报告应做到以下几个方面。

（1）客观、真实、准确地反映调查成果。

（2）报告内容简明扼要,重点突出。

（3）文字精练,用语中肯。

（4）结论和建议应表达清晰,可归纳为要点。

（5）报告后附必要的表格、附件与附图,以便阅读和使用。

（6）报告完整。

在得到结论以后,市场调查部门必须提出若干建议方案,写出书面报告,提供给决策者。在撰写调查报告时,要表述出调查方法、调查目的、调查对象、处理调查资料的方法以及通过调查得出的结论,并进一步提出一些合理的建议。

三、医药市场调查问卷设计技术

在市场调查中,问卷是调查前准备的重要工作内容,也是最常用的一种调查工具,是收集市场信息资料、进行数据处理和分析的重要手段。

（一）市场调查问卷和问卷设计的含义

1.问卷的含义

调查问卷又称调查表、问卷表,它是一种以书面的形式了解被调查对象的反应和看法,并以此获得资料和信息的载体。问卷既是一种收集数据的结构化技术,又是实施各种市场调查方法的必备工具。

2.问卷设计的含义

调查问卷设计是依据调查与预测的目的,列出所要了解的项目,并以一定的格式,将其有序地排列组合成调查表(问卷)的活动过程。调查问卷设计应包含了解问卷设计的目的,明确问卷在何种访问方式下使用,选择问卷的形式,设计问句、问句总体组合、备选项,即设计容易使调查者和被调查者所接受、符合调查要求、能有效获得所需信息资料的调查表。

（二）市场调查问卷的种类

常用的调查问卷模式有一览表式和单一表式。

1.模式一:一览表式

一览表式指将若干个被调查对象和相应的调查项目依次填写在一张表内的问卷。例如表 8-1。

表 8-1 非处方药广告媒体方式的选择

药品名称	电视	电台	报纸	杂志	路牌

2.模式二:单一表式

单一表式是将一个被调查对象和相应的调查项目依次填写在一张表内登记填写的问卷。单一表式又分为问卷式和表格式两种。

（1）问卷式。例如下面样式：

防治心脑血管疾病类药品调查问卷

姓名：_____ 地址：_____

尊敬的朋友：

很抱歉打扰您,期望您用几分钟时间认真填写问卷,您将会获得一份精美的礼品。谢谢!

1.贵药店柜台上有____种与防治心脑血管疾病相关的药品或保健品?

2.防治心脑血管疾病的产品中铺货量最大的前三位产品依次是_____、_____、_____。

3.目前在贵药店销量排前三位的防治心脑血管疾病的产品是_____、_____、_____。

4.您认为顾客在购买防治心脑血管疾病产品时,最关注的功能是（　）

a.防治偏瘫　b.手脚麻木　c.偏头疼　d.记忆力下降　e.经常性头疼　f.语言障碍

5.您认为防治心脑血管疾病产品给顾客带来好处的几个重要因素是（　）

a.价格适中　b.快速见效　c.不复发　d.无毒副作用,快速缓解症状　e.其他

6.您个人认为防治心脑血管疾病的产品每个疗程的价格应在（　）

a.200元以下　b.200～400元　c.400～600元　d.600元以上

（2）表格式。例如下面样式：

防治心脑血管疾病类药品调查问卷

姓名：_____ 地址：_____

尊敬的朋友：

很抱歉打扰您,期望您用几分钟时间认真填写问卷,您将会获得一份精美的礼品。谢谢!

问题	回答
1.贵药店柜台上有几种与防治心脑血管疾病相关的药品或保健品?	
2.防治心脑血管疾病的产品中铺货量最大的前三位产品依次是	
3.目前在贵药店销量排前三位的防治心脑血管疾病的产品是	
4.您认为顾客在购买防治心脑血管疾病产品时,最关注的功能是	a.防治偏瘫　b.手脚麻木　c.偏头疼　d.记忆力下降　e.经常性头疼　f.语言障碍
5.您认为防治心脑血管疾病产品给顾客带来好处的几个重要因素是	a.价格适中　b.快速见效　c.不复发　d.无毒副作用,快速缓解症状　e.其他
6.您个人认为防治心脑血管疾病的产品每个疗程的价格应在	a.200元以下　b.200～400元　c.400～600元　d.600元以上

（三）市场调查问卷的基本结构

无论调查课题的大小,要设计一份科学合理的问卷都是一项复杂的系统工程。它体现了设计人员对调查项目的总体思路。一份问卷从结构上划分通常包含:标题、说明词、被调查者基本情况(背景资料)、调查主题内容、编码、必要的注明等六部分。

第一部分 问卷标题

问卷标题是对调查主题的高度概括,一般位于问卷表的上端居中,使被调查者对所要回答什么方面的问题有一个大致的了解。不要仅简单采用"问卷调查"这样的标题,容易引起回答者因不必要的怀疑而拒绝回答。标题要简明扼要,引起消费者的兴趣。

第二部分 问卷说明词

问卷说明词又称为开场白/介绍,它一般是以信函的形式对调查的目的、意义及有关事项进行说明。一般包括问候语、调查主题、调查组织、访问者身份、调查用途、访问请求以及其他信息(如承诺对调查的保密性)。问卷说明最后应表明谢意。

第三部分 被调查者基本情况

该部分主要是说明被调查者的一些主要特征,包括被调查者的性别、民族、职业、收入、文化程度、婚姻状况、家庭人口等。有的问卷还要求写出被调查者的姓名、地址和联系电话等。如果被调查者是单位,还需填写厂名、店名、地址、负责人、主管部门、职工人数和固定资产原值等情况。这些项的列入,应根据调查目的和要求而定。一般简明扼要地列出被调查对象的主要特征即可。

第四部分 调查主题内容

调查主题内容是由若干问题与答案来表达调查者所要了解的基本内容,是调查问卷中最重要的部分,也是调查目的的集中体现,这部分内容设计的好坏直接影响整个调查的价值。

调查主题内容主要包括:①对人们的行为进行调查。包括对被调查者本人行为进行了解或通过被调查者了解他人的行为;②对人们的行为后果进行调查;③对人们的态度、意见、感觉、偏好等进行调查。

例1. 当您发现买到药品的质量有问题时,您的第一想法是( )。
①认倒霉扔掉 ②立即找药店理论 ③找药品生产厂商赔偿 ④到消协投诉
例2. 感冒时,您经常使用哪种感冒药?( )
①白加黑 ②感康 ③仁和可立克 ④康必得 ⑤新康泰克 ⑥其他品牌_____
例3. 医生新药信息的来源渠道是( )。
①专业杂志 ②新产品发布会 ③药品宣传单

第五部分 编码

编码即编号,是调查问卷中的一个组成部分。编码是将问卷中的调查项目变成数字的工作过程,它是指对问卷中的问题(题目)与备选项用数字所表示的代码,通常指问题和备选项的编号,放在问句和备选项的前边,以便分类整理,易于进行计算机处理、统计分析以及项目管理。

第六部分 作业证明的记载

作业证明记载的内容通常包括调查人员的姓名、访问日期、访问时间等,以明确调查人员完成任务的性质。如有必要,还可写上被调查者的姓名、单位或家庭住址、电话等,以便于审核和进一步追踪调查。但对于一些涉及被调查者隐私的问卷,上述内容则不宜列入。

结束语:问卷结束语"再次感谢您参与答卷!";拦截访问问卷的结束语"访问到此结束,谢谢您!"

（四）市场调查问卷的设计

1.调查问卷设计的含义

调查问卷的设计是市场调查的一个重要环节。调查问卷要从所了解的情况出发，明确反映调查的目的，问卷应能正确记录和反映被调查者回答的问题，提供正确的信息；问卷的设计还要有利于资料的整理加工等。

设计调查问卷的基本要求：重点突出、讲究提问方式。

2.设计调查问卷的程序

（1）确定调查目的　根据需要确定调查主题的范围，列出调查项目。分析调查对象的各种特征，即分析了解被调查对象的社会阶层、行为规范、社会环境等社会特征；文化程度、知识水平、理解能力等文化特征；需求动机、态度等心理特征，以此作为拟定问卷的基础。

（2）确定数据收集方法　获得询问数据可以有多种方法，主要有人员访问、电话调查、邮寄调查等。

（3）确定问题回答形式　问题回答形式有三种：封闭式问题、开放式问题、量表应答式问题。

封闭式问题是一种需要应答者从一系列应答项中做出选择的问题。

开放式问题是一种应答者可以自由地用自己的语言来回答和解释有关想法的问题类型，即调查人员没有对应答者的选择进行任何限制。

量表应答式问题是以量表形式设置的问题。具体样式分别如下：

①封闭式问题：

例一：二项选择法

请问您感冒时，会不会吃药进行治疗？

□会　　□不会

例二：单项选择法

请问您一般会在哪里购买感冒药（　　）

A. 医院　　B. 社区卫生站　　C. 个人诊所　　D. 零售药店

例三：多项选择法

（可多选）请问您购买感冒药时通常在（　　）

A. 医院　　B. 社区卫生站　　C. 个人诊所　　D. 零售药店

例四：语义差别法

您对×××牌感冒药的看法是：

A. 疗效好（　　）　　　疗效不好（　　）

B. 价格低（　　）　　　价格高（　　）

C. 副作用小（　　）　　副作用大（　　）

例五：顺序法

请按照重要程度排列出您在购买感冒时考虑的前三个影响因素（　　）

A. 价格　　B. 品牌　　C. 疗效　　D. 使用方便　　E. 包装　　F. 副作用小

G. 药店促销　　H. 医生开设的处方　　I. 亲朋推荐

②开放式问题：

例一：自由回答法

您认为药店可以在哪些方面加以改进？

_____。

例二：完成法

您认为药店除了要提供用药咨询服务以外，还需要提供 _____。

例三：补充法

您在购买感冒药时考虑的影响因素有（　　）

A. 价格　B. 品牌　C. 疗效　E. 使用方便　F. 副作用小　J. 其他____（请填写）

③量表应答式问题：

例一：评比量表法

您对×××牌感冒药（在对应的数字下划√）：

很喜欢	喜欢	稍微喜欢	一般	稍微不喜欢	不喜欢	很不喜欢
1	2	3	4	5	6	7

例二：科克特量表

被调查者可以在同意和不同意的量度之间选择，在对应的横线上划√，例如：

"小的单体药店一般比大的连锁药店服务好。"

坚决不同意　　　　不同意　　　　　　不同意也不反对　　很同意　　　　　坚决同意

1._____　　2._____　　3._____　　4._____　　5._____

例三：重要性量表

药店服务对我而言是：

极重要　　　　　很重要　　　　　比较重要　　　　很不重要　　　　根本不重要

1._____　　2._____　　3._____　　4._____　　5._____

例四：测量购买者意图的量表

社区开设了专门的儿童药店，我在买儿童用药时将：

只在那买　　主要在那买　　可能会在那买　　不知道　　可能不在那买　　肯定不在那买

1._____　　2._____　　3._____　　4._____　　5._____　　6._____

（4）问题的评估　问题的评估包括以下两点。

1）问题的措辞：措辞就是要把问题的内容和结构转化成清晰易懂的语句。

2）评价问卷和编排：一旦问卷草稿设计好后，问卷设计人员应再回过来做一些批评性评估。如果每一个问题都是深思熟虑的结果，这一阶段似乎是多余的。但是，考虑到问卷的关键作用，这一步还是必不可少的。问卷不能任意编排，问卷每一部分的位置安排都具有一定的逻辑性。有经验的市场研究人员很清楚问卷制作是获得访谈双方联系的关键。联系越紧密，访问者越可能得到完整彻底的访谈记录。同时，应答者的答案可能思考、回答得更仔细。

（5）获得各方面的认可　问卷设计进行到这一步，草稿已经完成。草稿的复印件应当分发到直接有权管理这一项目的各部门。实际上，营销经理在设计过程中可能会多次加入新的信息、要求或关注。不管经理什么时候提出新要求，经常的修改是必需的。即使经理在问卷设计过程中已经多次加入各项要求，问卷草稿的修改获得各方面的认可仍然是重要的。

(6)问卷的测试　问卷初稿的设计工作完毕且获得管理层的最终认可之后,不要急于投入使用,特别是对于一些大规模的问卷调查,一定要先组织问卷的预调研,即在正式调查之前小范围内开展试调研,以检验问卷并发现问卷设计存在的问题。

预调研通常选择 20～100 人,通过访问寻找问卷中存在的错误解释、不连贯的地方、不正确的问题模式,为封闭式问题寻找欠缺的选项以及考察应答者的一般反应。预调研也应当以最终访问的形式进行。如果访问是入户调查,预调研应当采取入户的方式。在预调研完成后,任何需要改变的地方应当切实修改。在进行实地调查前应当再一次获得各方面的认同,如果预调研导致问卷产生较大的改动,应进行第二次问卷测试。

(7)问卷的排版和布局　问卷排版和布局的总要求是整齐、美观,便于阅读、作答和统计。

(8)问卷定稿和印刷　精确的打印指导,空间、数字、预先编码必须安排好,监督并校对,问卷可能进行特殊的折叠和装订。

四、医药市场调查方法

(一)调查资料的收集方法

调查资料的收集方法包括实地调查和案头调查两种。

1.实地调查法

实地调研法指由调研人员或委托专门的调研机构通过发放问卷、面谈、电话调查等方式收集、整理并分析第一手资料的过程。其中实地调查方法包括访问法、观察法、实验法。

(1)访问法　访问法是营销调研中使用最普遍的一种调查方法。它把研究人员事先拟订的调查项目或问题以某种方式向被调查者提出,要求给予答复,由此获取被调查者或消费者的动机、意向、态度等方面的信息。按照调查人员与被调查者接触方式的不同,访问法又分为个人访谈、电话访问、网络访问和邮寄访问。

(2)观察法　观察法是由调查员直接或间接通过仪器在现场观察调查对象的行为动态并加以记录而获取信息的一种方法。观察法分为人工观察法和非人工观察法,在市场调查中用途很广。例如,研究人员可以通过观察消费者的行为来测定品牌偏好和促销效果。随着现代科学技术的发展,人们设计了一些专门的仪器来观察消费者的行为。观察法可以观察到消费者的真实行为特征,但是只能观察到外部现象,无法观察到调查对象的动机、意向及态度等内在因素。

(3)实验法　实验法指在控制的条件下对所研究的现象的一个或多个因素进行操纵,以测定这些因素之间的关系。它是因果关系调研中经常使用的一种行之有效的方法。实验法来源于自然科学的实验求证,现在应用于营销调研,是市场营销学走向科学化的标志。实验法的优点是方法科学,能够获得较真实的资料。

📚**营销案例**

聚客点的测算与选择——肯德基的选址策略

肯德基对快餐店选址是非常重视的,其选址成功率几乎是百分之百,这是肯德基的核心竞争力之一。

通过前期市场调查,肯德基确定在某城市的某商圈投资后,即开始着手测算与选择此商圈的最主要的聚客点。例如,北京西单是很成熟的商圈,但不可能西单任何位置都是一样的聚客点,肯定有最主要的聚集客人的位置。肯德基开店的原则是:努力争取在最聚客的地方和其附近开店。过去古语说"一步差三市"。开店地址差一步就有可能差三成的买卖。这跟人流动线(人流活动的线路)有关,可能有人走到这,该拐弯,则这个地方就是客人到不了的地方,距离只差一点,但生意差很多,这些在选址时都要考虑进去。人流动线是怎么样的?在这个区域里,人们从地铁出来后是往哪个方向走?这些数据都需要测量,有一套完整的数据之后才能据此确定地址。例如,店门前人流量的测定,是在计划开店的地点掐表记录经过的人流,测算单位时间内多少人经过该位置。除了该位置所在人行道上的人流外,还要测马路中间和马路对面的人流量。马路中间的人流量只算骑自行车的,不算开车的。是否算马路对面的人流量要看马路宽度,路较窄就可以算,路宽超过一定标准,一般会有隔离带,顾客就不太可能过来消费。

肯德基选址人员将采集来的人流数据输入专用的计算机软件,就可以测算出在此地投资的限额,超过限额这家店就不能开。

2. 案头调查法

案头调查是市场调研的术语,是对已经存在并已为某种目的而收集起来的信息进行的调研活动,也就是对二手资料进行搜集、筛选,并据以判断他们的问题是否已局部或全部解决。案头调研是相对于实地调研而言的,通常是市场调研的前瞻性工作,为开始进一步调研先行收集已经存在的市场数据。

成功进行案头调研的关键是发现并确定二手资料的来源。二手资料的来源主要可以分成两大类:内部资料来源和外部资料来源。

(1)内部资料来源 内部资料,如会计账目、企业的销售记录、顾客名单、销售人员报告、代理商和经销商的信函、消费者的意见及信访、以前的市场营销调研报告、企业自己的审计报告、购买的调研报告、营销资料数据库等,都是调研人员的重要二手资料来源。

(2)外部资料来源 外部资料指来自被调查的企业或公司以外的信息资料。这类信息包括出口国国内的资料和进口国市场的资料。一般来说,二手资料主要来自以下几种外部信息源:政府机构、行业协会、专门调研机构、大众传播媒体、官方和民间信息机构。例如,我国的官方和民间信息机构主要有:国家经济信息中心、国际经济信息中心、中国银行信息中心、新华社信息部、国家统计局、中国贸促会经济信息部、各有关咨询公司、广告公司等。

尽管二手资料调研具有省时间、省费用的优点,然而,许多二手资料也存在着严重缺陷。调研人员特别需要注意的是四个方面的问题:可获性、时效性、相关性、精确性。

(二)调查进度监控

调查进度监控就是为了保证调查工作严格按进度进行,避免出现前紧后松和前松后紧的现象,做到每天的调查工作均衡进行,以保证调查工作质量。加强调查进度监控,保证各项调查工作严格按进度完成是至关重要的。

每位调查员所完成的工作量也应有一个限制范围,既要保证进度,又要保证质量。主要应从下面几个方面考虑以确定调查员每天应完成的工作量:调查员的工作能力;调查员的责任心;调查问卷的复杂程度;调查的方式;调查的区域和时段。

在执行时,根据每天完成的问卷数及调查进度安排来判断调查是否符合进度要求,提出针对性的意见和建议。督导应该将每天的监督检查情况进行详细记录,并向调查项目负责人报告。若无法按预期的进度完成,要事先通知有关的部门或单位。调查项目负责人根据每天的调查实施情况做出反应,提出反馈意见。如有必要,应对调查计划加以调整。

(三)调查质量监控

调查质量监控是以调查结果为对象,以消除调查结果的差错为目标,通过一定的方法和手段,对调查过程进行严格监控、对调查结果进行严格审查和订正的工作过程。调查实施进度与质量控制见图 8-1。

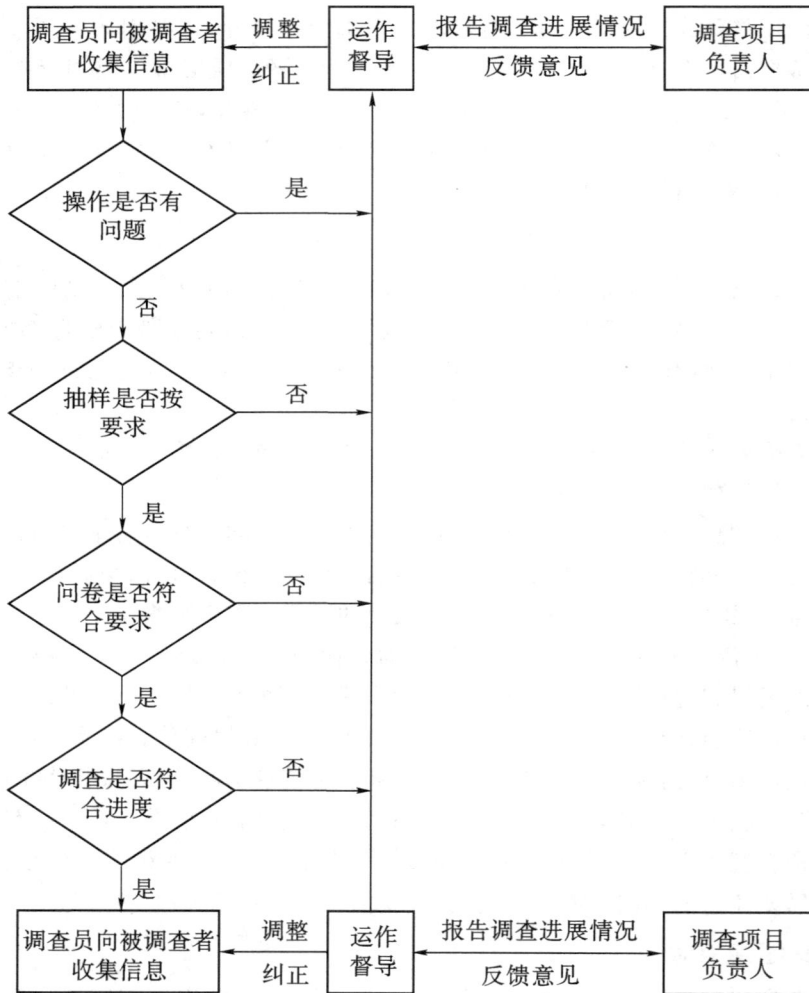

图 8-1　调查实施进度与质量控制

质量控制包括设计阶段的质量控制、调查实施阶段的质量控制、资料整理阶段的质量控制。调查实施阶段的质量控制,首先要做好调查前的准备工作,如对调查对象的特征进行初步了解,搜集调查背景资料以及准备好调查工具等;其次,要对调查员进行严格的选择和培训,建立一支在思想上和业务上过硬的调查队伍;最后,在调查过程中,根据不同的调查方法,采取相应的控制措施。

在执行时,最重要的是收集到高质量的数据,除了进行认真而严格的培训外,还要采取充分的措施,以保证调查员确实能按照培训中所要求的方法和技术进行调查访问。对调查员监控的目的,重点在于保证调查的真实性和质量,同时其也是衡量调查员工作业绩、实行奖优罚劣的依据。

(四)调查资料的处理

调查资料处理,即调查数据处理,是根据市场调查任务的要求,把调查所收集到的各种原始数据资料进行整理,使之条理化、系统化,显示出能够反映现象整体特征的综合资料的工作过程。资料处理应遵循的原则有:准确性原则、及时性原则、全面性原则、系统性原则。进行调查资料的整理与分析时,操作流程包括问卷的接收与审核、问卷编码、数据录入、缺失数据的处理、调查资料分析。

1.问卷的接收与审核

(1)接收问卷　首先,设计问卷登记表。表格上的项目一般包括调查员姓名、调查地区、调查时间、交表日期、实发问卷数、上交问卷数、合格问卷数、未答或拒答问卷数、丢失问卷数、其他问卷数等。然后,对问卷进行编号或标注。对于不同的调查员和不同地区(单位)交上来的问卷还要及时在问卷表上编号或注明调查员和调查地区,以便于问卷汇总、分析和查考。

(2)剔除无效问卷　在接收问卷时,要将全部问卷检查一遍,将无效问卷或不能接收的问卷剔除掉。无效的或不能接收的问卷包括:不完全的问卷,即有相当多的内容没有填写的问卷;被调查者没有完全理解问卷的内容而答错,或者没有按指导语的要求来回答问题的问卷;大批回答雷同的问卷;缺损的问卷,即有数页丢失或无法辨认的问卷;不属于调查对象的人填写的问卷;前后矛盾或有明显错误的问卷;在截止日期之后回收的问卷。

(3)处理措施　对于无效问卷,常用的处理方法有:退回并重新实地调查,按缺失数据处理。放弃一些问卷可能会影响样本的代表性,产生系统性误差。如果决定要放弃一些问卷,在报告中应当说明放弃的理由和放弃的数量。

2.问卷编码

编码可以按照预先编码或事后编码来进行,一般基本程序包括以下几点。

(1)确定变量　问卷中的每一个问题都要用一个或多个变量来对应。设置变量时,最好让变量的下标与问卷的题号一致,以便于查找。如某房地产项目市场调查,在问卷设计中就已确定了变量的名称。

A1.你的性别　　　　(1)男　　　　(2)女

A2.你的年龄为(　　)周岁

A3.你的文化程度
　(1)小学或以下　　　(2)初中
　(3)高中或中专　　　(4)大专或本科
　(5)硕士研究生　　　(6)博士研究生

A4.你的职业
　(1)商业人员　　　　(2)生产运输工人或有关人员
　(3)服务业人员　　　(4)党政企事业单位负责人
　(5)个体经营人员　　(6)其他职业人员

A5.你的婚姻状况

(1)未婚 (2)已婚 (3)丧偶 (4)离婚 (5)其他

A6.你有几个孩子(　　)

在规定变量名称的同时,还要规定变量的类型、变量的取值范围、变量的位数和小数点位数等。变量的类型在市场调查中,常用的有字符型和数值型两种。字符型的变量可以输入任何字符,不一定是数字。例如,性别 A1 可以是字符型变量,可以输入"男"和"女",也可以输入"1"和"2"代替。但是,字符型的变量除了计算频数外不能进行其他的运算。为了在分析中做一些必要的变换和计算,在规定变量类型时应更多地采用数字型变量。例如,对于 A1,规定其取值为 1、2 和 0(0 代表未答)。

(2)多选问题的编码　对于单选问题,只需要规定一个变量就可以解决其编码问题。对于多选问题,则要用多个变量来与之对应。一般来说,变量的个数应等于可供选择的答案数。

(3)开放式问题的编码　如果不准备对开放式问题进行任何定量分析,那么就没有必要编码,只需在写报告时将这些问题的答案定性地归纳研究即可。如果准备进行定量分析,则需要将各种可能回答归纳后一一编号,再根据多选或单选规定多个或一个变量。如在征询被调查者个性化意见或建议时可采用开放式问题,是否编码按照调查需要来决定。

3.数据录入

数据录入可采用人工录入和智能化录入系统进行。数据的收集常常采用计算机辅助的智能化录入设备进行。有的还可采用光学扫描仪等方法读取数据。但是在我国,目前键盘录入的方法还是最常用的。采用键盘录入就会产生误差,为了将错误降低,可考虑采用双机录入,即数据由不同的录入人员在计算机中录入两次,再对两个数据库进行比较,两者不一致的地方即为出错之处。

4.缺失数据的处理

处理缺失数据主要有以下几种方法。

(1)平均值替代法　如果该变量存在平均值,那么最典型的缺失数据处理方法是使用变量的平均值去代替。由于该变量的平均值会保持不变,那么其他的统计量也不会受很大的影响。

(2)模型计算值代替法　模型计算值代替指利用由某些统计模型计算值得到的比较合理的值来代替。例如,"购买滋补品"与"家庭收入"有关系,利用这两个问题的被调查者的数据,可能构造出一个回归方程。对于某个没有回答"购买滋补品"的被调查者,只要其"家庭收入"已经回答,就可以通过这个回归方程计算出其"滋补品购买量"。这种替代是基于科学的统计方法,比简单地用平均值替代更准确。

(3)配对删除法　配对删除是对每种分析计算只使用那些有完全回答的个案,而没有完全回答的个案则不参与分析。

5.调查资料分析

(1)选择适当的数据处理软件　可选择的应用软件主要有:①中文文字处理软件:Word、WPS 等;②电子表格类软件:Excel、Lotus1-2-2 等;③统计分析类软件:如 SAS、SPSS、Statistics、TSP 等;④数据库管理类软件,如 Dabs、FoxBase＋等。

(2)数据分析的基本方法。

1)频数和频率分析:编制频数分布首先要对原始数据进行统计分组。统计数据分组指根据研究目的和要求,将全部数据按照一定的标志划分成若干类型组,使组内的差异尽可能小、组间的差别尽可能明显,从而使大量无序的、混沌的数据变为有序的、反映总体特征的资料,如对年龄进行分组。

在分组的基础上,把所有数据或总体单位按组归并、排列,形成所有数据或总体各单位在各组间的分布,称为频数分布,见表8-2。频数是每个对象出现的次数;频率是每个对象出现的次数与总次数的比值。

表8-2 被调查消费者年龄分布

年龄	频数/人	频率/%
20~29 岁	16	15.0
30~39 岁	28	26.2
40~49 岁	31	29.0
50~59 岁	18	16.8
60 岁以上	14	13.0
合计	107	100.0

2)集中趋势分析:集中趋势分析主要有三种计量指标:算术平均值、中位数、众数。

算术平均值是调查所得的全部数据之和除以数据个数的结果。这是最常用的统计平均数。

中位数指将总体各单位标志值按照大小顺序排列后,处于中间位置的那个标志值。在许多情况下,不易计算数值平均数时,可用中位数代表总体的一般水平。若奇数个数据,则中间位置的数值为中位数;若偶数个数据,则中间位置两个数据的平均数为中位数。

众数是一组数据中出现次数最多的标志值。若几个数据出现的次数均为最多,那它们均为众数,因此有时众数可能不止一个。

3)离散程度分析:经常使用的离散程度分析方法主要有方差、标准差、全距。

方差的计算公式为:$S^2 = 1/n[(x_1-m)^2 + (x_2-m)^2 + \cdots + (x_n-m)^2]$,其中 m 表示平均值。标准差即为方差开根号。标准差越大,离散程度越大,集中趋势的代表性就越小;标准差越小,离散程度越小,集中趋势的代表性就越大。

全距也叫极差,即样本中最大值和最小值的差,即:全距=最大值-最小值。

4)交叉列表分析:交叉列表指同时将两个或两个以上有联系的变量及其变量值交叉排列在一张统计表中,使用权变量值成为不同变量的结点,从而帮助人们深刻认识变量之间的关系及其分布情况。

在市场调查中,多数的市场调查在分析上都只进行到交叉分析。选择交叉列表中的变量,包括其内容和数量,应根据调查项目的特点来考虑。

(3)数据图的应用 常用的统计图有饼图、柱形图、折线图、面积图等。

以表8-3分别作图,见图8-2~图8-5。

表8-3 A药品在东北三省销售量情况

区域划分	第一季度/万元	第二季度/万元	第三季度/万元	第四季度/万元
黑龙江省	32	76	34	30
吉林省	40	38	30	36
辽宁省	26	29	24	20

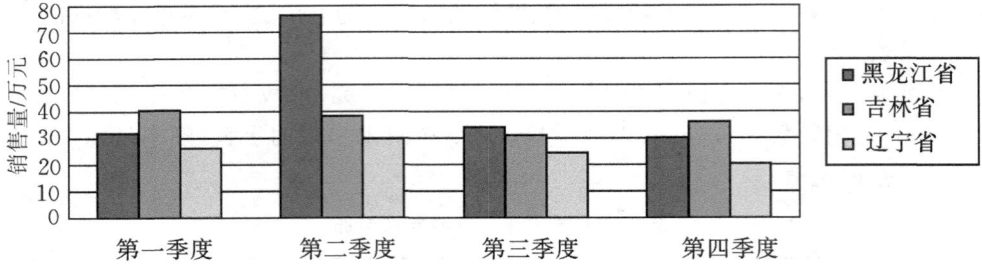

图 8-2　A药品在东北三省销售量情况柱形图

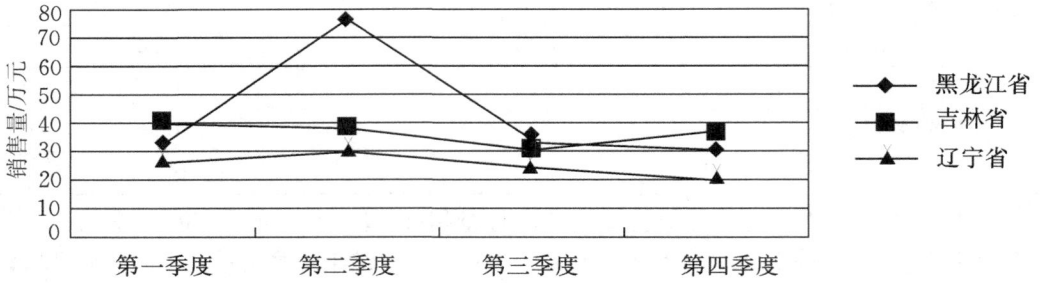

图 8-3　A药品在东北三省销售量情况折线图

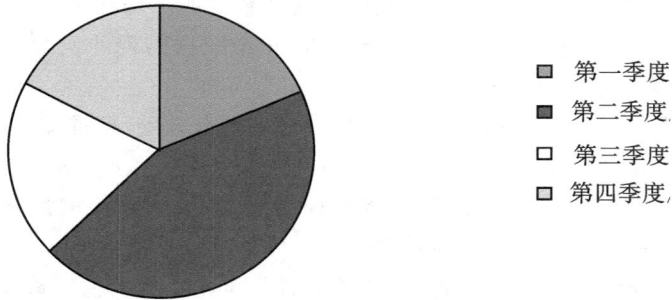

图 8-4　A药品在东北三省销售量情况饼状图

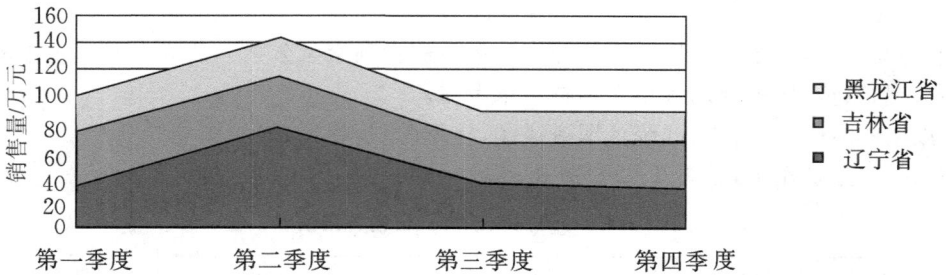

图 8-5　A药品在东北三省销售量情况面积图

五、市场调研报告的撰写技术

（一）市场调查报告的概念

市场调查报告是市场调查的最后成果，是用事实材料对所调查的问题，做出系统的分析说明、提出结论性意见的一种表现形式，调查报告是调查结果的集中表现。调查报告既可以用书面形式向决策者或用户报告调查结果，也可以作为口头汇报和沟通调查结论的依据，还可以制作成多媒体演示课件，向决策者或用户进行演示和解说。

知识链接

约翰的调查报告

纽约地区的调研人员约翰曾谈起他为美国一家最大的糖果制造商精心准备的长达250页的报告（包括图表和统计数据）的故事。在经历了大约6个月的艰苦调查后，约翰直接向公司3名最高决策者口头汇报。他信心百倍，自以为他的报告中有许多重大的发现，包括若干个未开发的新细分市场和若干条产品理念方面的创意。

然而，在听了一个小时充满事实、数据和图表的汇报后，糖果公司的总经理站起来说道："打住吧，约翰！我听了一个多小时枯燥无味的数字，完全被搞糊涂了，我想我不需要一份比字典还厚得多的报告。明天8点务必把一份5页纸的摘要放到我的办公桌上。"说完就离开了房间。

通过这件事，约翰得到了一个深刻的教训：如果项目没有有效地进行报告，那么前面所有的努力都将有可能付诸东流。

调查报告的撰写应遵循目的性、完整性、准确性、明确性原则。

（二）撰写调查报告的意义

市场调查报告是调查人员对某种事物或某个问题进行深入细致的调查后，经过认真分析研究而写成的一种书面报告。市场调查报告的意义体现在以下两方面。

1.市场调查报告是调查工作的最终成果

调查活动是一个有始有终的活动，它从制订调查方案、收集资料、加工整理和分析研究，到撰写并提交调查报告，有一个完整的工作程序，所以调查报告是调查成果的集中体现。

2.市场调查报告是从感性认识到理性认识飞跃的反映

调查报告相比调查资料，更便于阅读和理解，它能把死数字变成活情况，起到透过现象看本质的作用，使感性认识上升为理性认识，更好地指导实践活动。

要撰写好调查报告，必须了解调查报告的特点，掌握调查报告撰写的步骤、方法，使调查报告在实际工作和理论研究中发挥应有的作用。

（三）市场调查报告的基本结构

市场调查报告一般由标题、概要、正文、结尾、附件等几部分构成。

1.标题

（1）标题的要求 标题就是调查报告的题目，由报告内容来决定。标题是画龙点睛之笔，它必须准确揭示调查报告的主题思想,做到题文相符;同时高度概括,具有较强的吸引力。

(2)标题的写法　标题的写法灵活多样,一般有单标题与双标题两种。

单标题就是调查报告只有一行的标题,一般是通过标题把被调查单位和调查内容明确而具体地表现出来。

双标题就是调查报告有两行标题,采用正、副标题形式,一般正标题表达调查主题,副标题用于补充说明调查对象和主要内容。由于这种标题形式优点很多,正标题突出主题,副标题交代形势、背景,有时还可以烘托气氛,两者互相补充,因此成为调查分析报告中最常用的形式之一。

(3)标题的形式。

1)"直叙式"标题,反映调查意向、调查项目或调查地点的标题,这种标题简明、客观,一般调查报告多采用这种标题,例如"关于北京市儿童OTC感冒药品牌偏好的调查报告"。

2)"表明观点式"标题,直接阐明作者的观点、看法,或对事物进行判断、评价,例如"我国儿童处方药用药现状令人担忧"。

3)"提出问题式"标题,即以设问、反问等形式,突出问题的焦点和尖锐性,吸引读者,促使读者思考,例如"儿童用药中是否可以不使用处方药?"

2. 概要

概要即调查报告的内容摘要,主要包括以下三方面内容:第一,简要说明调查目的,即简要说明调查的原因;第二,简要介绍调查的对象和调查内容,包括调查时间、地点、对象、范围、要点及所要解答的问题;第三,简要介绍调查研究的方法。介绍调查研究的方法,并说明选用该方法的原因。

3. 正文

正文是调查报告的主要部分。正文部分必须准确阐明全部有关论据,包括问题的提出、引出结论、论证的全部过程、分析研究问题的方法等。

(1)引言　引言即调查报告的开头,"万事开头难",好的开头既可使分析报告顺利展开,又能吸引读者。开头的形式有这样几种:开门见山,揭示主题;结论先行,逐步论证;交代情况,逐层分析;提出问题,引出正题。开头部分的写作方式有很多,可根据情况适当选择,但不管怎样,开头部分应围绕这样几个问题:为什么进行调查? 怎样进行调查? 调查的结论如何?

(2)论述　论述部分是调查报告的核心部分,它决定着整个调查报告质量的高低和作用的大小。论述部分的重点:通过调查了解到的事实,分析说明被调查对象的发生、发展和变化过程;调查的结果及存在的问题;提出具体的意见和建议。

论述一般涉及的内容较多,文字较长,有时也可以用概括性或提示性的小标题,突出文章的中心思想。

论述部分的主要内容不管用多少个标题,都大致可分为基本情况和分析两部分内容。基本情况部分要真实地反映客观事实,对调查资料用背景资料做客观的介绍说明;或者是提出问题,其目的是要分析问题。分析部分是调查报告的主要部分,在这一部分要对资料进行质和量的分析,通过分析,了解情况、说明问题及解决问题。分析一般有三类情况:第一类为成因分析;第二类为利弊分析;第三类为发展规律或趋势分析。

4. 结尾

结尾部分为调查报告的结束语。结束语一般有三种形式:概括全文(综合说明调查报告的主要观点,深化文章的主题);形成结论(在对真实资料进行深入细致的科学分析的基础上,得出报告结论);提出看法和建议(通过分析,形成对事物的看法,在此基础上,提出建议或可行性方案)。

5.附件

附件是对正文报告的补充或更详尽的说明,包括数据汇总表及原始资料、背景材料和必要的工作技术报告。例如,我们可以把相应的问卷选一部分作为调查报告的附件。

(四)撰写市场调查报告的流程

撰写市场调查报告时,操作流程包括构思选题、选取数据资料、拟定提纲、撰写报告初稿、修改定稿。

1.构思选题

医药市场调查报告的构思过程是将收集到的资料,进行判断推理,根据调查目的,确立主题思想,进而确立观点,列出论点、论据。选题即确定市场调查报告的题目,报告的题目与市场调查的主题要一致。

2.选取数据资料

医药市场调查报告的撰写必须根据数据资料进行分析。介绍情况要有数据作依据;反映问题要用数据做定量分析;建议和措施同样要用数据来论证其可行性与效益。恰当地选用数据可以使报告主题突出、观点明确、论据有力。因此有无丰富的、准确的数据资料做基础,是撰写报告成败的关键。

3.拟定提纲

拟定提纲即报告撰写者根据市场调查报告的内容要求对其框架进行设计,也是对调查资料进一步分析研究的过程。拟定提纲实际上是围绕着主题,从层次上列出报告的章、节、目,集中表现出报告的逻辑网络。提纲可以细化到目或更深层次,尤其要列出每层的小论点和主要支撑材料,这样在撰写报告时思路会比较清晰。

4.撰写报告初稿

撰写报告初稿是按照拟定好的提纲,在把握观点的基础上,运用恰当的表达方式和文字技巧,充分运用调查中的材料,撰写调查报告初稿。初稿可以分层、分段撰写,也可以由几个人分工合作撰写。

5.修改定稿

修改定稿是对撰写好的市场调查报告反复进行修改和审定,包括整体修改、层次修改、文字润色,保证调查报告的质量和水平。对修改好后的医药市场调查报告就可以定稿,定稿后报告就可以提交给报告使用者了。

【范例一】

某市场调查报告的格式内容

一、扉页	六、结论与建议
1.题目	七、补充说明
2.报告的使用者(客户)	1.调查的方法
3.报告的撰写者(调查公司)	(1)调查的类型和意图

续表

一、扉页	六、结论与建议
4.报告完成日期	(2)总体的界定
二、目录	(3)样本的设计与技术规定
1.章节标题和副标题,并附页码	(4)资料收集的方法(邮寄、访问)
2.表格目录:标题与页码	(5)调查问卷
3.图形目录:标题与页码	①一般性描述
4.附件:标题与页码	②对使用特殊问题的讨论
三、执行性摘要	(6)特殊性问题及考虑
1.目标的简要说明	2.局限性
2.调查方法的简要陈述	(1)样本规模
3.主要调查结果的简要陈述	(2)样本选择的局限
4.结论与建议的简要陈述	(3)其他局限(抽样误差、时间、预算、组织限制
5.其他相关信息(特殊技术、局限及背景信息)	等)
四、介绍	八、附件
1.实施调查的背景	1.调查问卷
2.参与人员及职位	2.技术性附件(统计数据及图表)
3.致谢	3.其他附件(调查对象所在地地图、参考资料等)
五、正文	
1.叙述调查情况	
2.分析调查情况	注:提交信和委托书位于目录之前
3.趋势和规律	

【范例二】

21个城市感冒药市场调查报告

为了进一步揭示我国城市居民对感冒的认知、了解国内感冒药市场的现状,央视市场研究股份有限公司(CTR)于2001年11月份在全国进行了一项"中国感冒药市场研究"的大型调查,调查范围包括北京、上海、广州、沈阳、成都、西安、武汉等21个大中城市。本次调查采用了定量研究与定性研究相结合的方法,运用了计算机辅助电话调查(CATI)、对医生的深度访谈、消费者小组座谈会等多种调查方式。

在计算机辅助电话调查中,CTR的研究人员对21个城市5044个家庭进行了访问,访问对象为家庭中18~55岁,过去半年内患过感冒,购买或服用过感冒药,并且是家庭感冒药购买决策者的人群。在对医生的深度访谈中,CTR的研究人员访问了7个重点城市的21名呼吸内科医生,这些医生全部来自三级甲等医院,都具有副主任医师以上职称。

这次对"小毛病"的"大调查",内容涉及消费者对感冒保健知识的认识,消费者购买感冒药的影响因素,国内感冒药市场中各主要品牌感冒药在消费者心目中的知名度、美誉度和使用情况,以及消费者对各种感冒药治疗功能的认知等。

1.消费者治疗感冒的方法

调查结果表明:在我国城市居民家庭中,服用西药和中成药是治疗感冒最常用的方法。

本次调查结果显示,12～55岁的城市居民中,80%以上的消费者会选择西药治疗,片剂是消费者首选的剂型;65%的消费者会选择中成药治疗,还有36%的消费者认为不用吃药、多喝水、注意休息也是治疗感冒的方法。

12岁及以下的儿童中,服用西药治疗依然是主要选择,口感好的糖浆制剂最受欢迎。

2.消费者治疗感冒的花费

计算机辅助电话调查发现,人们患普通感冒在医院门诊治疗的花费,一般在100元左右,其中主要是药品花费,这一点和对医生的访谈结果基本相符。

调查还发现,有85%的消费者表示,选择感冒药时品牌和价格是重要考虑因素。有超过6成的消费者可以接受每盒单价在10元以上的感冒药,其中每盒单价在10～15元的感冒药被消费者接受的比例最高。

3.后"PPA"时代,感冒药主流品牌业已凸现

2000年11月发生"PPA"事件后,谁能引领感冒药市场潮流,曾被众多业内外人士所关注。经过一年多的角逐,感冒药市场重新洗牌,新的主流品牌格局已经形成。调查显示,"白加黑""感康""新康泰克""泰诺""百服宁"等品牌在消费者中知名度较高。

在不提示品牌的情况下,"白加黑""感康""新康泰克"等品牌的提及率均超过25%,各品牌提及率十分接近,没有明显差异;"泰诺"和"百服宁"均被近10%的消费者提及。而在提示品牌的情况下,"白加黑"居首位(91%),其他依次是"感康"(84%)"新康泰克"(79%)"泰诺"(78%)和"百服宁"(50%)。

让消费者对感冒药品牌进行喜欢程度评价,发现消费者最喜欢的感冒药品牌是"白加黑",其次是"银得菲""新康泰克""百服宁""感康"和"泰诺"。

4.消费者青睐主流感冒药品牌

市场渗透率比较高的感冒药也集中在那些主流品牌。调查结果显示,在过去半年内,我国12岁以上的城市居民服用过的感冒药品牌中,"白加黑""感康""泰诺""新康泰克""感冒通"是城市居民服用较多的感冒药。12岁以下的儿童感冒药中,"泰诺""百服宁"等品牌依然处于领先地位,"小儿糖浆"等成为后起之秀。糖浆、冲剂是儿童最乐于接受的剂型。

消费者对主流品牌感冒药的满意度评价基本相当,"白加黑"和"百服宁"的满意度最高。

5.企业营销手段风格各异

调查显示,主要感冒药品牌广告在消费者心目中认知度有所不同,"白加黑"广告的认知度最高,达到84%,其次是感康(62%)、新康泰克(58%)、泰诺(56%)、百服宁(35%)。

调查表明,主流品牌感冒药中,忠诚度和知名度具有一定的相关性,但没有必然联系。"白加黑"的忠诚度最高,达到38%,其次是"百服宁"(36%),其他主流品牌感冒药的忠诚度均不超过30%。和知名度指标对比可以看出,"白加黑"的提示知名度和品牌忠诚度均居首位,是比较积极、稳健的市场表现。而"百服宁"的提示知名度和广告认知度为第五位,忠诚度却位居第二,表现出比较务实的市场风格。可见,高知名度不一定就能带来高忠诚度,如果企业只是一味打造知名度,很难真正赢得消费者的认同。

6.主流感冒药品牌形象特色鲜明

在本次调查中,CTR的研究人员还对"快速治疗""不含PPA""抗病毒""白天不嗜睡""全面呵护"等感冒药治疗特点进行了调查,结果表明,各主要品牌感冒药在消费者心目中已经形成自己独特的形象。

调查结果表明,在消费者提及的具有"全面呵护"功能(所谓"全面呵护"即针对普通感冒的各类症状起效)的感冒药中,各主要感冒药品牌无显著差异,"全面呵护"功能还没有得到消费者的广泛认知。从医生的反馈来看,他们更愿意给患者推荐具有"全面呵护"功能的感冒药。当问及消费者选择购买感冒药的类型时,58%的消费者愿意购买具有"全面呵护"功能的感冒药。

在问及"您知道哪些品牌是白天不嗜睡的感冒药"时,有近30%的消费者知道"白加黑",远远高于其他品牌,这一特性受到上班族和城市白领人士的普遍青睐,其次是"新康泰克""百服宁""感康""泰诺",但认知比例明显偏低,均不超过6%。在对医生的访谈中,医学专家们认为以上品牌中只有"百服宁"和"白加黑"采取日夜分开的给药方法治疗感冒。在问及选择感冒药类型时,有94%的被访者愿意选择"不嗜睡"的感冒药。

有关研究人士认为,2000年11月查禁含PPA后,随着"康泰克"等感冒药被封杀,广大消费者在选择感冒药时一度陷入迷茫,同时也给感冒药市场留出了一定的空间,中成药感冒药曾被众多人士看好。但此次调查结果显示,中成药感冒药品牌在消费者认知程度上只在某些地区具有一定市场,而"白加黑"等西药感冒药在市场中表现出众,成为感冒药市场中新的主流品牌。这些主流感冒药的共同特点是知名度高,有强有力的整合营销措施支持。在市场竞争中,只有那些有实力、善于抓住市场机遇的品牌,才是市场中的真正赢家。

【实训任务】

实训一　设计医药市场调研方案

实训目的

通过实训,使学生在了解市场调查基本原理、知识的基础上,掌握如何策划医药市场调查方案。

实训内容

背景资料:医药行业是关系国计民生的行业,随着我国市场经济的建立和完善,医药市场竞争更加激烈。根据资料表明:每年城镇居民在非处方药消费上,感冒药占85%。据业内人士预测,目前我国OTC药品市场约有近200亿元的容量,而感冒药的年销售额在20～100亿元,显然这是一个让制药生产企业趋之若鹜的市场。现假定你是某制药企业的市场部经理,准备在本地区的零售药店、医院药房采取抽样调查法和问卷调查法对本企业生产的治疗感冒的新产品"感冒灵片"进行一次市场调查活动。

实训步骤

1.进行消费者调查

调查目的:

(1)了解"感冒灵片"这一目标市场的容量。

(2)了解此目标市场在哪里,细分市场如何定位。

(3)了解目标市场的引导难度和开发成本支出。

调查内容及方法设计:

(1)调查对象　"感冒灵片"所有适用人群。

(2)调查内容　①了解调查对象本身对感冒药的认知及现实态度;②了解调查对象对"感冒灵片"这一新感冒药的认知及认可程度;③了解调查对象对市场上治疗感冒的药品的认知及

需求状况;④了解调查对象对市场上治疗感冒的药品的使用及购买状况(是否会购买、购买动机、购买名称、购买频率);⑤了解使用人群对其使用产品的意见和态度;⑥了解调查对象背景资料(包括性别、年龄、职业、收入等个人特征)。

(3)调查方法　问卷访问。

(4)抽样设计　随机抽样。

(5)统计分析方法　聚类分析、联合分析、采用统计分析软件分析等。

2.进行销售终端的调查

(1)调查对象　终端销售人员,药店终端促销,医院药房终端。

(2)调查方法　扫街式入店访问。

(3)实施区域　本地区。

(4)调查内容　①网点覆盖率调查;②市场占有率调查;③营业员认知及推荐状况调查。

3.确定调查时间

根据调查项目的紧急程度确定调查时间。

4.预算调查费用

略。

5.拟订调查提纲

根据上述步骤拟订一份市场调查提纲。

实训考核的内容和标准

1.调查提纲的撰写简明扼要。

2.调查提纲的内容齐全。

3.调查计划书(表)根据实际情况对各项目进行具体分配。

4.调查前的准备工作充足。

5.调查各阶段安排的科学性,调查态度端正。

实训二　药品市场竞争情况调查

实训目的

市场经济是竞争的经济,优胜劣汰是竞争的必然结果,对医药企业来说,随时了解竞争对手的情况,是使自己立于不败之地的有效方法。因而学生必须掌握针对"竞争态势和竞争对手情况"展开调查的步骤和具体内容。

实训内容

背景资料:X制药公司是一家正在发展壮大的企业,公司生产的药品 Y(学生可自行选定一种药品)是目前国内销售趋势走好的产品。该企业为随时掌握市场变化和竞争态势,经常会根据自身的需求和市场变化情况,定期或不定期地展开对同类药品市场竞争情况的调查,从而掌握药品销售的前景,并对营销策略进行恰当调整。如果你是一名调查员,基于以上目的,请进行该项目的设计、执行、总结并形成报告。

实训步骤

1.明确药品市场竞争情况调查的目的,编写调查方案

通过对市场竞争情况的调查,了解企业竞争对手的基本情况,从而为企业进行市场营销战略决策提供参考资料。根据调查目的,编写调查方案。

2.辨识与确认主要竞争对手

首先要确定调查对象,有没有直接或间接的、潜在的竞争对手,具体是哪些。确定竞争对手似乎是件简单的工作,但事实并非总是如此,需要调查的竞争对手往往与调查的目的相关联,需要充分调查分析后,确定竞争企业的数量、企业名称及品牌。

3.调查主要竞争对手的情况

一般来说,一个企业最直接的竞争对手是那些在相同的目标市场推行相同战略的同业者。根据调查目的设计调查问卷,并进行调查。调查的主要内容如下。

(1)竞争对手产品的市场占有率、销售量及销售地区等。

(2)竞争对手的所在地和活动范围。

(3)竞争对手的生产经营规模和资金状况。

(4)竞争对手生产经营的商品品种、质量、价格、服务方式以及在消费者中的声誉和形象。

(5)竞争对手的技术水平和新产品开发的情况。

(6)竞争对手的主要供应商情况。

(7)竞争对手的销售渠道及控制程度。

(8)竞争对手的宣传手段和广告策略。

有些信息是很难全面掌握的,需要借助拥有渠道资源的专业机构或通过收集二手资料来获得。

4.调查其他一般和潜在竞争对手

针对其他一般和潜在的竞争对手,可相对简单地通过实地调查和案头调查收集资料。

5.对竞争对手调查进行深入分析

竞争对手调查的主要目的是透过表面现象,研究分析竞争对手,并进一步分析对企业构成威胁的最主要的竞争对手,从而做到知己知彼,为制订有效的竞争策略提供依据。

6.撰写竞争情况调查后的调查报告

略。

实训考核的内容和标准

实训课题中从确定调查方案、实训分工、具体实施调查到调查报告的撰写,主要由学生小组自己负责。教师在实训中起到指导作用,课题结束时,进行实训交流,师生共同评价工作成果。

考核内容:是否按时完成实训课题,有无明显缺陷,在调查中有无创新,全组成员参与情况等。

【小结】

在学习医药市场调查基本作用、原则的基础上,运用课堂实例解析、课堂主动讨论的实践形式,在课堂进行任务设计,对结果进行点评和修正,使学生学会市场调查前的准备与实施、调查问卷的设计与实施,能够开展实地调研,收集、整理和分析调研问卷,并撰写市场调研报告。

【能力检测】

1.医药市场调查有哪些类别?

2.医药市场调查的方法有哪些?

3.问卷设计中的问题有哪些类型?

(侯晓亮)

模块九　医药目标市场营销技术

【模块解析】

通过本模块的学习和训练,使学生能够对医药市场细分、目标市场选择和市场定位等内容有深刻的认知和理解;可以在熟悉医药市场细分的特点和原则等基础上,结合企业特质,选择合适的市场细分标准,设计企业市场细分方案;能掌握医药市场细分的标准、医药目标市场选择策略,最终能够以一定的技巧选择合适的目标市场,对医药产品进行市场定位。

【知识目标】

◆ 掌握医药市场细分、目标市场选择和市场定位的含义。
◆ 了解医药市场细分的特点和原则,理想目标市场应具备的条件和市场定位的步骤。
◆ 掌握医药市场细分标准的选择、目标市场选择策略和市场定位策略。

【能力目标】

◆ 认知医药市场细分的标准,能够分析出合适的医药市场细分标准。
◆ 学会医药市场细分的方法、医药目标市场的选择策略。
◆ 能够以一定技巧对医药产品进行市场细分,并能够选择合适的目标市场,进行市场定位。

【案例导读】

某儿童健胃消食片的目标市场营销策略

2003 年年底,某药企在对儿童助消化药市场进行全面研究分析后,决定实施战略细分,推出儿童装健胃消食片,以对该品牌健胃消食片(日常助消化药领导品牌)的儿童用药市场进行防御。

2004 年中,上市前铺货、电视广告片拍摄等市场准备工作基本完成。

2004 年底,销售额过 2 亿元,并初步完成对儿童市场的防御。

2010 年,儿童装健胃消食片销量达 5 亿元。

对于一个非处方药新品,面市 6 年,完成了超过 5 亿的销售额。这样一份成绩,充分证明了实施战略细分的强大威力。

该公司确定实施"儿童助消化药"细分战略后,就开始调动一切元素来制造细分品类的差异,并让消费者充分地感受到差异,包括产品、包装、口味等,以期尽快从原市场中分化出去,成为一个独立的品类市场。简而言之,就是要更好体现"儿童专属性",从而满足该细分市场不断发展的需求。

在产品方面,儿童装健胃消食片为了摆脱"成人药品"的影响,完全针对儿童进行设计。片型采用 0.5g(成人则为 0.8 g),在规格和容量上也更适合儿童。药片上还压出"动物"卡通图案,口味上则是采用儿童最喜爱的酸甜味道,同时在包装的显眼处标有儿童漫画头像以突显儿童药品的身份。这些改进使儿童装健胃消食片从各方面都能更好满足儿童的需求,并不断提示家长这是儿童专用产品。

由于儿童装健胃消食片在包装的设计上,沿用了该品牌健胃消食片的整体风格,而且药片的形状同样为三角形,口味则稍加重酸甜味。

在渠道方面,由于儿童装的推出,第一步目标仍是对现有市场防御,即促使原来购买健胃消食片的儿童家长转为购买儿童装健胃消食片。因此,在面市早期,建议该企业销售部门与药店经理积极协商,将儿童装健胃消食片尽量陈列在该品牌健胃消食片旁边;在条件允许的情况下,同时在儿童药品专柜进行陈列。市场细分及产品在终端的定位基本达成后,才可完全只在儿童药品专柜进行陈列。

在价格方面,为了更全面覆盖儿童助消化药市场,避免价格成为购买障碍,不给竞争对手创造价格细分的机会,同时考虑到有利于该品牌健胃消食片原有儿童消费者的转移,建议儿童装的零售价格不应比原产品价格高过多,控制在 10 元左右,最终该公司决定将零售价格定在 6 元,与原产品价格基本持平。

【实践与探索】

1.该品牌儿童装健胃消食片的市场细分标准有哪些?

2.该品牌儿童装健胃消食片的目标市场是哪些? 请对目标消费者群体进行描述。

3.该品牌儿童装健胃消食片的市场定位如何?

目标市场营销,又称 STP 营销或 STP 三部曲,S 指 market segmenting,即市场细分;T 指 market targeting,即选择目标市场;P 指 market positioning,即市场定位。正因为如此,营销大师菲利普·科特勒认为:当代战略营销的核心,可被定义为 STP。目标市场营销有三个主要步骤:第一步,市场细分,根据购买者对产品或营销组合的不同需求,将市场分为若干不同的顾客群体,并勾勒出细分市场的轮廓;第二步,确定目标市场,选择要进入的一个或多个细分市场;第三步,市场定位,建立与目标市场相吻合的产品关键特征,树立符合顾客利益的特定形象。

一、医药市场细分

(一)医药市场细分的概念

市场细分这一概念是美国著名市场学家温德尔·史密斯于 1956 年提出来的。市场细分的目标是为了聚合,即在需求不同的市场中把需求相同的消费者聚合到一起。这一概念的提出,对于企业的发展具有重要的促进作用。

知识链接

美国著名的市场学家温德尔·史密斯在 1956 年发表的《市场营销战略中的产品差异化与市场细分》一文中首先提出了"市场细分"的新概念。他认为:"只要市场上的产品或劳务的购买者超过两人以上,则可按照一定准则对其需求加以识别、划分、归类为若干个细小市场,从这些细小市场中选择出自己的经营对象,采取相应对策加以占领。"

医药市场细分指按照消费者对医药产品的需求、购买行为、习惯等的差异性,把一个总体市场划分成若干个具有共同特征的子市场的过程。分属于同一医药产品细分市场的消费者,他们的需要和欲望极为相似;分属于不同细分市场的消费者,对同一产品的需要和欲望存在着明显的差别。

我国药品市场是比较开放的市场,多年来存在着国企、合资企业、进口企业相互之间及其内部诸方面的竞争。任何规模的医药企业,均无法满足整体医药市场的不同需求。因此,药品经营者应根据内部条件、素质能力和特点,进行市场细分,以确定与其相适应的市场经营范围,并采取相应的市场策略,满足一部分消费者和用户某些方面的需求,才能取得满意的营销成绩。

(二)医药市场细分的作用及意义

医药市场细分不是根据产品品种、产品系列来划分的,而是从消费者(指最终消费者和组织购买者)的角度进行划分的,是根据行业市场需求的差异性,即消费者的需求、动机、购买行为等的多元性和差异性来划分的。

但是,市场细分并不意味着把一个整体市场加以分解。实际上,细分市场不仅是一个分解的过程,也是一个聚集的过程。所谓聚集的过程,就是把对某种产品特点最易做出反应的消费者集合成群。这种聚集过程可以依据多种标准连续进行,直到寻找出其规模足以实现企业利润目标的某一个顾客群。

医药市场细分在整个市场营销活动过程中发挥着关键性作用,是医药营销的核心环节。医药市场细分的作用具体表现在以下几个方面。

1. 有利于选择目标市场和制订市场营销策略

市场细分后的子市场比较具体,比较容易了解消费者的需求,企业可以根据自身的经营思想、方针及生产技术和营销力量,确定自己的服务对象,即目标市场。针对目标市场,便于制订相应的营销策略。同时,在细分的市场上,信息容易了解和反馈,一旦消费者的需求发生变化,企业可迅速改变营销策略,制订相应的对策,以适应市场需求的变化,提高企业的应变能力和竞争力。

2003 年,某补充维生素类保健品在市场类似产品的层层包围下,异军突起,取得了相当好的成绩。该产品没有针对所有的人群,而是选择少年儿童作为其目标使用人群,把希望自己孩子健康成长的父母作为目标购买人群。因为市场定位精准,该产品只用了半年时间,便在复合维生素产品中异军突起。

2. 有利于发掘市场机会,开拓新市场

通过市场细分,医药企业可以对每一个细分市场的购买潜力、满足程度、竞争情况等进行分析对比,探索出有利于本企业的市场机会,使企业及时调整销售决策或根据本企业的生产技术条件编制新产品开拓计划,进行必要的产品技术储备,掌握产品更新换代的主动权,开拓新市场,以更好适应市场的需要。

3. 有利于集中人力、物力投入目标市场

任何一个医药企业的资源、人力、物力、资金都是有限的。通过细分市场,选择了适合的目标市场,企业可以集中人、财、物及资源,获取细分市场上的优势,然后再占领自己的目标市场。

2001 年,某男性保健品领导品牌就是在对原有的男性保健品市场进行细分后,选择改善男性生理机能为主诉求,并以 35 岁以上的男性为目标消费群体,避免与其他品牌直接冲突,占领市场先机。

4.有利于企业提高经济效益

前面三个方面都有提高医药企业经济效益的作用。除此之外,医药企业通过市场细分后,可以针对自己的目标市场,生产出适销对路的产品,既能满足市场需求,又可增加企业的收入。产品适销对路可以加速商品流转,加大生产批量,降低企业的生产销售成本,提高生产工人的劳动熟练程度、产品质量以及企业的经济效益。

（三）医药市场细分的条件

医药企业进行市场细分的目的是通过对顾客需求差异予以定位,来取得较大的经济效益。众所周知,产品的差异化必然导致生产成本和推销费用的相应增长。所以,医药企业必须在市场细分所得收益与市场细分所增成本之间做一权衡。但是市场细分并不是越细越好。如果分得太细,企业会陷入应付众多细分市场的困境之中。寻找合适的细分原则,对市场进行有效细分,在营销实践中并非易事。一般而言,成功、有效的医药市场细分应遵循以下基本特征。

1.细分市场的异质和同质特征

产品属性是影响顾客购买行为的重要因素,根据顾客对不同产品属性的重视程度,可分为同质偏好和异质偏好两种模式,这两种需求偏好差异的存在是市场细分的基本客观原则。例如,维生素C的市场,所有的消费者对该产品的需求基本相同,定期购买量、购买频率也大致相同,只要价格合适,包装便于使用即可,没有更多可挑选之处。在同质市场上,不同的生产者向市场提供的商品和使用的营销策略大致相同,无须采用更多的促销手段。

现实生活中只有很少一部分商品市场属于同质市场,大部分商品市场的消费者对商品的质量、特性等要求各不相同。例如,抗感冒药市场中患者所使用的制剂,其剂型、用法、用量、疗效、适应证各有不同,这就是异质市场。在异质市场上,消费者购买商品,总是抱着不同的意图和目的,这样就产生了不同的购买动机和购买行为。即使是同一种商品,由于购买者的社会背景、地理气候条件、文化素养、专业知识、价值观念不同,对商品的价格、规格、型号、色彩、包装等也会提出不同的要求。因此,无论是医药消费者市场、生产者市场、中间商市场,还是政府市场、国际市场,消费需求的差异性都是客观存在的。正是这些差异,使市场细分成为可能。

值得注意的是,同质市场有的也可以渐变为异质市场。例如,抗感冒药市场在初期曾一度是相对的同质市场,主要由"感冒通""感冒清"这些疗效相近的药物组成。但从20世纪的80年代以来,多元化的医药行业形态出现了,各种品牌的药物层出不穷,人们的要求也越来越高。原来没有必要进行细分的市场,此时却需要进行细分了。反之,异质市场有时也在向同质市场转化。例如,不同民族和地区的消费者对饮品有不同的传统和口味偏好,中国人喜欢喝茶,西方人喜欢喝咖啡,而且不同地区的人们对茶、咖啡的喝法和品味偏好也有所不同。但第二次世界大战后,可口可乐公司成功地将其可乐产品推广到全世界100多个国家和地区,不同地区的消费者接受了同一口味的可口可乐。就这些消费者来说,对产品需求的同质性占据了主导地位。

2.可衡量性

可衡量性指用来细分市场的标准和变数及细分后的市场是可以被识别和衡量的,即有明显的区别和合理的范围。如果某些细分变数或购买者的需求和特点很难衡量,细分市场后无法界定,难以描述,那么市场细分就失去了意义。一般来说,一些带有客观性的变数,如年龄、性别、收入、地理位置、民族等,都易于确定,并且有关的信息和统计数据也比较容易获得;而一些带有主观性的变数,如心理和性格方面的变数,就比较难以确定。

3.可进入性

可进入性指企业能够进入所选定的市场部分,能进行有效的促销和分销,实际上就是营销活动的可行性。一是企业能够通过一定的广告媒体把产品的信息传递到该市场众多的消费者中去,二是产品能通过一定的销售渠道抵达该市场。

4.可盈利性

可盈利性指细分市场的规模要大到能够使企业足够获利的程度,使企业值得为它设计一套营销规划方案,以便顺利地实现其营销目标,并且有可拓展的潜力,以保证企业按计划获得理想的经济效益和社会服务效益。

5.相对稳定性

相对稳定性指细分后的市场有相对应的稳定时间。细分后的市场能否在一定时间内保持相对稳定,直接关系到企业生产营销的稳定性。特别是大中型企业以及投资周期长、转产慢的企业,更容易造成经营困难,严重影响企业的经营效益。

(四)医药市场细分的标准

医药市场的细分又分为消费品市场细分和生产资料市场细分。

1.消费品市场细分标准

消费品市场细分标准可分为地理因素、人口因素、心理因素和行为因素四个方面,每个方面又包括一系列的细分变量。

(1)地理细分标准(geographical segmentation)　地理细分标准就是按消费者所在的地理位置、地理环境等变数来细分市场。因为处在不同地理环境下的消费者,对于同一类产品往往会有不同的需要与偏好,因此,对消费品市场进行地理细分是非常必要的。

1)地理位置:可以按照行政区划来进行细分,如在我国,可以划分为东北、华北、西北、西南、华东和华南几个地区;也可以按照地理区域来进行细分,如划分为省、自治区、市、县等,或内地、沿海、城市、农村等。以营养滋补药品为例,生活在北方的人比生活在南方的人更偏爱补酒。一般说来,城市居民对营养保健品、新药特药、进口药的需求多;而广大的农村人群对普药、中草药、中成药的需求相对较高。目前全国各地农村医药市场除了少数经济发达地区以外,几乎都存在一个普遍的规律,即从用药总量、用药数量、用药品种、用药档次、单位药品价格、新品种普及率等几个方面,都按照逐级递减的方式发展。

2)城镇大小:可划分为大城市、中等城市、小城市和乡镇。处在不同规模城镇的消费者,在消费结构方面存在较大差异,这也使不同层次的医药企业有了更大的选择空间。

▌知识链接

城市医药消费者的价值取向:城市患者最关心的是药品的疗效,其次是安全性。对于生活在快节奏、高效率环境下的城市患者,当他们患病时,多数人抱着及早用药、快速康复的心态寻医问药。农村医药消费者的价值取向:农民及小城镇居民购药首要考虑的因素是价格,其次是疗效。在大多数经济欠发达的农村,消费者在购药时往往先对比价格,无论医生如何解释药物疗效的重要性,他们都会先考虑价位是否能够承担得起。

3)地形和气候:按地形可划分为平原、丘陵、山区、沙漠地带等;按气候可分为热带、亚热带、温带、寒带等。由于气候、环境、生活方式等因素的影响,心脑血管疾病及肿瘤成了我国的高发病。因此,心血管系统药物、抗肿瘤药物和抗生素类药物应是医药行业研究、开发和生产经营的重点。我国东南部地区炎热潮湿,而北部地区气候严寒干燥,这就使人群患病具有地域性特征。高原、平原、森林、盆地地区的居民,也有不同的生活方式和发病特点。一些地方病、传染病及突发性疾病与气候条件密切相关,这些都应引起医药企业的足够重视,生产出适销对路的产品。

(2)人口细分标准(demographic segmentation) 人口细分标准,就是按年龄、性别、职业、收入、家庭人口、民族、宗教、国籍等变数,将市场划分为不同的群体。由于人口变数比其他变数更容易测量,且适用范围比较广,因而人口变数一直是细分消费者市场的重要依据。

1)年龄:不同年龄段的消费者,由于生理、性格、爱好、经济状况的不同,对消费品的需求往往也存在很大的差异。因此,可按年龄将市场划分为许多各具特色的消费者群,如儿童市场、青年市场、中年市场、老年市场等。如高血压、骨质疏松症为中老年人的多发病,而在少年儿童中较为多见的是近视眼、多动症等。在利用年龄这一细分变量进行细分时,还应注意到人口老龄化的趋势。预计我国人口老龄化将于2040年达到高峰,这一点对于保健食品和治疗某些老年性疾病的药品的市场细分尤为重要。

2)性别:按性别可将市场划分为男性市场和女性市场,在购买行为、购买动机等方面,男女之间也有很大的差异。不少商品在用途上有明显的性别特征,经常被用以细分,如服装、个人服务、化妆品及滋补品等产品的市场。资料表明女性比较关心保健与美容等方面,这一特点随着生活水平的提高日趋明显。不少企业为此开发出大量的美容化妆用品,最近几年又推出美容新概念:外敷内服。市场上便出现了乌鸡白凤丸、中华乌鸡精等产品。此外,男性和女性的生理特点和社会角色不同,对于药品的需求以及购买行为也有明显的差异。

3)收入:收入的变化将直接影响消费者的需求欲望和支出模式。根据平均收入水平的高低,可将消费者划分为高收入、次高收入、中等收入、次低收入、低收入五个群体。收入高的消费者对高端产品的偏好更强,药品生产企业可以对药品进行包装,或朴素或华丽,以满足不同消费者的需求。

4)民族:世界上大部分国家都拥有多种民族,我国更是一个多民族的大家庭,除汉族外,还有55个少数民族。这些民族都各有自己的传统习俗、生活方式,从而呈现出各种不同的商品需求,例如,我国医药产品中还包括藏药、苗药等,只有按民族这一细分变量将市场进一步细分,才能满足各族人民的不同需求,并进一步扩大企业的产品市场。

人口细分标准还包括家庭人口、宗教、国籍等,但这些因素对药品需求的影响不大。

(3)心理细分标准(psychographic segmentation) 心理细分标准是将消费者按其生活方式、性格、购买动机、态度等变量细分成不同的消费者群体。

1)生活方式:人们对工作、消费、娱乐的特定的习惯和倾向性。不同的生活方式会使人们产生不同的需求偏好。虽然不同生活方式的形成源于物质世界(环境和条件等),但直接的成因与人们的主张、个性、兴趣、人生价值取向等心理特征密切相关。越来越多的企业,如从事服装、化妆品、家具、娱乐等行业的企业,重视按人们的生活方式来细分市场。生活方式是人们对工作、消费、娱乐的特定习惯和模式,不同的生活方式会产生不同的需求偏好,如"传统型""新潮型""节俭型""奢侈型"等。这种细分方法能显示出不同群体对同种商品在心理需求方面的差异性,如个性保守者通常不愿做新的尝试,很难接受新药。

2)性格:性格指人自身态度和行为所表现出来的心理特征。性格可以用外向与内向、乐观与悲观、自信、顺从、保守、热情等词句来描述。性格外向、容易感情冲动的消费者往往好表现自己,因而他们喜欢购买能表现自己个性的产品;性格内向的消费者,往往购买比较大众化的产品;富于创造性和冒险心理的消费者,则对新奇、刺激性强的商品特别感兴趣。

3)态度:态度指一个人对某些事物或观念长期持有的好与坏的认识评价、情感感受和行动倾向。根据人们对药品的需求及其治疗作用所持态度不同,可以分为踏实者、寻求权威者、怀疑论者和抑郁者。寻求权威者更相信医生的处方;怀疑论者对药品的效果有所置疑,很少用药;踏实者追求方便、有效的药品;抑郁者更关注自己的健康,稍有症状就寻求医生帮助或自行购药。

(4)行为细分标准(behavioural segmentation)　根据消费者不同的消费(购买)行为来细分市场称为购买行为细分。行为变量能更直接地反映消费者的需求差异,因而成为市场细分的最佳起点。

1)购买习惯(对品牌忠诚度):据此可将消费者划分为坚定品牌忠诚者、多品牌忠诚者、转移的忠诚者、无品牌忠诚者等。有些购买者和处方者经常变换品牌,也有一些购买者和处方者在较长时期内专注于某一或少数几个品牌。对有品牌偏好的购买者和处方者推广新药是很困难的。为此,企业必须辨别他的忠诚顾客及特征,以便更好地满足他们的需求,必要时给忠诚顾客以某种形式的回报或鼓励,如给予一定的折扣。

2)购买的决策权:由于药品的特殊性,购买者本身在很大程度上并没有决策权,医生才是真正的决策者,这尤其表现在处方药的购买和使用上。对于 OTC 药品,除了医生会影响购买者的行为外,营业员也是很重要的影响人。按行为因素细分,就是按照消费者购买或使用某种商品的时间、购买数量、购买频率、对品牌的忠诚度等变数来细分市场。

3)购买频率:可分为经常购买、一般购买、不常购买(潜在购买者)。如糖尿病患者的用药频率较高,骨科医院对于跌打类药物的处方频率也很高;而健康人群对于处方药物的使用频率不会很高等。

4)购买渠道:根据消费者获取药品的渠道不同进行细分,可以分为医院购买、药店购买及OTC 药品的网上购买等。

(5)受益细分标准　根据消费者追求的利益不同来细分市场称为受益细分。由于消费者各自追求的具体利益不同,可能会被某种产品所具有的个性特征或其变异产品所吸引,因而可以细分为不同的消费者群。就是说,这里的细分市场不是根据消费者的各种特点,而是根据这一产品能够提供什么特殊效用、给购买者带来什么特定利益而进行组分的。

一个典型的例子是抗感冒药的市场细分,根据受益细分,抗感冒药市场显示出四个主要的细分市场,即特别关心疗效、格外关注是否嗜睡、强调低副作用、注重经济实惠这四个消费群体。

进行受益细分的关键在于调研掌握消费者在一类产品上追求的多种多样的预期利益。为此,细分活动要从调查一种产品的现有用户和潜在用户开始。调查的方向是他们在使用各种品牌的产品中得到了哪些益处,现有产品还有哪些方面欠缺,什么样的产品特性可能被认为最能密切和一种益处(或一组连带的益处)联系起来。然后,使自己生产的产品相应地突出紧密联系着某种益处的某一特性或者生产不同型号的一组产品,每种突出一种特性,可借助适当的广告宣传手段,反复宣传这些特性,以最大限度地吸引某一消费者群或几个不同的消费者群。可见,这种调查分析不仅是企业进行受益细分的基础,还是制订整个市场营销组合方案的重要环节。

2.生产资料市场的细分标准

市场细分一般以地理环境、气候条件、交通运输、追求利益、品牌忠诚度等为标准。但由于生产资料市场有它自身的特点,企业还应采用一些其他标准和变量进行细分,最常用的有:最终用户需求、用户规模、用户地理位置等变量。

(1)按最终用户需求细分　用户的需求是生产资料市场细分的常用标准。不同的用户对同一产品有不同的需求,如原料药企业可根据产品用户需求不同将市场细分为医药市场、化工市场,医药市场用户特别注重产品质量;化工市场用户要求有高纯度的产品和高质量的服务。因此,企业应针对不同用户的需求,提供不同的产品,设计相应的市场营销组合策略,以满足用户的不同需求。

(2)按用户经营规模细分　用户经营规模也是生产资料市场细分的重要标准。用户经营规模决定其购买能力的大小。按用户经营规模划分,可分为大用户、中用户、小用户。大用户数量虽少,但其生产规模、购买数量大,注重质量、交货时间等;小客户数量多,分散面广,购买数量有限,注重信贷条件等。许多时候,和一个大客户的交易量相当于与许多小客户的交易量之和,失去一个大客户,往往会给企业造成严重的后果。因此,企业应按照用户经营规模建立相应联系机制和确定恰当的接待制度。例如,药品批发企业对于大型医疗机构的集中招标,宜直接联系、直接供应、销售经理亲自负责;对于零售药店或是终端消费者,则宜于使产品进入商业渠道,由批发商甚至零售商进行销售。这样的思路,对于医药生产企业、商业企业都是适用的。

(3)按用户地理位置细分　每个国家或地区大都在一定程度上受自然资源、气候条件和历史传统等因素影响,形成若干工业区,如我国东北地区、西藏高寒地区、西南地区,因其地理位置、气候条件的不同,成为不同中药材的主产区,如东北的老山参、西藏高原的雪莲等,这就决定了生产资料市场往往比消费品市场在区域上更为集中,地理位置因此成为细分生产资料市场的重要标准。企业按用户的地理位置细分市场,选择客户较为集中的地区作为目标,有利于节省销售员往返于不同客户之间的时间,而且可以合理规划运输路线,节约运输费用,帮助降低营销成本。

以上从消费品市场和生产资料市场两方面介绍了具体的细分标准和变量。为了有效地进行市场细分,有这样几个问题应引起注意。

第一,动态性。细分的标准和变量不是固定不变的,如收入水平、城市大小、交通条件、年龄等,都会随着时间的推移而变化。因此,应树立动态观念,适时进行调整。

第二,适用性。影响市场细分的因素有很多,各企业的实际情况又各异,不同的企业在细分市场时采用的细分变数和标准不一定相同,究竟选择哪种变量,应视具体情况而定,切忌生搬硬套和盲目模仿。例如,保健品可按购买动机细分市场,那么非处方药按什么细分市场合适呢?

第三,组合性。要注意细分变数的综合运用。在实际营销活动中,一个理想的目标市场是有层次或交错地运用上述各种因素的组合来确定的。如女性保健品的经营者将18~45岁的城市青年女性确定为目标市场,就运用了三个变量:年龄、地理区域、性别。

由上述可见,用户行业、规模、地理位置是产业市场细分的三种主要形式。同消费者市场细分一样,许多企业也往往根据需要将多种变量组合在一起,作为细分市场的依据。

(五)医药市场细分方法

市场细分的方法主要有单一变量法、多个变量综合细分法等。

1.单一变量法

单一变量法指根据市场营销调研结果,把影响消费者或用户需求最主要的因素作为细分变量,以达到市场细分的目的。这种细分法以公司的经营实践、行业经验和对组织客户的了解为基础,在宏观变量或微观变量间,找到一个能有效区分客户并使公司的营销组合具有有效性的变量。如根据年龄这一变量可以将止咳药市场分为成人和儿童两个市场。

2.多个变量综合细分法

多个变量综合细分法是根据影响消费者需求的两种或者两种以上的因素进行市场细分。例如,针对高血压药物市场,可以按年龄及病情程度,将市场细分为青、中、老年三类患者的轻、中、重度高血压的9个产品市场。这种方法可使目标市场更加明确,更有利于企业制订并调整其相应的营销策略。

与单一变量法比较,多个变量综合细分法的特点是:①细分过程不是逐个完成每个变量的评价,而是通过特定方法,将多个变量、多个指标的评价同时完成;②在细分过程中,要根据变量的重要性,进行加权处理,使细分更具有科学性;③用多个变量综合细分法对医药市场进行细分,目标市场将会变得越来越明确、具体。

二、选择医药目标市场

(一)医药目标市场的内涵

1.目标市场的含义

著名的市场营销学者麦卡锡提出了应当把消费者看作一个特定的群体,称为目标市场。通过市场细分,有利于明确目标市场;通过市场营销策略的应用,有利于满足目标市场的需要。即目标市场就是通过市场细分后,企业准备以相应的产品和服务满足其需求的一个或几个子市场。

所谓医药目标市场,是医药企业在市场细分的基础上,依据企业资源和现有经营条件所选定的,准备以相应的医药产品或服务满足其需求的一个或几个细分市场。

2.理想医药目标市场应具备的条件

医药企业目标市场选择是否适当直接关系到企业的市场占有率和是否盈利。

(1)有足够大的市场容量 即有一定的购买力,有足够的潜在需求量。从理论上讲,有两个以上的购买者,就可以进行市场的细分。但从实际和企业经济效益来看,由于细分市场的开发通常需要支付大量的资金,所以细分市场应该足够大,以能够满足企业的生存和发展需要。

(2)有充分发展的潜力 即该市场的需求尚未满足,企业能获得较多的销售机会,并有不断发展壮大的余地。反之,如果市场十分狭小,发展潜力小,那么企业的前景就十分暗淡,企业经营的风险就较大。我国医药企业应走创新之路,以免低水平重复、相互压价竞争,影响企业的生存和发展。

(3)目标市场尚未被竞争企业控制或竞争尚不激烈 企业选择目标市场,在一般情况下,应选择竞争者比较少,或竞争者在实力、经营管理水平或营销能力等方面都比较弱小的细分市场。这样有利于企业开拓市场,在竞争中取得优势。

(4)能发挥医药企业内部的相对优势 医药企业内部的相对优势,一般指原材料、机器设备、技术水平、职工素质、企业规模、资金、研究开发能力、经营管理水平、交通运输条件、地理位置、气候条件等所表现出来的综合发展能力。只有企业内部的相对优势与目标市场上未被很好满足的消费需求相适应,医药企业与目标市场才能呈现平衡状态。

(二)医药目标市场选择模式

医药目标市场是医药企业准备进入的市场,进入目标市场时有五种常见的可供参考的市场覆盖模式,见图 9-1。

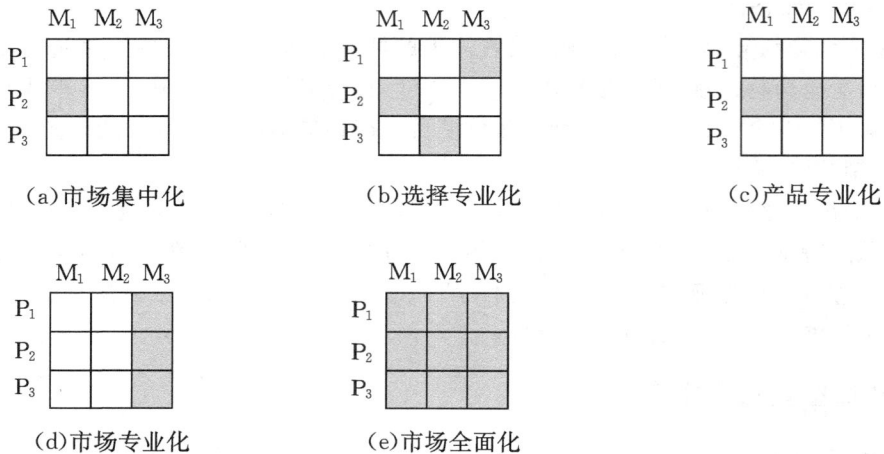

图 9-1 进入目标市场的五种选择模式

1.市场集中化

企业选择一个细分市场,集中力量为之服务。较小的企业一般采取这种方式填补市场的某一部分。这种模式可以使企业更深刻地了解该细分市场的需求特点,采用具有针对性的产品、价格、渠道和促销策略,进行专业化的市场营销,从而获得强有力的市场地位和良好的声誉。但这种模式的风险较大,一旦这一细分市场不景气或有强大的竞争者出现,都会使公司陷入困境,见图 9-1(a)。

2.选择专业化

企业在市场细分的基础上,选择进入若干个细分市场,给不同的细分市场提供不同的产品与服务,每一个细分市场对企业的目标和资源利用都有一定的吸引力。但各细分市场彼此之间很少或根本没有任何联系。这种策略能分散企业经营风险,即使其中某个细分市场失去了吸引力,企业还能在其他细分市场盈利,见图 9-1(b)。

3.产品专业化

企业集中生产一种产品,并向所有顾客销售这种产品。如医药企业向青年、中年和老年消费者销售高档保健品,企业为不同的顾客提供不同种类的高档保健产品和服务,而不生产消费者需要的其他档次的保健品。这样,企业就在高档保健产品方面树立了很高的声誉,但一旦出现其他品牌的替代品或消费者流行的偏好出现转移,企业将面临巨大的威胁,见图 9-1(c)。

4.市场专业化

企业生产不同的产品以满足某一特定顾客群体的需求,即面对同一市场生产不同的产品。采用这种模式,企业专门为特定的顾客群体服务,与这一群体建立长期稳定的关系,并树立良好的形象。如一家生产某种药品的医药企业专门以大中型医院为目标市场,根据它们的需要提供规格为 100 mg、500 mg 和 1000 mg 的某药品,以满足医院不同部门(如药房、病房等)的需要。但一旦这个顾客群的需求潜量和特点发生变化,企业要承担较大风险,见图 9 – 1(d)。

5.市场全面化

企业力图用各种产品满足不同顾客群体的需求,即以所有的细分市场作为目标市场,例如,某企业为不同年龄层次的顾客提供各种档次的保健品。一般只有实力强大的大企业才能采用这种策略,见图 9 – 1(e)。

(三)目标市场选择策略

医药企业确定细分市场作为生产和经营目标的决策,称为医药目标市场选择策略。医药企业决定为多少个子市场服务,即确定其目标市场涵盖战略时,其选择进入目标市场的模式不同、目标市场的确定范围不同,所采用的营销策略也就不同。一般来说企业可供选择的目标市场策略有三种:无差异性目标市场选择策略、差异性目标市场选择策略和集中性目标市场选择策略。

1.无差异性目标市场选择策略

这种策略指医药企业以一种医药产品满足整个行业市场的需求。即企业不考虑细分市场的差异性,把某种药品的整体市场看作一个大的目标市场,医药企业对构成市场的各个部分一视同仁,只顾及人们需求的共性,而不计其差异性,以单一的医药市场营销组合,推出一种医药产品,去试图吸引所有的购买者。

实施无差异性营销策略的企业,其经营哲学是"生产好产品,自然有人买"。采用无差异性策略的目的是力求节约成本,认为医药市场中顾客的需求相同,因而其营销策略也相同。企业一般具有大规模、单一、连续的生产线,拥有广泛或大众化的分销渠道,并能开展强有力的促销活动,投放大量的广告和进行统一的宣传,结合医药工业生产的标准化、批量化,其生产、储运的平均成本比较低。同时,由于不需要进行市场细分,可以相应地节约市场调查、广告宣传、促销等开支。无差异性市场营销策略适用于少数消费者需求同质的产品,以及消费者需求广泛,能够大量生产、大量销售的产品。

无差异性策略的主要优点和理论基础是其成本的经济性。以单一产品满足整体市场,生产批量较大,可以实现规模生产,降低单位产品的生产成本;单一的促销方案可以节省促销费用;单一的渠道可以节省渠道成本;单一的品种可以减少储存量,节约存货成本;不进行市场细分还可以减少制订市场营销组合策略的人、财、物及市场调研、新产品研制等方面的投入。其次,无差异性策略可以使消费者建立起超级品牌的印象。但是,无差异性策略对大多数产品并不适用,对于企业来说一般也不宜长期采用。首先,随着经济的发展和消费者收入的提高,消费者需求的差异性日益增强,个性化需求时代已经到来,而无差异性策略恰恰忽略了这种差异性;其次,如果同一市场中众多的企业采用这一策略,就会加剧整体市场的竞争,造成两败俱伤;再者,采用这一策略的企业反应能力和适应能力较差,当其他企业提供有特色、有针对性的产品时,企业容易在竞争中失利。

正是由于这些原因,无差异性策略主要适用于具有广泛和大批量需求,企业也能够大量生产、大量销售的产品。药品中的原料药即具有这样的特点,可以采用这一策略,只有这样,无差异性策略的优点即成本的经济性才能体现出来。早期的可口可乐公司是世界上奉行这一策略的最成功的代表。

2.差异性目标市场选择策略

差异性目标市场选择策略是以市场细分为基础的市场策略,采用这种策略的企业把产品的整体市场划分为若干细分市场,从中选择几个细分市场作为自己的目标市场,并针对每个细分市场生产不同的产品,采取不同的市场营销组合策略。采用这种策略的企业一般都具有多品种、小批量、多规格、多渠道、多种价格和多种广告形式的营销组合特点,以满足不同细分市场的需求。

差异化策略的优越性表现在以下几个方面:第一,有针对性的营销活动可以更好地分别满足不同顾客群的需求,提高产品的竞争能力,有利于企业扩大销售总量,提高市场占有率,获得规模经济效应。第二,可以降低企业的经营风险。由于细分市场之间的关联性不大,一个产品市场的失败,短期内基本不会威胁到整个企业的利益。第三,有特色的产品及其营销策略可以提高企业的整体竞争力。第四,一个企业在多个细分市场取得良好的效益后,可以提升公司的整体知名度,有利于企业新产品的推广。一些国际性的大医药公司,一般每种原料药都会推出10个左右的剂型和规格,对乙酰氨基酚(扑热息痛)更是做出了片剂、糖浆、胶囊剂及婴儿、幼儿、成人等各种处方制剂共二十多个品种规格,以适应不同患者的需求。我国医药企业在这方面的市场发展空间很大。

但是,我们必须看到,差异化策略并非任何企业、在任何时候都可以采用,它同样具有局限性,不足之处主要是成本较高。由于生产的品种多、批量小,单位产品的生产成本提高;市场调研及新产品开发成本、存货成本也会相应提高;多样化的营销策略使渠道、广告成本不断增加。

随着生产力水平的发展、生产规模的扩大,企业之间的竞争日益激烈;同时,人们收入水平的不断提高,消费者的需求日益多样化,差异化策略被越来越多的企业所接受和采用。宝洁公司是奉行这一策略的成功代表,然而并不是所有的企业都适宜采用。采用这一策略的企业通常要求有较雄厚的人力、物力、财力资源,有较高的技术水平、设计能力及高水平的经营管理人员。

3.集中性目标市场选择策略

集中性目标市场选择策略又称为密集性目标市场选择策略,指企业不是面向整体市场,也不是把力量分散使用于若干细分市场,而是集中力量进入一个细分市场,为该市场开发一种理想的产品,实行高度专业化的生产和销售。

例如,×制药企业要向临床推广一种广谱抗菌新药,其营销策划就是要注意规避:①已被老牌抗生素(如青霉素类等)牢牢占领的一般性抗感染用药市场;②被头孢菌素类抗生素控制的治疗深度感染和交叉感染的市场;③被同类抗生素占领的、治疗相似感染范围的市场。要独辟蹊径,找出在国内抗生素的细分市场上缺乏有效治疗某些疾病的抗生素及其品牌的薄弱点,如×霉素对淋球菌、支原体、衣原体等导致性传播疾病的病原微生物有较强杀灭作用,由自身的特点强势进入这一目标市场,从而获得成功。

集中性策略与差异性策略的不同在于:差异性策略是以企业所选择的数个(或所有)细分市场作为目标市场;集中性策略不是面对整体市场,也不是把力量分散到几个市场上,而是集中企业的营销优势,把有限的资源集中在一个细分市场上,实行专业化的生产和销售,以充分满足这一细分市场的需求。采用集中性策略的企业,其目的是为了追求在一个小市场上取得较高的、甚至是支配地位的市场占有率。

集中性策略的优点首先是可以集中企业的优势,充分利用有限的资源,占领那些被其他企业所忽略的市场,以避开激烈的市场竞争。其次,专业化的生产和销售可以使这一特定市场的需求得到最大限度的满足,并在特定的领域建立企业和产品的高知名度。再次,高度专业化满足了特定的需求,使这一市场的客户愿意付出溢价,保证了企业的利润水平。

集中性策略的不足之处在于潜伏着较大的风险。企业将其所有的精力集中于一个市场,一旦这个市场中消费者的需求发生变化,或有强大的竞争者进入,或企业的预测及营销策略制订有缺陷等,都有可能使企业陷入困境且无回旋余地。

集中性策略主要适用于资源力量有限的小企业。采用这一策略,小企业可以避开与大企业的正面竞争,选择那些大企业未注意或不愿进入的市场,往往更易获得成功。然而,在选用这一策略时应注意:进入市场前应进行充分的市场调查,以保证企业经营方向的正确;同时,所进入的市场应有足够的规模利润和增长潜力,能最大限度地降低经营风险。

(四)目标市场选择策略的影响因素

上述三种目标市场选择策略各有利弊,企业应该采取哪一种策略,需要综合考虑,由企业、产品、市场和竞争对手等多方面因素决定。

1.企业规模和原材料供应

如果企业规模较大、生产能力和技术能力较强、资源丰富,则可根据自身的情况和经营目标考虑选择无差异性策略或差异性策略。

2.市场差异性

市场差异性指不同细分市场中客户的需求及对企业营销刺激的反应是否具有明显的差异。如市场的差异性较大,企业宜选择差异性策略或集中性策略。反之,市场的差异性较小,差异性策略或集中性策略都会浪费资源,影响效率,因此宜选择无差异性策略或集中性策略。

3.市场供求趋势

当产品在一定时期内供不应求时,消费者没有选择的余地,需求即使有差别也可以忽略不计,可以采用无差异性策略以降低成本,形成规模经济效应。当供过于求时,企业宜采用差异性策略或集中性策略。但任何产品供不应求的卖方市场状态通常都是暂时的和相对的,最终都会向买方市场转化。

4.产品自身的特点

产品自身的特点主要指产品本身的同质化现象,包括其性能、型号、包装等。有些产品之间不存在差别,即使存在差别,但客户一般不重视或不加以区分,那么它们的竞争就主要集中在价格和服务上。这些产品一般都是未经过加工的初级产品,如原料药和中药材等。

5.产品生命周期阶段

产品在不同的市场生命周期阶段,其竞争、销售等特点都是不同的。在导入期及成长期前期,同类产品的竞争者较少,品种比较单一,企业也通常没有进行多品种开发和生产的能力,宜选择无差异性策略,以便探测市场需求和潜在顾客。产品一旦进入成长期后期和成熟期,市场竞争加剧,为使本企业的产品区别于竞争者,确立自己的竞争优势,应采用差异性策略,以利于开拓新的市场,尽可能扩大销售;或采用集中性策略,设法保持原有市场,延长产品生命周期。

当产品步入衰退期时,市场需求量逐渐减少,企业不宜再进行大规模生产,更不能将资源再分散于多个市场份额小的细分市场,宜采用集中性策略。

6. 竞争者的营销策略

任何企业在市场中都要面对竞争者,竞争对手的策略会直接影响到企业策略的选择。当竞争对手采用无差异性策略时,企业宜选择差异性策略或集中性策略,以区别于竞争对手,提高产品的竞争力;如竞争对手采用差异性策略,企业应进行进一步的细分,实行更有效的差异性策略或集中性策略;但如果竞争对手力量较弱,也可考虑反其道而行之,采用无差异性营销策略。

总之,选择适合于本企业的目标市场营销策略,是一项复杂的、随时间变化的、有高度艺术性的工作。企业本身的内部环境,如研究开发能力、技术力量、设备能力、产品的组合、资金筹措能力等是在逐步变化的,影响企业的外部环境因素也是千变万化的。企业要不断通过市场调查和预测,掌握和分析这些变化的趋势,与竞争者各项条件进行对比,扬长避短,把握时机,采用恰当的、灵活的策略,去争取较大的利益。

三、明确医药市场定位

(一)医药市场定位的含义

市场定位是在 20 世纪 70 年代由美国营销学家艾·里斯和杰克·特劳特提出的,又称为产品定位,即确定产品在市场中的位置。市场定位指企业通过考虑竞争产品、资源情况建立起自己的特色、形象。其含义指企业根据竞争者现有产品在市场上所处的位置,针对顾客对该类产品某些特征或属性的重视程度,为本企业产品塑造与众不同的、印象鲜明的形象,并将这种形象生动地传递给顾客,从而使该产品在市场上确定适当的位置。

市场定位是整个市场营销的灵魂。成功的品牌都有一个特征,就是以始终如一的形式将品牌的功能与消费者的心理需求连接起来,并能将品牌定位的信息准确传达给消费者。市场定位并不是对产品本身采取什么行动,而是针对现有产品的创造性思维活动,是对潜在消费者的心理采取行动。因此,提炼对目标人群最有吸引力的优势竞争点,并通过一定的定位策略传达给消费者,然后转化为消费者的心理认知,是营销的一个关键环节。

在现实生活中,我们经常发现这样的现象:某种药品确实货真价实,疗效确切,也做了精心的策划,但就是卖不动;相反有的产品质量并不好,价格又高,却卖得很火。其根本原因就在于产品定位的成功与否。营销是向消费者陈述某种理由,力求在消费者心目中确立某个明确的概念,消费者接受了这个概念,也就产生了购买的动机。换而言之,产品必须得到消费者的认可,明确产品卖给谁,卖什么。因此产品定位指产品在消费者心目中的印象和地位,是企业通过一系列的方式、方法和手段、策略,使产品在消费者心目中占据特定的位置。

因此,企业在制订产品定位策略时,一定要从实际出发,必须把产品定位建立在摸清、摸准国情(市场情况)、行情(企业情况)、心情(消费者心理)的基础之上。对环境、市场和产品进行调查研究,经过系统分析和综合之后才能有目的地确定产品在市场中的定位。

(二)市场定位的步骤

市场定位的关键是企业要设法在自己的产品上找出比竞争者更具有竞争优势的特性。竞争优势一般有两种基本类型:一是价格竞争优势,就是在同样的条件下比竞争者定更低的价格,这就要求企业采取一切努力来降低单位成本。二是偏好竞争优势,即能提供确定的特色来满足顾客的特定偏好。这就要求企业采取一切努力在产品特色上下功夫。因此,企业市场定位的全过程可以通过以下步骤来完成。

1. 分析目标市场的现状,确认本企业潜在的竞争优势

这一步骤的中心任务是要回答以下三个问题:一是竞争对手产品定位如何? 二是在目标市场中顾客需求满足程度如何以及确实还需要什么? 三是针对竞争者的市场定位和潜在顾客真正的利益需求,企业应该及能够做什么? 要回答这三个问题,企业市场营销人员必须通过一切调研手段,系统地设计、搜索、分析并报告有关上述问题的资料和研究结果。通过回答上述三个问题,企业就可以从中把握和确定自己的潜在竞争优势在哪里。

2. 准确选择竞争优势,对目标市场初步定位

竞争优势能够体现企业战胜竞争对手的能力。这种能力既可以是现有的,也可以是潜在的。选择竞争优势实际上就是一个企业与竞争者各方面实力相比较的过程。比较的指标应是一个完整的体系,只有这样,才能准确地选择竞争优势。通常的方法是分析、比较企业与竞争者在经营管理、技术开发、采购、生产、市场营销、财务和产品等七个方面中哪些是强项,哪些是弱项。借此选出最适合本企业的优势项目,以初步确定企业在目标市场上所处的位置。

3. 显示独特的竞争优势和重新定位

这一步骤的主要任务是企业要通过一系列的宣传促销活动,将其独特的竞争优势准确传播给潜在顾客,并在顾客心目中留下深刻印象。为此,企业首先应使目标顾客了解、知道、熟悉、认同、喜欢和偏爱本企业的市场定位,在顾客心目中建立与该定位相一致的形象。其次,企业通过各种努力强化目标顾客形象,保持目标顾客的了解,稳定目标顾客的态度,加深目标顾客的感情以此来巩固与市场相一致的形象。最后,企业应注意目标顾客对其市场定位理解出现的偏差或由于企业市场定位宣传上的失误而造成的目标顾客模糊、混乱和误会,及时纠正与市场定位不一致的形象。企业的产品在市场上定位即使很恰当,但在下列情况中,还应考虑重新定位。

(1)竞争者推出的新产品其定位与本企业产品相似,侵占了本企业产品的部分市场,使本企业产品的市场占有率下降。

(2)消费者的需求或偏好发生了变化,使本企业产品销售量骤减。

重新定位指企业为已在某市场销售的产品重新确定某种形象,以改变消费者原有的认识,争取有利的市场地位的活动。如某药厂生产婴儿感冒药,以强调该感冒药不刺激身体来吸引有婴儿的家庭,但随着出生率的下降,销售量减少。为了增加销售量,该企业将产品重新定位,强调该感冒药也可用于儿童,以吸引更多、更广泛的购买者。重新定位对于企业适应市场环境、调整市场营销战略是必不可少的,可以视为企业的战略转移。重新定位可能导致产品的名称、价格、包装和品牌的更改,也可能导致产品用途和功能上的变动,企业必须考虑定位转移的成本和新定位的收益问题。

(三) 市场定位的方法及策略

1. 医药市场定位的方法

药品市场定位的方法主要为三次定位法:①第一次为产品功能定位,认识、了解自己的优势产品,明确"我是我";②第二次要找准自己产品潜量最大、需要予以特别关注的人群,告知消费者"我是谁";③第三次将产品、品牌、经营者观念向消费者靠拢,完成由产品特色向传播产品的独特利益的质的转变,实现消费者需求与经营者产品诉求的和谐统一,明确"谁是我"。

2.医药市场定位策略

医药市场定位策略对于医药企业研发新产品,开拓新市场,充分发挥企业人、财、物的作用而言是一种相当有效的方法。医药市场定位策略主要分为药品差异定位策略、药品分类定位策略、药品使用者定位策略、抢占市场空位策略、匹敌策略等。

(1)药品差异定位策略 这是比较常用且很有实效的方法。使用该种方法的关键是找出让消费者最关心的本产品异于其他产品之处。特色产品适用于本方法,因其具有同类产品所没有的亮点。比如在感冒药市场上,新康泰克的特色就是应用了缓释技术,一天只需服用一次;在心脑血管药品市场上,速效救心丸的特色就是常备救心,常服养心。这些著名品牌的共同之处是均具有鲜明的特点。白加黑感冒片,其组成成分并无特殊之处,但是却将感冒药分成白片和黑片,并将镇静剂氯苯那敏(扑尔敏)放在黑片中。这样不仅使该品牌外观上与竞争品牌形成了很大的差别,还与消费者的生活规律相符合。一般感冒药的缺点是服用后容易瞌睡,给人们造成了许多不便,而"白天吃白片不瞌睡,晚上吃黑片睡得香"的宣传,解除了消费者的后顾之忧,体现出厂家对消费者细致入微的关怀。它的成功之处在于一切从消费者出发,创造出了异于同类、优于同类的闪光亮点,达到了引起患者共鸣的强烈传播效果。

在国际医药市场上,中药的市场定位就是天然药物,这是根据中药产品成分构成的特点定位的。这种市场定位实事求是、恰如其分,任何人均无怀疑、拒绝的理由。在回归自然、寻求排毒高效药品的思潮中,原来对进口中药限制较严的美国、德国、法国等国家,现在都放松了进口限制,全世界进口中药的国家和地区已多达120多个。

(2)药品分类定位策略 这也是一种常用的方法。产品在市场上的竞争对手并不是单一(或特殊)的某个对手,而是一类产品,因此在决定产品的开发、经营前,要细分同类产品的特点,分出类别,然后决定从哪方面着手。如"白加黑"感冒药,面对市场上数十种中、西感冒药的竞争者,该企业以配白加黑两种色泽的片剂包装,白天服用白色片剂,能迅速解除感冒症状,且无嗜睡副作用,夜晚(睡前)服用黑色片剂,抗过敏作用强,又能使患者更好入睡而深入人心,获得成功。

(3)药品使用者定位策略 找出产品的正确使用者,会使定位在目标市场上显得更突出,在此目标组群中,为他们特定服务,往往能获得充分的信任,培养出非常稳定的目标消费群体。

例如,治疗口腔咽喉疾病的西药华素片,其主要特点是具有独特的碘分子杀菌作用。在华素片上市之前,市场上已有一系列同类新老产品,如六神丸、草珊瑚含片、西瓜霜润喉片等。这些产品或凭借传统的知名度,或凭借广告的知名度以及便宜的价格、较好的疗效等,各赢得一部分市场。可以说咽喉类药品市场品牌众多,竞争激烈。而市场常见的口腔类药品并不多且基本上没有知名度高、疗效好的第一品牌。

华素片从适应证上看,既治口腔疾病,又治咽喉疾病。如果华素片进入咽喉类药品市场,面对强劲的竞争对手,企业需投入巨资,才有可能争得一席之地。显然咽喉类药品市场竞争激烈,而口腔类药品市场还没有形成有影响的品牌,处于松散空白的状态,很多口腔疾病患者有时还需要使用牙膏来辅助治疗。华素片的市场机会就是:定位于口腔药,主打口腔药品市场。由于定位策略对路,使华素片在市场上获得了成功。

(4)抢占市场空位策略 即企业通过对市场和现有产品的分析研究,寻找消费者实际需求未能很好满足的部分,即市场空隙,从而以相应产品填补市场空白。

2000年11月16日,所有含有PPA的药品制剂因服用后出现过敏、心律失常、高血压等严重不良反应,致使国家药品监督管理局下令停止销售。康泰克等人们耳熟能详的15种药品顷刻间从药店货架上消失,感冒药市场一时出现了空缺。而当众多西药厂家忙着澄清与PPA的关系之时,白云山中药厂"乘势出击",把白云山板蓝根"抗病毒、治感冒"的信息广为传播,通过全国各大媒体展开攻势强大的宣传,同时加大铺货力度,通过经销商、医院、药店途径,进军感冒药市场。采用抢占市场空位的策略,趁目标市场没有竞争者而易被消费者接受来取得优势地位。

(5)匹敌策略　如果企业经过仔细调研也难以发现市场空隙,但只要该市场需求潜力很大,而企业又能赋予产品新的特色和创意,则可以采用匹敌策略,与竞争者一争高低。

我国补血市场的四雄竞逐不失为匹敌策略的范例。阿胶是国药精粹,具有多种复合功效,如补血、止血、养颜、调节免疫力、促进睡眠等。2000年,某阿胶生产集团根据自身优势、专家建议和对市场的分析判断,最终明确定位在补血市场。其销售网络在全国县级覆盖率为6%、地级市为48%。

综上所述,不难看出目标市场的定位策略是经营者在选择目标市场的基础上,研制、开发并推销符合目标市场需求的产品,使所经营产品与目标市场取得最佳配合,并确立有利销售地位的有效手段。市场定位及其营销策略的关键在于经营者对市场的应变能力。商品市场可谓瞬息万变,因此其市场定位和营销策略,也必须随之相应变化。如果在变化多端的市场面前抱残守缺,必将受到客观市场的惩罚。经营者只有常备不懈,广收信息,不断研究、分析市场动态,清醒、正确地预测消费需求潮流和经济发展趋势,审时度势,提高预测能力和科学决策水平,才能常立于不败之地。

┃课堂练习┃

1.什么是医药目标市场营销?

2.医药目标市场选择模式的基本类型有哪些? 请举实例说明。

3.你认为企业实力对目标市场选择策略有何影响? 药品企业进行市场定位的步骤?

营销案例

某心脑血管药物的市场细分和市场定位

某企业治疗心脑血管疾病的药物汇集银杏叶、丹参等八味有效中药,具有"心脑同治"的功效,受到全国广大心脑血管病患者的青睐。随着国家医疗制度的改革,通过医院销售越来越艰难,企业需要突破传统的营销思路,寻找一种全新的营销模式。

目前市面上的心脑血管产品中,销售排名居前3位的产品年销售额总和不足心脑血管类药物销售总额的10%。因此,对于想做"大药"的产品来说,这个市场充满了机遇与诱惑。其次,近两年来,曾经红火一时的一些心脑血管产品品牌已进入成熟期,而新的产品都还处于默默无闻的状态,一个巨大市场空档正在形成。第三,传统产品普遍科技含量低,患者对长期服用传统药物的不满成了促进变革的主要力量,该企业产品应该如何参与这场变革? 如何才能在这场变革中成为"大药"呢? 企业对此的思路是非常清晰的,首先要以消费者需求为中心,进行市场细分和产品定位。经过对心脑血管患者的深入访谈,该企业发现:心脑血管患者最担心的是心脑血管疾病突然发作,如猝死、中风、心肌梗死等;同时也担心自己一旦出现这些症状将拖累家人;最基本的期望是做到不恶化、不突然发作,而并非一定要根治疾病(当然能治好是最好的结果)。因此,该药物最终选择的市场切入点是杜绝突发心脑血管并发症。

"杜绝突发"的诉求方向,是一个全新的心脑血管病治疗理念,对该药物在群雄争霸的心脑血管市场实施突围具有特别的意义。紧接着,在这一诉求方向的引领下,精准的概念体系、具较强震撼力的广告传播以及量身定制的销售模式等都顺势被推了出来。

该药物短短两个月,完成了新产品定位和第一期市场扩张目标,企业的二次创业和腾飞计划已经顺利启动。

思考问题:

1.该医药企业为什么选择"杜绝突发"的定位? 成功的原因是什么?

2.分析该企业的目标市场定位策略。

营销案例

ZZ润喉糖的市场定位

在市场竞争日益激烈、新产品层出不穷的今天,要开发一个新产品并能迅速在市场上推广,其难度是可想而知的。为此,企业在新产品入市前必须要对相关产品的市场做整体分析,了解竞争对手的市场状况,了解消费者的消费状况,给新产品找准市场切入点,方能实现企业预期目标。

现就通过ZZ润喉糖的新产品上市过程,对新品上市前企业找准市场定位予以介绍。

1.对润喉产品市场的调研与分析

润喉产品市场总体规模为20亿元,增长率为10%～20%,是一个成长性较好的品类。其中润喉糖市场(指滋润类、薄荷类糖,不含口香糖)的总容量预估为10亿元左右,略低于咽喉药市场容量。润喉糖的市场增长率高于咽喉类药品,预计为25%左右,是值得中长期、有计划介入的市场。

2.对润喉产品的功能及消费者关注的因素调研与分析

润喉市场的药品其功能主要用于缓解因用嗓过多、感冒或烟酒过度刺激而引起的喉部不适,一般只在喉部不适时使用;这些产品主要在药店销售,由于是药品,所以消费者对缓解喉部不适的效果更为关注,而对价格等其他因素的敏感度相对较低。

润喉糖则以清除口腔异味、令喉部清凉舒爽、提神醒脑为产品卖点,其特点是既可独自享用,也可与人分享,可随时食用,这些产品主要在超市销售,由于属休闲食品,消费者对产品包装、口味、外形等要求较高,且有较高的价格敏感度。

3.对润喉产品的竞品状况做调研与分析

润喉药品的主要竞争对手:金嗓子喉宝、西瓜霜含片、草珊瑚含片、华素片、黄氏响声丸、健民咽喉片、咽立爽口含滴丸、咽炎片、养阴口香液等。

金嗓子喉宝在市场上遥遥领先,年销售收入6亿元,占据市场份额的30%;其渠道渗透力所形成的竞争优势不可低估。西瓜霜含片及喷剂年销售收入2亿元,占据市场份额的10%;江中草珊瑚含片年销售收入1.5亿元,占据市场份额的7.5%;华素片、黄氏响声丸、健民咽喉片、咽立爽口含滴丸、咽炎片、养阴口香液等产品年销售收入在0.6～1亿元,润喉药品市场格局已经形成。

以上产品上市的时间大部分较早,渠道建设完善,品牌知名度高,且各企业在每一年度均有持续的广告投入和较高的市场费用支持。产品本身差异不明显,消费者需求基本满足。总体上看,市场机会是存在的,但竞争难度大,需要智慧和实力的较量。

润喉糖主要竞争对手:箭牌、曼妥思、荷氏、清嘴等,品牌具有较高的知名度,除上述品牌外,好利安、宝路等润喉糖品牌也为消费者所熟知。

由于润喉糖的品牌不断增加,其品种、包装等也会经常变换,因而消费者在选择时有较强的不确定性,品牌忠实度不高。广告对消费者选择润喉产品,特别是润喉糖影响较大,甚至可能成为他们更换品牌(润喉糖)的主要原因。作为一种休闲食品,风格轻松随意、能带来清凉感受的广告,将因其与产品特点较为一致而得到消费者的普遍认可和欢迎。传递给消费者的风格是轻松、清凉。润喉糖市场因品牌忠诚度不高,易受广告影响转换新品,故有较大市场介入机会。

鉴于以上的产品调研和分析,企业找到了符合自身产品特点的市场切入点,给予了产品清晰的定位,即以清咽利嗓为主体功效,降解烟毒、清新口气为特殊功效的食品,定位介于润喉糖和润喉药之间。产品不仅具有咽喉糖清新口气、提神醒脑的作用,更可以迅速解除上呼吸道感染、用嗓过度、上火、咽炎等原因引起的咽喉干、痒、疼、紧、涩、异物感、嘶哑等症状,起到解毒润肺、消肿止痛、祛痰止咳的作用,可保护嗓子健康,有效降低吸烟对呼吸系统的危害,尤其适合吸烟者长期使用。与药物相比,它消除症状和起效速度更快、持续时间更长、口味更佳,可长期含服且无不良反应。

思考问题:

1.该医药企业是如何进行目标市场定位的?

2.如何理解制订正确的定位策略才是企业制胜的"根本大法"?

【实训任务】

实训一　对某药品进行市场细分

实训目的

1.了解医药企业进行市场细分的依据、要求和意义。

2.掌握药品市场细分的标准和变量。

3.以正确的方法、程序和一定的技巧进行市场细分。

实训内容

各自选择某一品牌药物进行市场调研,选择合适的市场细分变量和方法进行细分。

实训要求和作业

1.在教师指导下,学生自由组合成2~6人的项目小组,分组进行实训。每组学生选出一名小组长,组织本组成员共同完成实训项目,形成小组的实训报告。小组成绩将作为每位组员的实训作业成绩。

2.如何选择目标药品及该药品的主要市场有哪些,可简要叙述,但必须说明理由。

3.每个小组均须在规定的时间内完成实训项目,写出实训报告,教师统一点评。

实训考核内容和标准

1.准确说出选择目标市场(1分)。

2.能按要求内容进行市场细分(3分)。

3.能说出药品市场细分的依据(1分)。

4.能选择正确的市场细分方法,对特定产品进行细分(2分)。

5.能写出市场细分报告(2分)。

6.实训报告规范,有新意(1分)。

实训指导

企业进行市场细分的目的是通过对顾客需求差异予以定位,来取得较大的经济效益。众所周知,产品的差异化必然导致生产成本和推销费用的相应增长,所以,企业必须在市场细分所得收益与市场细分所增成本之间做一权衡。由此,我们得出有效的细分市场必须具备以下特征。

(1)可衡量性 各个细分市场的购买力和规模能被衡量的程度。如果细分变量很难衡量的话,就无法界定市场。

(2)可盈利性 企业新选定的细分市场容量足以使企业获利。

(3)可进入性 所选定的细分市场必须与企业自身状况相匹配,企业有优势占领这一市场。可进入性具体表现在信息进入、产品进入和竞争进入。考虑市场的可进入性,实际上是研究其营销活动的可行性。

(4)差异性 细分市场在观念上能被区别并对不同的营销组合因素和方案有不同的反应。

实训二 市场定位

实训目的

1.如何选择目标市场。

2.如何实施目标市场定位策略。

实训内容

一般而言,在同质化市场中,很难发掘出"独特的销售主张"(USP)。感冒药市场同类药品甚多,市场已呈高度同质化状态,而且无论中、西药,都难以做出实质性的突破。然而,新康泰克并不满足于现状,再度启动增长引擎,其关键在于重新规划和定位产品系列,提炼出崭新的产品概念。

根据新康泰克提出的"不同感冒症状,给出不同解决方案"的理念,新康泰克蓝色装(复方盐酸伪麻黄碱缓释胶囊)定位于快速解决一般感冒,而红色装(美扑伪麻片)则用于快速缓解多种感冒重症,形成了同一品牌下的两种市场细分,罗列不同症状,引导消费者"对号入座"。

该企业巧妙地把握了客户的购买特点,对渠道和终端市场进行了合理管理和维护,并通过有效的广告投放使新产品的形象深入人心,同时借助新康泰克多年的品牌积累,培养了消费者对新康泰克家族系列产品全新的认知。

执行新品牌策略后,该产品以"新康泰克红色装"的新面目重新横扫市场,上升迅猛;而原新康泰克胶囊则以"新康泰克蓝色常备装"继续稳守江山。市场监测显示,2008年新康泰克跻身全国多个重点城市感冒药品牌份额的前5位,而新的增长点主要来自新康泰克红色装。

假设自己是该产品的市场营销经理,针对该产品,分析研究"谁是你的客户",找准产品的目标市场,实施正确的市场定位策略。

实训要求和作业

1.在教师指导下,学生自由组合成 4～6 人的项目小组,分组进行实训。每组学生选出一名小组长,组织本组成员共同完成实训项目,形成小组的实训报告。小组成绩将作为每位组员的实训作业成绩。

2.怎样选择目标定位策略,可简要叙述,但必须说明理由。

3.每个小组均需在规定的时间内完成实训项目,写出实训报告,教师统一点评。

实训考核内容和标准

1.目标市场的背景资料收集齐全(2分)。

2.在分析感冒药市场格局之后,你认为新康泰克的最大竞争对手是谁?描述新康泰克的目标消费群体,如何对新康泰克进行市场定位?谈谈你的观点(4分)。

3.策划新康泰克未来的营销组合(1分)。

4.能写出市场定位报告(2分)。

5.实训报告规范,有新意(1分)。

实训指导

企业进行市场定位,是希望自己的产品可以在众多相似产品中被消费者所识别,即建立在细分市场中独特的、区别于其他竞争产品的形象和地位。市场定位制订的技巧(即市场定位策略)有以下选择。

(1)差异化定位 企业市场定位应具有差异性,才不易被消费者将之与其他产品混淆。市场定位的本质就是要在目标市场上建立特殊的产品形象,将自己与其他竞争者区别开,即需要企业形成差异。但在实际的营销活动中,经常会发生这样一种情况,在同一个细分市场上出现了许多相同的产品,这些产品因为具有相似性,使得每一家企业的产品形象在消费者心目中都很模糊,细分市场中的大多数产品往往很难给消费者留下深刻的印象。因此,企业只有创建与众不同的产品形象,形成自己的特色,才能在激烈的市场竞争中获得优势,即获得稳定的产品销路。市场定位的差别性可以从产品、服务、形象、价格、品牌、购买渠道等方面体现。

(2)针对式定位 当企业想要挑战目标市场上的竞争对手时,或者在目标市场容量较大、企业有必要占领较为优势的市场地位时,可以选择在目标市场上靠近现有的竞争对手(或在与竞争对手重合的市场位置)定位,来夺取与竞争者相同的目标消费者群体。这种定位的本质是直接与竞争者面对面竞争。这种定位策略要求企业可以在产品质量、包装、服务、价格等方面有选择地改进。

(3)避让式定位 也叫作错位定位,指企业避开与竞争者的直接对抗,把自己的产品确定为当前目标市场上的空白地带,发展当前细分市场中没有的某种特色产品,开发新的市场需求机会,挖掘新的市场领域。该定位策略一般风险较小,成功率较高,能够使企业快速在目标市场站稳脚跟,在目标消费者群中建立其形象,获取竞争优势,此策略常被许多中小企业采用。

(4)重新定位策略 当目标市场的需求发生变化、竞争者加入和改变策略、企业在目标市场的地位改变、企业原先定位错误等情况发生时,企业可以对已经上市的产品重新实施定位,改变目标消费者对企业及产品的原有印象,使消费者对产品建立新的认识。这种重新市场定位,能够帮助企业摆脱困境,再次获得竞争活力和业务的增长。

【小结】

模块九讲述了医药目标市场营销,这部分是企业制订市场营销组合策略的基础。目标市场营销分为市场细分、目标市场选择和市场定位三个步骤。市场细分包括市场细分的含义、市场细分的标准;目标市场选择包括目标市场的含义、理想目标市场应具备的条件、目标市场选择的模式和策略;市场定位包括市场定位的含义、步骤和策略。

【能力检测】

1.如何根据企业和市场的具体情况选择合适的市场细分标准和市场细分变量?

2.三种目标市场选择策略的含义、特点和适用条件各是什么?

3.如何针对企业产品做出合适的市场定位策略?

(黄远珺)

项目四　医药市场营销组合策略

【项目简介】

从项目四开始进入决策部分,医药市场营销组合策略分为医药产品策略、医药价格策略、医药渠道策略和医药促销策略。

医药市场营销组合策略制订的前提和基础:一是企业需要进行市场调研,收集市场营销环境、消费者购买行为、竞争者等信息,并对上述三方面进行分析;二是企业需要制订目标市场营销策略,进行市场细分、选择目标市场和市场定位。

医药市场营销组合策略是医药市场营销的基石,是企业营销活动的核心部分。

【项目案例】

我国医药营销正在向三大战略路径转变升级

1. 以处方药和医院线为企业战略重心

处方药和医院线是医药行业之根,医药产品中,处方药几乎占70%以上,处方药大量进入医保目录,一些治疗性基本用药直接可从基层医疗机构免费获得。医院线作为医药营销的第一终端,一直是医药企业必争之地。随着反商业贿赂的推进、带金销售的同质化和风险的日益凸显,专业化营销、提供专业药学服务,将是药品营销发展的必然方向。

以处方药和医院线为企业战略重心,适合于强化专业路线,专注于临床市场,资源集中在学术层面,尤其是拥有多项独家专利技术的企业。比如拥有大量的专利药物、独家品种;掌控大量学术专家资源和学术话语权;与医院有良好的合作关系,通过产品与医生形成良好的学术交流机制,甚至将自己的大部分研发课题设立在医院的企业等。

2. 以基药及第三终端为企业战略重心

随着国家基本药物制度的推进和实施,我国医药产业正步入"基本药物营销时代",做基本药物领军品牌将成为医药企业发展的重要战略方向。选择这一战略路径的企业一般具有普药生产的规模优势和成本优势,企业对第三终端渠道的运作和掌控力较强,观注着基本药物目录,一切围绕基本药物政策做文章,有大量品种进入国家基药目录,是医药龙头和区域强势企业的优势所在。

医保覆盖扩大,第三终端市场需求增长已经成为共识。借助基药配送占有基层医疗机构终端,打开基层医药市场,将为企业带来更大价值。在"基本药物营销时代",拿到基药资格证的企业,无论企业大小,要想真正在这次"大浪淘沙"的新医改中获益,并以此为契机,带动企业跨越式发展,除了顺应基药制度,重视产品价格、产品结构、组织架构、商业客户、招标策略的调整外,更要意识到,"品牌营销"将成为影响企业是否能中标确标、获得定价主动、影响医生和消费者优先选用、捕捉政策机遇等决定最终结果的关键要素。

3. 以OTC及大健康品牌运作为战略重心

毫无悬念的是，以OTC明星产品为核心辐射大健康产业将成为医药企业重要的战略选择。消费者自我药疗意识、大健康意识的不断增强，极大地刺激了OTC产品和营养保健品市场。相比前两种，这一领域更是得品牌者得天下，拥有一个甚至多个OTC明星产品的医药企业，就有了向大健康产业扩张的天然优势。大健康的消费来源于消费者的自我认知和消费者对品牌的认知。医药企业应有针对性地对消费者进行品牌宣传，注重终端掌控及连锁合作两个层面，展开竞争新升级。

三大战略路径没有最好的，只有最适合的。因为每个企业所处的市场环境、产品定位、资源配置都不同，必须依据自身资源，选择最适合的战略路径、配套资源，打造核心竞争力。三大战略路径均是医药企业发展的趋势和机遇，企业必须择一为核心战略，但并不是说，其他战略路径不能涉及。适当的进入其他路径，能够与主业形成良好的互动，提升利润，促进企业发展。在关键的战略抉择期，不同的企业对战略路径的选择，在一定程度上决定企业能走多远，做多大！战略路径决定了企业未来的发展方向和规模，是规避竞争、建立壁垒的前瞻性思考，是从战略上超越对手的有力手段。

【案例思考】

分析此案例中涉及哪些营销策略，对医药企业未来发展有何意义？

模块十　医药市场营销组合理论及其发展

【模块解析】

企业的市场营销活动受到许多因素的影响,包括产品的研发、设计、生产、包装,品牌设计,价格的制订与调整,中间商的确定,产品物流,人员培训,广告宣传,销售,营业推广,公共关系等。这些因素相互影响,企业需要围绕营销目标统筹安排并使之有机组合,这就是市场营销组合,即4P。随着经济和营销学科的发展,学者又在市场营销组合(4P)基础上,对其进行了新的诠释,即发展为4C、4R、4V理论。

【知识目标】

◆ 掌握4P市场营销组合理论。
◆ 了解4C市场营销组合理论、4R市场营销组合理论、4V市场营销组合理论的内涵。
◆ 了解6P市场营销组合理论、10P市场营销组合理论、11P市场营销组合理论。

【能力目标】

◆ 能够辨识企业的市场营销组合类型。
◆ 能够分析不同市场营销组合策略对企业营销活动的影响。

【案例导读】

农村市场青睐怎样的OTC?

基药政策和OTC药品扩容给药品生产企业和经销商带来新的市场空间。企业如何面对农村这个庞大的需求群体以快速占稳医疗市场? 农村消费者喜欢什么样的OTC? 药品生产企业和经销商应如何对OTC药品进行商业包装才能顺利占据农村市场?

针对农村市场的调研结果显示,除大众关心的药品质量外,他们最为关注的是OTC药品的使用说明、名称、包装、剂型、退还规定等。

95%的被调查者认为,目前大多数OTC药品说明书虽然制作规范,但并未将他们关心的药品使用办法、注意事项、禁忌证等重要项目作为重点内容进行特殊制作,如没有扩大字体、没有加深颜色、占据空间不醒目等,难以引起使用者的注意及重视。村医则认为,OTC药物相对安全、副作用少,说明书不必过多介绍药理、化学成分、代谢等,特别是中成药,企业更应重视农民的了解意向。

90%的被调查对象认为,OTC药品的名称与命名应首先考虑大多数消费者的需求,不应该继续使用过去的化学名称,而应使用农村消费者易理解、易记忆、通俗易懂的药名,如"金嗓开音丸""颈复康颗粒"等,从药名上就对药品的功效一目了然。一些新的OTC药品名称因不易理解而销路不佳。因此,要占据农村市场,首先要让农村消费者喜欢药品的名字。

75%的调查对象提出部分OTC药品包装量过大,担心拆装后在有效期内不能使用完而过期,造成浪费。目前在农村市场还没有药品生产厂家和经销商,开展针对近期失效药品回收的工作。

70％的村医和农民喜欢片剂压膜包装,其安全、防霉、易携带,同时也喜欢液体塑料包装,冬季易于加温,而玻璃包装因易碎具有一定危险性。

除了药品经销商和部分村医以外,绝大部分农民对 OTC 药品阵容特别是新扩增的 21 个 OTC 品种了解很少,许多药品除了处方购买外无人问津。

OTC 药品要想较快且顺利占据庞大的农村医药市场,就必须从农村消费者的需求特点出发,在重视提高药品质量的同时,要在他们关心的 OTC 药品使用说明、命名、包装量、包装方式上下功夫,让 OTC 药品以农村消费者喜欢的样子和特性出现在农村市场。同时药厂和经销商也需适当对靠近有效期的药品进行回收,在减少需求方损失的同时,又可增加企业诚信度。

(资料来源:中国医药联盟网,农村市场青睐怎样的 OTC?)

【实践与探索】

1.上述案例中,涉及市场营销组合策略中的哪一个(或哪些)策略?
2.OTC 药品在农村市场的市场营销组合(4P)应怎样设计?

一、4P 市场营销组合理论

在 20 世纪 50 年代初,根据需求中心论的营销观念,美国市场营销专家麦卡锡把企业开展营销活动的可控因素归纳为四类,即产品(product)、价格(price)、渠道(place)和促销(promotion),因此,提出了市场营销的 4P 组合理论。麦卡锡认为,企业从事市场营销活动,一方面要考虑企业的各种外部环境,另一方面要制订市场营销组合策略,通过策略的实施,适应环境,满足目标市场的需求,实现企业的目标。4P 理论为企业实现营销目标提供了最优手段即最佳综合性营销活动,现在仍被奉为营销理论中的经典,是企业市场营销的基石。

(一)产品策略

产品策略注重产品开发,要求产品有独特的卖点,把产品的功能诉求放在第一位。其他还包括产品的质量、外观、特性、品牌、商标、包装、服务等。

营销案例

某凉茶品牌的逆袭

凉茶是广东、广西地区的一种由中草药熬制,具有清热祛湿等功效的"药茶"。在众多老字号凉茶中,又以某一红色罐装品牌最为著名。该品牌凉茶的销售业绩在 21 世纪初的连续几年维持在每年 1 亿多元。发展到这个规模,管理层发现,要把企业做大、做强,走向全国,就必须采取有针对性的营销组合策略。该品牌能取得巨大成功,总结起来,以下几个方面是关键。

产品策略:该品牌准确定位市场。该品牌定位为中国的"凉茶始祖"身份、神秘中草药配方、175 年的历史等,并有力地占据"预防上火的饮料"这一功效。消费者对该品牌的评价是"健康,小孩老人都能喝,不会引起上火"。这些观念未必具有非常严谨的科学依据,但这就是消费者头脑中的观念,这是营销需要关注的"唯一的事实"。

价格策略:淡淡的中药味,天然的配方,成功转变为"预防上火"的有力支撑。这使得 3.5

元的零售价格,因为"预防上火"的功能,不再"高不可攀"。

渠道策略:该品牌的渠道控制力很强,除了继续巩固传统渠道外,还充分考虑了如何加强餐饮渠道的开拓与控制,推行"火锅店铺货"与"合作酒店"的计划,选择主要的火锅店、酒楼作为"该品牌诚意合作店",因此使其迅速进入餐饮渠道,成为主要推荐饮品。

促销策略:企业每年投入大量资金用于该品牌凉茶推广的定位广告和赞助活动。特别是通过连续赞助国内一档红极一时的综艺节目,赞助金额最高达2.5亿元,使营销效果显著,销量迅速上升,连续七年拿下"中国饮料第一罐",给企业发展注入了极大的信心。

(二)价格策略

价格策略是根据不同的市场定位制订不同的产品价格,定价的依据是企业的品牌战略。具体通过制订基本价格、零售价格、批发价格、折扣让利、付款方式价格调整等方法来实现。

(三)渠道策略

渠道策略主要研究使商品顺利到达消费者手中的途径和方式,注重经销商的培育和销售网络的建立,包括渠道类型的确定、中间商、渠道设计与管理、物流、网点设置等。

(四)促销策略

促销策略是利用各种信息传播手段刺激消费者以引起消费者购买欲望的促进活动。其中包括有关广告、人员推销、营业推广、公共关系等促销方式的选择,以及促销设计和管理等的组合和运用。

📖 知识链接

多P市场营销组合理论

现代市场营销组合理论在发展过程中,组合因素即P的数目有增加的趋势,到20世纪80年代,随着大市场营销的提出,人们又提出了应把权力(power)和公共关系(public relations)作为企业开展营销活动的可控因素加以运用,为企业创造良好的国际市场营销环境,因此,形成了市场营销的6P营销组合理论。

随后,有人又进一步把6P组合发展为10P组合,即把已有的6P称为战术性营销组合,与新提出的战略性营销4P组合:研究(probing)、划分(partitioning)、优先(prioritizing)和定位(positioning),合在一起,称为10P组合。该理论认为战略营销计划的制订必须先于战术性营销组合的制订,只有在搞好战略营销计划的基础上,战术性营销组合的制订才能顺利进行。

到20世纪90年代,又有人认为,包括产品、价格、渠道、促销、政治力量和公共关系的6P组合是战术性组合,企业要有效地开展营销活动,首先要有为人(people)服务的正确的指导思想,又要有正确的战略性营销组合,包括市场调研、市场细分、市场择优、市场定位的指导,由此就形成了市场营销的11P组合。

思考问题:请查阅课后资料,讨论市场营销组合策略除了上面讲述的4P、6P、10P和11P,是否还有其他的市场营销组合理论?例如,是否有5P、7P理论?

二、4C 市场营销组合理论

20 世纪 90 年代,美国市场学家罗伯特·劳特博恩(Robert Lauterborn)提出了以"4C"为企业主要营销策略的市场营销组合,即 4C 理论。

4C 理论针对产品策略,提出应更关注顾客的需求与欲望;针对价格策略,提出应重点考虑顾客为得到某项商品或服务所愿意付出的代价;并强调促销过程应是一个与顾客保持双向沟通的过程。4C 组合:顾客(customer)、成本(cost)、便利(convenience)、沟通(communication)。

(一)顾客

满足顾客(customer)的需求,即从顾客的需求出发去设计产品。顾客真正的需求才是产品的价值,这应该来自于产品的品质和功能,企业提供的不仅仅是产品和服务,更重要的是由此产生的客户价值。

(二)成本

以顾客能够接受的成本(cost)去定价,首先了解顾客为满足需求愿意付出多少成本,这其中应包括顾客的实际支付成本和购买成本,如耗费的时间、体力和精力以及购买风险等。产品的理想价格应该略低于顾客的心理成本且能够让企业有所盈利。

(三)便利

本着便利(convenience)的原则进行渠道(place)规划,首先应考虑在顾客购物等交易过程中如何给顾客提供方便,而不是先考虑销售渠道的选择和策略。便利原则应贯穿于营销全过程,使顾客既购买到商品,也购买到便利,通过优质的售前、售中和售后服务实现顾客价值。

(四)沟通

变单向促销(promotion)为双向沟通(communication)就是把单一的促销行为变为整合传播推广,其本质在于寻找消费者更易接受的促销方式,通过互动、沟通等方式,将企业的内外营销不断进行整合,把顾客和企业双方的利益无形地结合在一起。

4C 理论是在新的营销环境下产生的,它首先是了解、研究、分析消费者的需求,而不是先考虑企业能生产什么产品。4C 理论考虑到了如何在购物过程中给顾客提供方便,和消费者通过互动、沟通等方式,将企业内外营销不断整合,把顾客和企业双方的利益无形地整合在一起。总的来看,相较于 4P 理论,4C 理论注重以消费者需求为导向。

▮▮▮ 营销案例

某口服液的成功案例

该品牌药业的成功之处在于,用贴心的广告打动了千千万万的女性消费者,从该品牌口服液的广告语"十足女人味""做女人真好",到其后续口服液产品的"女人更年要静心",都堪称是我国保健品广告的经典之作。之所以能想出贴心的广告创意,是因为该药业在进行营销活动时是以顾客为中心的。

该口服液在 1993 年上市,当时我国职业妇女正不断增多,该产品针对这一消费群时尚、注重外表的特点,把产品定位为养颜、打造魅力女性,这一新鲜诉求立即吸引了职业女性的视线。

1999 年该药业推出第二种保健产品,针对中年女性的生理特征,在广告中强调关怀和理解,很好地契合了目标消费群的心理需求,同样取得了极大的成功。

三、4R 市场营销组合理论

4C 理论由于其过分强调顾客的需求,使得企业在经营过程中受制于顾客层面,具有一定局限性。2001 年,美国整合营销传播理论的鼻祖唐·E·舒尔茨提出了关联(relevancy)、反应(reaction)、关系(relationship)和回报(rewards)的 4R 理论,其以关系营销理论为核心,区别于传统营销组合理论的关系解释,重点在于建立顾客忠诚,对企业与顾客之间的关系进行了更有效的诠释。

(一)关联

企业要与消费者之间建立动态的、长期的联系,以形成互助、互求、互需的关系,通过这种联结机制将消费者与企业紧密联系在一起,形成联动效应,是建立、发展和保持与顾客之间的长期关系的核心理念和内容,以满足消费者不断发生变化的需求。

(二)反应

反应指及时地倾听顾客的希望、渴望和需求,并及时做出反应来满足顾客的需求,进一步设置快速反应机制,提高企业经营的反应速度和回应力。消费者每天面对大量的信息,其购买行为也瞬息变化,企业必须建立应对机制以适应快速发展的消费趋势。

(三)关系

企业应注重与顾客之间建立双边、多边的友好合作关系,将交易型关系向关系型关系转变,将企业重心放在与消费者建立长期、稳定、互动的营销关系上,从而拥有稳定、忠诚的消费群体,把对企业利益层面的思考转向企业与顾客共同利益的保持上。

(四)回报

顾客对企业产品的青睐来源于从企业获取的顾客价值,这是企业可以为顾客提供的中心利益,也是与顾客保持关系的基础和动力。同时,顾客的忠诚给企业带来了利润的长久实现。

|课堂练习|

1.4P 理论的核心思想是什么?

2.4C 理论的核心思想是什么?

3.国外的现代营销方式为什么开始向 4R 理论转变?

四、4V 市场营销组合理论

进入 20 世纪 80 年代之后,随着高科技产业的迅速崛起,高科技企业、高技术产品与服务不断涌现,营销观念、方式也不断丰富与发展,并形成了独具风格的新型理念。在此基础上,国内有学者提出了 4V 的营销哲学观。所谓"4V"指差异化(variation)、功能化(versatility)、附加价值(value)、共鸣(vibration)的营销组合理论。

该理论注重企业核心竞争力的研究和提升,建议企业将培育、保持和提高核心竞争力作为企业营销活动和经营活动的重心和起点。

(一)差异化

顾客是千差万别的,创造顾客就是创造差异,有差异才能有市场,才能在强手如林的同行业竞争中立于不败之地。差异化营销正是迎合了这种需要。所谓差异化营销就是企业在销售过程中通过有特色的宣传活动、灵活的推销手段、周到的售后服务,在消费者心目中树立起不同于竞争产品的良好形象。

(二)功能化

一个产品在顾客需求中的定位有三个层次:一是核心功能;二是延伸功能;三是附加功能。根据消费者消费需求的不同,提供不同功能层次的系列化产品,从豪华奢侈品或高档消费品,到中、低档消费品。消费者会根据自己的习惯与经济承受能力选择不同的产品。

(三)附加价值

企业产品价值除了其核心价值外,还包括品牌、技术、文化、服务等附加价值。产品价值包含核心价值和附加价值,其中附加价值的比重呈现不断上升趋势。企业在营销组合策略中对附加价值的设计保证了企业核心竞争力的提升。

(四)共鸣

企业为顾客提供的产品和服务具备最大价值创新特征时,顾客能够体验到企业的创新价值,并且顾客的体验感受与企业最初设想的相一致,即所谓的"价值共鸣"。共鸣强调企业的创新能力与顾客重视的价值紧密联系。

顾客价值包括使用价值、服务价值、人文价值和形象价值等。共鸣要求企业以顾客价值为企业经营导向,倡导企业要稳定地、持久地为顾客提供价值创造。

▮▮▮ 知识链接

网络营销 4I 原则

网络时代,传统的营销组合策略已经难以适用。信息多向、互动式流动,声音多元、嘈杂、互不相同。面对多种"自媒体"的爆炸性增长,营销人需要学会在网络中推广自己的产品,进一步拉近与顾客的关系。

网络营销组合 4I 原则:趣味原则(interesting)、利益原则(interests)、互动原则(interaction)、个性原则(individuality)。

趣味原则:八卦是火爆的通行证,互联网的本质是娱乐属性,企业制造一些趣味、娱乐的"糖衣",将营销信息的鱼钩巧妙包裹在趣味的情节当中,是吸引鱼儿们上钩的有效方式。

利益原则:网络是一个信息与服务泛滥的"江湖",营销活动不能为目标受众提供利益,必然寸步难行。但网络营销中提供给消费者的"利益"外延更加广泛,物质利益只是其中的一部分,还包括:信息、咨询、功能或服务、心理满足、荣誉。

互动原则:网络媒体区别于传统媒体的另一个重要的特征是其互动性,单向布告式的营销肯定不是网络营销的前途所在,只有充分挖掘网络的交互性,利用网络的特性与消费者交流,才能扬长避短,让网络营销的功能发挥至极致。

个性原则:个性营销在网络营销中的地位明显。在传统营销环境中,做到"个性化营销"成本非常高,因此很难推广。但在网络媒体中,这一切变得简单、便宜。细分出一小类人,甚至一个人,做到一对一营销都成为可能。个性化的营销让消费者心理产生"焦点关注"的满足感,个性化营销更能投消费者所好,引发互动与购买行动。

(资料来源:人民网,4I营销原则在网络营销活动中的应用。)

【实训任务】

药品市场营销组合策略调查分析

实训目的

1.理解4P营销策略理论,能够分析不同产品营销组合策略。

2.将4P营销组合理论运用于营销实践,初步掌握营销计划方案设计的基本技能。

实训内容

针对两种药品进行市场营销组合策略的调查分析。

实训步骤

1.在教师指导下,学生划分为若干个实训小组。

2.教师提出实训目标和实训要求后,学生开始市场调研。

3.整理市场调研结果及数据资料,得出分析结论,形成分析报告。

4.在分析报告的基础上制作PPT,以实训小组为单位进行汇报。

5.教师根据报告结果和PPT汇报情况进行打分。

实训体会

通过实训,学生需要理解市场营销组合在企业营销活动中的作用和地位,学会分析不同的市场营销组合策略对产品销售的影响,并可以根据产品类型准确制订出适合的市场营销组合策略,为营销实践打下基础。

实训作业

1.以实训小组为单位提交市场营销组合策略分析报告。

2.以实训小组为单位制作汇报PPT。

实训考核的内容和标准

产品选择	市场调研充分	营销组合策略分析得当	PPT制作	汇报临场表现
10分	30分	30分	20分	10分

【小结】

市场营销经历了多年的发展和不断丰富,形成了一套以经典4P理论为基础的形式多样的市场营销综合理论体系。从产品到顾客再到企业自身核心竞争力,营销重点在不断发生变化。在此过程中,每一种理论的产生都不是孤立的,而是在前者的基础上进行创新和发展的,且在不同的企业中有不同的运用。要根据企业的实际情况,选择最优化的市场营销组合模式,扬长避短,指导营销实践,只有这样,才能在激烈的市场竞争中立于不败之地。

【能力检测】

1. 4P、4C、4R、4V 四种市场营销组合策略分别包括哪些内容？
2. 上述四种市场营销组合策略的适用情况分别是哪些？

（庞　红）

模块十一 医药产品策略

【模块解析】

医药产品具有产品的一般特性和药品的特性,在医药企业产品同质化的背景下,良好的医药产品设计和管理,是企业生存和发展的根本。通过本模块的学习和训练,学生能够深刻理解医药产品的内涵等内容;可以在医药产品组合、医药产品生命周期、医药产品品牌定位、医药产品包装等方面全面理解医药产品策略和进行医药产品管理,并学会适时地调整相应策略。

【知识目标】

◆ 掌握医药产品整体概念、产品组合内涵、产品生命周期内涵、品牌内涵。
◆ 掌握医药产品组合策略,产品生命周期各阶段特点及营销策略、医药品牌策略。
◆ 了解影响医药产品方案设计的因素。
◆ 了解医药产品包装的法律法规及不同医药产品的包装特点。

【能力目标】

◆ 认知医药产品,可以自己分析出医药产品在不同的医药企业中的地位以及对不同医药企业的作用。
◆ 能够理解和分析医药企业的产品组合,以及不同医药产品组合对医药企业的作用和影响。
◆ 管理医药产品,具备与上游医药生产商和下游医药中间商的沟通协调能力,具备医药产品的管理和控制能力。

【案例导读】

全球药王修美乐

修美乐的"前世今生"。修美乐又名阿达木单抗注射液,销量连续 8 年位居全球第一,又被称为"药王"。1993 年,巴斯夫旗下生物研究公司诺尔药业和英国剑桥抗体技术公司 CAT 开始合作进行此项目的研发。2000 年,雅培以 69 亿美元收购诺尔药业及其所有上市和在研产品。2002 年底,修美乐获 FDA 批准上市。2013 年 1 月 2 日雅培一分为二,拆分为领先的多元化医疗产品公司,以及研发型制药公司艾伯维。修美乐被划分到艾伯维旗下,成为艾伯维的"定海神针"。

修美乐的销售奇迹。2002 年全球第一个全人源单克隆抗体修美乐在美国获批上市。2012 年以来,修美乐连续 8 年坐稳全球处方药销量冠军的宝座。修美乐单品为艾伯维公司贡献了超过 60% 的销售收入。2019 年破百亿美元销售额的处方药除了修美乐,还有艾乐妥、可瑞达和瑞复美,修美乐超出第二名艾乐妥约 70 亿美元,总额达 191 亿美元,可以毫不夸张地称其为全球药王。

修美乐之所以能够超越艾乐妥有许多因素,首先修美乐是"一药治多病"的药物,目前已经获批的 14 个适应证覆盖了风湿免疫科、皮肤科、消化科、儿科等治疗领域。在我国,修美乐于 2010 年上市,已获批 6 个适应证:2010 年获批类风湿关节炎适应证;2013 年获批强直性脊柱炎适应证;2017 年获批中、重度斑块状银屑病适应证;2019 年获批多关节型幼年特发性关节炎适应证;2020 年 1 月 8 日获批中、重度活动性成人克罗恩病;2020 年 3 月 24 日获批成人非感染性中间、后、全葡萄膜炎。另外一个重要的原因是,修美乐在不少获批国家能通过医保报销(我国目前只有青岛、深圳等城市将其纳入了大病医保),对于我国创新药来说,这是不可多得的利好。同时,产品有效,药物安全性高(阿达木单抗经历了长达 16 年、超过 71 项临床试验,在全球的临床研究共覆盖了超过 23 000 名患者,并未发现新的、超越以往经验的不良事件安全信号),医生开处方时毫无压力,修美乐的销售也不断攀升。

修美乐从研发、试验、扩展适应证,创造了一个难以复制和超越的记录。与此同时,艾伯维对修美乐的生产工艺始终进行严谨把关,需要超过 250 次独立的、严格监控的质检,以保证产品的一致性。阿达木单抗在业界被誉为有望与阿司匹林比肩的历史性药物。另外,针对市场竞争,修美乐也通过适度降价提高自身的竞争力。

【实践与探索】

1.修美乐为何能创造销售奇迹?
2.修美乐采取了哪些产品策略?

一、医药产品整体概念

(一)医药产品概念

医药产品是医药市场营销 4P 组合策略中的重要组成,英文为 product,表面含义指消费者购买企业的产品及相关服务。

产品的狭义概念指生产者通过生产劳动生产出的用于满足消费者需要的有形实体。如服饰、美食、住房、汽车等。产品的广义概念指生产者通过生产劳动生产出的用于满足消费者需要的有形实体以及相关的服务、品牌、广告宣传、售后等各种标记的组合。例如,一些品牌首饰可以有条件地终身更换款式;德芙品牌巧克力往往和爱情相关;房地产广告:"二胎了,不换大房吗?";汽车零首付等。

医药产品的狭义概念包括药品、保健品、消毒品、医疗器械等相关产品。药品指用于预防、治疗、诊断人的疾病,有目的地调节人的生理机能并规定有适应证或者功能主治、用法和用量的物质,包括中药材、中药饮片、中成药、化学原料药及其制剂、抗生素、生化药品、放射性药品、血清、疫苗、血液制品和诊断药品等。如胰岛素、双黄连口服液、花旗参片、疫苗等。保健(功能)食品是食品的一个种类,具有一般食品的共性,能调节人体的机能,适用于特定人群食用,但不以治疗疾病为目的,如蜂蜜、红枣等。消毒指用化学、物理、生物的方法杀灭或者消除环境中的病原微生物。消毒产品包括消毒剂、消毒器械(含生物指示物、化学指示物和灭菌物品包装物)、卫生用品和一次性使用医疗用品,如 84 消毒液等。医疗器械指直接或间接用于人体的设备、仪器、器具、体外诊断试剂及校准物、材料以及其他类似或者相关的物品,所需要的计算机软件也包括在内。

┃课堂练习┃

市场上的补钙制剂产品很多,你会选择哪一种,简要说明原因。

在生产力高度发展、市场产品同质化的环境下,医药产品的概念也在不断地拓展。医药产品的广义概念为药品、保健品、消毒品、医疗器械等有关的物质以及相关的服务、品牌、广告宣传、售后等各种标记的组合。包括有形的实体和无形的相关服务等内容,如板蓝根颗粒、脑白金、排毒养颜胶囊、静心口服液、妇炎洁、血压计等。

(二)医药产品整体概念

著名营销专家菲利普·科特勒的产品"三层次"理论把产品分为三个层次:核心产品、形式产品、附加产品。也有学者认为产品应分为五层次:核心产品、形式产品、期望产品、附加产品、潜在产品。参考以上分类可以把医药产品分为三个层次:核心医药产品、形式医药产品、附加医药产品。图 11-1 为医药产品整体概念。

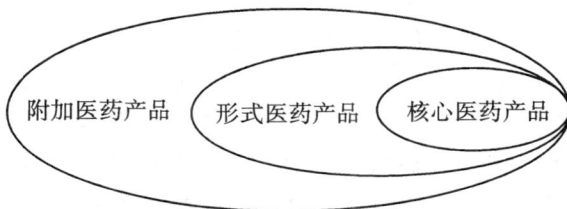

图 11-1　医药产品整体概念

1.核心医药产品

核心医药产品是医药产品整体概念中的实质层,是最基本、最主要的层次,即满足消费者的核心医药需求。医药营销人员应敏锐探求医药消费者的核心需求,从而可以准确引导医药消费者。例如,进店的孕妇很有可能购买维生素类产品,进店的老年人多购买降压药、降糖药或是降血脂药,他们购药的目的是预防疾病或治疗疾病,并不会因某种医药产品的包装、品牌、剂型而被吸引购药,吸引他们的是医药产品整体概念中的核心医药产品。

2.形式医药产品

形式医药产品是医药产品整体概念中的实体层,是基础的层次,是核心医药产品借以实现的具体形式,由商标、品质、式样、特征及包装等 5 个特征组成。形式医药产品是一种媒介,使抽象的核心医药产品物化为具体产品。例如,一盒寿比山(吲达帕胺),一盒西格列汀等。仿制药占据半壁江山,竞争日趋激烈的现代医药市场中,必要的形式医药产品是企业成功的重要因素。例如,六味地黄丸是经典的中成药制剂,某药厂研发了无糖水丸剂型,受到市场青睐。

3.附加医药产品

附加医药产品是医药产品整体概念中的延伸产品,是更高的层次,指医药消费者在购买医药产品时所获得的全部附加服务和利益的总和。常见的有药品说明书、用药指导、中药的免费代煎等以及医疗器械的使用说明书、送货、安装、维修、技术培训等。

我国拥有自主产权的医药产品数量较少,大部分都是仿制的医药产品,这意味着同质的医药产品在核心医药产品和形式医药产品层次上难分伯仲,附加医药产品就成了关键。美国市场营销学家西奥多·莱维特教授认为新的竞争是:其产品能提供什么附加利益,包括服务、广告、顾客咨询、消费信贷、送货和人们以价值来衡量的一切东西。例如,老百姓连锁药房通过

"一切为了老百姓"的经营理念迅速崛起,现在发展到线上线下均有销售。

医药产品整体概念的提出是在现代市场营销理论指导下产生的,一切从医药产品消费者的需求出发,以提升医药消费者的满意度为最终目标,从而使医药企业在市场中能有一席之地。"酒香不怕巷子深""皇帝女儿不愁嫁"的卖方市场时代已经远去,在买方市场的大环境下,医药消费者的消费意识、习惯、目标面临着碎片化的趋势,企业很重要的任务就是将产品相关信息传达给精准的目标人群。

┃课堂练习┃

分析一种医药产品的三个层次,例如同仁堂六味地黄丸等。

▥ 知识链接

炮灰产品与利基产品

炮灰产品:顾名思义,此类产品有充当炮灰的属性,是企业为了提升市场占有率、品牌形象,或打压竞争对手、吸引消费者,通过其在成本、技术、服务、品牌等方面的单一或综合优势而凸显杀伤力的产品,炮灰产品是企业整体市场地位、市场占有率、生存空间、利润的先锋和铺垫。例如,超市中推出一些价格非常低的蔬菜、瓜果、粮油、米面等充当炮灰产品,吸引消费者。

利基产品:利基产品指该产品表现出来的许多独特的有别于其他产品的利益特性,同时也能得到消费者的认同。利基市场是在较大的细分市场中具有相似兴趣或需求的一小群顾客所占有的市场空间。比如企业可以按照人口属性(年龄、位置)和购买力等因素对某种产品市场进行进一步细分。例如,按照产品需求以及目标消费者,运动鞋可以分为运动、健身以及时尚这三个利基市场。

思考问题:你能想到哪些医药产品属于炮灰产品?哪些属于利基产品?

二、医药产品组合的设计

(一)医药产品组合内涵

1.产品线、产品项目

医药产品线指在使用、原材料、销售等方面近似的一组相关产品。

医药产品项目指引入医药企业销售目录中的每一个产品。

2.产品组合

医药产品组合是由医药产品的宽度、深度、长度和关联度来表示的。医药产品组合,也称为医药产品搭配,是医药企业提供给医药消费者的全部产品线和产品项目的组合,即经营范围内的不同医药产品、品种、剂型等。

医药产品组合的宽度,也称医药产品组合的广度,指医药企业产品线的数目。

医药产品组合的深度,指医药相关实体产品线中产品项目的数目,一般用平均数分析。

医药产品组合的长度,指医药相关实体产品项目的总数。

医药产品组合的关联度,指各条产品线在使用、生产、分销等方面互相关联的程度。

例如,某药厂的产品有复方氨酚那敏颗粒、板蓝根颗粒、复方金银花颗粒、银黄颗粒、复肝康颗粒、乳疾灵颗粒、金莲花咀嚼片、咽炎含片、复方决明片。那么此企业最少有2条生产线,也就是说医药产品组合的广度最少为2。企业颗粒制剂生产线有复方氨酚那敏颗粒等6种产品，即颗粒制剂生产线的医药产品组合的深度为6。企业片剂生产线有金莲花咀嚼片等3种产品，即片剂生产线的医药产品组合的深度为3。该企业的产品组合长度应该计算其平均深度，为4.5。医药产品组合的长度是9。至于医药产品组合的关联度分析需要知晓更多企业产品之间关联性方面的信息才能具体确定。

【课堂练习】

搜集某线上医药企业产品，分析其医药产品组合的广度、深度、长度、关联度分别是什么？

（二）医药产品组合策略

医药产品组合策略指医药企业根据自身条件和医药市场的需求，通过改变医药产品组合方式来调整产品组合的宽度、长度、深度、关联度等。通常分为五个策略。

1. 扩展式产品组合策略

扩展式医药产品组合策略，又称外延式医药产品组合策略，指通过增加医药产品组合的广度、深度来扩大经营范围。具体来说就是增加医药产品生产线或是原有的医药产品线内增加新的医药产品项目。

医药产品宽度的扩大利于企业分散投资风险，发挥企业资源优势，扩展企业的经营领域，提高经济效益。但是医药产品组合的广度扩大会对企业的管理和实力有较高要求。

医药产品深度的增加，利于企业占领更多的细分市场，满足更多的医药消费者的需求，提高经济效益。同样，医药产品组合的深度增加对企业的管理和实力有较高要求。

医药产品关联度的加强，利于企业在特定市场内获得更强的竞争力，提高经济效益。

2. 缩减式产品组合策略

缩减式医药产品组合策略，又称为内涵式医药产品组合策略，指通过减少医药产品的广度、深度来进行相对集中的经营。一般在市场形势严峻、能源不足时采用，将一些获利微小的项目或生产线裁剪掉，集中资源发展获利多的产品项目和产品线，或是把医药产品关联度低的项目和生产线裁剪掉，集中资源在细分的市场中提升竞争力。

3. 产品线延伸策略

该策略分为向上延伸策略、向下延伸策略和双向延伸策略。

向上延伸策略指医药企业的市场定位上移，通过向上延伸，增加高档医药产品的比重，提升整条产品线形象，推动原中、低档药品的销售。

向下延伸策略指医药企业的市场定位下移，通过向下延伸，在高档医药产品中增加中低档医药产品，吸引购买力水平较低的消费者，扩大市场占有率。

双向延伸策略指医药企业的市场定位向两端扩展，通过向上、向下延伸，在中档医药产品中增加高档产品和低档产品项目，巩固、加强其市场地位，扩大市场占有率。

4. 产品线现代化策略

医药企业需要决策是否在生产过程中，采购新的生产设备，实行现代化生产。现代化生产线需要企业投入较多的资金，同时改变企业的人力分配、技术水平、产品质量、市场营销等诸多方面。因此，企业需要决策是通过科学技术，还是以更快的速度用全新设备更换旧设备，从而实现产品线现代化。产品线现代化的执行时机很重要，既不能过早（这会使原有产品的销售受到不良影响），也不能过迟（在竞争者采用较先进的设备并在细分市场中树立了声誉之后）。

5.产品线特色策略

产品线特色策略指在公司众多的产品线中,选择一个(或几个)产品项目作为企业的特色产品吸引消费者。产品线经理会促销产品线上一些较低级的产品,作为"大宗生意促成者"来制造销售声势。

三、产品生命周期

(一)认识医药产品的生命周期

产品生命周期指产品的产生、发展和衰亡在时间上的表现,可分为四个阶段,即导入期、成长期、成熟期和衰退期(图 11-2)。

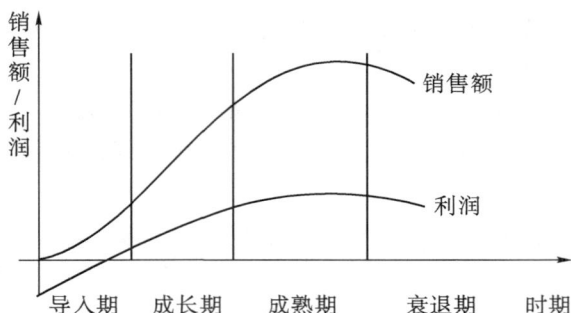

图 11-2 产品生命周期

一般的产品周期会经历四个阶段,但不是所有的产品都会有这四个阶段,有的产品可能在进入导入期后,没有经历成长期和成熟期就直接进入衰退期,如飘柔植物洗发用品,进入短暂的导入期后,由于竞争对手的快速反应,市场基本饱和,没有进入成长期和成熟期,直接退出市场。有些产品的导入期可能很短,直接进入了成长期,如很多化妆品品牌。有的产品在其周期中可出现两个峰值,如豆奶粉,其最初进入市场的优势是因为价格低于牛奶,蛋白含量却与牛奶相差无几,但随着人们生活水平的提升,价格的优势不再能吸引消费者,产品逐渐进入衰退期,此时把豆奶粉定位于植物来源优质蛋白,便迎合了消费者绿色健康的需求,产品又开始进入成长期,形成一个新的峰值。

医药产品有着产品的一般属性,但是又有医药的特殊属性。以药品为例,药品的生命周期指从药品的研发开始,到注册评价、上市使用、再评价,直至由于安全性问题等原因撤市的整个过程,比一般的产品多了开发期这个阶段。药品是把双刃剑,有治疗作用和不良反应双重性质,如果前者大于后者,药品的生存周期就会延长。有些药品生命周期很长,如拜耳公司 1899 年推出的解热镇痛药阿司匹林,现在仍然使用;有些药品生命周期很短,如 1999 年默克公司推出的治疗关节炎和急性疼痛的药物万络,在 2003 年成为全球抗关节炎 COX-2 抑制剂销售冠军,销售额高达 25.5 亿美元,但是却因为有增加心血管不良事件发生的概率于 2004 年 9 月撤市;有的药品的生命周期在不同人群间有差异,例如,阿斯利康公司研制的治疗肺癌晚期和转移性非小细胞肺癌的药物吉非替尼,在欧洲人群的药物临床试验中,由于疗效不明显而被终止临床研究,但在亚洲人群中由于疗效良好而被批准在日本、中国等国家上市;有些药物因适应证的改变,生命周期出现变化,例如,沙利度胺又名"反应停",是德国格兰泰公司 20 世纪 50 年代推出的用于孕妇止吐的一种镇静剂,由于引起新生儿海豹肢畸形等安全事件被撤市,但随后由于其良好的抗肿瘤等作用而"死而复生",又有了新的生命周期;有的药品由于新的临床效果被发现而出现新的成长期,如阿司匹林最早是作为解热镇痛药,但是新的研究发现其有抑制血小板聚集的作用,有的研究还表明其有抗肿瘤的作用。

📶 知识链接

产品生命周期案例分析

公元 1555 年,明朝万历年间明世宗的一位宫廷御医因不满暴政,携片仔癀秘方逃出帝都,隐居福建漳州为僧,用宫廷绝密配方和独特工艺精制出片仔癀。片仔癀的处方与工艺均属国家绝密,是经过国家批准可以使用天然麝香的五家企业四个品种之一。漳州片仔癀药业股份有限公司是经福建省人民政府"闽政体股〔1999〕31 号文"批准,由漳州片仔癀集团公司工会、漳州片仔癀集团公司、福建省药材公司、福建省漳州医药有限公司以及漳龙实业有限公司等五家单位共同发起设立。产品有锭剂、颗粒剂、片剂、胶囊剂等 11 种剂型及中药饮片、糖果制品(糖果)、保健食品、饮料(固体饮料)、化妆品等。片仔癀中的片仔癀珍珠膏是著名的护肤产品,能消炎杀菌、活血化瘀、祛毒除疤,促进皮肤新陈代谢,增强肌肤细胞活力,可以淡化黑色素,抑制、消除粉刺,产品一直远销美国、日本等地。"片仔癀"也被闽南人视为"佑颜神药"。

片仔癀产品虽然经历近 500 年,但是仍然处于产品生命周期的成长期和成熟期,没有进入衰退期。

思考问题:

1.片仔癀产品为什么没有进入衰退期?

2.片仔癀产品目前处于产品生命周期中的哪个阶段,这个阶段有什么特点?

(二)医药产品生命周期各阶段的特点

医药产品生命周期各阶段的特点,具体见表 11-1。

表 11-1 医药产品生命周期各阶段的特点

阶段 项目	导入期	成长期	成熟期	衰退期
价格	较高	升高	一般	降低
利润	较低	上升	较高	下降
成本	较高	降低	较低	上升
销售量	较低	增加	较大	下降
生产量	较小	扩大	较大	萎缩
消费者	创新采用者	早期大众	早、晚期大众	落后采用者
竞争者	较少	加剧	激烈	淡化

1.导入期

导入期又称引入期(或介绍期),指医药产品上市最初的销售阶段。导入期的特征为没有规模生产,成本较高,价格较高,利润较低,消费人群较少,竞争者也少。

(1)产品本身 批量小,质量不稳定,规格单一,价格较高。

(2)顾客类型与态度 此类产品的消费者多是创新采用者,他们具有冒险精神,一般比较年轻,社会地位较高,受教育较好,有消费实力,会在产品推出后很快购买新产品。

(3)竞争对手　由于利润不高,很少有企业跟进,竞争环境较宽松。

▌知识链接

华北制药重组人血白蛋白

华北制药股份有限公司是由原华北制药厂(现华北制药集团有限责任公司)于1992年8月组建的股份有限公司。生产的产品有粉针剂、小容量注射剂、大容量注射剂、冻干粉针剂、凝胶剂、原料药、无菌原料药、原辅材料、基因重组制品、疫苗等,曾是亚洲最大的抗生素生产基地。

1997年公司研发重组人血白蛋白,是国家"重大新药创制"科技重大专项品种。2011年研发的"药用辅料级基因重组人血白蛋白"获得国家食品药品监督管理局药品生产许可证,标志着华北制药也成为世界上第三家实现重组人血白蛋白产业化的企业。产品的研发跨越10余年,研发出培养基级、高纯级、药用辅料级等相关产品。2013年底,大样本临床试验全部出组,肌肉注射重组人血白蛋白未发生与药物相关的严重不良反应,对于我国健康受试者是安全的,能较好耐受,为重组人血白蛋白作为药用辅料开展疫苗或相关生物制品临床研究提供了数据支持。2015年2月17日,华北制药重组人血白蛋白实现公斤级销售。2015年12月华北制药重组人血白蛋白通过美国FDA审核,取得DMF文件号。

人血白蛋白的主要成分就是人血白蛋白,可以用于治疗失血、创伤、烧伤引起的休克;肝腹水;新生儿高胆红素血症;烧伤的辅助治疗;血液透析的辅助治疗等,市场需求巨大。由于人血白蛋白需从人血液中提取,来源受限,而重组人血白蛋白产量稳定,是很好的替代品。华北制药集团顺利实现重组人血白蛋白的导入期,在后续的产品生命周期的成长和成熟期必将有着更精彩的表现。

2.成长期

成长期指医药产品导入期效果良好,打开了销路,销售量和利润额迅速增长的阶段。成长期的总体特点是由于大批量生产,成本降低,价格提高,利润增加迅猛,消费人群稳定增长,同类产品竞争者介入。

(1)产品本身　批量大,质量稳定,规格丰富,价格稳定或略有波动。

(2)顾客类型与态度　由于创新购买者持续使用,早期大众开始加入,成为成长期的主要消费人群,他们深思熟虑后采取行动,会向创新购买者征求意见,积极响应创新购买者。

(3)竞争对手　由于利润猛增,吸引大量企业跟进,竞争环境日趋激烈。

3.成熟期

成熟期指医药产品被大多数的潜在购买者所接受,进入销售增长率减慢的阶段。成熟期的总体特点是由于产品普及并日趋标准化,成本低,价格及利润稳定或稍有波动,销售数量稳定,同类产品竞争白热化,在医药产品的包装、规格、服务等方面尤为激烈。

(1)产品本身　批量大,质量稳定,规格丰富,价格稳定或略下降,销售量达到最大,但销售增长率呈下降趋势,市场占有率较高,已经渗透到二、三级市场,需要依靠"精细耕作"来保持销售量。

（2）顾客类型与态度　晚期大众成为新增加的顾客类型，他们怀疑新事物，对变化的反应很慢，消费能力较低。

（3）竞争对手　由于利润猛增，吸引大量企业跟进，竞争环境日趋白热化。各种同质医药产品不断出现，整个行业中的生产能力过剩，减价和不标价销售等价格战经常发生。

4. 衰退期

衰退期又称滞销阶段，指医药产品销售额下降，利润不断下降，最终退出市场的时期。衰退期的总体特点是由于产品老化，已经有替代的新产品，产品的销量和利润迅速下降，价格下降，并且价格战成为竞争的主要方向，产品走向淘汰阶段。

（1）产品本身　价格下降，销售量锐减。

（2）顾客类型与态度　大多数顾客撤出，落伍者介入。落伍者的消费特点是心理年龄大，比较保守，收入较低，对新变化抵触，只有革新变成传统之后才会接受。

（3）竞争对手　由于利润骤减，大量企业撤出，介入的企业多以资金回收为目的，竞争环境宽松。

（三）医药产品生命周期各阶段的营销策略

1. 导入期

"快、准"是本阶段的营销策略，可用名牌带新产品的方法，常用的方法有促销，如试用品投放、中间商（如批发、零售或相关企业）有大力度的折扣等。具体的营销策略如下所述。

（1）快速撇脂策略　采取高价格与大力度的促销结合，先声夺人，使新产品迅速进入市场，属于高价高促销策略。采用此策略的医药产品品质、功效特殊，无替代产品，消费者愿意出高价购买，市场需求量巨大，而且潜在竞争威胁大。

（2）缓慢撇脂策略　采用高价格与小幅度的促销，属于高价低促销策略。采用此策略的医药产品市场需求稳定，消费者愿意出高价购买，竞争对手由于技术专利等原因无法参与竞争，或潜在竞争威胁小。

（3）缓慢渗透策略　采取低价格与小幅度的促销，属于低价低促销策略。采用此策略的医药产品市场需求巨大，企业希望在导入期占有较高的市场份额，消费者对价格敏感，对促销不敏感，潜在竞争威胁小。

（4）快速渗透策略　采用低价格与大幅度的促销，属于低价高促销策略。采用此策略的医药产品市场需求巨大，消费者对价格敏感，对产品不太了解，促销敏感度高，潜在竞争威胁大。该方法可以带来巨大的市场占有率，有效的遏制对手的竞争。

2. 成长期

"改、长"是本阶段营销策略，从 4P 角度全面开展营销可采取以下市场营销产品策略。

（1）产品策略　可采用产品再推出策略，在质量、特点、剂型、包装、适应证等方面调整后再推出，增加安全性、易接受性、易得性、产品美感上的需求等吸引新顾客，维护老顾客。例如，需做皮试的青霉素调整为不需要做皮试的青霉素，常规二甲双胍片剂做成缓释剂或肠溶剂，解热镇痛的阿司匹林适应证增加抗血小板聚集作用，规格为 100 mL 的双黄连口服液调整为10 mL 一支等。

（2）价格策略　提高、稳定或降低零售价格，保证企业在成长期可以获取较多利润。

（3）渠道策略　积极开拓新的细分市场，可以提高产品销售量和利润。例如，抗病毒胶囊由处方药变成非处方药；达克宁在城市市场饱和后，应积极开拓偏远的乡村市场。

(4)促销策略　重点转向厂牌、商标的宣传而不是产品的知名度,吸引顾客,形成品牌偏好,扩大市场占有率,促使顾客主动购买,采用多种促销方式。

3. 成熟期

此阶段产品市场基本饱和,营销策略主要为维持老顾客,具体策略如下所述。

(1)产品策略　着重形式产品和附加产品的开发,如增加产品系列、规格,加强售后服务;也可以展开新产品的研发。

(2)价格策略　稳定或略低,维护好老顾客。

(3)渠道策略　尽可能扩大目标市场,最低维持原市场占有率。

(4)促销策略　重点宣传企业的信誉,维护好老顾客,使其"忠于"某个产品。

📚 知识链接

新药研发

新药研发是一项投资高、风险高、周期长、竞争激烈、利润高的工程。根据 CFDA 发布的《药品注册管理办法》,药物研发类型有创新药和仿制药,包括化学药品、中药、天然药物及生物制品。新药包括未在国内外上市销售的药品;改变给药途径且未在国内上市销售的制剂;已在国外上市销售但尚未在国内上市销售的药品;改变上市销售盐类药物的酸根、碱基,但不改变药理作用的原料药及制剂;改变国内已上市销售药品的剂型,但不改变给药途径的制剂(化学药品);未在国内外上市销售的从植物、动物、矿物等物质中提取的有效成分、有效部位及其制剂;新发现的药材及其制剂;新的中药材代用品;药材新的药用部位及其制剂;未在国内上市销售的中药、天然药物复方制剂;改变国内已上市销售药品给药途径、剂型的制剂(中药、天然药物);生物药全部按照新药流程申报。仿制药包括已有国家药品标准的原料药或者制剂;已有国家药品标准的中药、天然药物。新药研发包括实验室开发、申报临床、临床试验、申报生产、上市等过程。

临床试验分为四期,临床Ⅰ期试验是初步的临床药理学及人体安全性评价试验,观察人体对于新药的耐受程度和药代动力学,为制订给药方案提供依据,受试对象是 20～100 例健康志愿者,临床Ⅱ期初步评价药物对目标适应证患者的作用和安全性,为Ⅲ期临床实验研究设计和给药剂量方案的确定提供依据,受试对象是大于 100 例的病患志愿者。临床Ⅲ期进一步验证药物对目标适应证患者的治疗作用和安全性,评价利益与风险的关系,为药物注册申请获得批准提供充分依据,受试对象是大于 300 例的病患志愿者。临床Ⅳ期是新药上市后由申请人自主进行的应用阶段。主要考察在广泛使用条件下,儿童、孕妇、老年人等特殊人群的应用效果,观察是否有特殊的不良反应等。

4. 衰退期

"撤、转、攻"是本阶段营销策略,应当机立断,弃旧图新,及时实现产品的更新换代,具体策略如下所述。

(1)维持策略　在产品、价格、销售渠道、促销等方面以维持现状为主。

(2)集中策略　缩短营销战线,把企业的人力、财力等资源从不同区域集中在最有优势的市场中。

（3）缩减策略　在获得边际利润的条件下,缩减规模,压缩生产量,满足部分老顾客的需求即可,如精简细分市场等。

（4）撤退策略　即放弃某种产品退出市场。此时可考虑,以前的哪些资源可以利用,以后进入哪个区域,经营什么产品。

总之,医药产品生命周期各阶段的营销策略可用4个字来概括,"快""优""改""转"。

知识链接

某制药企业在美遭9亿元维C罚单

2013年11月26日(美国时间),纽约东区联邦地区法院做出终审裁决,判定被告中国某制药集团下属的制药有限公司在美国维C反垄断案中败诉,赔偿原告公司1.53亿美元,约合9.34亿元人民币。该裁决是继同年3月15日一审之后的二审判决,该判决维持了原判结果。在2005年,4家中国最大的维C生产企业被诉操纵推高维C市场价格,是我国企业遭遇的第一例国际反垄断诉讼案。2013年前三家公司选择和解,向原告支付了和解赔偿金约3400万美元。但该制药集团拒绝接受和解,赔偿费用数目巨大,该集团可能选择彻底退出美国市场。由于该集团下属公司在美国资不抵债,因此罚金会被"赖掉"。2008年,维生素C原料药价格高达每千克140元,利润可达300%,此后4年来价格急剧下降,至2012年6月,每千克价格不足30元,利润相当于前几年的5%。我国是全球最大的维生素C生产国,保守估计我国年产能20万吨,全球需求量为12万吨,产能严重过剩。

受美国维生素C国际诉讼案的影响,各生产企业都开始考虑转型。该制药相关负责人表示公司正处于产业转型期,由于维生素C业务在本制药企业营收中所占比例日趋降低,所以反垄断案件最终结果对公司的影响微乎其微。

思考问题:

1.在衰退期,该制药企业对维生素C采用的是什么营销策略?

2.讨论该制药企业对待高额罚单的方式以及后续应采取的营销策略。

四、医药品牌策略

（一）医药品牌范畴

1.医药品牌

（1）医药品牌的概念　美国市场营销协会将品牌界定为:一个名称、名词、标记、象征、计划或其组合,用以辨认一个或一群出售者的商品或劳务,使之与其他竞争者相区别。一般认为医药产品品牌是与医药产品相关的品牌,是企业独有的资产,是一个由名称、符号、标记、历史、声誉、设计等元素构成的集合概念,可用来区分竞争者,便于消费者的认知,是可与消费者建立长远关系的某种承诺、保证和契约。

品牌具有属性、利益、价值、文化、个性、用户6个特性,医药产品也是如此。属性指品牌使顾客想到的某种属性,例如,同仁堂使顾客感受到货真价实、精细、药效好等。利益指品牌给顾客带来的利益和满足,这往往源于属性的演变,例如,白云山的属性是药材质量好、工艺先进,顾客情感上会有安全、可靠的感受。价值指品牌代表某种制造商的价值。品牌一般都有一种文化,例如,脑白金代表着我国的一种礼仪文化。品牌也可以代表一定个性,例如,德国的手术器械代表着严谨、精益求精。品牌还可以暗示顾客的类型,例如,太太口服液会让人联想到50岁左右的女性。

知识链接

品牌集中现象

在生活中,以知名度和销售额等作为标准,会有品牌集中现象,即有3~4个品牌占据每个细分市场领导地位。医生和患者进行选择时也基本以这几个品牌为主。

"品牌忠诚"现象中隐藏着品牌营销的原理。美国学者杰格迪什·谢斯的"三法则",即成熟市场的市场结构类似,只有三个最主要的企业处于行业核心位置,它们提供的产品和服务有效地控制了大多数市场。或者可以表述为在一个细分市场中,会有3~4个少数品牌占据整个市场50%以上的份额。特劳特等人提出"二元法则",即从长远来看,成熟市场结构中只有两个最主要的企业处于行业核心位置,最终出现"只有两匹马竞赛"的格局,例如,可口可乐和百事可乐。其原因在于消费者的脑海里都有一个简短的选项列表,即首选、次选或备选、随便选。如果无法进入前三,选中机会将从三分之一下降到几十分之一,假以时日,未进入前三的终将会被淘汰。因此,品牌的核心工作就是通过细分市场进行广泛传播,去抢占消费者的心理位置,形成首选、次选或备选,从而保证产品的市场地位、市场份额和利润。

思考问题:

1.品牌对于产品来说是必需的吗?

2.如何进行品牌营销?

(2)医药品牌的构成 品牌包括品牌名称、品牌标志和商标。品牌名称是品牌中可以用语言称呼的部分,如"白云山""鱼跃"等都是品牌名称。品牌标志是品牌不能用语言称呼但是可以被识别的部分,包括颜色、符号、设计、印字等,如广州白云山制药股份有限公司中BYS变形体的绿色图案和有"山的菱形块"图案,天津天士力控股集团"变形的山"的图案。

2.医药商标

(1)商标的内涵 商标分为注册商标与非注册商标。前者经国家核准注册,受法律保护。注册人享有用以标明商品或服务获取报酬的专用权,或许可他人使用以获取报酬的权利。使用注册商标时,应当标明"注册商标"字样或加注"®"在其右上角,正在受理过程中,但还未正式批准的商标在其右上角加注"TM"字样。需注意的是同一品牌在不同国家需要重新注册商标。商标是企业的一项无形资产,是重要的工业产权和知识产权,其产权或使用权可买卖。要预防商标在他国被抢注。

(2)商标的种类 商标按构成可分为文字商标、图形商标、符号商标、组合商标等。文字商标指仅由文字构成的商标,包括汉字、字母、阿拉伯数字等的组合。图形商标指仅由图形构成的商标,如李宁的"L"样商标,西安杨森药业集团的商标是变形的西安古城墙与古兵马俑组成的图形,中美天津史克制药有限公司的商标是由黄色色块组成的指向右上的箭头与字母组成的图形。字母商标是由拼音文字、注音符号的最小书写单位(拼音文字、英文字母、拉丁字母等)所构成的商标,如辉瑞制药"Pfizer"。组合商标是由文字、图形、字母等相互组合而形成的商标,如华北制药的商标有华北制药文字和由"华北制药"这几个字变化的形似淀粉塔的图案以及类似苯环的六边形组成。

商标按用途可分为营业商标、证明商标、等级商标等。营业商标是在企业制造或经营的商品上打上特定标志的商标,又称"厂标""司标""店标",如有"北京同仁堂"厂标的黄芪。证明商标指某组织对某种商品或者服务具有监督能力,出示的证明该商品或者服务的原料、原产地、制造方法、质量或者其他特定品质的标志,如绿色食品标志、中宁枸杞证明商标、鸿茅药酒证明商标等。等级商标指规格、质量、等级不同的商品使用类似但不同的商标,这种商标类似,但稍有区别,如名称相同,图形或文字字体不同;图形相同,颜色、纸张、印刷技术或者其他标志不同,或直接用不同名称、图形的商标。例如,同样厂家的解热镇痛药、平喘药、制酸药。不同用途的同一药品商标应有所区别,既可作为非处方药,又可作为处方药的药品,虽然药品相同,但是适应证、剂量、疗程差别较大,在商标上应有明显区别,以防混乱。例如,西咪替丁、雷尼替丁、法莫替丁等药物作为处方药可用于治疗胃、十二指肠溃疡,上消化道出血,作为非处方药,则用于治疗胃酸过多、胃灼热。药品中特殊标志治疗,如精、麻、毒、放等特殊药品(图 11-3)有其特有标识。其他的商标类型还有组集商标、亲族商标、备用商标、防御商标、联合商标等。

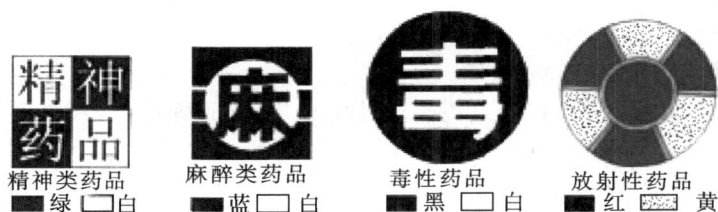

图 11-3 药品特殊标志

商标按使用者的不同分为制造商标、销售商标。大部分商标都属制造商标,是生产厂家为自己的产品注册或使用的商品商标。销售商标指产品销售者为了保证自己所销售商品的质量而使用的商标。药品销售商标较少。

3.品牌和商标的区别与联系

所有的商标都属于品牌范畴,但所有的品牌并不都是商标,商标是受法律保护的品牌。品牌是市场概念,商标是法律概念。商标是品牌的一部分,是品牌中的标志和名称部分,便于消费者识别。品牌的内涵大于商标,是一种综合的象征,包含品牌形象、品牌个性和品牌生命等方面。

4.医药品牌和商标的作用

(1)对顾客的作用 有助于顾客识别产品的来源,有效地选择产品;顾客可以得到品牌相应的附加产品,如血压计的校正等;有助于顾客规避风险,避免受骗,维护自身合法权益;可以形成品牌偏好,通过品牌形象塑造自己的形象,满足顾客的精神需求。

(2)对生产者的作用 通过品牌形象的宣传会引导消费者购买,从而稳定市场占有率和销量,促进医药产品的销售;通过注册商标,使产品受到法律保护,保障品牌的相关权益,同时也督促企业提高产品质量、维护品牌及商标的美誉;通过标明产品出处,使顾客把产品同企业联系起来,加强产品的竞争力,尤其是加大新产品市场接受的可能性;通过品牌,增强辨识度,能更迅速地开拓市场,抵御攻击者的进攻,稳定市场。

总之,品牌(商标)有助于促进销售量增长,产生品牌溢价,培养顾客忠诚度,筑高竞争壁垒,提升无形价值,塑造组织形象。

(二)医药品牌策略选择

1.品牌化策略

品牌化策略即有品牌和无品牌策略。现代社会,没有品牌的产品很少见,但是一些日常常规的医药产品有"无品牌"的情况存在,例如无品牌的阿司匹林,由于使用价格较低的原料、节约成本的包装等,价格普遍较低,会吸引一部分顾客。一般的医药产品都是有品牌的,可以形成品牌偏好,培养顾客忠诚度,利于细分市场,提升无形价值等,如同仁堂的九味生化汤。

2.品牌归属策略

品牌归属策略即产品选用制造商的品牌还是选用中间商的品牌,分为制造商品牌策略、中间商品牌策略、混合品牌策略。制造商品牌策略指生产企业使用自己的品牌。中间商品牌包括中间商提供给制造商的品牌策略(贴牌)和中间商建立自主品牌策略。如果制造商实力较弱,会将其产品销售给中间商,产品由中间商贴上自己的品牌出售。混合品牌策略指生产者将制造商品牌策略与中间商品牌策略结合起来,即部分产品是制造商品牌,部分产品贴中间商品牌,这些产品可以是相同产品,也可以是不同产品,或是产品先使用中间商品牌、后使用制造商品牌。

3.品牌质量策略

(1)不断提高质量。企业可以通过提高产品质量,提升品牌价值,长久保持一定的市场占有率和利润率。

(2)维持产品目前的质量不变。

(3)逐步降低产品质量。消费者在使用某一产品时,不需要太多的功效,而是希望可以购买到物美价廉的产品,企业可以针对这类细分市场的特点,适当减少产品功能、降低包装质量等,做到"适用"即可,但是这种品牌策略可能会损害品牌声誉和企业形象。

4.品牌名称策略

品牌名称策略即个别品牌策略、统一品牌策略、分类品牌策略、副品牌战略策略。个别品牌策略指企业生产的每种产品都有一个品牌,这种策略针对不同的细分市场和顾客,效果较好,一旦某个产品出现问题,不会波及其他产品,但是这样会使成本大大提高。统一品牌策略指企业生产或经营的产品都使用同一个品牌,又称"同一品牌""综合品牌",这种策略可以提高产品知名度,容易推出系列产品,强化企业形象,培养品牌偏好,但是这样会忽略掉顾客的差异性,如果有一个产品出现问题会有"株连效应",品牌延伸不当,会稀释原有品牌或出现内部品牌对立现象。分类品牌策略指企业给同类产品分别使用独立品牌,名称不同、定位不同及品牌识别不同,这种策略可以针对需求差异性市场,提高销售量,留住品牌转移者,分担风险,引入内部竞争,但是这样会使核心价值模糊,成本增加,资源分散。副品牌战略策略,又称复合品牌战略策略,是以企业成功品牌作为主品牌,不同产品使用不同的品牌为副品牌,这种策略可以减少延伸风险,突出产品个性,商品同中求异,反哺主品牌,但是营销成本较高,副品牌一旦失败对主品牌的影响较大。

5.品牌延伸策略

品牌延伸策略指新产品或调整过的产品直接用已有的成功品牌的一种策略。这种策略可以节省此类产品的宣传费用,增加顾客的接受度,但是一旦新产品失败会对成功品牌有影响。

6.品牌再定位策略

品牌重新定位也称品牌更新,指部分或全部调整品牌市场定位、品牌宣传、品牌设计等。品牌再定位的原因一般是竞争环境或时代变迁使得企业避实就虚、扬长避短、修正定位。对待品牌再定位,企业要慎之又慎。

7.品牌更换策略

企业实施品牌更换策略可能发生在以下情况下:企业改变市场定位、经营战略时,如联想准备进军国际市场时,品牌由原先的"legend"改为"lenovo";企业有竞争者品牌靠近、侵权、法规限制时,如"康泰克"改为"新康泰克"。

知识链接

CIS

CIS 是 corporate identity system 的缩写,即企业形象识别系统,1930 年由保罗·兰德提出,其含义主要是利用整体表达体系,尤其是视觉表达系统把企业文化与经营理念传达给受众,建立认同感,树立企业形象,促进企业产品销售。CIS 是由视觉识别系统 VI,理念识别系统 MI,行为识别系统 BI 三部分组成。CIS 首先通过 MI 来对组织灵魂进行塑造。MI 是 CIS 的核心和起点,BI 是将组织理念转化为组织行为的"物化"过程,VI 是将组织标识符号化、视觉化的传播过程。1985 年,广东东莞黄岗保健饮料厂投入资金 5 万元,推出了具有双向调节和增强免疫功能作用的新一代生物健口服液,年销售总额达到 500 多万元;1988 年企业导入并实施 CIS 战略,将原产品"万事达"改名为"太阳神",组建广州太阳神集团。"太阳神"的名字雅俗共赏,简洁鲜明,具有民族精神和国际化特征,接受、辨认程度高并且其内涵丰富,能够诱发受众的心理联想,诸如青春的活力、生命的美好、健康的保障等。太阳神的商标由英文 APOLLO 和红色的汉语简称以及黑色人字造型的三角形组成。主体图形是稳定强健的三角形,呈上升趋势,APOLLO 的首写字母"A"又具有"人"的象征,体现企业以人为本、不断创新进取的理念;饱满的圆形比喻太阳,传达出企业蒸蒸日上的意境和关怀帮助"人"的精神,红黑白三种颜色形成鲜明对比,有很强的视觉冲击力,使受众有明快向上的视觉感受。"三位一体"的形象战略迅速提高了企业的形象,使其成功在保健品市场确立地位。

五、医药产品包装和包装决策

(一)我国医药产品包装的法规规定

与医药产品包装相关的法规有《中华人民共和国药品管理法》、《中华人民共和国药品管理法实施条例》(国务院令第 360 号)、《医疗器械监督管理条例》(国务院令第 650 号)、《保健食品监督管理条例》等法律法规。

药品包装的主要要求:药品生产企业使用的直接接触药品的包装材料和容器,必须采用符合药用要求和保障人体健康、安全的标准,并经国务院药品监督管理部门批准注册。中药饮片应当选用与药品性质相适应的包装材料和容器,包装必须印有或者贴有标签,必须注明品名、规格、产地、生产企业、产品批号、生产日期,实施批准文号管理的中药饮片还必须注明药品批准文号。药品包装、标签、说明书必须依照《中华人民共和国药品管理法》第五十四条和国务院药品监督管理部门的规定印制。药品商品名称应当符合国务院药品监督管理部门的规定。医疗机构配制制剂所使用的直接接触药品的包装材料和容器、制剂的标签和说明书应当符合《中华人民共和国药品管理法》及其实施条例的有关规定,并经省、自治区、直辖市人民政府药品监督管理部门批准。药品包装必须按照规定印有或者贴有标签并附有说明书。标签或者说明书上必须注明药品的通用名称、成分、规格、生产企业、批准文号、产品批号、生产日期、有效期、适应证或者功能主治、用法用量、禁忌、不良反应和注意事项。麻醉药品、精神药品、医疗用毒性药品、放射性药品、外用药品和非处方药的标签,必须印有符合规定的标志。

医疗器械应当使用通用名称。通用名称应当符合国务院食品药品监督管理部门制订的医疗器械命名规则。医疗器械应当有说明书、标签。说明书、标签的内容应当与经注册或者备案的相关内容一致。医疗器械的说明书、标签应当标明通用名称、型号、规格;标明生产企业的名称和住所、生产地址及联系方式;标明产品技术要求的编号;标明生产日期和使用期限或者失效日期;标明产品性能、主要结构、适用范围;标明禁忌证、注意事项以及其他需要警示或者提示的内容;标明安装和使用说明或者图示;标明维护和保养方法,特殊储存条件、方法;产品技术要求规定应当标明的其他内容。第二类、第三类医疗器械还应当标明医疗器械注册证编号和医疗器械注册人的名称、地址及联系方式。

保健品的各种原料及其产品必须符合食品卫生要求,对人体不产生任何急性、亚急性或慢性危害。标签、说明书及广告不得宣传疗效作用。取得《进口保健食品批准证书》的产品必须在包装上标注批准文号和卫健委规定的保健食品标志。

(二)医药产品包装的构成与特点

产品包装指产品的容器、包装物及其设计,包括直接包装、间接包装、运输包装三个层次。医药产品包装指用医药产品的包装容器、材料及必要的装潢来保证产品运输、储存、销售、使用时的质量。医药产品包装的作用一般为保护商品、方便使用和促进销售。医药产品与人的健康、生命安全相联系,良好的包装可以保证其质量,例如,疫苗需要冷链运输,硝酸甘油在包装时需采用棕色瓶且搬运时不能震动,特殊药品(如精、麻、毒、放等药品)在包装上应有明显标识。非处方药在最小包装、中包装、大包装以及说明书等方面都有明显的标识,如拜耳力度伸维生素C泡腾片采用铝管包装方便顾客使用;汤臣倍健的胶原软骨素钙片(促销装)采用大包装低价吸引顾客,通过捆绑销售实现销售量增长。常用的包装策略有:类似包装策略、组合包装策略、等级包装策略、分类包装策略、附赠品包装策略、再使用包装策略、改变包装策略。

类似包装策略是企业对所有产品采用相同或类似的包装材料、图案、色彩、造型,一般用于统一品牌策略,可以节省成本、增加顾客辨识度、促进销售,但是质量相差很大的产品很难用这种包装策略。等级包装策略指企业对质量、等级、规格等不同的产品采用不同包装来满足不同需求层次顾客的心理,如同样是维生素C原料药,其食品级、药用级、工业级的质量不同,需要不同的包装进行区分。分类包装策略是根据顾客购买目的不同,对同一种产品采用不同的包装,如脑白金,顾客若作为礼品馈赠时,包装相对精致;顾客购买自己服用时,可以选择简易包装。再使用包装策略指产品的包装物除了保护商品外,还可以单独作为产品使用,例如,某些补铁药品的包装是漂亮的铁皮盒子,这种包装除了能带来更多的利润外,还可以作为收纳盒使用。附赠品包装策略是在包装物内附有赠品,诱导消费者重复购买,例如,在鱼肝油等保健品中附赠同厂家钙片等。更新包装策略即根据市场需求变化,企业产品包装为适应顾客需求而更改。

1. OTC 药品包装的构成与特点

处方药必须凭执业医师或执业助理医师处方才可调配、购买和使用,处方药只能在专业性医药报刊进行广告宣传,非处方药不需要凭执业医师或执业助理医师处方即可自行判断、购买和使用。有些药品根据适应证、剂量等的不同可以既是处方药又是非处方药。根据药品的安全性,非处方药分为甲、乙两类。非处方药的包装必须印有专有标识——OTC,非处方药专有标识图案是椭圆形背景下的 OTC 三个英文字母的组合。甲类非处方药为椭圆形红底白字,乙类非处方药为椭圆形绿底白字。非处方药的药品标签、使用说明书、外包装、内包装上必须印有非处方药专有标识,其坐标比例和色标要求不得随意更改。非处方药药品标签、使用说明书和最小销售单元包装右上角为非处方药专有标识的固定位置。由于顾客因素,药品包装在OTC 类药物销售中占有重要地位,在同质化竞争激烈的情况下,包装成为热点和突破点,这要求 OTC 药品生产企业注重药品包装,提升产品价值,保障人们用药安全。OTC 药品包装可以从剂量、规格、包装物、OTC 标识、说明书、陈列等方面进行改进。

（1）安全性考虑。

1）非处方药品标签、使用说明书、内包装、外包装上需要规范使用 OTC 专用标志,位置、坐标比例、色标需要符合规定。

2）剂量规格丰富。根据不同人群、剂量、规格,儿童、成人、老年人的血药浓度及药品代谢有很大差异,可以根据不同人群设计不同剂量,保证用药安全,提高药品在人群中的接受性。有些药物只有大剂量规格,若需要小剂量服用应将药片分开,实际应用时会导致剂量偏差,用药安全没有保障。

3）包装规格丰富。有些日常病痛,如发热等,服用 OTC 类药品一般不会超过 10 天,应该提供一次剂量、一日剂量、一疗程剂量的包装规格等,方便零售。另外,最小销售单元上也应标注有药品名称、规格、用法用量、有效期等以保证用药安全。

4）包装易于开启。设计包装应易开启,不需借助剪子、锥子等工具;应易称量药品,如儿童液体药品的刻度吸管,从而保证用药安全准确,吸引顾客。

5）药品标签清晰。药品标签一般包括外包装（药盒）标签和药品内标签。药品内标签是直接接触药品的包装标签。药品的内标签应当包含药品通用名称、有效期、适应证或者功能主治、规格、用法用量、产品批号、生产日期、生产企业等内容。至少应当标注药品通用名称、产品批号、规格、有效期等内容。常见的有药瓶、锡管、铝箔袋等。药品说明书是重要的内标签,其语言应通俗易懂,字体大小适宜,方便阅读。应在药品说明书中如实描述不良反应等保证用药安全。

（2）商业性考虑　因为在非处方药的消费中,顾客占主导因素,所以设计包装要考虑吸引顾客,包括鲜明的 OTC 标识和光彩鲜明的形象。

1）包装色彩与药性协调,标识形象鲜明。不同色彩带来的心理暗示不同,一般来说,冷色调（如蓝、青、紫色等）,使患者安静,可减轻患者的痛苦和不安,如儿童退热贴等;暖色调（如红、橙、黄色等）,使患者感到温暖,如常用滋补类或发汗类药物,如阿胶膏等。

2）便于识别。在药品最小使用单元（如胶囊剂、片剂）上标明品牌。针对不同用途的药品设计不同图案,如珍视明滴眼液上有大大的眼睛图案。

3）考虑产品的货架印象。采用与企业 CIS 适应的精美包装,强调差异化形象,运用线条、形状及色块等使产品在货架上能够吸引顾客目光。

2. 非 OTC 药品包装的构成与特点

由于医师、药师等专业人士在非 OTC 类药物(处方药)销售中占有重要地位,同样要求生产企业注重药品包装,保障人们用药安全。处方药除了没有 OTC 标识外,包装构成同 OTC 类药物。处方药在包装上可以用专业术语进行描述,注意与企业 CIS 符合。处方药可以通过循证医学手段规划产品,企业可通过学术资助或相关的学术活动等传播手段形成自己的品牌,提升产品知名度,使医生熟悉产品。

3. 家庭医疗器械产品包装的构成与特点

随着消费者生活水平的日益提高,家庭医疗器械从体温计、听诊器、血压计发展到今天的电子血压计、血糖测试仪、多功能电动轮椅、制氧机、腰椎(颈椎)牵引器、低频治疗仪、电子体温计、电动牙刷、电子计步器、按摩椅、身体脂肪含量测试仪、咽喉保健器等。顾客不仅局限于老年人,也包括很多青年人。产品的包装一方面要突出良好作用,另一方面也应美观精致、富有现代感,也可推出礼品装,符合年轻顾客"孝顺"的心理需求。

4. 耗材类医疗器械产品包装的构成与特点

随着我国人口老龄化,相应的耗材类医疗器械,如糖尿病检测试纸、预充式药物注射笔、血液透析管、心血管导管、导尿管、透皮药贴及吸氧设备耗材也是新的增长点。这类产品包装注意包装完整、标识清楚,由于是耗材,包装能突出企业 CIS 即可,不用过度追求精致,可以有不同规格的大包、中包、小包适应不同顾客的需求。

【实训任务】

实训一 某家医药生产企业药品的产品组合分析

实训目的

1. 分析该企业药品产品组合,即分析医药企业的产品长度、产品宽度、产品深度和产品关联度。

2. 分析该企业药品产品组合的影响因素。

实训内容

提出某一医药生产商产品组合的改进策略。

实训步骤

1. 在教师指导下,学生以实训小组为单位,共同商议选择每个实训小组的实训药品。

2. 教师安排实训任务,提出实训目标和实训要求;每个实训小组再分为 2 个分组,分工完成产品组合的分析、产品组合的影响因素两个分项实训任务。

3. 学生以小组为单位,通过第三终端市场的走访、二手资料的调研等进行信息资料的收集和整理,做好每次走访的记录和二手资料信息调研的记录,教师巡回指导并监控整个信息收集过程。

4. 以实训小组为单位整理分析结论,形成分析报告。

5. 实训小组根据分析报告,小组讨论,确定医药企业的产品长度、产品宽度、产品深度和产品关联度,最后形成产品组合方案。

实训体会

通过实训,了解产品组合的影响因素,学会在分析的基础上设计医药产品的产品组合。

实训作业

1.在实训小组分为2个分组的基础上,以每个分组为单位分别提交产品组合的分析报告和产品组合影响因素的分析报告。

2.制订走访记录单,提交走访中的所有原始记录单。

3.以实训小组为单位,撰写渠道设计方案。

实训考核的内容和标准

每个分组提交的分析报告	制订走访记录单和原始走访记录单	撰写改进产品组合策略
30 分	20 分	50 分

实训二　分析第二终端市场 OTC 感冒药不同包装策略对医药营销的影响

实训目的

1.分析第二零售终端 OTC 感冒药不同包装的原因及包装区别。

2.分析第二零售终端 OTC 感冒药不同包装的优劣。

3.分析第二零售终端 OTC 感冒药包装对市场营销的影响。

实训内容

了解并分析第二终端医药市场,OTC 感冒药的营销受药品包装的影响。

实训步骤

1.在教师指导下,学生以实训小组为单位,共同商议选择实训药品。

2.教师安排实训任务,提出实训目标和实训要求;每个实训小组再分为2个分组,分工完成药品不同包装的原因及包装区别、该企业药品不同包装的优劣这两个分项实训任务。

3.学生以小组为单位,通过二手资料的收集和零售终端的实地调研,收集第二终端医药市场上在销售的 OTC 感冒药包装。

4.小组研讨,寻找不同 OTC 感冒药包装之间的区别。

5.以实训小组为单位整理分析结论,形成分析报告。

实训体会

通过实训,了解 OTC 感冒药不同包装的原因和区别,学会分析 OTC 感冒药包装对营销的影响。

实训作业

1.在实训小组分为2个分组的基础上,以每个分组为单位分别提交 OTC 感冒药不同包装的原因及包装区别,形成 OTC 感冒药不同包装的优劣分析报告。

2.制订走访记录单,提交走访中的所有原始记录单。

3.第二零售终端 OTC 感冒药包装对市场营销影响的分析报告。

实训考核的内容和标准

撰写 OTC 感冒药不同包装的优劣分析报告	制订走访记录单和原始走访记录单	撰写 OTC 感冒药包装对市场营销影响的分析报告
30 分	20 分	50 分

【小结】

模块十一讲述了医药市场营销组合策略中的产品策略,主要包括医药产品整体概念、产品组合、产品组合策略、产品生命周期、品牌策略和包装策略。具体内容分别为:产品整体概念包括核心产品、形式产品和附加产品三个层次;医药产品组合包括产品宽度、产品长度、产品深度以及产品关联度;医药产品生命周期各阶段的特点和营销策略;医药产品品牌策略;医药产品包装相关规定及策略。

【能力检测】

1.如何理解医药产品整体概念?

2.如何延长医药产品生命周期?

3.试分析医药产品组合策略。

4.试分析医药产品品牌策略。

5.试分析医药产品包装策略。

(郑　丽)

模块十二　医药价格策略

【模块解析】

通过本模块的学习,可以了解我国医药产品的价格体系,熟悉药品价格决策的影响因素,熟悉医药产品定价的方法和策略以及医药产品调价的基本策略。

【知识目标】

◆ 了解我国医药产品确定价格的相关政策。
◆ 熟悉医药产品价格决策的影响因素。
◆ 掌握医药产品的定价方法和定价策略。
◆ 熟悉医药产品的价格调整策略。

【能力目标】

◆ 熟练掌握医药产品的成本核算。
◆ 学会采用适合的定价方法确定医药产品价格。
◆ 学会分析有关医药产品定价策略的案例;分析不同价格策略对消费者购买行为的影响。

【案例导读】

阿胶行业深陷原材料稀缺困境

截至 2018 年,阿胶原料驴皮已经从 2006 年的每张 30 元上涨至每张 3500 元以上,涨幅超 100 倍。2018 年 10 月 30 日晚间,某阿胶领头企业披露了上市以来最糟糕的一份财报。第三季度,该企业实现营收 9.4 亿元,同比减少 32.79%;净利润 1594 万元,同比下降 95.61%;扣非净利润为 −457 万元。财报显示,直接原材料及能源占公司营业成本的 90% 以上。驴皮的成本占比约 80%。

某阿胶行业协会根据 100 多家阿胶生产企业的年生产量报表推算,阿胶年总产量至少在 5000 吨以上。同时,按照目前我国市场阿胶年销售量估算,每年需要驴皮 400 万张左右,而国内供应总量不足 180 万张。驴的短缺是因为其用途越来越少,以及养殖户积极性不高。因为养驴周期长、收益低,而养殖户的减少加上驴皮的需求量增加,直接导致了这几年阿胶原材料的水涨船高。其实,该企业早已意识到原料掣肘的问题,很早就看清自身所处行业原材料的特殊性和稀缺性,为避免未来可能发生的"驴荒",从 2002 年开始,公司投资 2 亿多元,先后在山东、辽宁、新疆、内蒙古等地建立了多个"标准化养驴示范基地"。据了解,这些基地多数是以"合作社"模式建立,这种模式下,公司负责向农户提供良种改良、技术培训、收购等服务。但驴的所有权仍然属于农民,公司对毛驴并无直接控制力。全产业链价值回归持续推进,以肉谋皮策略、毛驴活体循环开发商业模式成效逐步显现。企业还投资建设了国家级东阿黑毛驴繁育中心,工业化生产毛驴细管冻精技术,有效解决了基层优质种公驴匮乏的问题。阿胶原料国际化布点开局,对外投资、产业合作,进一步增强了该企业对全球原料资源的掌控力。

不过,一位阿胶行业内部人士坦言,仅靠一家之力似乎无法解决原料短缺的问题,该企业阿胶的产量也在下滑,而为了业绩、"价值回归",提价亦是必然。这位业内人士还担心,阿胶不断提价走高端路线,新的群体仍在培育中,而中低端市场不断流失,或将继续影响未来业绩增长速度。

【实践与探索】

1. 医药产品价格受哪些因素影响?
2. 你认为该企业有没有更合理的定价策略?

由上述案例介绍可见,原材料的价格与药品生产企业的收入和利润有着密切的关系。而价格是市场机制中不可缺少的一个因素,在市场经济资源配置中起着重要的作用。医药产品的销售价格历来是生产者和消费者都非常敏感和十分关注的问题。在复杂的市场环境中,企业的价格策略直接影响产品或服务的市场接受程度。

但是在医药产品市场中,由于消费者市场的特殊性和国家对医药产品价格的管制,使得医药产品价格的调节作用相对较弱。下面我们就围绕生产和销售医药产品的企业在市场营销活动中有关产品定价的一系列问题进行探讨。

一、我国医药产品价格管理政策

(一)政府价格体系的三种形式

根据《中华人民共和国价格法》《中华人民共和国药品管理法》和《中华人民共和国药品管理法实施条例》,我国政府对医药产品的价格管理以宏观调控与市场调节相结合为总原则。药品的价格实行政府定价、政府指导价和市场调节价三种形式。

(1)政府定价指由价格主管部门制订最高销售零售价格。各药品零售单位在不突破政府最高零售价格的前提下销售药品。

(2)政府指导价指由价格主管部门规定基准价及其浮动的范围。实行政府定价的药品包括列入国家基本医疗保险药品目录(以下简称"目录")的药品以及目录以外具有垄断性生产、经营的药品(包括国家计划生产供应的精神、麻醉、预防免疫、计划生育等药品)。

(3)市场调节价是未列入上述政府定价范围的药品价格,由生产经营企业和零售单位自主定价。定价药品的利润应根据国家的经济政策和价格政策来确定。不同厂家的药品价格具体要求如下:中国药品实行优质优价,鼓励创新和技术进步,对达到药品生产质量管理规范(GMP)的药品、专利药品、新药以及名优药品,在价格上应与普通药品拉开差价。剂型规格相同的同一种药品,GMP企业生产的药品比非GMP企业生产的药品,针剂差价率不超过40%,其他剂型差价率不超过30%;已过发明国专利保护期的原研药比GMP企业生产的仿制药品,针剂差价率不超过35%,其他剂型差价率不超过30%。逐步降低药品流通差率总水平,实行差别差率,高价药差价率从低,低价药差价率从高。对有效性、安全性明显较优,治疗周期、治疗费用明显低于其他企业同种药品的生产经营企业,可以申请单独定价。

(二)药品市场价格监测制度

为增强社会各方面对药品价格的监督力度,实行药品市场价格监测制度。通过建立和完善药品市场价格监测体系,及时跟踪药品市场实际价格变动情况,降低价格虚高的药品价格。

实行药品价格调整公告制度,在正式执行前将及时通过指定媒体向社会公告,药品生产经营单位应按公告内容执行。此外,为保持全国药品市场统一,促进地区间药品的有序流通,国家还将在改革的过渡时期,对地方制订的药品价格进行协调和指导。价格主管部门依据《中华人民共和国价格法》《价格违法行为行政处罚规定》《药品政府定价办法》《药品价格监测办法》《药品政府定价申报审批办法》等法律法规,对药品价格进行监督、检查,并对违法行为实施行政处罚。

(三)药品招标采购制度

2000 年国务院有关部门联合下发了《关于城镇医疗卫生体制改革的指导意见》,明确提出"规范医疗机构购药行为,进行药品集中招标采购工作试点"。随着 2000 年《中华人民共和国招投标法》的实施,集中采购和招标开始挂钩。2000 年 4 月卫生部发布《关于加强医疗机构药品集中招标采购试点管理工作的通知》,要求积极引进竞争机制,降低药品虚高价格,杜绝假劣药流入医疗机构,切实减轻患者和社会的不合理医药费用负担。2000 年 7 月,国家卫生部等六部门联合印发了《医疗机构药品集中招标采购试点工作若干规定》,规定"县及县以上人民政府举办的非营利性医疗机构必须开展药品集中招标采购",表明药品集中采购已成为一项制度在全国各地推行。

此后,国家相关管理部门相继出台《药品招标代理机构资格认定及监督管理办法》《关于集中招标采购药品有关价格政策问题的通知》,禁止价格欺诈和低价倾销等不正当价格行为。中标药品要保持不同质量层次、剂型、规格、包装之间的合理比价。要求对中标药品零售价格的核定,实行以中标价为基础顺加规定流通差价率的作价方法。属于政府定价范围的药品,中标零售价格不得超过价格主管部门制订公布的最高零售价格。流通差价率实行差别差价率。具体差价率由省级价格主管部门确定。招标人可低于规定差价率核定中标药品零售价格。后来卫生部又发布了《医疗机构药品集中招标采购监督管理暂行办法》等文件,明确了招标代理、价格政策、监督管理等多方面的问题。

当前,我国药品价格管理范围包括国家基本医疗保险药品目录内的药品、国家基本药物目录品种、特殊管理类药品、垄断性经营的药品,监管数量约占市场全部药品品种的 20%、销售份额的 60%,国家对这些药品实行政府定价或政府指导价,此范围以外药品的价格则通过市场竞争定价。

纳入各种目录的药品在终端药品价格管理方面实行最高零售价限制与药品的保险补偿价格管制两种管理方式。即政府通过购买纳入各种目录内的药品,分报销比例卖给社会公众。

二、医药产品价格的影响因素

(一)成本因素

成本费用泛指企业在生产经营中所发生的各种资金耗费。成本是影响、决定医药产品价格的最重要的因素。成本包括:固定成本、变动成本、总成本、平均固定成本、平均变动成本、平均总成本、边际成本、长期成本、机会成本等。

另外,很容易被忽略掉的是医药产品的研究和开发成本。

早在 2002 年,美国塔夫茨大学药品发展研究中心报告:一个新药的开发需要 8.02 亿美元的研发成本。因此,在制订药品价格时,研究和开发成本、时间成本(包括投入和获得收益的时间、从研究到 FDA 审批的时间)均要考虑。研究和开发的成本可以看作沉没成本,包括工厂投入的固定设备等成本,有时其不能直接影响到市场的真正价格。无论制订的药品价格是高还是低,药厂的前期投入已经存在了。

(二)供求因素

在市场经济中,价格是由供求关系决定的,需求与供给共同决定价格。需求由消费者决定,供给由生产者决定,它们各自的决策在市场上相互作用决定了价格。当需求大于供给时,供不应求,消费者为了买到自己需要的商品会提高价格,价格会上升。当需要小于供给时,供大于求,生产者为了把商品卖出去会压低价格,价格会下降。当供求相等时,双方都没有提价或降价的压力,从而价格确定。同时,商品价格也可以看作反映市场供求关系的晴雨表,用来调节商品的生产供应和消费需求。

(三)竞争因素

1.完全竞争条件下的商品价格

所谓完全竞争又称纯粹竞争,指一种竞争不受任何阻碍和干扰的市场结构。在完全竞争条件下,医药产品同质,不存在质量与功能上的差异;企业自由地进出市场,没有行业门槛;原材料自由采购,没有成本差别;企业人员自由流动;企业自由地选择生产品种,市场信息是完全透明的。这种完全竞争条件下的市场,是一种理想化的理论假设,在现实生活中是不可能存在的。

在完全竞争条件下,买卖双方只能是价格的接受者,而不是价格的决定者,其商品价格完全由供求关系来决定。

2.垄断竞争条件下的商品价格

垄断竞争是一种介于完全竞争和纯粹垄断之间的市场形势,是一种不完全竞争。在垄断竞争市场,各个卖主所提供的产品有差异,因而各个卖主对其产品有垄断性,能控制其产品价格。

3.寡头垄断竞争条件下的商品价格

寡头垄断竞争是竞争和垄断的混合物,是一种不完全竞争。这些寡头有能力影响和控制市场价格。任何一个寡头的一举一动都会影响其他寡头企业,同样任何一个寡头在制订市场营销策略时都必须密切注意其他企业的反应与对策。

4.纯粹垄断条件下的商品价格

纯粹垄断指在某一行业中某种产品的生产和销售完全由一个卖主独家经营和控制,包括政府垄断和私人垄断两种。在纯粹垄断的条件下,企业没有竞争对手,因而可以在国家法律允许的范围内随意定价。

(四)消费者心理因素

消费者的心理反应也是价格策略必须考虑的因素。消费者在选购所需药品时,只有在他们感到物有所值时才会决定购买。药品实际价值作为企业定价依据,有时与消费者个人感受的价值并不一致。例如,一般情况下,涨价会使购买数量减少,但有时候涨价会引起抢购,反而会增加购买量。当面对不太熟悉的药品时,消费者常常从价格上判断药品的好坏,从经验上把价格同药品的使用价值相联系,这是消费者消费心理的一种重要表现。

对于任何一种商品,人们在购买或使用时都会因个人条件、环境等的不同而产生不同的心理反应过程,体现在对待商品价格的态度上就是价格心理。医药产品消费者的价格心理一般有以下几种:自尊心理、实惠心理、信誉心理、对比心理。

例如,哈药六厂投放大量的广告,增加了该厂的知名度,扩大了宣传效应。由于消费者大多都有信赖知名厂家的心理,即使哈药六厂对其药品定价较其他厂家生产的同类产品偏高,消费者在购买时仍会优先考虑哈药六厂。

(五)医药体制改革政策因素

随着我国医药卫生制度改革的不断深化,由政府直接定价的医药产品其范围、品种、价格等会根据社会经济条件的变化不断调整并减少,由医药企业自主定价的范围与品种也会逐渐扩大,政府更多地会加强宏观监管手段。这就要求医药企业不断学习与研究我国不同时期有关药品价格的政策,以使自己的定价行为符合政府政策的要求。

三、医药产品定价方法

影响定价最基本的三个因素是产品成本、市场需求和竞争。定价方法有成本导向定价法、需求导向定价法和竞争导向定价法三种方法。

(一)成本导向定价法

成本导向定价法是以产品的成本为中心来制定价格,是按卖方意图定价的方法。其主要理论依据是:在定价时,先要考虑收回企业在营销中投入的全部成本,再考虑获得一定的利润。

常用的成本导向定价法包括以下几种。

1.成本加成定价法

成本加成定价法是在单位产品成本的基础上,加上一定比例的预期利润作为产品的销售价格。销售价格与成本之间的差额即为利润。由于利润的多少是按一定比例确定的,习惯上称为"几成",因此这种定价方法被称为成本加成定价法。其计算公式为:

单位产品价格=单位产品成本×(1+加成率)

式中:加成率为预期利润占产品成本的百分比。

一般来说,高档消费品和生产批量较小的产品,加成比例应适当高一些,而生活必需品和生产批量较大的产品,其加成比例应适当低一些。

优点在于:简单易行。不足在于:它是以卖方的利益为出发点,不利于企业降低成本;没有考虑市场需求及竞争因素;加成率是估计值,缺乏科学性。

2.盈亏平衡定价法

在销量既定的条件下,企业产品的价格必须达到一定的水平才能做到盈亏平衡、收支相抵。既定的销量称为盈亏平衡点,这种制定价格的方法就称为盈亏平衡定价法。科学地预测销量和已知固定成本、变动成本是盈亏平衡定价的前提。企业产品的销售量达到既定销售量,可实现收支平衡,超过既定销售量获得利润,不足既定销售量出现亏损。其计算公式为:

单位产品价格=单位固定成本+单位变动成本

以盈亏平衡点确定的价格只能使企业的生产耗费得以补偿,而不能得到收益。因而这种定价方法是在企业的产品销售遇到了困难,或市场竞争激烈,为避免更大的损失,将保本经营作为定价的目标时才使用的方法。

3.目标收益定价法

目标收益定价法或称为投资收益率定价法。它是在企业投资总额的基础上,按照目标收益率的高低计算价格的方法。其基本步骤如下：

(1)确定目标收益率。

目标收益率＝1÷投资回收期×100％

(2)确定单位产品的目标利润额。

单位产品的目标利润额＝投资总额×目标收益率÷预期销售量

(3)计算单位产品的价格。

单位产品的价格＝单位产品成本＋单位产品目标利润

目标收益定价法有一个较大的缺点，即以估计的销售量，来计算应制定的价格，颠倒了价格与销售量的因果关系，把销售量看成是价格的决定因素，忽略了市场需求及市场竞争。

4.边际贡献定价法

边际贡献定价法指以变动成本为基础，不考虑固定成本，按变动成本加预期的边际贡献来确定产品价格的方法。

单位产品的价格＝单位变动成本＋边际贡献

这种方法一般是在市场竞争激烈、企业必须迅速开拓市场的特殊时期内采用，持续时间短；或者在企业销售不景气，有闲置生产能力时采用。

(二)需求导向定价法

需求导向定价法是以需求为中心的定价方法。它依据顾客对产品价值的理解和需求强度来制定价格，而不是依据产品的成本来定价。

1.理解价值定价法

理解价值定价法是根据顾客对产品价值的理解度，即产品在顾客心目中的价值观念为定价依据，运用各种营销策略和手段，影响顾客对产品价值的认知的定价方法。

理解价值定价法的关键和难点是获得顾客对有关产品价值理解的准确资料。企业通过市场调研，制定产品的初始价格，分析目标成本和销售收入，制定最终价格。

2.需求差别定价法

需求差别定价法指产品价格的确定以需求为依据，可根据不同的需求强度、不同的购买力、不同的购买地点和不同的购买时间等因素，制定不同的价格。根据需求特性的不同，需求差别定价法通常有以下几种形式。

(1)以顾客为基础的差别定价。即对同一产品，针对不同的顾客，制定不同的价格。

(2)以地理位置为基础的差别定价。随着地点的不同而收取不同的价格。

(3)以时间为基础的差别定价。同一种产品，价格随季节、日期，甚至时间的不同而变化。

(4)以产品为基础的差别定价。同种产品的不同外观、不同花色、不同型号、不同规格、不同用途，其成本也有所不同，但它们在价格上的差异并不完全反映成本之间的差异，主要区别在于需求的不同，可根据顾客对产品的喜爱程度制定价格。

3.逆向定价法

这种定价方法不能单纯考虑产品成本，而是要先考虑需求状况。依据市场调研资料、顾客能够接受的最终销售价格，确定销售产品的零售价，逆向推算出零售商的进货价和零售价以及批发商的批发价和生产企业的出厂价，其中零售商的进货价就是批发商的批发价。

逆向定价法的特点：价格能反映市场需求情况，有利于加强与中间商的友好关系，保证中间商的正常利润，使产品迅速向市场渗透，并可根据市场供求情况及时调整，定价比较灵活。

（三）竞争导向定价法

在竞争十分激烈的市场上，企业通过研究竞争对手的生产条件、服务状况、价格水平等因素，依据自身的竞争实力，参考成本和供求状况来制定有利于在市场竞争中获胜的产品价格。这种定价方法就是通常所说的竞争导向定价法。竞争导向定价法主要包括以下内容。

1. 随行就市定价法

随行就市定价法指企业按照行业的平均现行价格水平来定价。在完全竞争的市场上，销售同类产品的各个企业，在定价时实际上无多少选择的余地，只能按照行业的现行价格来定价。

在垄断性较强的市场上，企业间也倾向于制定相近的价格。

在异质产品市场上，企业有较大的自由度决定其价格。

║课堂练习║

北京市某大型连锁药店的分店对面新开了一家平价药店，生意因此清淡不少。为适应市场竞争，总部决定针对这家分店制定不同的价格，每周派两名工作人员到对面平价药店采价，然后以平价药店的价格为基础，稍微进行下调，以重新提升营业额。

思考问题：该连锁药店采用的是哪一种定价方法？

2. 竞争价格定价法

企业的定价与竞争对手的定价不同。当竞争者价格高时，企业产品定价偏低；当竞争者价格低时，企业产品定价偏高。总之，企业参考竞争对手的定价，自身的产品价格与竞争者不同。

3. 密封投标定价法

在国内外，许多大宗产品、成套设备和建筑工程项目的买卖、承包，以及征招生产经营协作单位、出租出售小型企业等，往往采用发包人招标、承包人投标的方式来选择承包者，确定最终承包价格。

▥知识链接

4＋7药品国家集采推行

国办发〔2019〕2号《国务院办公厅关于印发国家组织药品集中采购和使用试点方案的通知》（以下简称《通知》）和医保发〔2019〕56号国家医疗保障局等九部门《关于国家组织药品集中采购和使用试点扩大区域范围的实施意见》提出，通过试点逐渐挤干药价水分，改善用药结构，降低医疗机构的药占比，为公立医院改革腾出空间。强调压实医疗机构责任，确保用量。鼓励使用集中采购中选的药品，将中选药品使用情况纳入医疗机构和医务人员绩效考核。各有关部门和医疗机构不得以费用控制，药占比，医疗机构用药品种、规格、数量、要求等为由影响中选药品的合理使用与供应保障。对不按规定采购、使用药品的医疗机构，在医保总额指标、对公立医院改革的奖补资金、医疗机构等级评审、医保定点资格、医疗机构负责人目标责任考核中予以惩戒。对不按规定使用药品的医务人员，按照《处方管理办法》和《医院处方点评管理规范（试行）》相应条款严肃处理。

医保发〔2019〕73号《关于做好2019年国家医保谈判药品落地工作的通知》要求各地医保、卫生健康等部门要根据职责对谈判药品的配备、使用等方面提出具体要求，指导各定点医疗机构根据功能定位、临床需求和诊疗能力等及时配备、合理使用,不得以医保总额控制、医疗机构用药目录数量限制、药占比等为由影响谈判药品配备、使用。

国医改发〔2019〕3号《关于以药品集中采购和使用为突破口进一步深化医药卫生体制改革的若干政策措施》明确指出,这项改革是药品采购机制的重要改革,有利于降低虚高药价、减轻群众负担,也将对推进医改不断深化、巩固公立医院破除以药补医成果、促进医药行业健康发展发挥积极作用。

国卫办医函〔2019〕889号《关于进一步做好国家组织药品集中采购中选药品配备使用工作的通知》明确提出,将国家组织药品集中采购和使用试点区域范围从"4+7"个城市扩大到全国范围。

国卫办医函〔2019〕903号《关于做好医疗机构合理用药考核工作的通知》明确公立医疗机构国家组织药品集中采购中选品种配备使用情况;医保定点医疗机构国家医保谈判准入药品配备使用情况,纳入合理用药考核。

四、医药产品定价策略

(一)新产品定价策略

根据新产品的特点,定价策略主要有撇脂定价策略、渗透定价策略。

1.撇脂定价策略

新产品上市之初,将新产品价格定得较高,在短期内获取厚利,尽快收回投资。这一定价策略就像从牛奶中撇取其中所含的奶油一样,取其精华,所以称为"撇脂定价"策略。一般而言,对于全新产品、受专利保护的产品、需求的价格弹性小的产品、流行产品、未来市场形势难以测定的产品等,可以采用撇脂定价策略。

利用高价产生的厚利,使企业能够在新产品上市之初,迅速收回投资,减少投资风险,使企业有实力进行全面的产品推广,让购买者尽快了解新药,形成品牌效应。

当然,高价会将部分购买者排除在外,不利于新药开拓市场,扩大销量,同时从根本上看,撇脂定价是一种追求短期利润最大化的定价策略,若处置不当,则会影响企业的长期发展。因此,在实践中,特别是在消费者日益成熟、购买行为日趋理性的今天,采用这一定价策略必须谨慎。

2.渗透定价策略

这是与撇脂定价相反的一种定价策略,即在新产品上市之初将价格定得较低,吸引大量的购买者,扩大市场占有率。利用渗透定价策略的前提条件如下所述。

(1)新产品的需求价格弹性较大。

(2)新产品存在着规模经济效益。

(3)低价能帮助排除竞争,使潜在竞争者望而却步。

采用渗透价格的企业无疑只能获取微利,这是渗透定价的薄弱处。但是,由低价产生了两个好处:首先,低价可以使产品尽快为市场所接受,并借助大批量销售来降低成本,获得长期稳定的市场地位;其次,微利阻止了竞争者的进入,增强了自身的市场竞争力。

对于企业来说,撇脂策略和渗透策略何者为优,不能一概而论,需要综合考虑市场需求、竞争、供给、市场潜力、价格弹性、产品特性、企业发展战略等因素才能确定。在定价实务中,往往要突破许多理论上的限制,通过对选定的目标市场进行大量调研和科学分析来制定价格。

(二)心理定价策略

心理定价策略是企业运用心理学原理,针对消费者在购买过程中的心理状态,来确定药品价格的一种策略。这是一种非理性的定价策略,但在现代经济市场中,往往可以激发和强化消费者的购买欲望,因此,有其重要的位置。针对消费者不同的需求心理,可采用以下几种形式。

1. 整数定价

整数定价指企业把原本应该定价为零数的商品价格改定为高于这个零数价格的整数,一般以"0"作为尾数。这种舍零凑整的策略实质上是利用了消费者按质论价的心理、自尊心理与炫耀心理。一般来说,整数定价策略适用于那些名牌优质商品。

2. 尾数定价

尾数定价,又称奇数定价,或者零头定价,是利用消费者在数字认识上的某种心理制订尾数价格,使消费者产生商品价格较廉、商家定价认真以及售价接近成本等信任感。目前,这种定价方法在大型百货商场中被普遍运用。

3. 声望定价

(1)名牌药品　消费者有仰慕名牌的心理,并以价格的高低来衡量药品的质量。

(2)有礼品用途的药品　因为这些药品带有"炫耀性",若价格低,则满足不了消费者的这种心理需要。

(3)稀有药品　采用声望定价策略应注意:第一,要确保药品质量上乘;第二,严格掌握声望定价与同类普通药品价格的差价,不可过高;第三,不能只靠已有的声望维持高价,要不断提高质量,加强售后服务,巩固消费者的信任感和安全感。

4. 习惯定价

在市场上,有些药品的功能、质量、替代品等情况已为消费者所熟悉,而且消费者对其价格已习以为常、家喻户晓。对这类药品,如家庭必备药品,企业制定价格时最好尽量顺应消费者的习惯价格,不要轻易改变,否则会引起消费者的不满,导致购买的转移。即使发生了通货膨胀或药品成本变化,也不宜提价。最好的做法是改变包装或改变药品的内在成分以变相提价,如一种中药冲剂原来是每盒 10 包装,售价是 16 元,现在改为每盒 8 包装,售价是 13.6 元。从表面看,似乎很合理,实际上每包冲剂却涨了 0.1 元。

5. 最小单位定价

价格过高,常常使人望而生畏,不敢问津。若用较小单位标价,会给人以便宜的感觉,从而促进交易。例如,某种名贵中药材标价每 10 克 6 元会比标价每千克 600 元更容易让消费者接受。

(三)地理区域定价策略

1. 产地价格

产地价格又称按产品在某种运输工具上交货定价,就是顾客(买方)按照厂价购买某种产品,企业(卖方)只负责将这种产品运到产地的某种运输工具(如卡车、火车、船舶、飞机等)上交货。交货后,从产地到目的地的一切风险和费用概由顾客承担。

2. 统一运送价格

统一运送价格指企业对于卖给不同地区顾客的同种产品,都按照相同的厂价加相同的运费(按平均运费计算)定价,也就是说,对全国不同地区的顾客,不论远近,都实行一个价。

3.分区运送价格

分区运送价格指企业把全国(或某些地区)分为若干价格区,对于卖给不同价格区顾客的某种产品,分别制定不同的地区价格。距离企业远的价格区,价格定得较高,距离企业近的价格区,价格定得较低。在各个价格区范围内实行一个价。

4.基点价格

企业选定某些城市作为基点,然后按一定的厂价加从基点城市到顾客所在地的运费来定价(不管货物实际上是从哪个城市起运的)。有些公司为了提高灵活性,选定许多个基点城市,按照顾客最近的基点计算运费。

5.运费补贴价格

部分企业因为急于和某些地区做生意,主动负担一些实际发生的运费,或者以补贴的形式返还给买主。这些卖主认为,如果生意扩大,其平均成本就会降低,因此足以抵偿这些费用开支。采取运费补贴价格,可以使企业加深市场渗透,并且能在竞争日益激烈的市场上站得住脚。

6.FOB定价

FOB定价,又称"离岸价"。买方按照生产企业出厂价购买产品,卖方负责将产品(货物)运到买方所在地的双方约定港口的承运船上,越过船舷即为交货,并承担交货前的一切风险和费用(包括运费),交货后的一切风险和费用则由买方承担。FOB定价是医药国际贸易航海运输中的专业术语。交货地点是卖方所在地(出口国)的双方约定的港口,买方负责与船运公司签订运输合同,提前将货船告知卖方,承担将货物运送到目的港(进口国)时产生的运费、保险费等费用。

7.CIF定价

CIF定价,又称"到岸价"。在这种定价中,卖方负责将货物从产地(出口国)运输到目的港(进口国),并承担因此产生的运费和保险费,在目的港将货物交付到指定船舶上,越过船舷即完成交货。卖方须承担货物在运输途中灭失或损坏的海运风险。

(四)折扣折让定价策略

折扣折让是定价的特殊形式,指在原定价格基础上给予购买者一定的价格优惠,以吸引其购买的一种价格策略。这里主要介绍与药品相关的几种形式。

1.现金折扣

现金折扣是对迅速支付账款的购买者的价格优惠,因此也叫付款期折扣。例如,"2/10,30天付款",意思是账款在30天内付清,但若在10天内付款,则给予2%的折扣。这种折扣策略在许多行业都非常盛行,它有助于改善销售者的现金流动性,降低呆账风险及收款的成本。实行现金折扣的关键是合理确定折扣率。一般来说,折扣率不能高于企业由于加速资金周转所增加的盈利,同时,折扣率应比同期银行存款利率稍高一些。

2.数量折扣

数量折扣指企业对购买药品数量大的顾客给予价格优惠。其目的是鼓励顾客大量购买从而降低企业在销售、储运、记账等环节中的成本费用。这种折扣策略可以刺激顾客在固定的地方订货与购买,培养顾客的购买忠诚度。

数量折扣又可分为两类。一类是累计数量折扣,即在一定时期内购买药品累计达到一定数量所给予的价格优惠,这种方法在批发及零售业务中经常采用,可以鼓励客户长期购买本企业药品。另一类是非累计数量折扣,即一次购买某种药品达到一定数量或购买多种药品达到一定金额所给予的价格优惠,这种折扣策略可以鼓励客户大量购买,增加销售量,增加盈利。

3.贸易折扣

贸易折扣又称功能折扣、同业折扣或中间商折扣等,指企业根据中间商担负的不同功能及对企业贡献的大小来给予不同的折扣优待。例如,给予批发商的折扣要大于零售商,规模大的零售商能比规模小的零售商更便宜地买到某一药品。

贸易折扣的具体做法有两种:一种是先确定药品的零售价格,然后再按照不同的比率对不同的中间商倒算折扣率。例如,某企业生产的某种药品的零售价为 30 元,贸易折扣为 40% 和 10%,则表示零售商享受的价格为 $30\times(1-40\%)=18$ 元,批发商享受的价格是在此基础上再折扣 10%,即 $18\times(1-10\%)=16.2$ 元;另一种是先确定药品的出厂价,然后再按不同的差价率顺序相加,依次制定出各种批发价和零售价。例如,某企业生产的某种药品的出厂价为 10 元,给批发商的差价率为 19%,给零售商的差价率为 37%,则批发价为 $10\times(1+19\%)=11.19$ 元,零售价为 $10\times(1+37\%)=13.7$ 元。

4.季节折扣

季节折扣是对在淡季购买药品的购买者的价格优惠。采用这种策略可以鼓励客户早进货、早购买,减轻企业的仓储压力,加速资金周转。还可以使企业的生产和销售不受季节变化的影响,保持相对稳定。例如,对某些滋补药品的销售就可以采用这一策略。

5.促销折让

促销折让指生产企业对为其药品进行广告宣传、布置专用橱窗等促销活动的中间商给予减价或津贴,作为对其开展促销活动的报酬,以鼓励中间商积极宣传本企业的药品。这种策略特别适合于新药的导入期,其实质是企业为开拓药品市场而支付的费用。

(五)产品组合定价策略

大多数医药企业生产或营销的是多种产品,各种产品需求和成本之间存在着内在的相互联系,在制定价格策略时,要考虑到各种产品之间的关系,以提高全部产品的总收入。产品组合定价即从企业整体利益出发,为每种产品定价,充分发挥每种产品的作用。

常用的产品组合定价形式有以下几种。

1.产品线定价

产品线定价是根据购买者对同样产品线不同档次产品的需求,精选设计几种不同档次的产品和价格点。

2.任选产品定价

任选产品定价即在提供主要产品的同时,还附带提供任选品或附件与之搭配。

3.附属产品定价法

以较低价销售主产品来吸引顾客,以较高价销售备选和附属产品来增加利润。

4.副产品定价法

在许多行业中,生产主产品的过程中,常常有副产品。如果这些副产品对某些客户群具有价值,必须根据其价值定价。副产品的收入多,将使公司更易于为其主要产品制定较低价格,以便在市场上增加竞争力。因此制造商需寻找一个需要这些副产品的市场,并接受任何足以抵补储存和运输副产品成本的价格。

5.捆绑定价

将数种产品组合在一起以低于分别销售时支付总额的价格销售。

五、医药产品价格调整策略

(一)提高价格策略

1.主动提高价格

(1)应付产品成本增加,减少成本压力　这是所有产品价格上涨的主要原因。成本的增加或是由于原材料价格上涨,或是由于生产或管理费用提高而引起的。医药企业为了保证利润率水平不受影响,便采取提价策略。

(2)医药产品供不应求,遏制过度消费　对于某些产品来说,在需求旺盛而生产规模又不能及时扩大,且产品出现供不应求的情况下,可以通过提价来遏制需求,同时又可以取得高额利润。在缓解市场压力、使供求趋于平衡的同时,为扩大生产准备条件。2003 年 SARS 期间生产板蓝根冲剂、维生素 C、口罩等产品的医药企业一度提高了产品价格。

2.被动提高价格

(1)通货膨胀原因　为了适应通货膨胀,减少医药企业损失,在通货膨胀条件下,即使企业仍能维持原价,但随着时间的推移,其利润的实际价值也呈下降趋势。为了减少损失,企业只好提价,将通货膨胀的压力转嫁给中间商和消费者。

(2)原材料价格提高　原材料供应商提高了原料供应价格,或者生产原料本身价格上升等原因,使得生产企业不得已提高产品价格。

另外,在方式选择上,医药企业应尽可能多采用间接提价,把提价的不利因素减到最低,使提价不影响销量和利润,而且能被潜在消费者普遍接受。

(二)降低价格策略

1.主动降低价格

(1)医药企业急需回笼大量现金　企业可能因为其他产品销售不畅,也可能是为了筹集资金进行某些新活动,而资金借贷来源中断。此时,医药企业可以通过对某些需求价格弹性大的产品予以大幅度削价,从而增加销售额,获取现金。

(2)医药企业通过削价来开拓新市场　一种产品的潜在顾客往往由于其消费水平的限制而阻碍了其转向现实顾客的可行性。在削价不会对原顾客产生影响的前提下,企业可以通过削价来扩大市场份额。不过,为了保证这一策略的成功,有时需要与产品改进策略相配合。

(3)医药企业决策者决定排斥现有市场的边际生产者　对于某些产品来说,各个企业的生产条件、生产成本不同,最低价格也会有所差异。那些以目前销售价仅能保本的企业,在别的企业主动削价以后,会因为价格的被迫降低而得不到利润,只好停止生产。这无疑有利于主动削价的企业。

2.被动降低价格

(1)医药企业生产能力过剩,产品供过于求,但是企业又无法通过产品改进和加强促销等工作来扩大销售。在这种情况下,企业必须考虑削价。

(2)医药企业决策者预期削价会扩大销售,由此可望获得更大的生产规模。特别是进入成熟期的产品,削价可以大幅度增进销售,从而在价格和生产规模之间形成良性循环,为企业获取更多的市场份额奠定基础。

(3)由于成本降低,费用减少,使企业削价成为可能。随着科学技术的进步和企业经营管理水平的提高,许多产品的单位产品成本和费用在不断下降,因此,医药企业拥有条件适当削价。

(4)政治、法律环境及经济形势的变化,迫使企业降价。政府为了实现医药产品价格总水平的下调,保护患者的利益,往往通过采用规定毛利率和最高价格、限制价格变化方式、参与市场竞争等形式,使医药企业的价格水平下调。

【实训任务】

为某医药企业的药品进行定价

实训目的

使学生掌握影响药品价格的因素;会正确运用定价方法和策略。

实训要求和情景设计

1.实训要求

按小组由组长分配各自的成员在规定的时间内完成下列因素的调查与分析:产品的成本、企业的目标、营销组合中的其他要素、顾客需求、竞争、政策法律等,要求分析全面、正确,人员的分工合理。根据调查、分析的结果,由各小组成员共同讨论制订本小组的定价策略,要求科学、合理,并撰写实训报告。

2.情景设计

某医药企业最近研制出一个治疗脚气的全新产品。产品类别为抗真菌类药品,属非处方药品。其产品特点为:疗效更好,快速杀灭真菌,止痒;减少复发,持久抑制真菌再生;治疗期短,一天2次,通常疗程为1周。该产品的主要成分是盐酸特比萘芬,在国际上属于新一代药品,价格较高。与竞争品牌相比较,该产品需要的剂量更小即可达到杀菌、抑菌的作用。生产该产品的成本大约每克0.1元,产品的销售途径为全国各大药店及医院,目标受众为18~58岁的脚气患者,尤其是脚气的重度患者,他们有多年的患病史,经常复发,脚气长时间困扰着他们的生活,带来了相当大的精神负担,而且他们对于目前使用的药品不满意,一直在积极地寻找更有效的药物。在拥有一个好的产品的前提下,该企业面临的挑战是:如何迅速有效地在目标对象中建立知名度,在竞争激烈的市场上成功上市,占有一定的市场份额。企业如何为自己的产品制订一个合适的价格策略呢?

实训步骤

1.将学生分成若干实训小组,6~8人为一组,每组确定1人为组长。

2.每个小组由组长分配各自的成员,在规定的时间内完成下列因素的调查和分析:产品的成本、企业的目标、营销组合中的其他要素、顾客需求、竞争、政策法律等;要求分析全面、正确,人员的分工合理。

3.根据调查、分析的结果,各小组成员共同讨论并制订出本小组的定价策略,要求科学合理。

4.所有学生填写实训报告,要求书写规范、认真、准确。

5.班级组织交流,每个小组由代表阐述本小组的实施过程及制订的价格策略。

6.由教师与学生对各小组的实施情况及制订的价格策略进行评估打分,教师进行点评。

实训考核的内容及标准(100 分)

1.合理确定产品的成本(10 分)。

2.有明确的企业目标(10 分)。

3.能正确分析营销组合中的其他要素(10 分)。

4.能正确分析顾客需求(10 分)。

5.能正确分析竞争(10 分)。

6.能正确掌握相关的政策法律(10 分)。

7.选择合适的定价方法(15 分)。

8.运用一定的定价策略,且运用较合理、科学(15 分)。

9.实训报告填写规范、认真、准确(10 分)。

实训注意事项

1.以实地调查为主配合资料查找完成任务。

2.小组成员合理分工,注意团队配合。

【小结】

在医药产品的市场营销运作过程中,尽管有政府定价和政府指导价,但还是有相当一部分的产品,企业可以根据各种因素来自主定价。

企业在了解我国医药产品定价相关政策的基础上,在制定产品价格的过程中,要首先考虑成本费用,其次要考虑市场需求、竞争状况等影响定价的因素。在分析定价环境的基础上,运用成本导向、需求导向或竞争导向的定价方法制定产品的基本价格。

在修订产品的价格中,要灵活运用新产品定价策略、心理定价策略、地理定价策略、折扣折让定价策略和产品组合定价策略对产品的基本价格进行修订。

由于外界环境发生了变化,企业经常需要对价格进行变动调整,要注意发动提价和降价的方式和技巧。只有这样,企业变动价格才有可能取得预期的效果。

【能力检测】

1.某市老字号连锁药店的某一分店的马路对面新开了一家平价药店,生意因此冷清了很多。为了适应市场的竞争,老字号连锁药店的总部决定专门针对这家分店制定不同的价格,每一个星期选派两名不同的人员到马路对面的平价药店进行采价,然后把平价药店的价格作为基础,稍稍进行下调,以此来重新提升营业额。

请问:以上提到的连锁药店采用的是哪一种定价方法?

2.从市场营销的角度思考,口腔类 OTC 药品薄利是否一定多销?为什么?

(赵文骅)

模块十三 医药渠道策略

【模块解析】

医药分销渠道是企业获得竞争优势的利器,是企业不可复制的优势资源。通过本模块的学习和训练,能够深刻的认知和理解分销渠道在医药企业中的意义、内涵等;能够在分销渠道目标、渠道类型设计、渠道成员选择等方面,结合企业特质设计出适合的方案;能够对渠道成员进行激励、评估,以及开展渠道冲突管理等工作,并学会适时地调整分销渠道。

【知识目标】

◆ 了解分销渠道的概念、结构,理解分销渠道在医药企业中的作用。
◆ 掌握分销渠道设计中的渠道类型、渠道成员类型,了解影响医药分销渠道设计的因素。
◆ 掌握分销渠道成员的激励方法、评估方法和冲突管理,了解渠道合作管理相关知识。
◆ 了解分销渠道调整的条件和方法。

【能力目标】

◆ 认知医药分销渠道,可以独立分析出医药分销渠道在不同医药企业中的地位以及对不同医药企业的作用。
◆ 学会设计和建立医药分销渠道,分析出不同渠道设计方案对医药企业的作用和影响。
◆ 管理医药分销渠道,具备与医药中间商的沟通协调能力,具备分销渠道的管理和控制能力。

▚ 知识链接

乙类 OTC 药品在非药店的渠道布局

2020 年 6 月 19 日,湖北省人民政府官网发布了《应对疫情影响进一步促进商业消费若干措施》(以下简称《措施》)。《措施》一共 25 条,涉及降本、减负、营造消费环境以及优化监管服务等内容。其中,在优化监管服务方面,《措施》提出,"简化申请零售经营乙类非处方药的审批流程和申请材料,审批时间压缩至 2 天以内。"

大批非药店将布局卖药。《措施》中"放开乙类 OTC 药品的销售",对经营"非药品"的企业,将刺激其扩大商品经营范围,布局药品零售,特别是便利店、超市、养生店、保健品店等非药店,对此需求更高。

2019 年年底,浙江省金华市放开了乙类非处方药的经营,对于符合条件的企业,新证当场就能发出。值得注意的是,改革前,在金华市原有的 88 家乙类非处方药经营企业中,大多数企业的经营主体为大型商超、参草店等。

简化零售商业经营乙类非处方药的审批条件,意味着对非药店经营药品的放开,将刺激非药品零售企业扩大销售范围,全面布局卖药。

湖北省下发该《措施》时提及,是为了贯彻落实《国务院办公厅关于加快发展流通促进商业消费的意见》(国办发〔2019〕42 号)的精神。该意见第 4 条"加快连锁便利店发展"一项也谈到,开展简化烟草、乙类非处方药经营审批手续的试点。同时,商务部等 13 部门印发的《关于推动品牌连锁便利店加快发展的指导意见》中指出:"品牌连锁便利店可按有关标准申请零售经营乙类非处方药,可由企业总部统一配备质量管理人员,简化审批流程和申请材料,缩短审批时间,提高办理效率,降低企业制度化成本。"

在此背景下,内蒙古、甘肃、山东、北京、江西等地都发布了类似的文件。特别是在疫情发生后,各地进一步加快了该措施的出台。

2020 年 3 月 20 日,甘肃省药监局印发了《关于促进药品零售企业创新发展和便民服务的意见》,在"鼓励药品零售企业便民服务"方面提及,允许商场、超市、便利店等商业主体在营业场所设置药品销售专柜,销售乙类非处方药,丰富群众的药品购买渠道。

2020 年 4 月 24 日,内蒙古自治区药监局官网发文称,要鼓励支持品牌连锁便利店申请零售经营乙类非处方药。按照该区药监局规定,该区将从两个方面支持品牌连锁便利店开展售药服务,不仅放开了申请审批条件,还主动为非药品零售企业解决专业上的不足。

【实践与探索】

1.我国未来非处方药的渠道会发生哪些变化?

2.医药中间商应该如何提前布局非处方药的分销渠道?

一、认识医药分销渠道

医药分销渠道是医药市场营销组合策略之一,英文为 place,含义指消费者购买产品的地点。在经济活动中,医药生产商与消费者之间是分离的,在信息、产品所有权、时间和空间等方面不能有效衔接。医药企业需要考虑将产品传递给终端消费者,选择一种或多种方式完成产品分销任务。这样,医药生产者和消费者分别成为医药渠道运行的始点和终点,在医药渠道中扮演重要角色。

医药分销渠道中流通的产品属于医药产品,是特殊的商品,关系到人民的生命财产安全,国家政府部门对其进行严格监控。我国关于药品流通的法规(GSP),即是为了规范药品的流通、分销和市场销售等行为。医药分销渠道具有特殊性,与其他产品的分销渠道有显著区别。

🎵 知识链接

GSP 简介

GSP 称为《药品经营质量管理规范》,英文是 good supply practice,是药品经营企业统一的质量管理准则。GSP 指良好的药品供应规范,是在药品流通过程中对所有可能发生药品质量事故的因素进行控制,从而防止事故发生的一整套管理程序。药品在经营和销售的全过程中,由于各种因素的作用,随时都可能对药品的质量产生影响,这就需要对药品流通中的所有环节进行严格的监控和管制,从根本上保证药品质量。GSP 中规定药品经营企业必须达到GSP 要求并通过药品监督管理部门的 GSP 认证,取得认证证书后才能从事药品经营活动。

思考问题:

1. 我国于 2016 年施行了新修订的 GSP,请查找出来并仔细阅读。

2. 新版 GSP 与旧版 GSP 之间的区别有哪些? 分析其对医药企业的影响。

在我国的药品市场,80%以上的药品具有同质化,药品市场竞争焦点集中在医药产品的分销渠道上。分销渠道是实现药品交换、价值体现、提高效益、信息传递、服务保证等方面的重要载体,是医药营销的核心环节之一。医药企业能否拥有通畅、高效的分销渠道,是决定市场营销成败的关键因素。

(一)医药分销渠道的内涵

理解医药分销渠道,首先应理解分销渠道,关于分销渠道的内涵有多种描述。

美国市场营销协会(American Marketing Association,AMA)认为:"分销渠道是企业内部和外部的代理商和经销商(主要指批发和零售)的组织机构,通过这些组织,商品(产品、服务或劳务)才得以上市行销。"

"营销之父"菲利普·科特勒认为:"渠道是促使产品或服务顺利地被使用或消费的一整套相互依存的组织。"

经济学家、市场营销学家斯特恩认为:"渠道是促使产品或服务顺利地被使用或消费的一系列相互依存的组织。"

贝尔曼(B. Berman)认为:"渠道是一个有组织的网络系统,该系统由那些通过执行连接生产者到消费者的所有活动,以完成市场营销任务的代理商与机构所组成。"

美国营销学者爱德华·肯迪夫认为:"当产品从生产者向最终消费者或用户转移时,直接或间接转移所有权所经过的途径。"

分销渠道(又称为分销、渠道)指产品从生产商向最终消费者转移过程中,取得产品所有权或帮助所有权转移的所有组织或个人。即产品从生产领域向消费领域转移所经过的所有路径和通道,渠道包括生产商、消费者以及生产商和消费者之间的各种组织实体和个人。

医药分销渠道主要包括医药生产商、医药经销商、医药代理商、医药批发商、医药物流企业、药房(包括网上药店)、医院、诊所、社区医院、顾客、医药咨询公司、医药调研公司等。

▊▊▊ 知识链接

分销渠道与营销渠道的区分

对于分销渠道内涵的理解,有些书籍或学者认为分销渠道就是营销渠道,营销渠道也可称为分销渠道、渠道,二者没有区别。

也有些学者将营销渠道与分销渠道区分开,认为二者有区别。其区别在于:认为营销渠道是关于产品生产和流通的所有环节,应该包括供应商在内,因为供应商为生产企业提供了原材料,本质上也参与了企业的生产环节和营销活动,对分销渠道的理解具有延伸性;而分销渠道是针对产品生产环节之后的流通部分,不包含供应商范畴。

本书拟采用后者观点,认为分销渠道与营销渠道有不同的内涵。

（二）我国医药分销渠道的特点

1.医药产品分销受到国家严格监管

医药产品是特殊的商品,关系到公众的生命健康,国家相关部门对医药产品的分销过程实施严格的市场监管,并以立法形式实现医药产品流通环节对产品质量的保证。

2.医药卫生体制改革对医药分销渠道的影响深远

我国于2009年4月6日,正式公布《中共中央、国务院关于深化医药卫生体制改革的意见》,开始了新一轮的医药卫生体制改革,对医药行业产生了深远的、根本性影响。

巨大的市场蛋糕给医药企业的产品分销提供了更多的发展空间。我国"十三五"规划中提出:要建立健全基本医疗卫生制度,实现人人享有基本医疗卫生服务,全面实施城乡居民大病保险制度,城乡居民医保参保率稳定在95%以上。

3.医药商业企业的竞争格局面临整合以提高行业集中度

全球药品流通行业集中度和流通效率将继续提高,我国在全球医药市场中,是增长潜力最大的市场。

我国在加入世界贸易组织(WTO)之初,签订协议,承诺在2003年1月1日起开放药品的分销服务业务。外商企业可以在我国从事药品采购、运输、仓储、批发、零售和售后服务等流通业务,将进口关税税率由1999年的14%逐步降低至2003年的6%。我国医药市场的巨大发展空间吸引了世界医药企业,全球排名前五十名的医药企业已经分别通过独资或合资的方式全部进入中国市场。面对外商医药企业的竞争,我国政府鼓励医药企业进行大规模资产重组,重点培养销售额达50亿元以上的大型医药企业集团。

我国目前大部分制药企业、药品批发企业、医药物流企业和医药零售企业,各自独立建造物流配送渠道,缺乏联盟和交流,资源不能共享、互补,医药产品的供应和需求没有对接,物流的中心空置率高达60%,医药分销效率低。医药分销渠道呈现扁平化、中间环节少、高效率的现代流通模式,现代医药物流、网上药店和第三方医药物流等现代药品流通方式逐步发展。

知识链接

美国医药流通市场高度集中

美国医药批发市场经历了2001年的空前大兼并后,排名前3位的公司分别为Mckesson,Cardinal Health,Amerisource Bergen,它们的市场份额占到整个药品批发市场的90%~96%,年销售额均超过300亿美元,三大公司的药品品种覆盖了整个医药领域。

美国医药零售市场更是呈现出寡头垄断格局,Rite Aid,Walgreen,CVS是全美国三大寡头医药零售商,占有全美药品零售总额60%的市场份额。而沃尔格林连锁药店是美国规模最大的药品销售终端,拥有门店超过7000家,覆盖了36个州。

4.我国药品的分销渠道以医院渠道为主

目前我国药品分销渠道中,医院的药品分销能力在众多医药企业中发挥着重要作用,其销售额占到80%以上。而美国的药品有50%是由药店分销出去的。

我国药店在药品的整体分销份额中占20%左右,其中网上药店的分销份额更是微乎其微,而有数据表明,截至2011年6月,美国共有网上药店一千多家,每年的销售额超过200亿美元。

5. 医药分销行业的利润率水平较低

据国家药品监督管理局统计,截至 2019 年底,全国共有原料药和制剂生产企业 4529 家,有些药品生产商仅以一款药品品种为主营业务,药品经营企业更是多而且小,显得散乱,市场集中度较低,没有形成规模化、集成配送药品模式,流通效率低,药品分销成本高。

据商务部《2017 年药品流通行业运行统计分析报告》显示,全国药品流通市场销售规模稳步增长,增速略有回落。全国七大类医药商品销售总额 20 016 亿元,扣除不可比因素,同比增长 8.4%,增速同比下降 2.0 个百分点。其中,药品零售市场销售总额 4003 亿元,扣除不可比因素,同比增长 9.0%,增速同比下降 0.5 个百分点。全国药品流通直报企业主营业务收入 14 620 亿元,扣除不可比因素,同比增长 9.0%,增速同比下降 2.6 个百分点;利润总额 363 亿元,扣除不可比因素,同比增长 10.9%,增速与上年持平;平均利润率仅为 1.7%,同比下降 0.1 个百分点;净利润率 1.5%,与上年基本持平。

近几年的医改政策,导致药品流通环节中的利润空间被不断压缩,国家多次下调药品价格,加之医药行业的回款周期较长,一般在 3 个月以上,有的长达 1 年,企业的资金流动效率低,药品流通环节的交易成本过高,行业盈利能力较弱。企业必须靠规模取胜,较高的销售额才会有理想的销售利润。美国医药企业的利润率虽然不高,但是由于行业比较集中、竞争企业较少,美国各州药品批发商不超过 14 家,其中有 8 个州仅为 1 家,平均医药批发企业毛利率在 4% 左右,且因为规模大、集中度较高,净利率可以达到 1% 左右,相当于我国医药批发企业盈利能力的一倍。

6. 一些特殊的医药产品实行垄断经营

放射性、毒性、麻醉和精神药品等,要按照国家食品药品监督管理机构的要求严格管理,统一由国家确定的医药公司分销。

(三)医药分销渠道的功能

医药分销渠道是生产者和消费者之间的桥梁,使生产和消费过程有效衔接,提供分销网络支持,以保证医药产品顺利、高效地送达到消费者手中,也为医药消费者能够方便、快捷地获得医药产品提供帮助。医药分销渠道既可以实现医药生产者的产品流通、产品销售等目标,又可以满足医药消费者获取医药信息咨询、医药服务等需求。医药分销渠道具有下列重要功能。

1. 产品的转移

医药分销商可以帮助产品在生产商和消费者之间进行转移,或者进行产品所有权的转移。在医药产品流通中,如果仅依靠医药生产企业自身的力量,是几乎没有办法实现终端的全面铺货的,并且其分销成本也较高。医药零售终端市场范围广泛,涉及的消费者人数众多,医药产品送达到消费者手中需要复杂的流通过程。医药分销商经过多年的医药产品分销网络的建设,可以与医院、连锁药房、诊所等零售终端保持良好的业务往来和合作关系,这些资源是医药生产企业不具备的。医药生产企业通过医药分销商可以实现产品所有权的有效转移,使药品在最短的时间内完成分销。

2. 信息的传递

医药生产企业经营活动的组织和开展需要以准确收集信息为基础,医药分销渠道是信息传递的快捷通道。分销商在医药产品分销过程中收集消费者的需求信息、竞争产品信息、市场反馈信息、品牌形象、企业知名度等重要的商业信息,这些资料对医药生产企业来说非常重要。而信息的收集要具有实时性、高效性、准确性、全面性等,医药分销商在产品分销过程中可以帮助生产企业实现上述要求,为企业的市场营销活动提供支持。

3. 促销方面

医药分销商在发挥产品分销功能的基础上,同样具有对医药产品促销的功能。由生产商生产的产品分销到各地医院、药房和诊所等,但生产商无法独自完成这些零售终端的全部促销任务。相比之下,医药分销商在产品的促销上则比医药生产商更具有优势,他们可以发展和传播关于医药产品的富有说服力的可以吸引顾客的沟通材料。为了使企业分销的医药产品在终端市场中具有良好的表现,以实现企业的销售目标和利润目标,一些有实力的医药分销商会全部承担终端市场的促销工作,有些甚至自己出资做产品广告,来影响终端消费者的购买行为。

4. 物流配送

现今的医药分销行业,在医药整体行业中占有举足轻重的地位。如何能够比竞争对手更有效、快速、广泛地将医药产品递送到消费者手中,在微利的医药行业中显得尤为重要。很多医药产品的终端销售价与出厂价相差较多的一个重要原因就是,医药行业的物流配送没有形成规模化,运输成本、库存成本、产品的保养成本等均相对较高。对于医药生产企业而言,医药分销商对其具有战略性意义,一个终端网络完善、覆盖率高、渠道效率高、信誉度良好的医药分销商是生产商非常宝贵的渠道资源,是其他生产商所不具有的、不可复制的竞争优势。

5. 财务

医药分销商可以帮助生产商实现企业融资、承担风险、账款收付等财务功能。分销商在分销医药产品的同时,还伴随着资金的收集和分散过程,例如,医药商业企业可以通过加盟、代理、产权转移等形式向生产商输入资金。随着产品通过分销渠道从生产商向消费者转移,资金也从消费者手中沿着产品流向的轨迹反方向地向生产商流动。医药分销商通过银行和其他金融机构向买方收集账款,在账款、资金的流转过程中,医药分销商承担着财务风险。并且,医药分销商还承担着产品传递过程可能引起的产品磨损、保修、提供服务等风险。

6. 拆零销售

医药生产商的经营模式是大批量地生产和销售,而消费者是少量地、重复地购买,这是因为顾客有时所需要的产品在型号、规格、尺寸等方面与生产商的产品不相符,医药分销商在这方面发挥了关键作用。分销商将医药产品拆零、组装、搭配等,以消费者喜欢的模式销售,既能够解决供求之间的矛盾,又可以更好地满足消费者的需求。

7. 谈判及订货

医药分销商能够促成产品的价格、服务和其他条件的最终协议,促成买方向卖方订购商品,为渠道两端的成员搭建对话、交流的平台,以实现产品所有权或者帮助产品所有权的转移。

(四)医药分销渠道的流程

医药企业的分销渠道在运行时,涉及渠道成员的各种活动,这些活动构成各种不同种类的医药分销渠道流程,主要包括产品的实体流、所有权流、促销流、信息流、付款流、谈判流和风险流等流程,这里主要介绍前五个主要流程,即实体流、所有权流、促销流、信息流和付款流,见图13-1~13-5。

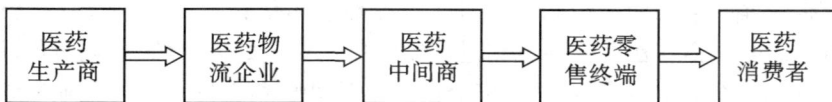

医药生产商 → 医药物流企业 → 医药中间商 → 医药零售终端 → 医药消费者

图 13-1 实体流

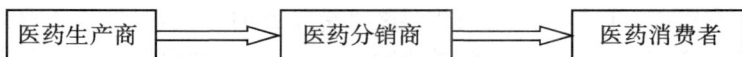

图 13-2 所有权流

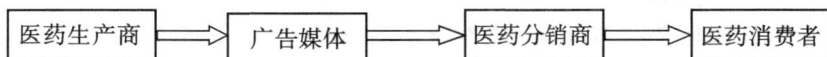

图 13-3 促销流

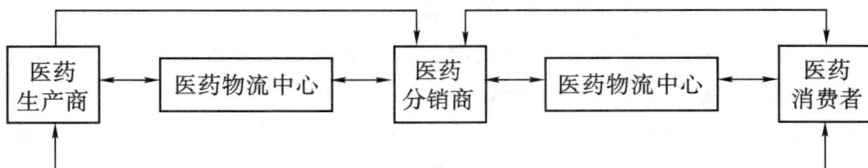

图 13-4 信息流

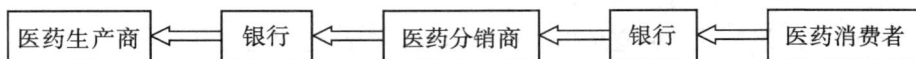

图 13-5 付款流

以上这些流程在任何渠道成员间可进行,其中实体流、所有权流、促销流是正向的;付款流是反向的;信息流、谈判流和风险流是双向的。每一个医药产品在分销过程中,都会在渠道成员之间表现出非常复杂的相互关系。

二、设计医药分销渠道

设计医药分销渠道指医药企业要建立一套医药产品从企业转移到终端消费者的流通路线或路径。企业需要在各种影响因素综合分析的基础上选择适合的渠道类型,通过不同类型的渠道成员将产品分销给消费者。

设计医药分销渠道首先要确定医药企业分销渠道设计的目标与限制因素;其次根据渠道目标确定渠道的长度和宽度;最后选择合适的渠道成员。而上述三个渠道决策过程又受到不同因素的影响,企业必须参考不同因素对渠道决策的影响以及它们的综合作用来设计分销渠道。

(一)确定医药分销渠道设计的目标与限制

医药企业在制订任何营销策略之前,要先确定目标,渠道策略制订的前提是要明确渠道设计目标。

1.确定分销渠道设计目标的程序

企业确定目标时通常是先罗列出企业的全部渠道目标,然后分析上述列出的目标,删减掉不重要的渠道目标,将上述保留的目标进行整合,进一步确定渠道设计目标。

2.医药分销渠道设计的目标

医药企业分销渠道目标分为总体目标和具体目标。总体目标是企业为目标消费群体提供其产品和服务并能使其满意的能力,通过企业在目标市场的服务产出水平来表示。具体目标主要有以下几个方面。

（1）目标市场消费者　目标消费者需求是企业营销导向之一，而消费者满意度指需求是否能够被满足的衡量标准之一，是渠道设计的重要目标。一般，企业针对消费者满意的渠道设计目标可以有以下选择。

目标消费者希望通过哪种方式购买药品？

目标消费者在购买医药产品时是否要求更高的便利性？

企业应选择哪种渠道模式可以保证终端消费者购买到企业的产品？

消费者在终端渠道购买产品时是否有医疗要求？

企业是否需要将现有产品面向更广泛的顾客？

怎样的渠道组合模式可以提高渠道分销商的销售积极性并保证较高的消费者满意度？

目标消费者的满意度是否需要进一步提高？

（2）分销渠道成员　医药生产商与分销商之间的渠道合作直接关系到分销商的满意度。当渠道成员对生产企业不满意时，产品分销会遇到阻碍。为使得渠道成员对生产企业保持较高的满意度，渠道设计目标可以有以下选择。

企业是否需要和渠道成员加强合作关系？

企业是否要加强终端的产品宣传以保证分销成员产品终端的顺利推广？

渠道成员是否需要企业提供专业培训？

是否应该降低产品的分销成本和提高效率？

是否应给予某个渠道成员地区专营权？

是否应该寻找更多的分销商共同分销产品？

分销渠道成员的满意度是否需要进一步提高？

（3）企业本身　每个企业在不同的阶段都有一个总体发展战略和经营目标，渠道目标的确定要充分参考企业自身情况。从企业自身角度考虑，渠道目标主要有以下方面。

企业是否以收入增长为主要分销目标？

企业现有渠道的分销效率如何？

产品是否需要实现终端的迅速铺货和全面铺货？

企业是否要求新产品具有更好的渠道表现力？

企业是否要减少新产品推出的时间？

企业产品的主要定位如何？渠道设计怎样配合企业的市场定位？

渠道管理是否需要系统化？是否要建立一个渠道管理系统？

[课堂练习]

上述列出的目标市场消费者、分销渠道成员和企业自身三个分销渠道设计目标，分别还应包括哪些内容？

3. 医药分销渠道设计的限制

渠道设计的限制是影响医药生产企业渠道目标实现的因素，通过影响企业服务目标市场的产出水平表达。设计渠道在考虑渠道目标的同时，还要思考其限制因素。

渠道设计者在制订渠道方案之前，要充分了解渠道设计的限制因素以及这些限制因素对渠道目标的影响。渠道设计者应设计出不同的渠道方案，通过对比，找到可以解决这些限制因素的最优化渠道方案。

医药企业分销渠道的限制因素主要有以下几个方面。

（1）医药产品销售批量的大小　所谓批量,指企业在产品分销过程中提供给目标消费者的单位产品数量,即消费者的一次性购买量。批量越小,消费者每次购买量越少,购买频率越高,要求的渠道覆盖率和渠道效率则越高,耗费的企业渠道资源就越多。这种特征的渠道,企业提供的服务产出水平越高,越能获得消费者的满意。

（2）终端顾客的等待时间　顾客等待时间指渠道内顾客等待收到商品的平均时间。顾客等待时间越短,表明顾客喜欢快速的交货渠道模式,这需要企业提供简捷、便利的渠道,而渠道快速服务要求企业较高的服务产出水平,企业耗费资源较多。

（3）分销渠道所提供的方便程度　如果顾客对某类产品要求较高的便利性,不希望耗费较大的精力、体力和时间,企业需要建设较广泛、较全面的渠道网点,以方便顾客随时购买,但这却提高了企业的流通成本。例如,某家医药生产企业的普药,应投放到多个地区、多个药店中,以方便居住在不同地方的当地消费者购买,实现空间上较高的便利性。

（4）分销渠道提供的产品组合特征　通常情况下,顾客喜欢较宽的产品宽度,因为这样便可在更多的花色品种中选择适合自己的产品,顾客满意感较高,而较大的产品宽度、产品深度需要生产商耗费较多的资源。

（5）售后服务水平　售后服务指在渠道分销过程中,为顾客提供的附加服务,包括消费信贷、延期的付款方式、咨询、付货、安装、维修等方面。顾客一般都希望获取较多的服务,而服务水平越高,需要的服务产出水平就越高,企业资源消耗越多。例如,顾客希望获取更多的医疗咨询服务,无论这种服务是现场咨询、电话咨询还是网络咨询,都会加大企业的运营成本。

｜课堂练习｜

除上述列出的分销渠道设计的五个限制因素,是否还有其他限制因素?请列举出来,并分析它们如何影响企业的分销目标?

（二）医药分销渠道的类型

分销渠道的设计应确定渠道长度和渠道宽度。在渠道长度方面,需要在长渠道和短渠道中选择;在渠道宽度方面,需要在宽渠道和窄渠道中选择。

1.渠道长度的类型

渠道长度按照医药产品分销过程中经过中间环节的多少来划分,中间环节多为长渠道,中间环节少为短渠道。通常情况下,长渠道指医药生产商经过两个或两个以上的中间环节分销其产品;短渠道指医药生产商经过少于两个的中间环节分销其产品,即没有中间环节或有一个中间环节。

在渠道设计中,中间环节的数目用渠道层级数来表示,即渠道层级数的多少是渠道长度的量化表述。渠道层级分为零级渠道、一级渠道、二级渠道和三级渠道等,渠道层级数越多,渠道越长,渠道层级设计的不同会形成不同的渠道长度,如图13-6所示。

（1）医药生产商—终端消费者,此类型(a)为零级渠道,也称为直接渠道,指医药生产商直接将产品销售给消费者,生产商与消费者之间没有中间环节。这种渠道类型主要以网上药店（或网上商城）的形式向消费者销售药品。如果医药生产商与终端消费者之间有中间环节,生产商通过中间商将产品分销给消费者,称为间接渠道。医药组织市场一般属于零级渠道,我国政策规定公立医院大部分医药产品的采购必须在招投标的模式下购买,即生产商直接将产品出售给医疗机构。

零级渠道	一级渠道	二级渠道	三级渠道
医药生产商	医药生产商	医药生产商	医药生产商
		医药批发商	一级医药分销商
			二级医药分销商
	医药零售商	医药零售商	医药零售商
终端消费者	终端消费者	终端消费者	终端消费者

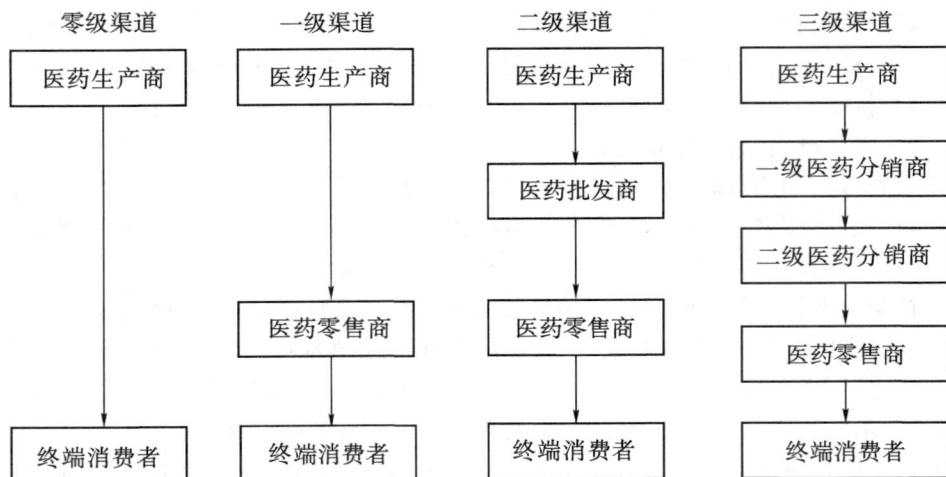

图 13-6 医药分销渠道长度类型图

(2)医药生产商—医药零售商—终端消费者。此类型(b)是医药生产商将产品销售到医院、药店或诊所等零售商,再由这些零售商分销给终端消费者。医院在药品销售中占有主导地位,大部分药企把大型医院(第一终端)作为其主要分销渠道,而以农村为代表的第三终端市场由于市场比较分散,分销成本高,一般不采用此模式。此分销模式主要由大型的、有实力的药企采用。

(3)医药生产商—医药批发商—医药零售商—终端消费者。此类型(c)是医药生产商将产品分销给批发商,再由批发商分销给零售商,最后销售给终端消费者。这种类型渠道模式主要优点是可以提高企业的分销效率、终端覆盖率和渠道控制力。企业在投入新产品时,可以利用原有渠道资源,加强市场扩张能力。

(4)医药生产商—一级医药分销商—二级医药分销商—医药零售商—终端消费者。此类型(d)是生产企业选择分销能力较强的一级医药分销商作为总经销或总代理,由一级分销商将产品分给二级分销商,再分销给零售商,最后销售给终端消费者。这种渠道模式的主要优点是一级医药分销商拥有较高的渠道权力,会将渠道资源更多地投入到生产商的产品品种,终端铺货效果较好。但这种类型的渠道较长,中间环节较多,产品出厂价与零售价之间差价较大,生产商对产品的渠道控制力较小,拥有较低的渠道权力。

医药生产商为提高产品的分销速度,会修正渠道类型,将医药物流配送企业纳入到渠道网络中,调整渠道模式,如图 13-7 所示。

医药生产商—医药物流配送企业—二级医药分销商—医药零售商—终端消费者。

这种模式是医药生产商根据销售区域,选择若干具有较强分销能力的医药物流配送企业,由这些物流企业将产品送到二级医药分销商。这种模式能够降低产品的中转成本,加速医药物流周转,提高企业的销售流通能力。

目前,随着我国医疗体制的改革,国家对医药产品的价格实施严格限制和监管,市场竞争更加激烈,企业分销渠道网络向扁平化、一体化方向发展,短渠道模式是更多生产商追求的渠道变革趋势。

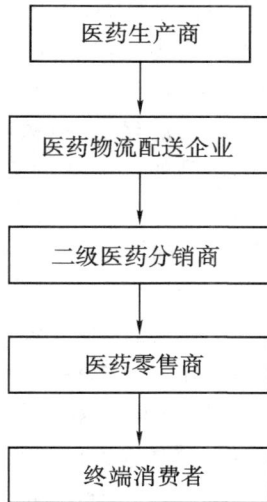

图 13-7 医药分销渠道长度类型图

2.渠道宽度的设计

渠道宽度是按照医药生产商的分销渠道中,同一层级分销商数量的多少来划分的,数量多为宽渠道,数量少为窄渠道。宽渠道指医药生产商在同一层级上的分销商数量为三个或三个以上;窄渠道指医药生产商在同一个层级上的分销商数量在三个以下,即有两个分销商或只有一个分销商。以图 13-6 中显示的一级渠道为例,同一中间环节选择的分销商数量不同,渠道宽度不同,宽渠道如图 13-8 所示,窄渠道如图 13-9 所示。

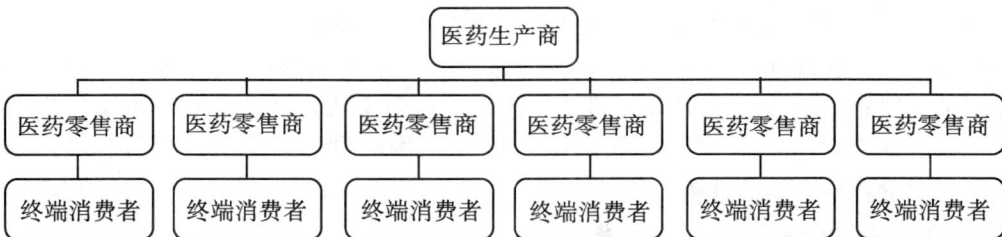

图 13-8 宽渠道

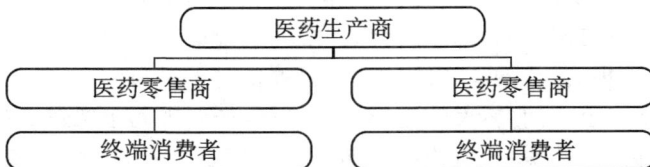

图 13-9 窄渠道

宽渠道和窄渠道使企业形成不同的分销渠道效果,两种渠道类型的优点和缺点各不同。宽渠道的分销特点是市场推广速度快、终端覆盖率高、对中间商的渠道依赖度较小、渠道管理难度大、管理成本高、渠道稳定性弱、同级中间商之间的竞争水平高、渠道分布不集中等;窄渠道与宽渠道的特点相反,具有产品市场推广速度慢、生产商的渠道控制力强、对中间商依赖程度较大、渠道管理难度小、中间商之间竞争水平低、渠道稳定性强等特点。

企业按照渠道宽度的不同分为三种渠道类型,分为广泛性分销、选择性分销和独家分销。

(1)广泛性分销,又称为密集性分销,指医药生产商在同一层级渠道中选择较多数量的分销商销售产品。当产品销量大或者产品生命周期短时,医药生产商需要设计出具有较快分销速度、较高终端覆盖率的渠道类型,扩大产品的终端铺货范围,以保证消费者能随时随地购买到这些产品,实现短期内销售量的增加,使产品迅速占领行业市场。医药行业中,生产企业将OTC产品推入第二终端市场和第三终端市场时,比较适合选择广泛性分销。

(2)选择性分销,指医药生产商在某一个区域市场选择少数几家分销商销售其产品,这种分销模式适用于所有医药产品。渠道管理中,医药企业经常面临渠道控制力和渠道灵活性两种矛盾。企业既希望对渠道有一定的控制能力以把控整体渠道网络,也希望渠道具有一定灵活性,实时进行渠道调整。企业采用选择性分销可以实现上述两种渠道目标,既实现快速地分销产品,达到有效占领目标市场的目的,又拥有较大的渠道控制力,在营销环境变化时适当地调整分销渠道。

(3)独家分销,指医药生产商仅选择一家分销商销售产品。这种渠道类型保证了企业对分销商最有效的控制和管理,使生产商在买方市场具有较高的渠道权力和最高程度的渠道灵活性,降低了企业的渠道管理成本。同时,独家分销可以提高分销商的积极性、主动性,使其在销售过程中更加遵守与生产商之间的规定,规避或减少了渠道成员间冲突的发生,保证分销商投入较多的渠道资源用于生产商的产品分销中,并将分销商与企业的利益进行捆绑,一荣俱荣、一损俱损。但是,独家分销模式同时具有缺点,即在产品推广中速度较慢,市场覆盖率短时间内提升的概率低,可能出现生产商做广告、消费者在终端市场买不到产品的尴尬境况。这类渠道模式适合产品生命周期长或不容易被竞争者模仿的产品。

医药生产商在确定渠道宽度时,要根据企业渠道目标、企业自身特点、产品特点、需求特点、市场特点、竞争者特点等因素,设计适合的渠道宽度。但是,医药生产商希望企业产品在行业市场中拥有较高的市场份额,所以渠道宽度的设计倾向于从独家分销或选择性分销转向更密集的广泛性分销,而这种转变的结果可能因为企业资源的限制等原因导致不被市场接受,致使渠道布局或渠道调整存在错误。

(三)医药分销渠道成员的选择

1.分销渠道成员的含义

分销渠道成员指产品从医药生产商向终端消费者转移的过程中,与产品所有权有关的所有组织和个人,即组成渠道网络的每一个组织和个人。分销渠道成员具体包括生产商、渠道中间商、物流中间机构、零售商、金融商和终端消费者等。对于医药生产商,渠道下游企业和个人均属于渠道成员;对于渠道中间商,渠道上游企业,即生产商也属于渠道成员。

医药消费者通过医院、药房、诊所或网上药店购买医药产品,购买渠道有一定局限性。由于国家对医药产品的流通有严格的法律、法规限制,例如,新版GSP是针对药品流通的法规,只有具备GSP认证的医药公司才有资格流通药品,而医药生产企业若没有GSP认证,药品分销会更多地依赖渠道中间商。

目前,我国消费者购买药品以医院和药房两种渠道为主,医院在我国药品分销比例中占有85%的份额,剩余的15%份额主要是通过连锁药房和单体药房完成,诊所、单体社区医院等在药品销售中占比非常少。我国大多数的医药生产商不能直接把药品销售给终端消费者,需要中间商分销,以方便消费者购药。

《2018 年度药品监管统计年报》显示:截至 2018 年 11 月底,全国共有《药品经营许可证》持证企业 50.8 万家,其中批发企业 1.4 万家,零售连锁企业 5671 家,零售连锁企业门店 25.5 万家,零售药店 23.4 万家。

2.选择渠道成员的类型

企业设计渠道时要考虑如何选择渠道中间机构,渠道中间机构又称为中间商。企业应确定中间商的类型、数量、营销任务等,中间商类型的选择是渠道设计非常重要的部分。

中间商指医药生产商与终端消费者之间,促使交易发生和实现的所有组织和个人。中间商一端连着生产商,另一端连着终端消费者,完成产品从生产领域向消费领域的转移,中间商主要有以下类型。

中间商按照是否拥有产品的所有权,分为商人中间商和代理中间商。商人中间商称为经销商,指取得产品所有权的渠道中间机构;代理中间商称为代理商,指没有取得产品所有权但帮助转移产品所有权的渠道中间机构。经销商和代理商的区别是,经销商为取得医药产品所有权,在购进产品时需要付出资金,通过低进货价与高销售价之间的价格差取得收益;代理商不需要垫付资金,在交易中扮演商业中介的角色,为医药生产商和零售商搭建交易平台,促使医药产品的销售顺利实现,其收益是按照买卖双方签订的订单数额和一定的佣金比例获得。

(1)经销商分为医药批发商和医药零售商。

1)医药批发:从医药生产商或其他医药商业企业处购买产品,转卖给医药零售商,再销售给终端消费者的医药商业企业。对于医药产业市场而言,批发商是以供应其他医药商业企业生产资料为基本业务的商业企业。

医药批发商可分为完全服务批发商和有限服务批发商,前者提供全套的医药服务,拥有管理销售人员、库存、物流,提供信贷和协助渠道管理等服务;后者提供有限的医药服务,主要为自运批发商、承销批发商(不储存货物)、卡车批发商、托售批发商、邮购批发商等类型。

2)医药零售商:把医药产品销售给终端消费者的渠道中间商。医药零售商处于产品流通的最终环节,是离终端用户最近的商业企业,能够直接接触终端消费者,为消费者提供医药服务。医药零售商在分销渠道中,是最了解消费者的商家,能够准确收集医药生产商产品的终端市场信息,为生产企业的经营献计献策。

医药零售商分为有店铺的零售商和无店铺的零售商。

有店铺的零售商指医药产品的销售在实体店里进行,包括医院、药房、诊所、社区医院、超市、商场和宾馆等。根据国家规定,超市、商场和宾馆中的药品销售专柜,仅限于销售乙类 OTC 药品和保健品,不包括处方药和甲类 OTC 药品。我国在执行药品分类管理以来,明确规定处方药和甲类 OTC 药品只能在医院和药房销售;乙类 OTC 药品可以在医院、药房和超市、商场等非专业医药销售机构出售。

▋▋▍知识链接

处方药和非处方药

处方药简称 Rx 药,是由国家卫生行政部门规定或审定的,药品销售机构需凭医师或其他有处方权的医疗专业人员开写处方出售的,并在医师、药师或其他医疗专业人员监督或指导下方可使用的药品,以保证人民的用药安全,并且处方药的广告宣传只准许出现在专业性医药报刊上,不准许通过大众传播媒介进行宣传。处方药包括以下几种:①上市的新药,对其活性或副作用还需要进一步的观察;②可产生依赖性的药物,如吗啡类镇痛药、某些催眠安定药物等;③药物本身毒性较大,如抗癌药物等;④用于治疗某些疾病所需的特殊药品,如治疗心脑血管疾病的药物,须经医师确诊后开出处方并在医师指导下使用。

非处方药简称 OTC 药,OTC 意指 over the counter,本意是经过柜台上面进行交易的药品。OTC 药不需要医生处方,是相对于处方药而言的,消费者可以根据病情自己判断、自行购买以进行自我治疗。OTC 药品分为甲类 OTC 药品与乙类 OTC 药品,甲类 OTC 药品的 OTC 标识是红色的,可以在医院、药店、诊所等专业医疗机构销售;乙类 OTC 药品的 OTC 标识是绿色的,药品具有较高的安全性,可以在医院、药店、超市、商场和宾馆等地方销售。

无店铺的零售商指医药产品的销售通过一些媒体实现销售,不通过实体店销售,如直销、邮购、电话订购、电视营销、网上药店等模式。对于药品而言,只能以网上药店的形式销售,其他形式适合保健品和保健医疗器械的销售。

截至 2017 年 9 月 30 日《互联网药品交易服务资格证书》共有 974 张,其中包括 A 证(为药品生产企业、药品经营企业和医疗机构之间的互联网药品交易提供的服务)40 张;B 证(药品生产企业、药品批发企业通过自身网站与本企业成员之外的其他企业进行的互联网药品交易)224 张;C 证(向个人消费者提供药品)649 张。

而据药品流通统计直报系统不完全统计,拥有互联网资质的医药电子商务营业收入平均增幅超过了 50%,远高于传统药品流通销售模式的增幅。加快"互联网+"与医药行业的深度融合、拓展医药产业供应链已成为行业共识。大型药品流通企业纷纷"触网",如国药进军体检行业合作成立"国药集团 1 健康商城"、九州通自营式 B2C 模式"好药师网"、英特新型联盟形式"药店在线"、第三方 B2C 平台"天猫医药馆"、第三方 B2B 平台"我的医药网"、上海医药+京东、阿里健康"云医疗"等多种模式,将为医药电子商务的发展提供更多的业务增长点。目前,医药电子商务整体销售收入占药品流通市场的比重虽然不高,但其销售增速不断提高,随着"互联网+"国家相关政策的进一步明朗,未来医药电子商务的发展潜力巨大。

📘 知识链接

网上药店

网上药店是消费者在互联网上自主购药、自主下单的在线消费模式。2005 年 9 月 29 日,国家食品药品监督管理局正式公布《互联网药品交易服务审批暂行规定》(以下简称《规定》),《规定》中指出在网上销售药品必须具有《互联网药品信息服务资格证书》和《互联网药品交易服务资格证书》,两证缺一不可,我国网上药店业务从 2005 年 12 月 1 日开始实施。

网上药店可以经营药品、保健食品、药妆品、母婴用品等大健康概念的各种商品,药品种类达到近万种以上。目前,我国暂没有政策允许网上药店销售处方药。

思考问题:我国处方药网上销售的最新政策有哪些? 未来处方药的网上销售政策会如何调整?

(2)代理商分为医药企业代理商、医药销售代理商、医药寄售商、医药经纪商和医药采购代理商。

医药企业代理商，又叫医药生产代理商，指与医药生产商签订销货协议，受生产企业委托在一定区域内负责代理销售该企业医药产品，其收益根据产品订单金额和双方协商的比例提取佣金。这种类型的代理商负责销售产品，不需要支付采购费用和垫付资金，不承担产品仓储任务，只办理产品销售的业务手续，由渠道下游的商业企业向生产商提货或由生产商直接发货，生产商按照销售额的一定比例支付给企业代理商酬金。

医药销售代理商，是一种独立的代理商，受医药生产商的全权委托独家代理销售其全部医药产品，与生产商签订长期合同，承担生产企业产品的销售环节。这种类型的代理商拥有一定的渠道权力，可以决定产品的零售价，销售范围不受地域限制。销售代理商与生产商签订的协议中通常会规定一定时期内的销售量任务，负责产品促销活动、收集市场信息等。医药销售代理商提供信息咨询、技术支持、售后服务、物流配送、仓储、品牌宣传、产品促销、培训销售员等营销职能，承担生产商的营销职能。该类型代理商要求生产商授予产品的独家代理权，销售权力具有排他性，即不允许生产商委托其他代理商销售医药产品，甚至生产商自己也不能销售协议中签订的产品，相当于生产企业将销售业务外包给销售代理商。销售代理商扮演着生产企业"价值链"中的销售环节。

知识链接

价值链理论

价值链理论由哈佛大学教授迈克尔·波特在《竞争优势》（1985年）一书中提出。波特将企业看作是一个综合设计、生产、销售、发送和辅助其产品的过程中进行种种活动的集合体，认为企业的市场竞争优势来源是企业在价值链各环节中具有不同比较优势而形成的结合竞争力。企业可以从内部追求这种差异性带来的竞争优势，也可以与其他独立的厂商结成联盟，弥补价值链中某一环节的相对弱势，提高企业的整体竞争力。

（资料来源：谷奇峰，丁慧平. 企业能力理论研究综述[J]. 北京交通大学学报（社会科学版），2009（1）：18.）

业务外包

业务外包是近年发展起来的一种新型企业经营策略，指企业把内部业务的一部分承包给外部的专门机构，自身重新配置内部资源，进行资源整合，将企业资源集中在最能反映企业竞争优势的领域或环节，塑造并发挥企业独特的、难以被复制或模仿的核心竞争优势，打造企业的核心业务，以保持企业可持续发展的竞争力。

（资料来源：邹文杰. 企业能力理论视野下的企业战略联盟[J]. 中国经济问题，2008（4）：54-55.）

医药寄售商指医药代理商以代销、寄售的方式销售医药生产商的产品。医药寄售商通过自建店铺、自建仓库来陈列、储存产品，使消费者可以及时购买到医药产品。双方通过签订协议约束双方的行为，医药生产商根据协议向寄售商交付产品，寄售商销售产品后所得的货款在扣除佣金及有关销售费用后，再支付给生产商。

医药经纪商指在买卖双方交易洽谈中，起到媒介中间作用的代理商，既不拥有医药产品所有权、定价权，也不控制产品的销售条件。这种代理商只是受生产商之托拿着样品或药品说明书帮助生产企业寻找买家的代理中介。医药经纪商在买卖双方均有良好的信誉,双方基于对经纪商的信任,在其安排下与对方接触、谈判,经纪商待交易成功后向雇佣方收取佣金。医药经纪商不设有库存,不参与融资,也不承担风险,与买卖双方仅有业务上的往来,没有固定的交易合作关系。

医药采购代理商是医药产品采购方的代理人,一般与买方有长期的友好关系,代替他们执行产品采购,提供价格咨询、收货、验货、储存、送货、信息收集、产品质量鉴别等服务。他们消息灵通,了解行情,知晓行业信息,帮助采购方与供应方讨价还价,通常能够以最低的价格买到好的医药产品。

(四)医药分销渠道设计的影响因素

渠道设计者在确定渠道长度、渠道宽度以及渠道成员的过程中,需要综合考虑其影响因素,才能做出适当的选择。影响渠道设计的因素很多,有些因素对渠道长度、渠道宽度和渠道成员的设计均会产生影响,渠道设计者要综合考虑这些因素的影响程度和影响结果。影响渠道设计的因素主要有法律法规因素、企业因素、产品因素、消费者因素、市场因素、中间商因素和竞争者因素等。

1.法律法规因素

医药产品相关法规中影响渠道设计的主要法规有《药品生产质量管理规范》《药品经营质量管理规范》《医疗器械监督管理条例》《药品广告审查发布标准》《药品流通监督管理办法》等。

例如,国家规定不允许企业在大众媒体上发布处方药广告,企业不能选择电视直销模式销售产品;国家对红色标识的非处方药销售也有着严格的监管,企业仅可以选择网上药店一种模式,其他邮寄、电视购物等直销模式都是非法的。

《药品经营质量管理规范》中规定希望借助计算机系统计数,实施药品经营的全过程管理,这一规定提高了药品流通企业的管理成本和管理难度。医药生产商在这种政策下,渠道设计应向渠道扁平化方向倾斜,减少流通环节。渠道设计者为实现生产商对渠道的控制力,可以选择短的渠道模式,保证药品流通质量符合国家要求。此外,有些药品分销受到地方法规条例的限制,具体需要参照当地政府制定的法律法规。

2.医药企业因素

渠道设计过程中,需要综合考虑医药企业资源、战略、目标、主营业务、渠道现状等因素。长渠道和宽渠道类型需要耗费企业较多资源,企业资金实力雄厚时可以考虑长和宽的渠道,实现产品的全面渠道覆盖。当企业希望利用现有渠道推广新产品,获得较快的推广速度和较广泛的终端覆盖率时,企业必然要将产品分销给全国各区域经销商,再分销给零售商,即采取"医药生产商—各区域医药经销商(或批发商)—医药零售商"的渠道模式,企业通过这种模式分销产品,可以提高渠道效率和终端控制力。当企业未来的战略规划是发展为全国大型医药企业时,渠道设计中要重点加强对渠道终端的把控和布局。例如,某医药企业未来的发展愿景是:未来2~3年,建成超过25家的省级子公司、50家地级分公司和地区配送中心、300多家终端配送站,将集团打造成现代医药分销企业,而企业实现这一愿景的渠道设计就是自建终端渠道完成产品的终端全覆盖,即形成"多级批发—连锁配送—零售终端"的一条龙分销渠道模式。显然,这种渠道模式的渠道长度为二级渠道模式,渠道宽度为广泛性分销模式,渠道成员的选择以医院、连锁药房等类型的医药零售商为主。

3.医药产品因素

医药产品的特征、剂型、功能、有效期等不同,生产商需要根据医药产品的价值、体积、重量、技术特性、数量、售后服务、保存条件、有效期、创新程度和产品生命周期等设计不同的渠道。

(1)产品价值 产品价值高时,如大型医疗设备、进口药品、精细仪器、易碎药品、麻醉药品等,比较适合选择短渠道,减少渠道中间环节,以降低产品的附加价格,其中麻醉药品更需要由国家指定的医药公司通过专门的渠道供货;产品价值低时,如普通药品,比较适合选择长而宽的渠道,实现产品的终端覆盖,但是这种渠道模式又需要较多的渠道资源,由于受国家基本药物制度以及药品招标采购政策影响,企业倾向于采用短渠道模式。医药生产商通常直接参与医院的招投标,或者自己招聘销售员直接与医药零售商接触,减少中间环节以保证产品利润水平。

(2)产品的体积和重量 体积和重量大的医药产品在运输中需要耗费较多人力、物力,应采用短渠道;体积和重量小的医药产品比较适合搬运,可以选择长渠道。

(3)产品的技术特性和售后服务 产品技术含量高,企业需要提供较高水平的技术支持和售后服务,在渠道长度设计中应采用短渠道。同时,企业需要对较多的中间商培训,在渠道宽度中应采用窄渠道,这是因为广泛性渠道类型下,中间商管理的成本和难度较大,一项技术若被较多的企业和人员学习,将面临技术机密外泄的风险,且无法保证较高的技术服务水平,产品使用质量会因为长的渠道类型受到影响。

(4)产品的数量 医药产品数量多时以长渠道和广泛性渠道模式分销,使产品分销效率提高,实现产品在零售终端市场较高的覆盖率;产品数量少应采用短渠道和窄渠道模式,降低渠道分销费用,以保证较高的渠道管理水平和效率。

(5)产品有效期 医药产品的有效期短或季节性强时,适合选择短渠道和广泛性渠道,以快速将产品分销到终端市场;产品有效期长时,适合选择长渠道和窄渠道,可以提高渠道管理效率。但是,分销过程中有较多的分销环节和分销企业参与时,产品质量产生影响的风险就会较大,企业应尽可能降低渠道复杂性以保证产品有效期和质量。

(6)产品的保存条件 有些药品需要低温的保存环境和条件,如治疗糖尿病的胰岛素,产品分销、运输和使用时要在一定温度下进行,以保证药品的质量和疗效。

(7)产品的创新程度 产品创新程度高、容易被竞争者模仿时,企业需要快速分销产品,加快流通速度,应采用短渠道和宽渠道模式,以迅速占领目标市场。但是,新药会申请专利,在专利期,其他企业不可以生产这类药品,所以专利新药的上市流通,可以采用长渠道和窄渠道模式。

(8)产品生命周期阶段 医药产品处于不同的产品生命周期阶段时,渠道设计有所不同。导入期阶段,企业在研发新产品方面已经耗费了较多资金,适合采取短渠道和窄渠道,以降低分销费用和渠道管理难度,这一阶段的中间商不愿意为新产品的分销付出太多;成长期阶段,企业需要提高销售量和利润等,产品应全面分销,使消费者可以更便利地购买到产品,为企业赢得较多市场份额;成熟期阶段,企业要面对白热化竞争,渠道设计以竞争为主要参考因素,企业应该拓展渠道网络,实行广泛性渠道;衰退期阶段,销售量和利润下滑,企业应缩减渠道开支,收缩渠道网络,采用短而窄的渠道。

4. 医药市场因素

医药市场由产品的消费者构成,消费者的消费特性体现了医药市场的特性。医药企业的渠道设计主要考虑消费者数量、消费者集中度和消费者购买频率等方面。

消费者人数多时,企业自身资源和能力难以满足产品分销的高效率要求,应借助中间商力量分销产品,适宜采用长渠道和广泛性渠道;消费者人数少时,企业可以考虑短渠道和窄渠道的分销模式。

消费者集中度高时,企业可以采用直销等短而窄的渠道模式,例如,第一终端和第二终端医药市场,消费者的分布密度较高;消费者集中度低时,如以农村市场为代表的第三终端市场,企业适合采用长而宽的渠道模式。但是,在医药营销实务中,仍有很多营销创新并取得成功的医药企业,通过企业自己聘请销售员将药品直接销售给第三终端医药零售商,再销售给消费者,占领市场,产品的市场覆盖率较高,分销效果较好。

消费者购买频率高时,需要到零售终端重复购买,这要求企业具有较高的产品分销能力,企业适合采用短渠道和广泛性分销渠道,以提高分销覆盖率和分销效率,避免消费者在购买药品时出现缺货的情况。

5. 医药中间商因素

医药渠道的设计应参考中间商特性,包括中间商与企业合作的可能性、中间商分销成本、中间商渠道服务水平等方面。

(1)中间商与企业合作的可能性　医药企业在渠道设计时,考察现有的医药中间商,需思考以下问题:现有医药中间商中有多少家可以与企业合作?这些可以合作的中间商有多少家同时经营竞争者产品?企业采取其他渠道合作方式,如独家经销时是否会被中间商接受?中间商与企业的合作是否具有一定积极性?合作的中间商是否对企业的产品实现有效分销?中间商在产品分销过程中,如果不投入较多资源在企业产品上,产品分销效果不会好;而小型中间商会全力投入生产商产品的分销,可能会产生良好的分销效果。

(2)中间商分销成本　不同的中间商在分销产品时会产生不同的分销成本,而同一个中间商分销不同产品时也会产生不同的分销成本。医药生产商在选择中间商时,要考虑中间商是否会因为企业产品的需要调整分销渠道,如果需要修改渠道,中间商会增加分销成本,降低积极性,产品分销会因为中间商的低积极性产生不理想的效果。但中间商若为了拓展业务范围,希望取得某种医药产品的经销权或代理权;或者因为竞争原因,不希望竞争对手抢占优秀的医药产品,便会付出一定代价争取企业的产品分销权。中间商的这种渠道合作热情和渠道投入水平都不会保持长久,大多是一种短期行为,不利于生产企业的分销布局和终端市场表现。

(3)中间商渠道服务水平　在终端市场中,医药消费者主要通过中间商接受产品和服务,中间商的服务能力决定了顾客的满意度水平和产品的市场形象。例如,零售商对消费者关于药品用药知识的告知;家庭用医疗器械的使用方法、使用培训、安装、售后服务等;药品有效期的销售保证,即在离药品有效期还有几个月的时候要对药品进行下架管理,以保证消费者使用药品时不会出现过期现象。但是,较高的渠道服务水平需要耗费中间商较多的资源和渠道管理成本。

6. 医药竞争者因素

竞争者因素影响医药企业渠道设计的思路。处于不同市场地位的市场领导者、市场挑战者、市场追随者和市场补缺者,企业渠道设计不同,采取的竞争策略也会不同。例如,市场挑战者为争夺市场领导地位,采取正面竞争的对抗竞争策略,应设计与竞争者相似的渠道策略;市场追随者以追随市场领导者为主,采取非正面竞争的共生型竞争;市场补缺者的目标市场是市场中的空白细分市场,渠道设计与竞争者的渠道模式应实现互补。

三、管理医药分销渠道

医药渠道设计后,企业要在产品分销过程中,对分销渠道实施有效渠道管理,以保证渠道具有一定的稳定性和效率性。管理医药分销渠道主要包括激励渠道成员、评估渠道成员、管理渠道冲突、实施渠道合作四个方面。

(一)激励医药分销渠道成员

激励具有激发和推动作用。企业的激励要从多方面入手,不仅要激励企业的员工、顾客、供应商,更要激励渠道合作商。激励可以激发渠道成员的积极性和潜力,使渠道成员将资源更多地分配给生产商的产品。不同的人和企业对生产商的渠道激励政策反应不同,即渠道激励方式会对不同的渠道成员产生不同的激励效果。而同一渠道激励政策作用于渠道成员时,也会因时间和地点不同产生不同的激励效果。激励渠道成员主要包括识别渠道成员的需求和激励渠道成员的方式两个方面。

1.识别渠道成员的需求

渠道成员具有不同的需求,且渠道成员需求是动态变化的,同一渠道成员的需求在不同的发展阶段不同。医药生产企业不仅要了解渠道成员的需求,还要构建动态机制以应对其需求的变化。企业如同人一样,具有不同的特性,也具有独立性。医药生产企业和渠道成员之间在企业文化、企业性质、战略规划、营销策略等方面都有自身的特征。通常,渠道成员具有下列需求。

(1)追逐利润的需求　企业都是逐利的,利润是企业一切经营活动的根本,长久的利润保持是企业最希望获得的。医药生产商在激励渠道成员过程中,在制度、政策和日常渠道管理上要保证渠道成员利润的获取,才能提高中间商的分销积极性和主动性。

(2)渠道成员的自我定位　每个渠道成员都会认为自己不从属于医药生产商,而是独立于生产商经营链条之外的。中间商通常认为它们是顾客的采购代理商,其次才认为自己是生产商的销售代理商。只有医药生产商认识到这个问题后,才会从渠道成员的角度考虑问题,关注渠道成员的顾客满意度,为渠道成员的顾客提供更优质、更便捷的医药产品和服务。渠道成员的顾客满意,渠道成员才会满意,生产商才会实现对渠道成员的激励。

(3)渠道成员的产品组合销售的需求　渠道成员销售单一品种时,消费者购买产品的数量和数额不会像中间商预期的那样多,如果医药生产商设计一种产品销售组合方案,对产品打包、组合,帮助中间商以系统的方式销售给顾客,既能解决消费者的需求问题,又能提高渠道成员的销售收入以及中间商的满意度。

(4)渠道成员提高总销售额的需求　渠道成员希望经营的产品总体销售额较高,而不是某一个单一的产品销售额高。渠道中间商只有提升整体销售额,才能实现较高的企业利润。渠道成员既希望每个医药产品的销售情况比较均衡,又希望拥有具有销售优势的产品,通过优势产品的销售带动其他产品的销售。不管中间商通过哪种方式销售,都希望自己的产品具有较高的总体销售额。所以,生产商在鼓励中间商更多地销售自己产品的同时,也要考虑中间商的整体营利水平,在对中间商渠道行为充分理解的基础上,激励渠道成员产品销售的均衡发展,而不去计较渠道成员是否将分销力量集中在自己产品的终端推广上。

（5）渠道成员销售记录信息的保密需求　每一个医药中间商都不希望将所有的销售记录毫无保留地提供给生产企业，原因是这涉及中间商宝贵的客户信息、产品价格信息、促销策略信息等商业记录，除非生产商有使它满意的激励政策，否则中间商不愿意提供给生产企业。即使是具有吸引力的激励政策，中间商也有可能刻意隐藏，有所保留地提供给企业部分的分销信息。这主要是因为渠道成员得以生存和发展的基础正是这些销售信息，渠道成员的实力和优势的来源也是这些销售信息，这些重要的信息一旦被外企业知晓就意味着渠道成员失去了竞争优势和经营基础。

2. 激励渠道成员的方式

生产商通过满足渠道成员的需求实现对渠道成员的激励，上述对渠道成员需求的认识帮助生产商掌握了激励渠道成员的切入点，使其产生满意的情绪和产品销售的动力。对渠道成员的激励主要包括以下几个方面。

（1）向渠道成员提供顾客感兴趣的产品　医药生产商对消费者需求信息的掌握有时会比渠道成员多，生产企业指导中间商销售顾客感兴趣的产品可以保证中间商获取较高利润，渠道成员与生产商合作的主要动力正是来源于这一点。渠道成员希望销售引起顾客对热销产品的购买兴趣，获取较高的利润水平。

（2）向渠道成员保证产品的供应　医药产品供应的及时性是渠道成员十分关心的问题，中间商不希望顾客购买药品时出现断货。医药生产商若能保证产品的供应不会出现断货，渠道成员会更加热情地投入到生产商产品的销售中。企业可以通过对渠道各级成员的巡视和拜访，与渠道成员进行面对面的交流、沟通，让渠道成员感到被重视，提高中间商的信心和产品销售热情。

（3）提升渠道成员的整体销售能力　如果医药生产商在产品研发中考虑渠道成员因素，通过创新产品销售模式来提高渠道成员的整体销售业绩，医药生产商和中间商都会因此受益。渠道成员在销售中倾向于将产品组合销售，而不仅仅是销售单个产品，这样会使产品更快地流转，资金得到融通。而在产品组合的研制生产方面，生产商比中间商更了解产品的性能、特点，知晓怎样的组合产品才能使消费者喜欢。

（4）对渠道成员进行系统培训　渠道成员在销售过程中通常能了解到较多的消费者信息。渠道合作双方（即生产商和中间商）在业务交流过程中，中间商可以向生产商传递这些信息，提供产品研发和生产的建议，帮助生产企业更好地改进生产工艺，提供销售支持，吸引顾客购买产品。所以，医药生产商需要对渠道成员培训，使其熟悉产品的功效和特点，中间商就可以在销售过程中很清楚地向顾客介绍产品，实现较好的销售业绩，渠道成员得到激励。对渠道成员的培训，包括销售网络、渠道管理、产品信息、促销策略的培训等。

（5）向渠道成员提供渠道功能折扣　渠道成员承担着医药生产商的分销功能，是生产商的战略合作伙伴，生产企业应鼓励渠道成员尽全力销售产品，对渠道成员提供业务折扣成为必要。例如，设置销售奖、信息回馈奖、渠道建设奖、绩效杰出奖、信誉奖、合作奖等措施，促进中间商的销售积极性，获取渠道成员的大量商业信息。

（6）向渠道成员提供物流、促销等营销技术支持　医药生产商可以帮助渠道成员解决和完善存货问题。在OTC药品销售中，生产企业若投放广告，会提升品牌知名度，引起终端消费者的兴趣，提高中间商的销售量，渠道成员因此受益。通常情况下，中间商对宣传力度大的产品表现出较高的销售热情。

【课堂练习】

对于渠道中间商的激励还有哪些方法？

（二）评估医药分销渠道成员

医药生产商需要考核渠道成员的分销业绩，动态掌握渠道成员的营销能力、潜在营销能力、渠道参与程度和参与热情三个方面。

1. 渠道成员的营销能力

中间商的渠道营销能力是每一个医药生产商选择渠道成员时首先要考虑的问题。中间商的营销能力包括销售额大小、销售量大小、售后服务能力、成长和盈利记录、回款情况、偿付能力、信息收集能力、平均存货水平和交货时间等内容。

2. 渠道成员的潜在营销能力

中间商的潜在营销能力显示出其未来的分销能力，企业不仅要评估渠道成员现有的营销能力，还要评估企业的潜在营销能力。中间商的潜在营销能力包括企业整体实力、企业经营方向、企业发展能力、市场占有率的增长水平、市场拓展能力、顾客满意度水平等。例如，渠道成员的经营方向是某类药品的销售，那么，该渠道成员会将企业资源投放在这类药品上。另外，若渠道成员现有的市场份额不是很理想，但通过信息收集发现，该渠道成员在渠道销售中获得了较高的心理份额和情感份额，那么，未来其市场份额会有增长的趋势。总之，医药生产企业对渠道成员的业绩考核，不仅要考察现有的分销记录，更要注重渠道成员未来渠道分销能力的提高。

3. 渠道成员的渠道参与程度和参与热情

渠道成员的渠道参与程度和参与热情是评价渠道成员的一个重要标准。一个实力强、有能力的中间商，如果不将其资源投放在医药生产企业的产品渠道推广上，企业的分销效果就会不理想；如果中间商的分销热情不高，即使现今看其渠道投入水平高，也会影响今后的渠道资源投入。相反，一个普通的渠道成员，如果渠道参与程度和参与热情较高，便会积极配合医药生产企业的营销活动，甚至为实现自身利润超出生产企业的要求进行渠道投入，在渠道中表现出更多的主动性和热情，分销效果会十分理想。总之，无论渠道成员是一个多么理想的渠道合作伙伴，如果它不能积极配合生产商的营销活动，便可能威胁到生产商分销目标、营销目标的完成，影响企业的整体发展进程。对于中间商渠道参与程度和参与热情的考核，可以从以下方面进行：渠道成员对损坏和遗失商品的处理；与企业促销行为的合作情况；参与企业培训计划的行为表现；向顾客提供的服务水平和服务项目；对销售员工提供的生产企业产品的销售激励；对终端市场的销售热情；渠道资源的投放水平等方面。而上述中间商参与度的考评，都可以通过很直观的数据完成，即通过衡量生产企业自己产品的销售量在中间商的产品销售总量的占比来确定。

（三）管理医药分销渠道的冲突

1. 渠道冲突的含义

渠道冲突指某个渠道成员从事的医药分销活动对其他渠道成员企业造成阻碍或影响。

2. 渠道冲突的产生

渠道冲突的产生主要有以下两个方面。

（1）同一渠道模式下渠道成员间的冲突　同一渠道模式间的冲突发生在同一个渠道模式

下不同级别(或同一级别)的渠道成员之间。例如,在医药生产商将产品分销给经销商再分销给零售商的渠道模式下,经销商在将药品分销给零售商的同时,自己也可能会建立渠道终端销售药品,这时经销商和零售商之间就产生了冲突,不同级别的渠道成员间冲突,又称为垂直渠道冲突;医药生产商将产品分销给同一级别的不同经销商时,若某个经销商具有低价销售或者跨区域销售等渠道行为,经销商之间就会产生冲突,这是同一级别的渠道成员间的冲突,又称为水平渠道冲突。

(2)不同渠道模式下渠道成员间的冲突 医药生产商在同一细分市场建立两条或两条以上渠道模式时会产生冲突。这种冲突产生的原因主要是在不同的医药渠道模式下将产品分销给同一类消费者群而产生的利益冲突,是不同类型渠道之间的冲突。例如,医药生产商在同一药品品种的分销中,采取网上药店的直销渠道模式和连锁药房的间接渠道模式时,渠道之间会产生冲突,称为多渠道冲突。

3. 渠道冲突的类型

每个医药企业都是独立的,它们的利益不可能总是一致的,所以渠道冲突产生的主要原因是渠道成员之间的利益冲突。渠道冲突主要有以下三种类型。

(1)垂直渠道冲突,也称为渠道上下游冲突,指同一渠道模式中不同层级渠道成员之间的利害冲突,这种类型的冲突比较常见。垂直渠道冲突包括医药生产商与经销商(或代理商)渠道冲突、医药生产商与零售商渠道冲突、医药经销商(或代理商)与零售商渠道冲突,主要是渠道上游企业与下游企业之间的冲突。

一般情况下,渠道长度越长,渠道层级越多,涉及的渠道成员越多,产生的垂直渠道冲突就越多。医药生产商和经销商(或代理商)都可能自己建立渠道终端,这样会挤压零售商的销售空间,影响零售商终端的销售量,产生垂直渠道冲突。而只要医药产品的一次购买量达到批发商的要求,不管销售对象是组织还是个人,批发商均会销售产品,且销售价格常常低于零售商,产生垂直渠道冲突。这种冲突主要表现在回款时限冲突、销售权力冲突、折扣率冲突、销售范围冲突、激励政策冲突、进货渠道冲突和售后服务冲突等。

(2)水平渠道冲突,指同一渠道模式中发生在同一渠道层级的渠道成员间的冲突。当医药生产商采取独家分销时,水平渠道冲突通常不存在。但是,当医药生产商采取选择性分销或广泛性分销时,由于同一层级的渠道中存在两家或两家以上的中间商,渠道冲突往往难以避免。

同一家制药厂的同一个药品品种,在不同医药零售商的销售价格不一样时,渠道冲突可能会发生。药品在终端零售价格的不同,主要是由于有些经销商为争夺终端的铺货率擅自压低价格供货,以低于其他经销商的价格分销给终端零售商,售价高的经销商就会产生不满情绪,常常通过提高促销力度、加强服务支持、赠送赠品、增加销售奖励、进行商业调拨等方式,给予零售商一些渠道激励政策,或者也降低供货价格,以实现对其他经销商的排挤和报复,但是这样做会造成行业内的恶性竞争,形成企业之间的资源消耗,对每一个经销商都没有益处。

另外一种水平渠道冲突的主要表现是中间商的跨区域销售行为,这必然引发该区域中间商的不满。我国医药行业传统的分销格局是以地域为主要的划分标准,例如,东北大区、东南大区、西南大区等,渠道冲突现象比较严重。医药经销商(或代理商)从生产商那里获得某个区域的产品经销权,经营活动以区域为基础,开展产品营销。以地域为划分标准的分销渠道模式,人为限制了企业的经营区域,分销能力强的企业希望可以向更多零售商供应产品,而分销能力弱的企业则向终端提供了较高价格的产品,采购价格高的零售商也会不满,不利于生产商产品的销售。例如,部分医药经销商因为价格差或返利的诱惑进行跨区域的进货、冲货和窜货等,且这种乱象十分严重,导致市场价格混乱,秩序被打乱,出现过度竞争,并形成恶性循环,使整个行业市场经营环境混乱,更使终端市场的消费者产生不满。

渠道成员间的冲突对医药生产商和所有渠道成员均是不利的,即使经销商向生产商施压,希望对违约的经销商惩罚。大部分生产商面对这样的情况仍常是无计可施,左右为难。

渠道冲突一直是企业的顽疾,是所有渠道成员希望回避又必须面对和解决的问题。随着我国医疗体制改革的不断深入,药品价格不断降低,医药中间环节的利润空间被逐渐压缩,原有的以地域为划分标准的医药分销出现很多弊端,不利于整个医药行业的整体发展。现有的医药分销越来越向规模化方向转变,在竞争中不再依靠地域形成竞争优势,而是向降低分销成本、供应链管理、无库存配送、第三方物流、电子商务等高科技方向转型,那些规模小、效率低、分销模式传统的医药分销商在市场竞争中会被逐渐淘汰、兼并或并购,直至退出市场。而相反的,大型医药分销商采用集成配送,规模越来越大,业务范围不断扩大。很多医药经销商开始向终端拓展,不仅向医院、药房等零售商配送医药产品,还采取自建终端渠道的方式,开设连锁药房、网上药店等。

(3)多渠道冲突,指医药生产商建立两种或两种以上的分销渠道模式,向同一市场销售产品时产生的渠道冲突。例如,当制药企业将某个药品品种分销给中间商再分销给消费者,又同时自己开设终端药房或者网上药店,生产商的渠道行为就会抢占中间商的终端市场,中间商会产生不满。当医药生产商将乙类 OTC 药品、保健品等送到超市或商场销售时,它们的零售商就会不满。多渠道冲突具体表现在零售价格不统一、终端促销方案不一致、配货冲突等。

在渠道冲突的治理中,仅依靠医药生产商或渠道成员的自律显然是不行的,即便在法规和体制等方面对分销商的渠道行为加以强制限制,也无法完全做到渠道冲突的预防和治理。因为生产商无法对分销商的每一个渠道行为进行监控,只有建立一种利益驱动机制和渠道管理机制,对分销商进行有效引导,并对渠道行为及时做出预警和预防,才能保证分销商的渠道行为合理化。

(四)实施医药分销渠道合作

医药分销渠道冲突对生产商、经销商、零售商等渠道成员的经营均不利,而渠道合作是对多方渠道成员均有利的渠道策略选择。渠道合作是以关系营销理论为基础,将渠道成员之间的合作关系发展成更紧密型的伙伴关系,以加强双方(或多方)渠道成员间的合作。

从关系的紧密程度分,渠道合作分为交易型、伙伴型、关系型和联盟型四种渠道合作类型,渠道关系的紧密程度是逐渐加强的。交易型渠道合作指渠道成员间的关系属于交易关系,是一次或几次交易实现的合作关系;伙伴型渠道合作指渠道成员之间的关系属于经常性的交易关系,并且每次交易十分愉快,各自已经成为对方的一个"伙伴";关系型渠道合作指渠道成员间的合作不只在交易层面,更有关心对方、为对方考虑的关系营销思维;联盟型渠道合作指渠道成员间构建了具有共同愿景、信息交流、相互信任、行动配合的渠道联盟组织,是最紧密的渠道合作关系类型。渠道合作关系既可以在医药生产商与分销商之间产生,也可以在不同的医药分销商和零售商之间产生。

知识链接

第一个全国性医药分销企业联盟在杭州成立

2011年12月23日,在浙江杭州成立了第一个全国性医药分销企业联盟,该联盟是由浙江珍诚医药在线股份有限公司牵头,及来自全国17个省份的近20家医药商业企业共同组建的,旨在将医药生产商的产品通过联盟成员的巨大分销网络直接配送到零售终端,实现资源共享、缩短流通环节、节省分销成本、提高分销效率、使资源有效配置等,努力实现全产业链的"和合共赢"。

四、调整医药分销渠道

(一)调整医药分销渠道的条件

1.国家的法律、法规等政策变化

2016年初,国家卫生计生委办公厅印发"应对细菌耐药联防联控工作机制工作方案及成员名单的通知",同时发布工作方案,将从国家层面采取行动,强化多部门协调配合,对细菌耐药问题进行综合治理,这意味着存在多年的门诊输液滥用情况将受到严管。国家的政策态度已经明确,各地也紧随国家政策的步伐,开始下发禁止门诊输液的相关政策。

2.医药行业的分销技术发生变化

随着互联网技术的发展,我国的医药物流管理、医药供应链管理、第三方物流、网络营销等水平会大幅度提高,生产商的产品分销效率和流通效率会有所提高,生产商的分销渠道系统也会随之改变。

知识链接

供应链管理

供应链管理(supply chain management,SCM),广义的含义指整个企业的价值链,它描述了从原材料开采到使用结束的整个过程中,采购与供应管理流程;狭义含义指在一个供应组织内集成了不同功能领域的物流,加强从供应商、生产商、分销商到终端消费者的联系。

3.医药生产商的经营战略调整

企业的总体经营战略调整时,营销战略和营销计划也会随之调整,企业的分销渠道自然也会相应调整。

知识链接

药企进军药房托管,流通大变局

从2013年下半年起,药房托管浪潮来袭。截至2016年5月,国内已经有29家医药上市公司承接了药房托管。药房托管作为医改过程中,医药分开管理的一种过渡形式,对医疗机

构、患者和地方政府三方均有益,这将改变流通企业的产业竞争格局。

药房托管指医疗机构通过契约形式,在药房所有权不发生变化和国家对非营利性医疗机构的各项优惠政策不变的情况下,将其药房的药品销售活动交由有合法经营资格、较强经营管理能力,并能够承担相应风险的医药企业进行有偿的经营和管理,明晰医院药房所有者、经营者之间的权利义务关系的一种药品经营模式。公立医院实施"药房托管"后,工作核心能专注在医疗服务和管理上,提高医院的诊疗和整体服务水平;另一方面,托管企业倒逼药厂或代理商让利,促进降低药价。

托管药房将获得采购与配送两大权力,对企业有巨大的吸引力。随着"药品零差率""取消以药养医"等措施的推行,医院药房已逐渐从收入部门变为成本部门,给流通企业带来了药房托管的机遇。国内已经有包括康美药业、国药控股、三九集团、华润医药在内的 29 家医药上市公司承接数百家医院药房托管。

另据统计,在全国范围内,约有半数以上的二级及以下医院已实施或计划实施药房托管。我国上万亿的药品市场,八成在医院药房,一旦占领这块前沿阵地,企业角色将发生重大转变。有专家指出,目前我国药品流通行业集中度很低,药品批发前三强企业仅占全国销售总额的 20% 左右,而美国前三家大型药品批发企业占国内市场份额的 90% 以上。我国医药商业企业小、散、乱问题严重,造成市场竞争过度。药房托管模式的推行,有利于发挥优胜劣汰的市场机制。

(资料来源:中国医药联盟网,http://www.chinamsr.com/2016/0503/88234.shtml)

4.渠道成员的经营变化

医药生产商的渠道成员经营状况变化时,渠道要进行调整。例如,中间商的总体经营战略、企业资源、竞争优势、产品分销能力等变化时,会对医药生产商的产品分销产生影响,生产商需要调整渠道。

知识链接

阿里巴巴的医药电商平台整合战略

2014 年 1 月,阿里巴巴集团斥资 10 亿元入主医药电商中信 21 世纪科技有限公司,后者拥有药品第三方交易平台资质的 95095。2014 年 5 月,天猫医药馆给在旗下开店的医药电商发出通知,要求他们和 95095 签订合同,在 95095 建立经营平台。淘宝用户登录淘宝账户后可直接进行购物,点击购买药品后,直接链接到消费者在淘宝的收货地址,并可用淘宝账户进行支付。对于天猫来说,95095 最大的意义是让阿里的医药平台更顺畅地运转。作为合法的第三方交易平台,药品销售将会更加灵活,以前天猫医药馆必须跳转三到四次才能完成药品销售,现在可以直接购买。而 95095 对阿里的更大意义在于医药大数据。2014 年 3 月起,阿里健康只用了 1.5 个月的时间,使 O2O 送药模式从石家庄、杭州覆盖到全国 24 个省市,合作药店 138 家,共 2 万多家连锁门店。此外,阿里依托支付宝,开始打造"未来医院",打通预约挂号、在线支付等关键环节。

5.现有渠道系统运行效率低

现有的渠道系统有可能设计不合理,也有可能在运行过程中,存在渠道冲突多、渠道管理难度大、渠道成员不满意、渠道效率低等原因使生产商需要进行调整。

知识链接

批零一体化的模式之思

作为推动药品流通及零售领域集中度提升的关键措施,"批零一体化"在《全国药品流通行业发展规划纲要(2011—2015年)》中被首次明确提出并鼓励。至今天,这一政策导向被越来越多地转化为实践,并因其主体的不同而呈现出了各不相同的模式。

1.独立而统一:大型流通企业

在政策及市场的双重作用下,大型流通企业虽仍保持着集团内部批发与零售运营上的完全独立,但从集团高层的角度,其一体化的优势正在显现。如通过零售环节充沛的现金流支援批发环节,从而使批发环节可以通过现款提货争取更好的销售政策;同时,批发与零售信息的整合也便于集团高层全面把握市场动向,调整战略方向。

随着国家"医药分开"步伐的加快,未来零售企业可以借助同一集团内的批发版块的丰富的医院渠道资源,优先获得医院的青睐,通过在医院周边商圈自建药房,或者与医院合作开设托管药房等方式,接收医院门诊药房的销售业务,成为分享医院门诊药房业务的最大受益者。

2.垂直一体化:连锁药店与代理商

除了大型药品流通企业,我国还有一批专供连锁的小型批发企业(即药店代理商)的存在。代理商与连锁药店一体化模式的诞生,一方面源于与连锁药店相伴而生的"自营品种"模式,另一方面是药品零售行业寻找新的利润增长点的需求所致。因此,这类小型批发企业更多是由连锁药店延伸组建而成。

一般而言,这类批发企业的目标客户以零售药店为主,不经营普药,而是具有一批"全国总代"与"省级代理"品种,且甚至延伸至生产环节,涉足贴牌。同时,这类批发企业采购人员寻找产品的要点与零售板块采购部的重合度很高,有时还会经营传统批发企业不涉足的品类。

小型批发企业与药店之间保持着紧密联系,其合作具有"垂直一体化"特征。对内,以增强零售的竞争力为主要目的,为连锁药店提供更适销对路的商品,其差异化明显,价格更具竞争力,是专业为连锁药店提供"主毛利商品"的公司;对外,通过与非竞争区域内的药店合作以提高渠道网络利用率,增加采购数量,从而获得更好的政策,也使产品的采购更为灵活。

当然,这一模式也存在一定弊端,由于供货商(即小型批发企业)未来很有可能涉足零售板块,成为零售商的对手,基于此,很多连锁零售商会持防御心态将"兼有零售"的批发商拒之门外,以阻碍其进一步发展。

(资料来源:中国医药联盟网,http://www.chinamsr.com/2012/1119/59650.shtml)

(二)调整医药分销渠道的方法

1.增加或减少某些渠道成员

这种渠道调整方法主要针对渠道宽度,即渠道成员的调整。渠道成员的调整包括以下几个方面:通过对渠道成员的评估来判断是增加还是减少渠道成员;应该调整哪个或哪些渠道成员;怎样将调整后的渠道成员进行搭配组合。

2.增加或减少某个渠道环节

这种渠道调整方法主要针对渠道层级的调整。当长渠道影响产品分销效率时,应减少渠道环节;当短渠道影响市场的服务效率时,应增加渠道层级以保证渠道的终端覆盖率,加强对渠道下游的管理,提高渠道分销效率。

3.改变整个分销渠道系统

当对上述 1 和 2 调整后,即对渠道成员和渠道环节调整后仍不能产生良好的分销效果时,生产商要考虑应该对整个分销系统重新调整。医药生产企业可以选择对现有分销系统进行部分改进,即考虑通过自建渠道还是通过渠道成员分销产品,或者考虑是否需要将旧的分销系统改变成全新的分销系统。

【实训任务】

实训一　某医药生产商的某类 OTC 药品第三终端医药市场分销渠道的设计

实训目的

1.分析该企业该类 OTC 药品在第三终端市场的分销渠道现状。

2.分析该企业该类 OTC 药品的第三终端市场的分销渠道目标和限制因素。

3.分析该企业该类 OTC 药品在第三终端市场分销渠道设计中的影响因素。

4.以上述三项为基础,为该企业该类 OTC 药品设计分销渠道,主要是确定渠道长度、渠道宽度和渠道成员三个方面。

实训内容

设计某一医药生产商的某类 OTC 药品的分销渠道。

实训步骤

1.在教师指导下,学生以实训小组为单位,共同商议选择每个实训小组的实训药品。

2.教师安排实训任务,提出实训目标和实训要求;每个实训小组再分为 3 个分组,分工完成渠道现状分析、渠道目标和限制因素分析、渠道设计影响因素分析三个分项实训任务。

3.学生以小组为单位,通过第三终端市场的实地走访、二手资料的调研等信息资料的收集和整理,做好每次走访的记录和二手资料信息收集的记录,教师巡回指导并监控整个信息收集过程。

4.以实训小组为单位整理分析结论,形成分析报告。

5.实训小组根据分析报告进行小组讨论,确定渠道长度、渠道宽度和渠道成员,最后形成渠道设计方案。

实训体会

通过实训,了解渠道设计的步骤和需要考虑的影响因素,学会在分析的基础上设计医药产品分销渠道。

实训作业

1.在实训小组分为 3 个分组的基础上,以每个分组为单位,分别提交"渠道现状分析报告""渠道目标和限制因素分析报告"和"渠道设计影响因素分析报告"。

2.制订走访记录单,提交实地走访中的所有原始记录单。

3.以实训小组为单位,撰写渠道设计方案。

实训考核的内容和标准

每个分组提交的分析报告	制订走访记录单和原始走访记录单	撰写渠道设计方案
30 分	20 分	50 分

【小结】

模块十三讲述了医药市场营销组合策略中的渠道策略,主要包括认识医药分销渠道、设计医药分销渠道、管理医药分销渠道、调整医药分销渠道。其中认识医药分销渠道包括对医药渠道内涵的理解,医药分销渠道的特点、功能、流程;设计分销渠道包括确定分销渠道设计的目标与限制、设计分销渠道的类型、设计分销渠道的成员和分析分销渠道设计的影响因素;管理医药分销渠道包括激励、评估分销渠道的成员,分销渠道冲突的管理,分销渠道合作的实施;调整医药分销渠道包括调整分销渠道的条件和方法。

【能力检测】

1. 如何理解医药分销渠道?
2. 如何设计医药分销渠道?
3. 分析医药分销渠道设计的影响因素。
4. 如何管理医药分销渠道?

（刘　徽）

模块十四 医药促销策略

【模块解析】

促销策略是医药市场营销组合策略中必不可少的一个组成部分,在市场竞争日益激烈的今天,医药企业的促销策略能否打动消费者,迎合消费者的心理,往往成为企业决胜市场的关键。通过本模块的学习和训练,学生能够在全面认识医药促销的内涵、作用和方式的基础上理解促销组合的内容;能够根据企业的实际情况设计出恰当的促销组合;可以使用人员推销方案的设计技巧从事初步的医院和药店拜访推销工作;根据国家关于医药企业广告的政策要求制订广告策略;在医药企业的经营范围内为企业选择合适的营业推广方式及其组合;设计合理有效的公共关系活动;树立企业品牌形象;学会处理公益事件公关和危机事件公关的技巧和方法。

【知识目标】

◆ 掌握促销和促销组合的概念、四种促销方式的特点比较,理解促销的作用。
◆ 掌握人员推销的内涵、人员推销方案的设计和技巧。
◆ 掌握广告策略的制订方法和广告宣传工具的选择,了解广告的内涵和我国医药企业广告的政策规定。
◆ 掌握营业推广的方式,理解营业推广的内涵。
◆ 熟悉公共关系的内涵及其活动方式的选择,了解公益事件公关和危机事件公关的技巧。

【能力目标】

◆ 认知医药促销,能够在分析企业实际情况的基础上,为企业搭配选择合适的促销方式。
◆ 学会制订合适的人员推销方案,并从事简单的医院和药房的推销拜访活动。
◆ 能够为企业制订合法、合规、有效的广告策略和营业推广策略。
◆ 具备在恰当时机为企业选择实施公共关系活动的能力。

【案例导读】

疫情大考下的"医药担当"

2019 年年末,高传染性"新型冠状病毒肺炎"在我国部分地区流行,由于病发于春运期间,有大量的人员流动,在短时间内病毒就蔓延到了全国。上海某医药集团积极响国家号召,采取有效举措,保证防疫药品及时复工复产,支援抗疫一线临床工作。据了解,整个集团生产的与疫情相关的药品有 10 大类、100 多种(不包括医疗器械),其中多个产品需求量激增,相关生产单位加急生产,全力支持前线。结合国家工信部防疫重点监控品种,企业建立了涵盖抗病毒药、抗菌药、糖皮质激素、解热镇痛药、化痰药、平喘药、免疫调节药、预防药品、中成药、中药饮片等 10 大类防疫药品目录。集团根据疫情发展情况,动态调整和监测,做好了提前扩产准备,可 24 小时供货,还提前联系供应商,保证原辅料和包材供应链畅通,保障足量的安全库存。疫情期间,全国各地均出现了不同程度的药品、防护物资紧缺。医药企业作为抗击疫情不可或缺的重要一环,他们服务大局,坚守使命职责,充分发挥专业优势,积极投入到这场没有硝烟的战斗中,全力保障防疫物资供应,充分体现了企业的担当,履行着充当战役的坚实后盾的职责。

此次突发公共卫生事件对医药企业产业链的健全和整个行业的竞争力是一场大考,对于一些药企排头兵来说,如何在后疫情时代抓住机遇建立完善的产业链,以危机为契机,提升企业整体竞争力,借全球战疫之机让企业走向世界,加快医药产业世界化步伐,是企业未来需要深入思考和长期布局的问题。

【实践与探索】

1. 你认为疫情期间,大型医药企业应如何担当?
2. 企业制订促销策略时应如何考虑公共关系?

一、认识促销策略

医药促销是医药市场营销 4P 组合策略中的最后一部分,英文原文为 promotion,字面意思是提升、推广,即提高销售、促进销售之意,中文将其翻译为促销。促销是消费者最常见到、接触到的营销内容,甚至在不少消费者心目中,认为企业的营销活动就是促销,认为营销就是广告和特价宣传。毕竟在消费者面前,促销就像是冰山浮在水面上的那一部分,最容易被看到、注意到。诚然,促销不是营销,促销不能代表营销,但这也说明促销对于消费者购买行为的影响力。

|课堂练习|

促销和营销的区别有哪些? 两者又有着怎样的联系?

搭配合理的促销策略是企业获利的必要保证。随着人们生活水平的提高和医改政策的不断推进,在市场竞争异常激烈的今天,医药企业在消费者需求基础上经设计、研发、生产、包装出产品成品,在前期确定了准确的符合消费者消费成本的定价,选择恰当的分销渠道,使消费者可以方便快捷地取得他们所需要的产品。之后,企业在统一的市场定位指导下,设计、传播、控制产品在市场上的形象,通过人员推销或广告、公共关系、营业推广等方式向消费者传播有关产品的外观、特色、价格以及购买地点、优惠条件等信息,收集消费者关于产品的反馈信息,恰当地实施促销活动。这需要企业营销人员因地制宜制订出卓有成效的促销策略,采用切实有效的促销方式,吸引消费者注意,激起其购买欲望,从而产生购买行为。企业要想获得营业收入的增长,达成盈利目的,必须首先将相关信息通过各种渠道传达给消费者,而促销就是企业传递资讯的主要通道。

(一)医药促销的内涵

1. 促销的概念

促销(promotion)即促进销售,指企业运用人员促销或非人员促销方式,与消费者沟通传递企业和产品的信息,以期吸引消费者注意,诱发消费者兴趣,进而刺激使其产生购买欲望、实施购买行为,以达到企业获利,消费者需求得到满足的目的。

作为营销组合策略的最后一部分,我们可以从以下三个部分理解促销的概念。

(1)促销的方式包括人员促销和非人员促销两大类 人员促销也被称为人员推销或直接

促销,它是由医药企业雇佣销售人员,主要以面对面语言劝说的方式,直接向消费者说明产品信息,促使其购买产品的行为。非人员促销也称为间接促销,包括使用广告、营业推广和公共关系等非面对面劝说的方式传递产品信息,树立企业品牌形象,进而使其产生购买行为。

(2)促销的本质是沟通信息　企业获利的前提是了解消费者需求,同时消费者了解企业及其产品,即信息沟通,而实现这一沟通的途径就体现在营销组合策略中的促销策略。这种沟通是双向的。一方面,企业需要了解消费者的需求,以消费者需求为中心生产设计产品、定价、确定销售渠道、策划营销方案。另一方面,企业的产品知识、定位,包括企业的形象、宗旨等信息,也需要一个合适的途径传达给消费者,促使消费者可以对企业和产品有着良好的预期认知。促销过程中,企业可以与消费者零距离接触,收集其需求特点、购买行为特征等信息,同时将企业想要传达的信息推送给消费者,告知产品的特色、价格等最新资讯,在消费者心目中建立良好的品牌形象,方便消费者形成购买意向,实施购买行为。

(3)促销的目的是消费者需求得到满足的同时企业获利　促销是企业营销活动的一部分,其目的与营销的最终目的是完全吻合的,即满足需求和欲望。在这里,主要包括消费者的需求得到满足,企业获得应得的收入。

在促销目的达成过程中完整体现了 AIDA 公式。AIDA 公式最初是世界知名的推销专家海因茨·姆·戈德曼总结的推销员成功推销的过程,即爱达公式。AIDA 是由四个英文单词的首字母组成,其中 A 为 attention,吸引注意;I 为 interest,诱发兴趣;D 为 desire,刺激欲望;结尾字母 A 为 action,实施购买行为。他认为一个成功的推销过程是由 AIDA 这四个步骤构成的,推销员必须首先靠各种方式把消费者的注意力吸引到产品上,诱发其对所推销的产品产生兴趣,继而产生购买欲望,最终采取购买行为,购买推销员所推销的产品。在现代企业营销活动中,企业也越来越多地将原本使用在面对面人员推销过程中的 AIDA 公式推广移植到促销中,要求在促销过程中尽可能地通过各种方式吸引消费者注意力,诱发其购买兴趣,刺激其购买欲望,最终将购买欲望转化为购买行为。

完整的促销概念即是由促销方式、促销本质和促销目的这三部分构成的,即企业运用人员或非人员方式,与消费者沟通传递企业和产品的信息,以期吸引消费者注意,诱发消费者兴趣,进而刺激使其产生购买欲望,实施购买行为,以达到企业获利、消费者需求得到满足的目的。

2. 医药促销的概念

医药促销就是医药企业实施的促销活动,即医药企业运用人员或非人员的方式,与促销对象进行信息沟通,引发并刺激消费者的购买兴趣和购买欲望,使其产生购买行为,以满足企业和促销对象需求的活动过程。

3. 医药促销的特点

医药产品是特殊的商品,其使用对象、使用范围和使用过程都与一般商品有着很大不同,因此医药促销活动也有其明显的特点。

(1)促销对象并非产品最终使用者　药品最终使用者为患者,但在部分情况下部分药品的决策权并不在患者即使用者手中。在医疗机构中,决定药品使用结果的为医生,在药品类别中,处方药的决策权在医生手中,儿童用药的决策权在医生或父母手中,这就使得药品的使用权和决策权相分离,企业在进行药品促销过程中要将拥有药品使用、决策权的医生也作为促销对象,甚至在处方药促销中要将医生作为主要促销对象。

(2)促销行为有严格的法律法规限制　因为药品的特殊性,国家对药品的促销行为,如广告宣传、营业推广等有明确的法律法规要求。在广告宣传中,《中华人民共和国广告法》要求处方药不得在大众媒体进行广告宣传。2020年最新广告法对药品广告及保健品广告做出了明确限制,例如,不允许利用患者、卫生技术人员、医学教育科研机构及人员以及其他社会社团、组织的名义、形象做证明。现行《药品流通监督管理办法》规定,药品生产、经营企业不得以展示会、博览会、交易会、订货会、产品宣传会等方式现货销售药品。这就给医药促销增添了很多限制条件。医药企业营销人员在策划促销方案时,务必在国家法律法规要求下,合法宣传企业产品。

课后练习

请查阅最新的药品管理法律法规,找出我国药品管理法律法规中针对药品促销的具体要求。

知识链接

广告法对于医药行业广告的相关规定

一、对药品广告做出明确限制

1.麻醉药品、精神药品、医疗用毒性药品、放射性药品等特殊药品,药品类易制毒化学品,以及戒毒治疗的药品、医疗器械和治疗方法,不得做广告。

前款规定以外的处方药,只能在国务院卫生行政部门和国务院药品监督管理部门共同指定的医学、药学专业刊物上做广告。

2.医疗、药品、医疗器械广告不得含有下列内容:

(1)表示功效、安全性的断言或者保证;

(2)说明治愈率或者有效率;

(3)与其他药品、医疗器械的功效和安全性或者其他医疗机构比较;

(4)利用广告代言人做推荐、证明;

(5)法律、行政法规规定禁止的其他内容。

3.药品广告的内容不得与国务院药品监督管理部门批准的说明书不一致,并应当显著标明禁忌、不良反应。

处方药广告应当显著标明"本广告仅供医学、药学专业人士阅读",非处方药广告应当显著标明"请按药品说明书或者在药师指导下购买和使用"。

4.推荐给个人自用的医疗器械的广告,应当显著标明"请仔细阅读产品说明书或者在医务人员的指导下购买和使用"。医疗器械产品注册证明文件中有禁忌内容、注意事项的,广告中应当显著标明"禁忌内容或者注意事项详见说明书"。

5.广播电台、电视台、报刊音像出版单位、互联网信息服务提供者不得以介绍健康、养生知识等形式变相发布医疗、药品、医疗器械、保健食品广告。

二、对保健食品广告做出明确限制

保健食品广告不得含有下列内容:

(1)表示功效、安全性的断言或者保证;

(2)涉及疾病预防、治疗功能;

(3)声称或者暗示广告商品为保障健康所必需;

（4）与药品、其他保健食品进行比较；

（5）利用广告代言人做推荐、证明；

（6）法律、行政法规规定禁止的其他内容。

保健食品广告应当显著标明"本品不能代替药物"。

（3）促销行为的专业性强　药品属专业性较强的产品，同时存在明显的信息不对称性，消费者作为患者对于产品的专业知识不了解，不能做出专业性的判断，这就需要营销人员在谨记职业道德的前提下，尽量以消费者理解的方式进行普及性的专业信息传递，避免出现夸大宣传、欺骗消费者的不道德现象。

（二）医药促销的作用

医药促销的目的是满足消费者和企业双方的需求和欲望。具体来讲，在医药市场中，促销的作用包括以下几方面。

1.传递信息

促销的本质在于信息沟通。促销是企业可以使用的营销工具之一，就像消费者和企业之间信息沟通的桥梁，连接起使用领域的消费者和生产流通领域的企业，可以起到收集消费者需求信息，传递企业产品信息的作用，从而达到密切联系企业和消费者间的关系，促进产品流通的目的。

2.促进销售，开拓市场

医药企业是自主经营、自负盈亏的独立组织，以营利为主要目的，而消费者的需求具有可引导性，通过促销手段，企业可以将消费者的需求引导到企业产品上，从而提升销售额，不断开拓新市场，获得更多消费者的认同，达到企业利润最大化的营利目标。

3.树立品牌形象，提高企业竞争力

在市场瞬息万变的今天，医药企业之间产品趋于同质化，竞争由早期的价格竞争开始向差异化服务、品牌竞争转变，树立企业形象，建立良好的品牌认知，以此来提高企业竞争力，已成为企业的当务之急。促销策略尤其是广告宣传和公共关系等促销方式可以帮助企业解决这一问题，在宣传活动和企业的公关活动中，可以扩大品牌知名度，提高企业美誉度，提升市场竞争力，拉动销售增长，打败竞争对手。

4.普及医药知识

随着医药产品的推陈出新，新产品不断面世进入市场，对医药专业化程度相对较高的医生，也需要厂家代表（医药人员）向他们介绍产品最新知识，方便医生尽快将药品投入临床使用，提高诊疗水平。而处于医药信息不对称弱势方的消费者，在自我诊疗中更需要专业人员的指导。推销人员可以对医药产品及相关专业知识、保健知识进行普及宣传，从而提高消费者的自我保健水平，推动整个社会的医疗保健水平。

（三）医药促销方式

1.促销方式分类

促销的方式包括人员促销和非人员促销两大类。其中，人员促销，又称为人员推销或直接促销，指医药企业雇佣医药代表、药店代表、商务代表、营业员等推销人员进行推销活动，主要以面对面语言劝说的方式，直接向消费者说明产品信息，促使其购买产品的行为。人员促销可以面对面传递信息，信息传达准确率高，针对性强，当场促成交易，沟通反馈信息速度快，是专

业性较强的产品,如处方药常用的促销方式。人们也常把这种促销方式简称为推销,将代表企业从事推销工作的人员统称为推销员,甚至有消费者将推销和营销混为一谈。虽然人员推销是最早出现的促销手段,早期市场中企业还只是单纯使用人员推销作为促销方式,但在营销工具层出不穷、手段异常丰富的今天,推销已经不能代表营销的全部。

[课堂练习]

请分析并解释推销和营销的关系。

非人员促销,又称为非人员推销或间接促销,指医药企业在特定传播宣传工具上宣传企业、产品或服务的相关信息,树立企业品牌形象,以引发、刺激消费者产生购买欲望、实施购买行为的活动过程,按照宣传方式的不同又分为广告、营业推广和公共关系。

广告,是医药企业以支付广告费用为代价,借助各种广告宣传工具向消费者传播企业、产品或服务等特定信息,增进消费者对企业和产品的了解,以期促进销售增长的促销方式。广告宣传的形式多种多样,包括不同的种类。根据广告宣传工具的不同,可以分为电视广告、互联网广告、报纸广告、杂志广告、户外广告等;按广告宣传地理区域不同,可以分为区域性广告、全国性广告和国际性广告;按广告宣传内容的不同,可以分为公益广告、企业广告和产品广告;按广告宣传目的的不同,可分为拓展性广告、提醒性广告、劝说性广告、形象性广告等;根据广告宣传形式的不同,可以分为平面广告和影视广告。在促销过程中,广告宣传是企业不可缺少的促销方式,尤其是产品上市初期。

营业推广,是企业最常使用的短效辅助性促销方式,是对其他促销方式的补充,较少单独使用。包括对消费者直接使用的特价、买赠、抽奖等形式,也有对中间商采取的销售返利、培训、销售竞赛等形式,可以产生即时促销效果,提升企业销售业绩,短期效果较好,不能长期使用,否则影响产品形象,降低消费者对产品和企业的认知。

公共关系,是一种非即时性质的促销方式,不能当面促成交易,往往是为了协调企业和公众的关系,为企业创造良好的人际关系,促进消费者对企业的了解,提高企业知名度,树立企业良好的形象而长期开展的一系列活动。例如,在3月15日消费者权益保护日与厂家联合举办家庭过期药品回收等活动,在活动中持续加深企业及其产品、品牌在消费者心目中的良好印象。

2. 四种促销方式优缺点的比较

四种促销方式各有优缺点,见表14-1。企业在选择、组合各项促销方式时可根据其各自的特点针对企业实际做出搭配选择。

表 14-1 促销方式优缺点比较

促销方式	促销工具	优点	缺点
人员促销	对个人推销、推介会、展销会、交易会	针对性强、沟通效果好、当面促成交易	接触面窄、单位成本高、对推销人员素质要求高
广告	电视广告、互联网广告、户外广告、报纸广告	宣传面广、形式多样、形象生动	针对性差、信息量有限、投放费用高、难以当场促成交易
营业推广	买赠、抽奖、特价、游戏、抵用券、积分	吸引力大、即时效果好	短期效果、辅助使用、长期使用会降低产品身份
公共关系	公益活动、慈善捐赠、研讨会、演讲	树立企业品牌形象、影响面广、公众信任程度高	长期才能见效、不能产生即时效果、效果难控

（四）医药促销组合

医药促销组合是医药企业根据营销目标要求在企业资源条件范围内，择优选择搭配人员推销、广告宣传、公共关系和营业推广四种促销方式，以期获得最大整体效果，实现企业目标的活动过程。

医药促销组合的实施，也恰恰体现了现代市场营销理论中整体营销的核心思想。医药促销组合就是一种系统化的整体策略，由四种促销方式有机组成，每种促销方式都是促销组合整体策略的一个子系统，四个子系统相互作用，互为补充，共同构成一个低成本高效率的整体促销组合策略，发挥出最大的整体效果。其中任何一个子系统的改动都可能形成一个全新的促销组合策略。

医药企业在制订医药促销组合策略时，除了考虑四种促销方式本身的优点外，还需要考虑以下因素。

1.影响医药促销组合选择的因素

（1）促销目的　企业促销目的不同时，所采取的促销组合也不同。如果促销目的是提高药品知名度，促销方式应以广告宣传和长期效果较好的公共关系为主；如果促销目的是要在短期内迅速增加销售业绩，促销方式应以即时促销效果较好的营业推广为主，辅之以人员推销和广告宣传，以增加针对性促销效果，扩大促销影响范围。企业在选择促销方式时，应根据不同目的，采取不用的促销方式加以搭配组合。

（2）促销产品特点。

1）产品类别：医药产品作为特殊商品，促销活动受到诸多限制。不同类别的医药产品，在我国法律法规中有不同的促销要求，凡是属于国家法律法规严格限制的药品，在选择促销方式时应遵照国家法律法规的要求，选择合适、合法的促销方式。如对于处方药，消费者不具备相应的专业知识以做出购买决策，购买决策权在医生手中，故不得在大众媒体上对消费者进行广告宣传，促销方式以针对医生、药师等专业技术人员为促销对象的人员推销为主；非处方药可以不凭执业医师和执业助理医师处方，消费者可以自行购买、使用，决策权在购买者即消费者本人手中，可以经药监部门审批备案后在大众媒体进行广告宣传，故常采用广告宣传、人员推销和营业推广等促销方式。但需要注意的是，在营业推广活动中，按法律法规要求，医药企业不得以搭售、买药赠药、买商品赠药品等形式向公众赠送处方药和甲类非处方药。药品、医疗器械和保健食品在广告宣传中，不得借助广告代言人做推荐、证明。

2）产品生命周期：不同产品所处的生命周期阶段不同，消费者需求、竞争状况等特征不同，营销组合策略的营销目标也应有所区别。作为营销组合策略构成部分之一的促销策略，各阶段促销目的也应不尽相同。导入期，企业需要尽快让消费者了解产品，增加产品知名度，可采用拓展性广告宣传和公共关系，如配合人员推销和营业推广，鼓励消费者试用，最大程度缩短导入期，拉动销售增长，尽快进入销售快速增长的成长期。成长期的产品应着力做"好"，以形成品牌特色，塑造品牌形象，培养一批忠诚顾客，可在维持广告宣传和公共关系的基础上，减少营业推广方式的使用，延长成长期。进入成熟期的产品，销售达到顶峰状态，此时也进入竞争白热化阶段，开始出现需求饱和、销售下滑趋势，医药企业应开始适当增加营业推广投入，辅之以提醒性广告，减少公共关系和人员推销。最终产品进入衰退期，销售量出现大幅度下滑，利润降低，企业需要减少促销成本开支以抵消销售额下降带来的利润下降幅度，可以采用成本较低、即时促销效果明显的营业推广，辅以少量提醒性广告。

（3）市场特点　市场地域范围广、购买者较为分散、专业性不强的药品，如非处方药，可使用接触面广的广告宣传，配合营业推广和公共关系等方式；购买者分布较为集中、专业性强的药品，如处方药，则可选择针对性强、沟通效果好的人员推销，同时选择公共关系以提高企业知名度，扩大影响力。

（4）促销预算　不同促销方式的成本各不相同，企业以营利为主要目的，促销费用预算有限，需要评估投入产出比，在费用预算范围内，选择性价比最高的促销方式。相对来说，人员推销接触面窄，人工成本和培训成本较高，广告宣传的整体投入费用也较高，而营业推广的单位成本较低，公共关系的促销效果难以立即显现，且难以控制，成本费用难以估量。

（5）促销策略　经过优化组合的医药促销组合策略按照促销活动作用方向的不同分为三种，包括推式策略、拉式策略和推拉式结合策略。企业选择不同的促销策略，相应的促销方式也不同。

1）推式策略：所谓推式策略，指医药生产企业运用人员推销为主的促销方式来影响处于流通领域的中间商，包括医药批发商、零售商和医疗机构的药品管理者、处方决策者，促使他们购买企业的产品并继续向下游推动药品销售，实现产品最终到达消费者手中这一目标的策略。促销活动是自上而下，逐级、逐层推动的，其作用方向和产品实体流动方向一致，是较早使用的传统促销组合策略。策略成功与否很大程度上取决于生产企业对中间商、中间商对消费者的促销活动力度。

2）拉式策略：所谓拉式策略，是由医药企业运用营业推广为主，广告和公共关系为辅的促销方式，直接作用于零售终端的消费者，通过吸引消费者注意力，激发其购买欲望，产生购买需求，进而将这种需求反映至中间商处，由中间商再将这一需求反映至生产企业，增加对生产企业的订货量，拉动产品从医药生产企业至消费者的实体流动过程。促销活动作用的方向和产品实体流动方向相反，由消费者自下而上的需求拉动实体，医药生产企业占据一定主动权，往往能产生出其不意的效果。策略成功的关键在于生产企业的促销活动是否能够促使消费者产生足够拉动实体流动的需求。其中，中间商是否能够将这种需求及时反馈到上游企业，是影响组合策略效果的关键。

3）推拉式结合策略：所谓推拉式结合策略，指医药企业将推式策略和拉式策略结合起来，组合使用各种促销方式同时作用于中间商和消费者，产生协同作用，促进产品向使用领域的消费者流动，达成企业获利目标的策略。促销活动作用的方向指向中间商的同时也指向消费者，一方面推动产品实体由上而下的向下游流动，另一方面由消费者自下而上的需求拉动产品实体流动，两相结合，双向作用，达到产生最大化效果的目的，也可以解决消费者需求在中间商环节可能得不到及时反馈而中断的问题。三者的具体区别见图 14-1A、图 14-1B和图 14-1C。

推式策略

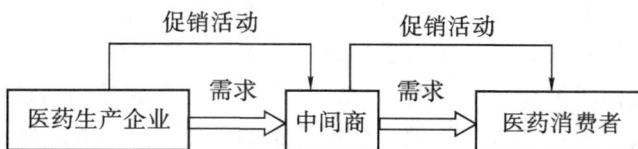

图 14-1A　推式策略的促销作用

拉式策略

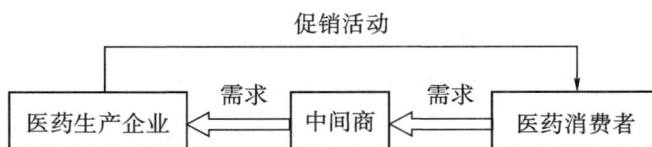

图14-1B　拉式策略的促销作用

推拉式结合策略

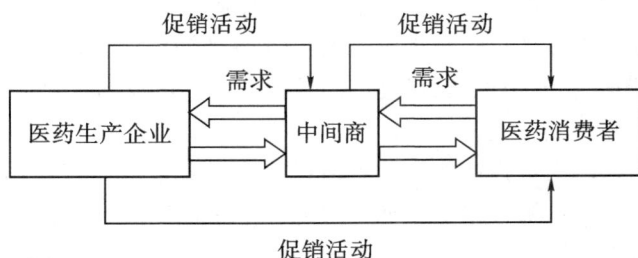

图14-1C　推拉式结合策略的促销作用

2. 制订医药促销组合的步骤

(1)识别促销对象　制订医药促销组合,首先需要清楚界定促销对象,是直接使用药品的患者、患者家属,还是医生;是购买角色中的决策者、使用者,还是购买者。促销对象将对后续促销组合的决策产生极大影响,即对促销目的、促销信息内容、促销方式,乃至促销地点、促销时间等都产生影响。

(2)确定促销目的　在不同产品生命周期和不同的市场背景下,企业开展的促销活动都有特定的长期或短期目标。需要注意的是,促销目的还应和企业营销组合策略的目标、企业战略规划目标相一致,体现现代企业市场营销理论中整体营销的核心思想。

(3)设计沟通信息　根据促销对象和促销目的,从促销对象的心理视角出发,拟定需要传递给促销对象的信息内容,包括与企业产品定位相吻合的诉求、构思,传递信息的信息源。

(4)选择沟通渠道　沟通渠道包括个人渠道和大众渠道。通过人与人之间的个人沟通渠道作用,如口口相传的口碑效果、面对面劝说的人员推销、利用相关群体的影响力和人们的从众心理,扩大企业品牌知名度,挖掘潜在顾客。也可以通过各大媒体进行大范围的广告宣传,做好企业公关活动,协调公众和企业间的良好关系,对在一定范围内的消费者使用营业推广,刺激其购买欲望。相对来说,尽管个人渠道针对性强,但大众渠道仍是促销组合策略的主要沟通渠道。

(5)编制促销预算　不同企业的不同产品在不同情况下促销预算差别很大。一般来说,大企业的促销预算高于小企业,新产品的促销预算高于成熟产品,市场竞争激烈的产品促销费用高于竞争较少的产品。编制预算时可以采用销售百分比法,提取企业销售额的一定百分比作为促销预算,也可以在往年同期企业的促销费用基础上,结合企业未来的销售增长目标做出调整。

（6）制订促销组合　在综合考虑影响促销组合决策因素的基础上，在促销预算范围内，选择搭配合适的促销方式，完成促销组合策略制订工作。

（7）实施促销组合，评估促销效果　将促销组合策略付诸实施，并在实施过程中，评估促销效果，为下一次的促销组合策略的制订或调整积累经验教训。

二、医药人员推销

（一）人员推销的内涵

人员推销指医药公司聘请专业销售代表直接与医药中间商、医药消费者面对面接触，运用语言等方式劝说推销对象，销售医药产品和服务的一种促销活动。人员推销是最原始、最古老的促销方式，但直到今天仍在现代医药市场上发挥着举足轻重的作用，尤其是处方药的促销。人员推销也是现代医药企业开拓市场、提高产品销售额必不可少的重要促销手段。

1.人员推销的作用

作为传统的促销方式，人员推销的实施者销售代表一直被认为其作用仅体现在销售额的提升上，以销售成绩作为考核销售代表的唯一指标。但随着时代的变迁，市场环境发生了极大的改变，医药企业在人力资源管理中开始越来越多地加入其他考核指标，综合考核指标体系已慢慢代替单一的销售业绩考核标准。这其中一大原因就在于人员推销的作用已不单单体现在销售额的增加上，在企业形象建立、信息搜集、市场开拓等方面，人员推销也发挥了作用。

（1）开拓市场　保持与现有消费者的密切联系，深入挖掘寻找企业潜在客户，不断开发新的市场，对企业的长远发展有着重要意义。

（2）推销产品　在原有市场和新市场中，运用各种推销方式和技巧，努力提高产品销售量，扩大企业产品的市场占有率，也是企业考核销售代表的主要标准。

（3）沟通传递信息　负责将企业最新资讯和产品知识，包括产品的适用范围、用法用量、注意事项、价格、特色等传递给销售对象，促进消费者对产品的了解，普及用药常识，宣传企业和产品形象。同时，推销人员应收集、反馈患者、医药专业技术人员对药品使用的意见，了解患者需求信息，为企业了解市场需求、搜集情报、经营决策提供一线情报资讯。

（4）提供售后服务　真正的销售始于售后。合同一旦签订，产品一经售出，并不意味着销售过程的终结。销售代表仍继续提供消费者需要的售后服务，如用药咨询、学术支持协助、协调药品供应过程中出现的各种问题、解决购买方的各种供需矛盾，以最大限度地满足各方利益。

2.人员推销的特点

人员推销的针对性强，可以根据推销对象的不同，使用不同的推销方式做出不同的推销反应，直接面对面沟通信息。在沟通过程中可以综合运用语言文字、语音语调、面部表情和肢体动作等沟通工具，保证信息100%传达给推销对象，并能当面观察推销对象，包括面部微表情在内的所有反应，这是四种促销方式中双向沟通特征最为明显的一种促销方式。在消费者面前，销售代表是医药企业的代言人，其一言一行代表着医药企业的形象。相对的，在医药企业内，销售代表是消费者的代表，负责收集消费者的反馈信息，代表着消费者的需求，若收集反馈信息速度快，可当面促成交易。

但是，人员推销的接触面窄，单个销售代表同一时间有效传达信息的对象人数有限，销售代表的人工成本和培训成本日益增长。推销成功与否与销售代表的个人素质也有很大关系，现代医药企业竞争越来越激烈，国家医改政策不断调整，市场环境越来越复杂，对销售代表的个人素质要求越来越高，销售代表不仅要具备医学、药学的专业基础知识，还必须拥有良好的职业道德，具备一定的销售技巧、人际交往能力、心理素质和抗压能力。

人员促销适合于专业性强、促销对象个体差异较大、市场较为分散的产品。例如，在处方药的促销过程中，人员推销是处方药销售中最主要的促销方式。

▎▎▎知识链接

微表情的秘密

微表情，即面部特征微表情，是心理学的专业术语。人的面部表情可以传递信息，是人体的信息传输器之一。每个人可以通过面部表情表达自己的内心感受，也可以通过他人的面部表情判断对方的想法，接收对方的信息。这种面部表情所传达的信息可能是真实的，也可能是通过控制面部肌肉而故意向对方透漏的某些虚假信息。但在人们的不同表情之间，或某个表情里，脸部会在很短的时间内"泄露"出其他的信息，这就是微表情。微表情往往发生在一瞬间，最短可持续1/25秒，虽然一个下意识的表情可能转瞬消失，但它往往能暴露出人的真实情绪。通过面对面的细致观察，我们可以捕捉对方微表情，判断对方的真实反应。

（二）销售代表的管理

销售代表是医药企业中从事推销工作的人员，在医药企业的营销系统中占有重要位置，他们是营销部门的一线作战人员，承担着实施销售计划的重要任务，对销售对象和市场最了解，最有发言权。

1.销售代表的分类

根据推销对象的不同，可以把推销人员分为以下三类。

（1）商务代表　商务代表是在医药企业中以医药中间商（包括批发商、代理商、零售药店）为对象的销售人员。其主要工作任务是与各级、各类中间商进行商务谈判，确定销售品种、销售数量、销售价格、付款条件、付款时间等销售合同内容，跟进销售合同的执行过程，处理合同执行中可能出现的各种问题，协调医药企业和销售对象之间的关系，推动药品从上游向中间商下游流动。

（2）医药代表　医药代表指代表药品上市许可持有人从事药品信息传递、沟通、反馈的专业人员，其主要职责包括：学术推广，技术咨询，协助医务人员合理用药，收集、反馈药品临床使用情况和药品不良反应信息等。医药代表可以通过当面沟通、举办学术会议与讲座、提供学术资料、通过互联网或电话会议沟通等形式开展学术推广。推进实施《医药代表登记备案管理办法（试行）》，规范医药代表从业行为，改善医疗服务环境，药品生产企业应当公开其医药代表的备案信息。医药代表必须接受相关的法律法规、职业道德、专业知识等方面的培训。在美国，医生73％的医药知识来源于医药代表的介绍，60％以上的医生认为医药代表是很好的产品信息来源。美国FDA收到的药品不良反应报告中，90％以上正是通过医药代表的收集，由药品制造商提供的。医药代表在向医生传达药品资讯的过程中扮演了相当重要的角色，他们是医药企业和医生之间的沟通桥梁，在医生眼中，医药代表就是公司。

▎知识链接

医药代表备案制

2017 年,国家食品药品监督管理总局、国家卫生和计划生育委员会联合发布《医药代表登记备案管理办法(试行)》(以下简称《管理办法》)。《管理办法》的公布意味着国家坚定规范药品营销行为,让医药代表回归专业化学术推广本位的脚步加快了。

《管理办法》的发布,承认医药代表存在的价值,同时也明确了医药代表在法律上合规的地位。从《管理办法》对医药代表的职业定义看,医药代表并不是销售代表,明确规定"医药代表不得承担药品销售任务""药品上市许可持有人不得鼓励、暗示医药代表从事违规行为,不得向医药代表分配药品销售任务"。

(3)药店代表　药店代表是医药公司派出的以零售药店内的药师和营业人员为工作对象的销售代表,主要工作是打好铺货基础、做好产品陈列和负责店员培训。所谓铺货,就是在限定时间内根据公司的具体要求,尽快将产品销入负责区域的所有药店,并摆上药店货架柜台。药店进货后,并不意味着消费者可以顺利购买到产品,实现销售,下一步的工作就是尽快将药品按一定的要求摆放在药店货架柜台的有利位置。如占据黄金位置、摆放更多陈列面等。此外,药店代表还肩负培训店员的责任,店员推荐对消费者的购买决策所产生的影响力并不低于电视广告,药店代表对店员培训工作的扎实与否直接决定了消费者的购买决策结果。

药店代表是由医药代表发展演化而来的。在最初合资企业设立医药代表后,国内各大中型医药企业如雨后春笋般招聘培训了大批医药代表进入临床,并发挥了明显的推广作用。

随着国内经济水平的不断提高,人民群众的生活水平和健康保健意识不断增强,对药品的使用常识,尤其是家庭常备药,如感冒药、止咳药、止泻药、外用药等,有了更多的认知和了解;而在《处方药和非处方药分类管理办法》实施后,消费者开始有自由选购药品的权力,国家开始允许私人开办药店,允许跨地区设立零售连锁药店,零售药店进入发展的春天。与此同时,零售药店迅速发展壮大。消费者开始习惯在零售药店自行购买使用药品,尤其是非处方药的销售,越来越多是由零售药店来完成。

这一状况也被医药企业看到并重视起来。自 20 世纪 90 年代中期开始,部分合资企业,如西安杨森、上海强生等,看到这种趋势,开始不仅仅满足于在医院的销售工作,针对零售药店率先开展了专业的销售工作,设立了专业的以药店为主要销售对象的销售岗位,也就是早期的药店代表。随着时间的推移,越来越多的医药企业为了尽早占领蓬勃发展的零售药店市场,增加产品销售,纷纷设立专职的药店代表岗位,组建起面向药店的药店代表队伍。

药店代表与医药代表虽然都是医药企业内负责销售工作的销售代表,但工作对象不同,工作特点和工作内容也不同。医药代表的工作对象主要是医院的医生等专业技术人员,药店代表的主要工作对象是药店营业员和药师;医药代表的工作以"点"为主,一名医药代表平均一天拜访 2～3 家医院,拜访 10 名左右医生,而药店代表的工作以"面"为主,一名药店代表一天可能要跑 10～15 家药店或者更多。因为工作对象不同,所以药店代表的工作内容与医药代表也不尽相同。药店代表除了完成信息沟通工作,还需要根据零售药店终端的要求做好商品陈列、铺货和店员培训等工作。

2.销售代表组织的架构设置

医药企业经营范围内往往有多个产品品项,市场也往往遍布多个区域,如何合理设置销售代表组织的架构,也成为医药企业在销售代表管理中必须考虑的一环。在医药企业中,可以采用的组织架构设置包括以下四类。

(1)区域型组织架构设置　按市场区域的不同划分,将医药企业的目标市场划分为若干区域,每一个特定区域内企业所有的产品指定由一个销售代表全权负责。这是最常采用的一种组织结构形式。每个销售人员的目标范围和责任明确,权利统一,便于应对当地市场的不同状况,在当地累积良好人脉关系,工作积极性高,也便于企业考核其工作绩效。销售代表的流动性小,差旅等成本支出较低。此种设置对销售人员的个人知识能力要求较高,销售代表需要掌握企业在该地域所有产品的相关知识,了解各类目标客户的需求,一般只适宜于产品和市场比较单一,相似度较高的医药企业。

(2)产品线型组织架构设置　产品专业化程度高、种类繁多的企业,常采用产品线型组织模式。企业按照所经营产品的关系远近,将关系相近的一组产品划分为一条产品线,每个销售代表负责一条产品线的销售工作。销售代表的信息反馈更专业,销售服务聚焦于某个专业领域,可以发挥其在某个专业的特长,在专业领域内获得销售对象的认可。但可能出现同一家医药企业的多个销售代表针对同一个销售对象开展推销工作的情况,出现地域、资源、成本的浪费。

(3)目标客户型组织架构设置　按照目标客户的不同分别设置不同的销售代表,每个销售代表负责某类目标客户的销售工作。销售代表可以深入了解目标客户的需求,与目标客户建立长久的密切合作关系,为目标客户解决个性化的问题,服务更细致、更贴心、更具针对性。如将大客户的业务合作从普通客户中分开,设置大客户服务专员,专职负责处理、协调大客户的销售业务。但目标客户过于分散时,会增加销售代表的工作量和旅费开支,影响销售的绩效。这种组织架构通常用于目标客户比较集中的医药企业。

(4)复合型组织架构设置　根据企业销售区域、产品线、目标客户的不同,在不同层次中使用不同分类方法,可以在全国范围内按照区域划分后,同一区域内按照产品线的不同(或是目标客户的不同)进行进一步细分,或是在全国范围内按照产品线的不同设置不同产品分组,在组内按照区域不同分别设置各区域内的某产品线销售代表。企业产品类别较多、涉及销售区域较多、目标客户复杂时可使用这种复合型组织架构设置。

3.销售代表的素质和能力要求

随着国家医改政策的不断推进,药品监管体系的不断完善,医药市场竞争日益激烈,在愈加复杂的市场中,销售代表担负着艰巨的人员推销任务,作为医药企业销售一线的作战队员,在客户眼中他代表企业,其素质和能力的高低对销售任务的完成起着至关重要的作用。一个成功的销售代表应达到以下几项基本要求。

(1)良好的职业道德　药品是特殊商品,使用人群本身是有一定生理或心理问题的患者,其关系到民众的生命安全,国家对药品也设置了严格的法律法规要求,作为药品从业人员,医药代表应首先具有良好的职业道德,谨记药品质量安全的重要性,真心实意地为患者着想,从患者角度思考问题,具备强烈的事业心和责任感,不夸大推销产品的功效和适用范围,不隐瞒药品可能会出现的不良反应,不为假冒伪劣药品做宣传推荐,不为一己私利向医生做出无原则的推荐使用和误导。这是决定医药企业人员推销工作能否成功的根本。

（2）良好的心理素质和敬业精神　销售代表所做的推销工作是医药企业营运过程中最为艰苦的环节，其面对的工作对象是复杂的。销售代表在工作中会遇到许多的困难和挫折。销售代表一定要具备良好的心理素质和敬业态度，不怕挫折，勇于接受挑战，以积极的态度应对可能会出现的任何挫折和难题，保持乐观向上的工作状态和饱满的工作热情，热爱自己的工作，热爱自己的企业和产品，对企业、产品和自己的工作持自信的心态，坚定信念，坚持自我，不轻言放弃，将自信传递给客户，守信守诺，不妄言承诺，传达正面向上的工作态度，获得客户的认同和信赖。

（3）完善的知识储备。

1）专业知识储备：医药企业的销售代表作为专业产品的销售人员，面对医生、药师等专业技术人员，务必在向客户介绍推荐产品前了解自己所销售的产品，掌握相关的医学、药学基本常识和国家法律法规的相关要求，熟悉企业情况和所推荐药品的药理作用、功能主治、适用范围、用法用量、不良反应、注意事项等基本内容，了解疾病治疗的常用知识，跟踪行业内的最新咨讯、国家出台的最新法律法规要求，做好销售代表的本职工作，回答客户可能提出的问题，具有能够帮助客户解决专业难题的知识储备，这样才能完成信息传递的基本作用，帮助医生等专业人员了解产品，达成促进销售、提升销售业绩的目的。

2）辅助知识储备：在专业知识储备之外还应具有多学科、多领域的辅助知识储备。广阔的多学科辅助知识可以成为销售过程中的润滑剂，作为谈资，增进对销售对象的了解，拉近和销售对象的距离，辅助知识也会成为销售代表成功的媒介。

（4）必备的销售技能　作为销售岗位从业人员，销售代表还应掌握必备的销售技能，这是做好销售工作的基础。销售技能可以弥补知识储备的不足。

1）良好的沟通协调能力：促销的本质就是信息沟通，销售代表是人员促销的实施者，其沟通协调能力决定了其工作任务的完成情况。良好的沟通协调能力可以帮助销售代表将产品资讯尽快地全面介绍传递给销售对象，获得对方的反馈信息，协调各方可能出现的矛盾，展现企业的完美形象。

2）良好的观察力和洞察力：作为企业一线的销售人员，销售代表还肩负搜集情报、收集反馈的任务，这就需要良好的观察力和洞察力，对市场需求、未来发展趋势和消费者的心理状态进行准确的判断，为企业提供有用的情报和决策依据。

3）良好的市场开拓能力：不断发展的市场中，开拓新市场是销售代表不可逃避的任务，销售代表必须具有对新市场的分析调研能力，确定目标客户，洞悉客户需求并提出针对、有效的销售计划，实施计划，帮助企业开拓新市场，完成企业不断发展的目标。

4）良好的销售技巧：能够做好全面充分的拜访前准备工作，使用合适的开场白，懂得运用恰当的问询技巧挖掘销售对象内心真实的想法，按照拜访计划完成拜访任务，并快速合理地处理拜访中可能出现的各种问题，做出积极应变，消除异议，与销售对象做好沟通，跟进销售过程，促成交易，做好自己的时间管理、费用管理和汇总上报工作。

此外，销售代表还应有吸引力，具备良好的气质和素养，仪表整洁，热情大方，谦恭有礼，谈吐优雅，使客户乐于与其交流。一流的销售代表不是销售产品，而是销售自己，获得良好的第一印象，推销工作也就成功了一半，销售代表只有成功地推销了自己，赢得客户信任，才能成功推销产品，完成推销任务。

▌课堂练习▌

对比销售代表的素质和能力要求,检查一下,你是否具备了这些职业素质? 可以进行哪些针对性的改进?

▎知识链接

医生喜欢的医药代表

1. 热情,敬业
2. 衣着整洁,有礼貌
3. 具有丰富的专业知识,对本公司产品及竞争产品了解
4. 能清楚、简单介绍产品
5. 访前准备充分
6. 能与客户建立互敬的长期关系
7. 谈吐优雅幽默,有知识、有教养
8. 能够察言观色

医生不喜欢的医药代表

1. 送名片后不再上门
2. 态度粗鲁,没礼貌
3. 在医生工作繁忙的时候拜访医生
4. 假装与医生很熟,自作聪明
5. 一味讲解,不注意倾听及应答
6. 对自己推介的产品不熟悉,无法回答提出的问题
7. 诋毁竞争对手的产品
8. 不能勇于承认错误,推卸责任
9. 经常跳槽的医药代表

(三)人员推销的方案设计和技巧

根据推销对象的不同,人员推销的方案设计也不同,需要使用不同的推销技巧。

1. 医院拜访的方案设计和技巧

医药代表是以医院为推销对象的销售代表,主要负责对医生、药师、护士等专业技术人员传递药品资讯,收集临床一线用药的反馈意见,推广所负责产品的临床使用,是医院拜访的实施者。

(1)拜访方案的设计 医药代表需要在进入医院拜访销售对象前,做好拜访方案的设计,具体包括拜访计划、拜访准备、拜访方式、拜访总结的设计。

1)制订拜访计划:拜访医生是医药代表沟通信息、提高销量等工作的基础,周密的拜访计划是拜访完美执行的前提,也是人力资源和销售主管对医药代表业绩考核的内容之一。人都有拖沓的惰性,严格的拜访计划是治疗拖沓最有效的手段。事实上,销售代表都是拖沓症最典型的患者,如果连拜访计划都没有制订,医药代表随意性更大,对关系较好,容易沟通的医生拜访过多次,而基于"恐惧"等心理下意识里减少对某些医生的拜访次数,甚至忽略,很可能导致

在销售过程中顾此失彼,到月底才发现有某些医生没有跟进拜访而阵脚大乱,或是因没有拜访,而需要不停地被召唤到出现险情、问题的医院"灭火",疲于补救,被动地销售,而非主动跟进。

拜访计划一般是在上月末本月初时按月制订,每个月至少拜访所管辖销售区域的医院医生一次。可根据目标医院的就诊患者数量、需要拜访的医生数量和医院平均治疗费用确定每家医院拜访的天数,再决定具体的时间分配方案。例如,按照平均每天拜访 15 位医生来计算,就可以确定当月的计划拜访次数。一般一位医药代表平均每月拜访人次至少在 350 次。最后,根据实际情况可适当调整拜访医院和医生的月度计划,制订出最终版本,包括每周、每天的具体安排,拜访医院、拜访医生以及拜访内容和目的,方便执行。计划一旦制订,尽量按照要求执行,否则可能影响整个月度销售任务的完成。

2)做好拜访前的准备:充分的拜访前准备可以使医药代表有备无患,打有准备的仗,尽可能把可能出现的情况预想到,并做好应对,避免出现手忙脚乱的现象。主要包括以下四点。

①自我准备:拜访前,首先需要做好自我的仪容仪表准备和心理建设,掌握必要的接人待物礼仪,整理好自己的仪容、仪表,从服饰、发型等入手,为拜访做好个人物品的整理工作,力求为拜访对象留下良好的第一印象。在心理上做好自我建设,坚信自己的企业和产品是最好的,为可能遇到的挫折,如医生异议、推销对象的不理解,想出应对措施,牢记拜访计划和对象,为自己设定合理可行的拜访目标。拜访目标要符合 SMART 原则,即保证拜访目标的明确可测量性,保证与销售目标相关,具有可行性,并有明确的时间期限。

📚 知识链接

推销人员的仪容仪表

作为推销人员,良好的第一印象是成功的第一步。仪容仪表是能否留下良好印象的首要条件。它是一个人的广告,给销售对象留下的印象既是初步的,又是难忘的。人与人接触的第一感性认识都是从最先注意到的仪容仪表开始的,仪容仪表至少要给人以舒服、自然的感觉,这样才能吸引对方注意力,并让其注意力集中在推销人员的发言和所做的事情上。

服饰上不一定需要"白衬衫、深色裤子、笔挺的领带"之类的正装,可以根据拜访对象和时间的不同更换合适的着装。需要注意服饰的清洁,不能有任何的污垢,尤其是衬衫领口处,女生要上衣袖过肩、下裙及膝、浅色丝袜,避免着暴露的服装,勤洗澡,勤换衣物,以免身上发出汗味或其他异味。

头发最能体现出一个人的精神面貌,销售人员的头发需要精心打理。不论男女都要经常洗头,保持头发、头皮清洁,最好做到没有头皮屑,不要抹过多的发胶。男性不要留长发,头发要做到前不过眉,旁不过耳,后不盖衣领;女性发型要大方、得体、干练,不要太夸张,包括头发颜色及发型等,前发以不要遮眼、遮脸为好。

面容要保持清洁,耳朵内须清洗干净,眼角不要留有眼屎,鼻孔不可露出鼻毛。女生若化妆应该化淡妆;男性胡子要刮干净或修整齐。

口腔要清洁,保持牙齿洁白,口中不可留有异味,最好不要吃大蒜、臭豆腐等有异味食品,可随身携带口香糖以备不时之需。

保持双手整洁,经常洗手,包括手腕也要清洗干净;勤剪指甲,造型不要太怪;手指要保持干净,不要有明显的死皮,保持手的湿润与柔软。

②拜访中用到的推销工具的准备:因拜访目的的不同,需要不同的推销工具,如皮包、资料袋、企业和个人证明材料(名片、企业证照复印件、个人的身份证明材料等)、产品资料(产品批准文件、产品介绍资料、价目表、样品、媒体报道的宣传材料等),医药代表根据拜访对象和拜访目的的不同,做好事先准备,也可以根据需要携带与产品相关的小礼品以备不时之需,如印有产品名称的水笔、笔记本等。

③推荐产品的专业知识的准备:"做什么吆喝什么",作为专业性较强的药品推销人员,医药代表必须了解所负责的药品,知晓产品的各项知识,包括药理作用、不良反应、适应证、功能主治、用法用量,还有对应适应证本身的疾病常识、发病机制等内容。只有充分了解所推荐的产品,才能更好地向他人介绍,尤其在推销对象是专业医生的情形下,更要准备充分,应答如流,做到比医生更了解药品知识,医生才能有与你更进一步深谈的需求。

④拜访对象的基本信息的准备:了解拜访对象的基本资料,包括姓名、年龄、个人爱好、家庭情况、所在学科的最新科研动态、所在医院最新信息,做到在面对面交流时与对方可以迅速拉近距离,创造良好的沟通交流气氛,避免乱猜乱问,出现尴尬局面。

3)拜访方式的设计:在拜访过程中,如何有效传递信息,是拜访方案设计的又一重要内容。推销人员需要根据实际,综合运用多种信息沟通方式,如语言文字、语音语调、面部表情、肢体动作和体验等。某项研究结果显示,不同学习方式及其组合表现出的学习效果不同,他们会记住:单纯看到的语言文字的10%(如医药代表提供的文字宣传材料);单纯听到的语音内容的20%(如听到医药代表的语言表达);单纯看到动作演示的内容的30%(如看到医药代表所做的产品演示);同时用读、听、看接收到的内容的50%;同时读、听、看到并经他人详细解释过的知识的70%;同时读、听、看到,经人详细解释过,且自己亲身体验过的知识的90%。医药代表最好综合使用以上各种沟通方式,运用书面宣传材料,配合动作、表情、当面语言解释,并最好让医生亲身体验,以达到最佳沟通效果。

4)拜访后的总结:拜访结束时,如有可能,与医生约好下次拜访时间和拜访事宜,为后续工作开展留下伏笔。拜访结束后应留出专门的时间对拜访过程做以总结,并以书面形式记录下来,为下一次拜访打下基础,及时总结经验教训,方便后续工作跟进以及销售考核的需要,定期将拜访总结提交领导,与领导讨论新的拜访计划和安排。

(2)医院拜访的技巧　在医院拜访过程中,注意以下两个环节,采取适当的拜访技巧,达成拜访目的。

1)开场白:开场白可以用问题或趣事或引用别人的意见来开场,或是以赠送小礼品、纪念品,如印有公司产品标示的签字笔、笔记本、笔筒等开场,以表示好意。例如,可以使用医生临床常见又与所推荐产品有关的问题作为开场,如"您治疗高血压疾病时,常用到哪类药物?""您在使用某药物时,有没有担心患者的肾功能受到影响?"等。

在开场中,还需要注意以下几点。

①微笑。微笑是人际交往中最好的表情语言,"抬手不打笑面人",看到笑脸的人立刻会受到感染,消除彼此间的戒备,拉近人与人的距离。微笑能带来温馨,带来欢乐,带来融洽的拜访氛围。

②幽默。幽默是一把打开沟通大门的万能钥匙,是消除窘境的最佳润滑剂。它让人感到轻松愉快,又觉得意味深长,带来轻松愉悦的拜访气氛,消除不必要的尴尬。

③注意说话的语音、语调。同样的内容,配合不同的语音、语调,就会有不同的含义。医药

代表应学会正确使用说话的语音、语调技巧,准确传达出自己的真实意思。如"真了不起"如果用降抑调,说起来语气诚恳,表达称赞之意;但如果用曲折调,听起来就有了讽刺之意。

④真诚的注视。眼睛是心灵的窗户,眼睛注视医生是充满自信的表现,也是对医生的尊重,坦荡真实的注视也会透过眼睛向对方表达出真诚的心、尊重的态度。

2)消除异议:异议是医生对医药代表的推荐说明产生的不明白或反对的意见。医药代表在拜访过程中,常会遇到拜访对象提出不同意见,甚至是反对和质疑的声音。异议并不一定是坏事,出现异议,说明对方感兴趣,有可能成交。如果不提异议,可能对方根本不感兴趣。不同的拜访对象会提出不同的意见,不同的异议有不同的处理方法,需要医药代表本人见机行事,不同情况区别对待。通常情况下,可参考以下内容。

①消除异议的原则。

A. 做好事先准备:在做拜访前的准备工作时,应站在医生角度,去设想拜访过程中可能会出现的异议,并提前想好应对话术和处理办法,做到心中有数,以便从容应对。

定期与其他同组的医药代表交流工作中曾遇到的异议,分享成功的经验和教训,共同商讨最佳的处理办法,制订出标准应对话术,一方面统一企业口径,创立企业统一的品牌形象,一方面通过共享分析,提高应对异议的技巧,顺利完成拜访工作。

B. 选择适当的回应时机:某项调查结果表明,不管是业绩好的医药代表还是较差的医药代表,都会遇到异议,但是业绩好的医药代表遇到严重异议的机会仅是较差的医药代表遇到机会的十分之一。原因在于优秀的医药代表通常都懂得选择适当的回应时机,消除医生的异议。通常有以下四种时机可以选择。

在医生还未提出异议时,通过观察发现对方可能会提出某些异议,最好在异议尚未得到有效表达时,主动提出并做出相应解释,先发制人,打消医生的顾虑。

提出异议后立即回答。如可能,应尽可能立即当场回答,以最快速度消除顾虑,促进销售,以示尊重。

某些情形下可稍晚作答。当异议本身存在问题或异议超过医药代表的知识水平和能力时,可稍晚回复作答,以最佳答复回复对方比最快答复更有效。

避而不答。当异议本身就是废话、容易造成更大范围争论、异议本身就是明知故问的发难时,医药代表可暂时不作答,沉默或转移话题。

C. 避免争论:避免因拜访中的异议而发生争论、辩论。争论本身并不能有效解决问题,反而可能造成更大的麻烦,影响其他推销对象的决策,甚至使公司形象受损。在异议解决过程中,应尽可能避免正面争论冲突,给销售对象留"面子"。可转移话题,或在暂时认同医生的前提下,达成缓解,稍后再寻找解决方法。

②消除异议的步骤。

A. 表示同理心:同理心就是对医生表示出的同情理解,以示尊重的态度。这是消除异议的关键。不管医生提出的异议是否合理、是否正确,医生提出的实际需求是否能够满足,都应该对医生表达需求的愿望表示充分的理解和尊重。医药代表应保持冷静客观的态度,不动怒、不采取敌对行为、不埋怨、不抱怨、不责难,以微笑缓冲因异议而带来的尴尬,保持融洽的谈话氛围。一般多用"您的意见很合理""很多人有跟您一样的看法""您的观察很敏锐"等,有助于缓解紧张氛围,同时也表现了愿意为对方解决问题的态度。

B. 探询:要解决问题必须是在了解并确认对方真实需求的前提下。因此,要消除异议需要通过谈话探询到医生的想法,确认其真实需求。当气氛暂时得到缓和后,紧接着就要通过问话技巧性地探询医师对药品产生异议的原因,其异议背后的真正需求。例如,可以说"是不是我的解释不清楚?""您是不是认为我们的产品价格太高?"

C. 聆听:在消除异议过程中,聆听十分重要,因为有些异议本身就是来自信息交互传递过程中的误解。医药代表需带有浓厚兴趣认真听医生讲完,不要打断对方,不要急于为自己辩解,以各种证据证明医生的看法是错误的,这样做很容易激怒对方。专心聆听医生的叙述,一方面可以表示尊重,另一方面可以从中发现并找到异议产生的真实原因。医药代表应聚精会神地倾听医生的异议,千万不可加以打扰,以确认医生的真正需求及异议产生的原因。

D. 解释:以舒缓的语气对医生的异议做出合理解释。在努力消除异议的同时,医药代表也要明白,医生的异议不是轻易就能一次解决的,异议也需要多次在实际工作中,用临床病例或更多的时间、多方证据来消除。医药代表在与医生面谈时的态度和方法,对于以后和医生间的关系有很大影响。保持态度的谦卑,避免正面冲突,出现尴尬。如果一时不能成交,那就以退为进,先留下良好的印象,以后寻找机会去探讨这些分歧,再次促成交易。因此,要做好随时可能遭遇挫折的准备。如果最终还想促成交易,在这个时候便应先行"撤退",不可表露不快的神色。

③消除异议的方法。

A. 先抑后扬法:首先肯定医生的说法是正确的,让医生感受到他的意见已经受到了重视,并获得了认同,之后再使用"如果""不过""可是"等来转移话题,利用策略间接否定医生的异议或转而介绍产品的其他优势,以此打消医生顾虑或用其他优势来吸引医生。不要和医生过度纠缠在某个异议的对错上,要学会策略性的转移战场,声东击西,掌握主动权,不要被医生牵着走。

B. 直接反驳法:医药代表根据实际情况可以对某些异议直接加以否定,但需要注意交谈时的语气与方式,不要让医生觉得咄咄逼人,要以理服人,用数据说话,可以借助他人的言论或已经公开发行的一些出版物等来证明自己。可以用辅助的说明工具,如公司的产品宣传材料等。

2. 药店拜访的方案设计和技巧

往来于各零售药店,负责与药店营业员、药师沟通信息,传递药品咨询信息,收集药品使用反馈意见,推广药品使用的销售人员被称为药店代表。其主要工作是打好铺货基础、做好产品陈列和负责店员培训。

(1)药店拜访的重要性 药店是流通领域的终点,直接面向消费者端口,所以,也被称为"终端"。终端就犹如自来水管道的水龙头,自来水管质量再好,输送再快,但如果终端被堵,出现不顺畅的状况,水龙头不能使用,整个自来水管道就受到影响,前面所有自来水管道的输送工作就等于零。零售药店作为终端,在医药企业的销售系统中占有重要的地位。渠道不畅,产品在销售终端铺货率不高,即使广告再好也是徒劳。

1)产品只有出现在终端市场,才有可能被顾客购买。如果企业不能使产品在终端与顾客见面,让消费者看得到、买得到、乐于买,那么产品就永远无法卖出。因此,医药企业药店销售工作的首要任务就是把产品摆到药店的货架上,让消费者看得到、买得到。众多医药企业已经认识到这个问题,都在考虑如何使自己的产品陈列到药店货架上,并争取到最好的陈列位置,获得更多渠道资源。而零售药店陈列空间毕竟有限,药店的终端货架已成为一种宝贵的稀缺渠道资源,陈列位置争夺战愈演愈烈。药店代表进行药店拜访,搞好与药店的客情关系,是这场争夺战中的制胜武器。

2)药店拥有对消费者购买决策的重要影响力。在消费者购买过程中,影响消费者购买决策的因素很复杂,包括社会文化背景、个人因素、心理因素、突发疾病等,药店是消费者发生购药行为的一个重要场景,外在环境会极大影响消费者决策,如店员推荐、药师指导、背景音乐、陈列位置、店堂环境等。做好药店拜访工作,对药店药师、营业员做好培训沟通工作,透过药师和营业员来影响消费者购买决策尤为重要。

3)药店兼具"销售"和"广告宣传"双重作用。零售药店内新颖、独特的陈列,堆头设计,POP海报,在吸引消费者购买、促成交易的同时,还起到突出品牌特色、宣传产品、传递产品信息的作用。零售药店不仅是实现销售的终端,也是产品的广告宣传阵地。而且,这种宣传作用更具针对性,比在电视、互联网等大众媒体上的广告更能做出针对目标消费者的个性化宣传,广告的即时效果更强,可以促使购买意向当场转化为购买行为,当场成交,命中率高。药店代表通过拜访优化药店的商品陈列、海报宣传,可以起到促进销售和广告宣传的双重作用。

(2)药店拜访的方案设计　拜访方案是药店代表在拜访前做出的对未来一段时间工作的具体安排,是后续销售拜访工作有序开展的基础。一般来说,一个药店代表平均每天要拜访10~15家药店,药店地理分布较为分散,拜访中还承担着产品铺货、陈列、店员培训、促进销售等多项工作任务,需要一个详细合理的事先拜访方案指导后续工作,防止工作中出现遗漏疏忽。一个完整的拜访方案包括以下内容。

1)选择目标药店:零售药店作为便利性的购药场所,在人们生活中的数量越来越多,据国家药品监督管理局发布的《2018年度药品监管统计年报》显示,截至2018年11月底,全国共有《药品经营许可证》持证企业50.8万家,其中批发企业1.4万家,零售连锁企业5671家,零售连锁企业门店25.5万家,零售药店23.4万家。在数量庞大的零售药店中,每家药店的营业额、企业品种的销售状况、竞争产品的销售状况、周围商圈也不尽相同,再加上每个药店代表的精力有限,客观上需要药店代表在所负责区域内的药店中择优选择,有所侧重。可将所有药店按照一定标准区分为不同类别,区别对待。

①划分标准:目标药店的划分要综合考虑药店商圈类型、营业状况等,具体包括药店负责人及所属区域负责人的沟通机制、营业面积、营业额、营业员人数和学历、地理位置、消费者人流量、周围社区状况、消费水平、同类产品销售状况、本企业产品的以往销售状况等数据,其中以药店营业额和本企业产品店内销售额为主要划分标准。

②划分结果:

一类店:药店营业额和本企业产品店内销售额均高的药店,是企业最理想、最应重视的药店,这类药店是本企业产品的主要销售阵地,药店代表应保证100%全覆盖,至少每周拜访一次。在一般城市中,一类店所占比例为所有终端药店的10%~20%。

二类店:药店营业额高,但本企业产品店内销售额较低的药店,是企业第二优选的目标药店。这类药店营业额高、消费者基础好、潜力大,本企业产品有很大的销售提升空间。药店代表应保证至少每两周拜访一次。一般城市中,二类店所占比例为终端药店的20%~30%。

三类店:药店营业额不高,但本企业产品店内销售额较高的药店,是企业的备选药店,虽然企业产品店内营业额较高,但整体提升空间较小,在保证一类和二类药店全覆盖的前提下,可考虑覆盖本类药店。如果覆盖此类药店,药店代表应保证至少每四周拜访一次。一般这类药店占所有终端药店比例为 30%~40%。

四类店：药店营业额和本企业产品店内销售额都不高的药店，短时间内开发意义不大，是药店代表暂时可以放弃维护的终端药店。一般这类药店占所有终端药店的 10%~20%。

③结果的调整：划分结果还需要根据市场实际情况和本企业产品状况做出调整。例如，售价较高的产品，尤其是保健品，一般应以商圈购买力较强的大中型药店为主；普通家庭常备的OTC 药品，如感冒药、消化类药品，还应注意社区便民店的覆盖，在社区中注意扩大宣传，多做便民的药学服务。目标药店确定后，通常还应做出定期调整，尤其是周围商圈发生大变化、本企业产品规划做出调整时，目标药店也要随之改变。

2）制订拜访路线：零售药店在地理位置上较为分散，为了确保在有限的时间高效拜访，达成拜访目标，减少时间和路途上的浪费，药店代表需要事先制订合理的拜访路线。

①应考虑的因素：拜访路线的制订就是为提高拜访效率，因此，在制订拜访路线时应综合考虑目标药店数量、各药店类型、拜访目标（拜访频率要求、拜访内容）、交通状况和药店代表的拜访能力。

②制订拜访路线图：常用的制订拜访路线的方式是画图法。首先将药店代表所负责的区域根据各药店地理分布的不同画成一张简单的地图式示意图，将前述已经划分好的一、二、三类目标药店分别用三种不同颜色在示意图上标出，同时把自己的住处也标注出来。然后，将自己的住处作为起点和终点，每个药店作为一个站点，将每天需要拜访的药店用一条线连起来，每天从住处出发，经过各站点，最终回到住处，类似一条公交线路，每天一条。如果每月有 21天去各药店拜访，就等于每个月要安排 21 条公交线路，保证这 21 条公交线路能覆盖所有目标药店，其中一类药店要每周覆盖一次，每月至少覆盖四次，二类药店每月至少覆盖两次，三类药店每月至少覆盖一次。每条公交线路，即每天拜访的门店数量，要结合路途远近、交通便利情况而定。

3）拜访步骤。

①拜访前的准备：

A. 查看拜访路线图，确认拜访门店，如有需要，可提前预约药店负责人。根据以往的拜访记录和公司最新的拜访要求或活动安排，确定门店拜访内容，为拜访做出详细的计划安排，方便拜访后的工作总结。

B. 回忆并确认拜访门店店员和负责人资料。回忆即将拜访门店的负责人和比较熟悉的店员的相关资料，如其姓名、个人喜好、学历、行事特点等，并通过查找工作记录等方式确认，防止见面不知人名，尤其是区域内重点门店的负责人，避免出现尴尬。做出沟通方式的预先设定，如是否需要使用小礼品。

C. 根据拜访路线和拜访门店内容，准备所拜访工具，包括公司和产品的宣传资料、药店代表个人简介资料、销售报表、小礼品等。

D. 确认个人仪容仪表是否符合销售员的基本要求，着装不要过于正式，让店员和负责人有距离感，要做到着装恰当、符合身份、整洁大方。

②实施拜访：

A. 店内检查。推销员进入药店，与相关人员寒暄过后开展店内检查。

首先检查货架陈列情况。检查并记录本企业产品在药店内的铺货和陈列。检查重点推荐产品、新上市产品的销售状况，记录发现的新问题，思考解决措施。检查企业各项促销支持活动执行情况。将上次的拜访计划和实际拜访结果对照,根据最新拜访目标,调整拜访内容。

其次检查本企业产品的促销辅助陈列。检查本企业促销产品在促销活动中辅助宣传的立牌、喷绘、灯箱、吊旗、促销标示等。发现如有不符合企业预期促销宣传要求或辅助宣传用品缺失等现象,应及时纠正并予以补充,保证辅助陈列符合公司要求,确保药店资源得到有效利用,起到促进产品销售,宣传产品形象的目的。

最后检查竞争产品。检查并记录同类竞争产品的货架陈列与促销活动等情况,以做出积极应对。

B. 拜访目标介绍和执行:根据事先公司安排的拜访任务和要求,结合在店内检查时发现的问题,与店员或负责人进行深度沟通,主要包括新品铺货推荐;促销活动说明或改进建议;店员培训项目;产品陈列问题及改进建议;辅助宣传品的陈列及改进建议。协助拜访门店做好陈列、铺货等工作。

C. 拜访记录总结跟进:在拜访过程中或当天拜访完成后,及时对拜访情况进行总结记录。对比拜访前设定的拜访内容和目标,分析存在的问题,提出建设性意见,作为下次拜访的内容。不能解决的或其他重大事项要及时向上级经理部门汇报,提请公司备案或知晓,给出指导意见。

(3)药店拜访的技巧。

1)注意维护公司形象:"形象是企业的第二生命",作为其产品关系到百姓生命安危的医药企业更是如此,医药行业一直是老百姓十分关注的行业。当企业生产经营过程中出现危害企业形象声誉的问题时,如产品质量、广告宣传、销售等不符合规范,在药店眼中作为企业形象代言人的药店代表,应站在公司角度向药店营业员和药师耐心解释,不能和客户一起抱怨,应将药店意见如实反馈至公司,力求妥善解决。

2)诚信守诺:诚信是企业经营必须遵守的原则之一,尤其是对于天天与人打交道的药店代表来说,诚信更是立身之本。在拜访工作中,已经承诺对方完成的事项,务必按约定时间完成约定内容,若在工作过程中丧失诚信,将失去很多机会。

3)不贬低竞争对手:有竞争才有压力,市场经济体制下,竞争是必然存在的。在药店拜访中需要注意,收集竞争对手的信息,以做出针对性的竞争应对策略。但不要为了达到竞争获胜的目的,故意贬低竞争对手。药店营业员和药师是市场销售一线的专业技术人员,对市场信息最了解,也最清楚消费者的使用反馈意见和产品的优势、劣势,不要故意贬低竞争对手,这在药店营业员和药师看来是很可笑的事情,不仅不会赢得竞争的胜利,反而会招致其反感。要学会尊重竞争对手。

三、医药广告

(一)医药广告的内涵

1. 广告的概念

广告即"广而告之",是现代企业经常使用的宣传方式,是四种促销方式之一。在广告活动中,企业借助媒体的力量直接或间接将产品或服务向广告对象推荐介绍,达到宣传目的。

广告一词,据专家考证是外来语。它源于拉丁文 *advertere*,其原意为"注意、诱导、传播"。在中古英语时期(1150—1500 年),其拼写渐渐演变为 advertise,含义衍化为"使某人注意到某事"或"通知别人某事,以引起他人注意"。直到 17 世纪末,英国开始进行包括广告在内的大规模商业活动。自此,广告一词开始被广泛使用。但此时的"广告",已不再单单指某一则广告,而是将范围扩大到一系列的企业广告活动。

美国现代广告之父 Albert Lasher 认为,广告是一种印刷形态的推销手段。这个概念含有在推销中劝服之意。

美国营销协会对"广告"的定义:广告是由广告主对其思想、商品或劳务所做的付费的非人员的陈述与推广。

美国广告协会对广告的定义:广告是一种付费的大众传播,其目的为传递信息,改变人们对商品的态度,诱发其购买行动而使广告主获利。

《中华人民共和国广告法》中对"广告"的定义:商品经营者或服务提供者承担费用,通过一定媒介和形式直接或间接介绍自己所推销的商品或所提供的服务的商业广告。

从企业市场营销角度来说,我们认为,广告有广义和狭义之分。广义的广告即向公众告知某条信息的传播活动,包括以营利为目的的经济性广告和不以营利为目的的非经济性广告。非经济性广告常以公益、传播信息为最终目的,包括为政治活动发布的政治广告、为维护社会公德发布的公益广告和为满足个体需要(如征婚、寻人、声明等)而发布的个人广告。狭义的广告特指经济性广告,指企业以促进商品或劳务的销售为目的,借助广告宣传工具以付费方式向消费者或用户传播商品或服务信息的活动。

广告作为一种常见的促销方式,有以下自身的特点。

(1)广告是促销的一种方式,是由广告主通过广告宣传工具向广告对象传递信息的过程,本质上仍是信息沟通,与促销活动的本质相一致。

(2)广告过程伴随着广告费用的支出。没有费用的产品宣传信息传播活动不能称之为广告。

(3)广告在实现广告主营利目的的同时,也可以使得广告对象得到有用的信息,广告的过程实际上也是广告信息发布和接收双方共同获利的过程。

2.医药广告的概念

医药广告即由医药企业在特定宣传工具上以付费形式发布的以医药产品或服务为广告主体以宣传医药产品或服务、促进销售为目的的活动过程。医药广告是广告在医药行业的一个分支,为宣传医药企业及其产品、服务起到了重要的推动作用。

3.医药广告的特点

药品是特殊商品,因其与百姓生命健康的紧密联系,各国纷纷制定了严格的法律法规制度,对广告宣传活动做出了明确的规定,因此医药广告也体现出了与其他商品广告明显不同的特点。

(1)医药广告专业性强　医药产品是特殊商品,专业性较强,尤其是处方药,其宣传时需要根据不同广告主体、广告对象的专业强弱做以区分。对普通消费者的宣传,如非处方药的广告,应以通俗易懂为宜;对专业医生的宣传,如在专业医学刊物上刊发的平面广告,可含专业术语,以能突显药品特色为主。

(2)医药广告宣传工具选择自由度较小　由于处方药专业性强,普通消费者无法具备自行判断、购买的决策能力,因此,《中华人民共和国广告法》规定,处方药不能在大众媒体进行广告宣传,仅允许在指定的医学、药学专业刊物上进行广告宣传。

(3)医药广告内容有严格要求　由于医药产品的特殊性,在广告中要防止出现误导或诱导消费者购买的内容,因此对于医药广告的内容要严格要求和限制。

(4)医药广告形式有严格限制　对曾经在各大电视台、广播电台和互联网站出现的以介绍健康、养生知识等节目形式变相发布的医疗、药品、医疗器械、保健食品广告做出禁止性规定,广告主在发布广告时应以合法的形式宣传产品或服务信息,达到促销目的。

4. 医药广告的作用

美国4A广告公司奥美公司创始人、美国广告大师大卫·奥格威曾说:"不做广告的产品销售,就如同在暗夜里向爱人递送秋波。"广告是医药企业把产品推向市场的一种重要促销方式。作为促销组合的四要素之一,在促进产品销售、提高企业销售额等方面发挥着极其重要的作用。医药企业也愈加重视广告宣传在企业营销过程中的作用,投入了大量人力、物力和财力。2020年第一季度投放前十位的广告均来自快消品、药品及健康产品行业,TOP10广告主投放总量占整个广告市场的15%。

(1)传递信息,沟通供需双方　广告就像企业主动向外界打开的一扇窗户,将企业的信息向公众传播,让公众得以了解企业,了解供应方的资讯,获知新产品的上市消息,知晓产品的特色、销售渠道和销售价格等,以方便做出购买决策。在企业和消费者之间,广告的信息传递起到了沟通供需双方的作用。

(2)促进销售,提升企业盈利水平　信息的传播使得消费者了解企业产品或劳务,消费者做出购买决策的同时,也使企业获得了应有的利润,销售业绩得以提高,保证企业盈利。

(3)树立企业品牌形象　广告信息传递过程中,企业的形象也愈加突出,企业的产品在消费者心中逐渐占据一定的特殊位置,就如仲景宛西制药股份有限公司的"药材好,药才好",确立了仲景牌系列中成药在消费者心中的道地药材优势地位的形象,引发消费者的认同,提升企业品牌形象。

(4)普及医药知识,提高公众自我保健水平　消费者对医药产品的了解普遍较少,在医药广告中,消费者对药品的成分、疗效、使用等有进一步认识的机会,有助于消费者丰富医药知识,增强合理用药意识,提高自我保健水平。

(二)我国医药广告的政策

医药产品的特殊性在医药广告中也有明显的体现。国家通过立法,在《中华人民共和国广告法》《中华人民共和国药品管理法》《中华人民共和国药品管理法实施条例》《药品广告审查办法》和《药品广告审查发布标准》中对医药广告做出了诸多政策上的要求,主要体现在审查发布和内容形式两方面。

1. 医药广告的审查发布

药品广告必须经审查合格获得广告批准文号后方可在媒体上发布。省、自治区、直辖市药品监督管理部门是药品广告的审查机关,负责本行政区域内的药品广告审查工作。县级以上工商行政管理部门是药品广告的监督管理机关。若未取得广告批准文号,则不得发布。

药品广告批准文号应当由具有合法资格的药品生产企业或者征得生产企业同意的药品经营企业,向药品生产企业所在地的药品广告审查机关提出。如申请进口药品广告批准文号,应向进口药品的代理机构所在地的药品广告审查机关提出申请。

申请获得广告批准文号后可以在药品生产企业所在地和进口药品的代理机构所在地媒体发布广告,如在此区域以外的省、自治区、直辖市发布药品广告的,在发布前应到发布地药品广告审查机关办理备案手续。

2. 医药广告的内容和形式

（1）明确不能进行广告宣传的医药产品范围　医疗用毒性药品、麻醉药品、精神药品、放射性药品等特殊药品，药品类易制毒化学品以及用于戒毒治疗的药品、医疗器械和治疗方法，医疗机构制剂，军队特需药品，依法明令停止或禁止生产、销售和使用的药品，批准试生产的药品。

（2）限制了医药广告的宣传工具选择范围　医疗、药品、保健食品、医疗器械不得在针对未成年人的大众传播媒介上发布广告。处方药只能在专业的医学、药学刊物上做广告，不得在大众传播媒介发布广告，不得以其他方式进行以公众为对象的广告宣传。

（3）规范了医药广告的内容和形式。

1）必须包含的内容：药品广告中必须标明药品通用名称、药品广告批准文号、药品生产批准文号；以非处方药的商品名称为各种活动冠名的，可以只发布药品商品名称；必须标明药品生产企业或者药品经营企业名称；药品广告的内容必须与国务院药品监督管理部门批准的说明书一致。处方药广告应标明"本广告仅供医学药学专业人士阅读"，非处方药广告应标明"请按药品说明书或者在药师指导下购买和使用"。推荐给个人自用的医疗器械广告，应标明"请仔细阅读产品说明书或者在医务人员的指导下购买和使用"。保健食品的广告应标明"本品不能代替药物"。

2）不得包含的内容：药品广告不得利用国家机关、国家机关工作人员、医药科研单位、学术机构或专家、学者、军队单位或者军队人员、医师及患者的名义和形象做证明；不得以产品注册商标代替药品名称来进行宣传，但已经批准作为药品的商品名称使用的文字型注册商标除外；不得单独出现"咨询热线、咨询电话"等内容；不得含有"安全无毒副作用、毒副作用小"等内容；不得含有明示或者暗示中成药是"天然"药品，因而安全性有保证等内容；不得含有明示或者暗示该药品为正常生活和治疗病症所必需等内容；不得含有明示或暗示服用该药能应付现代紧张生活和升学、考试等需要，能帮助提高成绩、使精力旺盛、增强竞争力、增高、益智等内容；不得含有不科学的用语或表示，如"最新技术、最高科学、最先进制法"等；不得含有免费治疗、免费赠送、有奖销售、以药品作为礼品或者奖品等促销药品内容；不得含有"家庭必备"或者类似内容；不得含有"无效退款、保险公司保险"等内容；不得含有评比、推荐、排序、指定、获奖、选用等综合性评价内容；不得利用广告代言人做推荐、证明。

药品、医疗器械广告不得含有表示功效、安全性的断言或保证；不得说明治愈率或有效率；不得与其他医疗器械的功效和安全性或其他医疗机构比较；不得利用广告代言人做推荐、证明。

保健食品广告不得含有表示功效、安全性的断言或保证；不得涉及疾病预防、治疗功能；不得声称或者暗示广告商品为保障健康所必需；不得与药品、其他保健食品进行比较；不得利用广告代言人做推荐、证明。

3）医药广告的形式要求：不得利用军队装备、设施从事药品广告宣传，不得以儿童为诉求对象，不得以儿童名义介绍药品；电视台、广播电台不得在7:00—22:00发布涉及改善和增强性功能内容的药品广告；医疗、药品、医疗器械、保健食品不得以介绍健康、养生知识等形式在广播电台、电视台、报刊音像出版单位、互联网发布变相广告。

|课后练习|

1. 请查阅 2019 版《中华人民共和国广告法》，比较新旧版本中对于医药产品广告的规定有了哪些变化?

2.请查阅国家食品药品监督管理总局网站上定期发布的违法广告公告,对比国家法律条文,确认其分别违反了哪些规定?

知识链接

国家市场监督管理总局公布2019年虚假违法广告典型案件

××妇科医院在其医院门口发布含有"100%服务、100%价格放心、100%技术放心、100%手术放心;不管做任何手术,一定是由'万例手术无事故'专家亲自手术,保障手术安全"等内容的户外广告;在医院内部公共区域发布含有"卫生部原副部长致辞××妇科医院""世界卫生组织临床推荐技术——宫腔镜无痛探查术"等内容的广告。当事人实施混淆行为并进行虚假宣传,且广告内容与实际情况不符。2019年4月,市场监督管理局分局依法对此做出行政处罚,责令当事人停止发布违法广告、虚假宣传以及实施混淆行为,处罚款30万元,并责令其在处罚决定送达的10日内办理注销登记。

××医药公司为推销产品,在某综艺节目片尾小剧场中通过演员口播"止痒就是快,无色无味更清爽""推荐您用A产品""我发现这个A产品,无色无味还很清爽,这个好哎,而且止痒还挺快的"等内容的方式发布广告,不能提交广告审查机关对广告进行审查的文件,且广告中未标明禁忌、不良反应,也未标明"请按药品说明书或者在药师指导下购买和使用"字样。2019年8月,市场监督管理局执法总队对其做出行政处罚,责令停止发布违法广告,并处罚款90万元。

某中医门诊部通过自有网站发布"减轻疼痛,消瘤抑瘤,延长生命"等含有表示功效、安全性的断言或者保证以及保证治愈率内容的广告,并且杜撰了5位患者改善缓解病痛的病例,虚构获得了"诚信建设单位"等荣誉。2019年8月,市场监督管理局对其做出处罚,责令停止发布违法广告,并处罚款50万元。

(三)医药企业广告策略的制订

1.医药广告策略的制订原则

(1)合法性 基于医药产品的特殊性,作为有着诸多限制规定的广告类型,医药广告务必在满足国家法律法规要求的前提下进行内容形式创作设计。

(2)真实性 真实性要求一方面源自于国家法规要求,另一方面也为了在产品质量、服务等方面能诚信于民,建立良好企业品牌形象,形成并维护企业品牌忠诚顾客。

(3)创造性 要吸引广告对象的注意力,提高广告效果,就必须在广告创意上下功夫,做到生动有趣、形式多样,增强广告的感染力。

(4)经济性 医药企业以营利为主要目的,在企业营运过程中必须考虑支出和收入。在制订广告策略中,应尽可能以较少支出获得最大的广告效果,即少花钱多办事、办好事。

2.医药广告策略的制订

(1)确定广告目的 做任何事都要首先确定做这件事的目的,围绕目的,来确定后续的工作内容和计划。广告目的即广告宣传的主体是什么,宣传要达到什么样的效果。在确定广告目的时,注意目的设置要明确、可操作、可衡量,并设定具体期限,最好用数字来表现广告的目的,如销售量提升的百分比、产品认知度提升值。

(2)确定广告对象 不同的广告对象,其所处地区、年龄、学历、身体状况、经济收入、购买行为都有所不同,广告设计也有不同要求。只有明确了广告宣传对象,确定其消费特点、具体需求后,才能设计出高效的具有创造性的医药广告。

(3)确定广告预算 广告预算是企业在一定时间内计划在广告宣传中支付的总费用。为了符合广告策略制订的经济性要求,在广告策略制订中必须要明确广告预算的多少。广告预算并不是越多越好,而需要综合考虑影响广告效果的各种因素,如产品所处的生命周期阶段、市场潜力的大小、市场竞争状况和产品自身特点,最终确定合适的预算值。一般来讲,导入期和成长期的产品,需要通过广告宣传来扩大产品知名度、增加销售量,市场竞争激烈的产品,需要借助广告来消除竞争对手的干扰,市场潜力大的产品可以通过后期销售量增长来弥补广告支出,非处方药市场消费者容易受到广告的影响。在这些情况下,企业可以增加广告预算投入,增加广告投放量。

(4)设计制作广告 在确定广告目的、广告宣传的主体产品和广告对象、广告预算后,可进行广告内容的具体设计。首先确定广告主题,也就是广告的中心思想,它是广告创作设计的基调。广告主题设计实质是要在可以突出企业和产品特点、激发消费者购买欲望的众多因素中,选出足以实现广告目的的因素来予以表现。不同市场环境下应选择不同的广告主题,使广告宣传更有效。

根据广告主题,进行后续文案设计、绘画设计和技术设计。有广告实力的企业可以自己制作广告,现在市场上大多医药企业将广告设计制作环节交由专业的广告制作者按企业要求代为制作。

(四)医药企业广告宣传工具的选择

医药广告需要通过宣传工具即广告媒体这一载体传递给广告对象,有针对性的、适合的宣传工具对广告宣传的目标达成起着事半功倍的作用。医药企业可选择的广告宣传工具多种多样,需要在众多宣传工具中综合考虑多方面因素做出恰当的选择。

1.宣传工具选择的影响因素

(1)宣传工具特点 企业可选择的宣传工具包括四大传统宣传工具,电视、广播、报纸和杂志,也包括未来发展新趋势互联网,以及户外的灯箱、站牌、公交车、广告牌、霓虹灯、传单等。宣传工具不同,传递的效果也不尽相同,甚至是大相径庭的。表14-2将常见的广告宣传工具优缺点进行了比较。

表14-2 常见广告宣传工具优缺点比较

宣传工具	优 点	缺 点
互联网	相对成本低、形象生动、表现力强、覆盖范围广、互动性强	效果评估困难、针对性差
电视	形象生动、表现力强、传播范围广	费用高、时间有限、针对性差
户外广告	费用低、持续时间久、视觉冲击力强	效果评估困难、覆盖面小
报纸	灵活、时效性强、区域覆盖面广	不易保存、持续时间短、感染力差
杂志	针对性强、持续时间长、易于保存	灵活性差、前置时间长、信息传递不及时
广播	传播迅速及时、费用低、区域传播面广	时间短、不易记忆、表现力差

知识链接

艾瑞咨询根据网络广告监测系统 iAdTracker 的最新数据研究发现,2017 年 7 月,医院品牌网络广告总投放费用达 2317 万元。其中,华美整形投放费用达 532 万元,位居第一;艺星中国投放费用达 227 万元,位居第二;华美医疗投放费用达 169 万元,位居第三。

iAdTracker 的最新数据显示,2017 年 7 月,医院品牌网络广告主投放主要集中在医疗健康、微博媒体和视频网站。其中,医疗健康投放费用达 611 万元,占总投放费用的 26.4%;微博媒体投放费用达 605 万元,占总投放费用的 26.1%;视频网站投放费用达 291 万元,占总投放费用的 12.6%。

(2)产品类别　不同类别的产品其特点不同,法律法规要求也不相同,适用于不同的宣传工具。尤其是医药产品,不同类别的药品在法律法规上有不同的限制要求。例如,处方药不能在大众媒体上进行广告宣传,只能在指定的医学、药学专业刊物上进行广告宣传。医疗用品、药品、保健食品、医疗器械不得在针对未成年人的大众传播媒介上发布广告。

(3)广告对象的媒体习惯　不同的广告对象因生活习惯、经济状况、教育水平、所处地区不同,习惯接触的宣传工具也不同。通常要选择那些目标广告对象接触频率最高的媒体作为宣传工具,会有较好的针对性和传播效率。例如,针对青年人的广告应选择电视和互联网,针对老年人的广告,应以广播为主。

(4)广告成本　不同宣传工具,广告成本各不相同。企业需要根据广告预算的多少,择优选择。常用"千人成本"来作为评判广告成本高低的方法。千人成本就是某宣传工具每覆盖1000 人的成本,可以用下列公式来计算:

广告千人成本=(宣传工具费用÷总覆盖人数)×1000

选择过程中,不仅要看广告成本的投入,还要考虑各媒体的发行量、点击率、收视率、广告效果等因素,选择成本效益比最佳的宣传工具。比如同样是覆盖千人,一次 30 秒互联网广告跟一个刊登在当地晚报上的平面广告,或者是一幅张贴在百货公司大堂的海报所达到的广告效果是截然不同的。

2. 宣传工具的使用和持续时间的选择

宣传工具的使用时间和持续时间需要配合医药产品的销售特点、企业广告预算等进行选择。通常来讲,季节性较强的产品,如夏季祛暑类医药产品藿香正气口服液等,应在销售旺季和旺季来临之前,集中广告宣传,短期内支出全部广告费用。产品刚刚上市初期,需要大量使用广告宣传工具,扩大品牌知名度,吸引消费者注意。衰退期产品,应减少甚至不使用广告宣传工具,以降低产品成本支出,抵消利润降低所带来的压力。广告预算比较充足的企业可以大量持续性使用宣传工具;预算不足的企业,可以考虑一段时间内持续高频率宣传后,休息一段时间或降低广告投入,之后再使用二轮攻势,张弛有度。

3. 宣传工具投放地区的选择

投放地区是在进行宣传工具选择时另一需要决策的内容。投放地区不同,广告覆盖面不同,即使是选择同一宣传工具,宣传效果也会有所差别,需要根据企业宣传目标范围选择。如需要在全国范围内进行统一铺货,以占领全国市场为目标,就应选择在全国范围内有覆盖能力的宣传工具,或在全国范围内选择多家媒体以保证覆盖所有市场。在企业资金有限、产品上市初期,可以考虑在区域范围内投放广告,做小范围的宣传,选择在当地有影响力的宣传工具即可。

四、医药营业推广

美国市场营销学会认为营业推广是人员推广、广告宣传以外的,用以增进消费者购买和交易效益的那些促销活动,诸如陈列、展览会、展示会等不规则的、非周期性发生的销售努力。

(一)医药营业推广的内涵

医药营业推广,作为医药行业中的一种特殊推销,是一种适宜于短期推销的促销方法,是医药企业为吸引顾客、销售药品或医疗器械而采取的除广告宣传、公关活动和人员推销之外的所有营销活动的总称。

1.医药营业推广的特点

(1)医药营业推广是强烈的刺激需求,迅速吸引顾客注意,常常能起到立竿见影的效果,不像广告那样需要较长时间才能见效。

(2)这种促销手段只是一种辅助性的促销,一般不能单独使用,需要配合其他促销方式进行。

(3)这是一种短期的促销手段与方法,适合特定时期、特定环境下使用。

(4)医药产品是特殊商品,在促销组合中需要按照国家法规要求合法、合规地使用营业推广促销方式。2000年实施的《药品经营质量管理规范实施细则》中规定"药品销售不得采用有奖销售、附赠药品或礼品销售等方式"。2007年实施的《药品流通监督管理办法》中又给出了详细说明"药品生产和经营企业不得以搭售、买商品赠药品、买药品赠药品等方式向公众赠送处方药或甲类非处方药"。按照新法优于旧法的原则,药品在营业推广中,医院企业不能将处方药或甲类OTC药作为搭售、买赠的礼品销售。

2.医药营业推广的作用

医药营业推广对医药企业销售效益是非常有帮助的,主要体现在以下这些方面。

(1)可以吸引顾客的注意力,这是营业推广的首要目的。这种促销方法的刺激性比较强,较易吸引顾客的注意力,不但能使顾客因为推出的优惠而购买药品,也能够吸引新的顾客,从而开拓更大的市场。

(2)可以维系老顾客,这是营业推广的主要功能。营业推广的促销工具很多,如销售奖励、赠品等通常都附带价格上的让步,其直接受惠者大多是老顾客,从而使他们能够继续使用本企业产品,以巩固企业的市场占有率。

(3)可以实现企业营销目标,这是营业推广的最终目的。营业推广实际上是企业让利于购买者,同时能够使广告宣传的效果得到有力的增强,从而破坏顾客对其他企业产品的品牌忠实度,达到本企业产品销售的目的。

3.医药营业推广的过程

营业推广是一种短期促销的方法,虽然活动周期比较短,但是也必须事先有一个比较周密的策划才能达到预期目的。首先要确定推广目标,就是要明确推广哪些医药产品、要向哪些顾客推销、要达到什么样的目的。只有这样,才能有针对性地制订具体的推广方案。第二是选择什么样的推广方式,既要选择合适的推广工具,又要选择适当的推广方法。营业推广要与其他营销方式(如广告、人员销售等)整合起来,相互配合,从而形成短时间内较大的影响,取得单项推广活动达不到的效果。三是确定推广时机与推广期限。营业推广的市场时机选择很重要，推广活动持续时间的长短也比较重要。推广期限过长，会使顾客产生不信任感，而时间过短，很多顾客还来不及接受营业推广的实惠。

（二）医药营业推广的方式选择和组合技巧

医药营业推广的方式是比较多的，根据推广面向对象的不同，有很多推广方式的选择及组合技巧。

1.面对消费者的营业推广方式

药品促销活动的常用技巧有优惠券、赠送促销、包装促销、积分兑换、抽奖促销、参与活动奖励促销等。

（1）优惠券　优惠券是运用最普遍的促销工具，一般有药店和医药企业两种制作形式。但无论哪种形式，一般都有指定药店或者指定药品的限制，操作方法有所不同。优惠券一般通过发行量较大的报纸或是邮寄形式发放，也可附于药品包装上或是在某些公关活动现场发放。一般来说，优惠券都有使用期限的限制，使用期限在3～6个月为宜，一般不会超过一年。

（2）赠送促销　赠送促销是医药企业在一定的场合，利用自身的产品标准向目标客户赠送样品或试用品，这是企业介绍新产品最有效的方法。样品或试用品可以选择在目标消费者相对比较集中的地方发放，也可以在其他产品中附送，但是一定要把握好目标消费者，不能随意散发，因为这种促销方式的成本较高，随意散发会浪费企业的人力、物力和财力。注意不能将处方药和甲类非处方药作为礼品赠送。

（3）包装促销　包装促销是医药企业以较优惠的价格提供组合包装和搭配包装产品的一种促销方法。这种方法要求企业策划人员能够根据目标消费者的要求组合或搭配包装相应的产品。

（4）积分兑换　积分兑换是根据目标消费者购买历史，将消费者的总消费数额按照某种标准折算成一定的积分，根据事先商定好的规则，可以将相应的积分兑换成一定的样品。

（5）抽奖促销　抽奖促销一般是药店事先设置好奖项的等级和奖品后，利用目标消费者普遍存在的侥幸心理，通过购买药品达到一定金额后赠送抽奖券，凭借抽奖券参加抽奖，从而可获得相应等级的奖品或一定现金。抽奖可以有各种形式，如即开即中式抽奖、抓阄式抽奖、转盘式抽奖、回寄式抽奖、连环式抽奖等。

（6）参与活动奖励促销　参与活动奖励促销指企业事先策划一些文艺或是技能比赛活动，吸引目标消费者参与活动，根据活动情况奖励给参与者优惠券或是其他优惠，目的在于宣传产品，提高产品知名度，使目标消费者对宣传的产品具有一定的使用经验，从而吸引更多的消费者购买。

2.面向中间商的营业推广方式

（1）购货折扣或批发回扣　企业为了吸引争取中间商更多地购进自己的产品，在中间商初次购买或批发产品时给予一定的折扣优惠或是在某一时期内给经销本企业产品的中间商加大回扣比例。

（2）推广津贴　企业为了促使中间商更多地购进企业产品并帮助企业推销产品，往往会支付给中间商一定的报酬，包括广告津贴、宣传津贴、陈列津贴、展销津贴等。

（3）销售竞赛　为了促使经销商能够更多地销售产品，企业往往会在经销本企业产品的经销商中开展销售竞赛活动，根据各个经销商销售本企业产品的业绩，分别给予不同的现金或实物奖励,以起到激励的作用。

(4)扶持零售商　企业对销售自己产品的零售商予以资助,用于装修专柜、提供广告,以促使销售额增加,其目的往往是提高中间商推销本企业产品的积极性。

(5)会展营销　展会是医药生产企业与中间商交流、沟通的平台。医药展会是医药行业的缩影,在某种程度上甚至可被看作一个小型医药市场。医药企业可以在展会中建立并维持与其他企业的合作关系,保持融洽的客户关系,建立企业在市场中的良好形象。在展会上,医药企业可以通过训练有素的展台工作人员、积极的展前和展中广告宣传活动、引人入胜的展台设计以及严谨有序的展台后续跟进服务,展示自己的品牌。

五、医药公共关系

1807 年美国总统托马斯·杰斐逊在国会演说中首次使用了"public relation"(公共关系)这个术语。公共关系也称为公众关系,指某一组织为树立良好的社会形象采取的促进公众对组织的认识、理解及支持等一系列公共活动。

对于企业来说,公共关系是企业利用各种传播手段与社会公众进行沟通的一系列活动,其目的在于获得公众对企业及其产品的好感,从而赢得公众对该企业的信任和支持,最终为企业的产品销售或服务提供一个良好的外部环境,提高企业的知名度和销售利润。

公共关系活动包括公关主体(社会组织)、公关客体(公众)及公关中介(传播沟通)三要素。

(一)医药公共关系内涵

医药企业可以利用公共关系增加与公众的沟通与理解,赢得社会公众的好感和信任,树立良好的企业社会形象,提高医药企业的声誉,帮助企业搭建信息沟通的桥梁,正确协调好各种内外关系,保证企业生存,促进企业发展,不断提高企业竞争力。

1.医药公共关系的特点

医药生产企业和商业企业是以营利为主要目的的经济组织,其公共关系具有如下特点。

(1)目的明确　医药企业所进行的公共关系活动大多是围绕企业的经营目标进行的,为了树立良好的企业形象,吸引更多的客户,达到企业营销目的而精心策划和组织实施的,其每一个公共关系活动都具有很强的目的性。

(2)互惠互利　医药企业在公共关系活动中与公众形成的是一种利益关系,这种关系是互惠互利的。作为公共关系活动的主体,企业在公共关系活动中满足公众需求的同时自己获取相应的利润,因此,医药企业在公共关系活动中的利益和社会公众的利益是相统一的、互惠互利的。

(3)开放互动　医药企业的公共关系活动是企业与公众相互认知与互动的行为。公共关系活动中,医药企业通过组织各项活动获得公众的支持与配合,社会公众也自觉积极参与其中,活动双方实现了良性互动。

(4)持续连贯　公共关系活动是医药企业持之以恒连续不断地开展的促销活动,企业通过长期开展公共关系活动,经常性地维护、巩固企业在顾客心目中的形象,以获得顾客的长久信赖和支持。

(5)与时俱进　医药企业策划和开展的公共关系活动还应与时俱进。随着社会的发展,民众的关注热点、社会环境发生改变,医药企业应根据不同时期、不同经济发展水平和不同的社会人文特点选择合适的公共关系活动的形式和方法,采取适应时代需求的公共关系活动,最大限度地让医药企业和公众获取各自所需的利益。

2.医药公共关系的作用

对一个医药企业来说,公共关系主要包含以下几个方面的功能。

(1)传播推广,塑造形象　医药企业的形象需要靠传播才能够获得公众的认识和接受,良好的企业形象有利于赢得社会公众对企业的好感和信任,有助于企业产品占领市场,提高企业经济效益,增强企业发展实力,从而增强企业的核心竞争力,因此树立良好的企业公众形象对企业的发展相当重要。而公共关系则是树立企业公众形象的重要途径。

(2)交流信息,营造氛围　广泛地收集公众所需信息,同时及时传播企业信息,促进企业与公众之间的信息交流,是公共关系的基本职能之一。通过公共活动,可以将企业信息迅速、准确、有效地传递给公众,让公众更好地认识企业、了解企业,提高企业知名度,为企业的发展营造良好的环境,同时也可以营造舆论氛围,树立或改善企业公众形象。

(3)协调沟通,化解矛盾　医药企业通过公共关系中的协调功能,达到企业与公众互惠互利的和谐发展。协调的重要作用在于保持企业管理系统的整体平衡,不仅需要协调企业内部各部门、各单位的关系,还要协调与企业外公众的关系,这样才能最大限度地发挥企业优势,确保企业计划的落实和目标的实现。而沟通交往则是公共关系的基础,通过沟通交往,可以使企业与公众信息互通,妥善处理各种矛盾和冲突,从而达到企业的快速发展。

(4)咨询建议,决策参考　这是医药公共关系中最有价值的功能,医药企业工作人员通过各种公共关系活动的开展,在广泛收集企业所需信息的基础上,对企业所关心的问题进行系统分析,并把信息和对问题分析的结果反馈到企业管理层,同时为管理层提供问题决策方案以及方案实施建议。

(5)教育引导,培育市场　医药企业公共关系的教育引导功能主要表现在对内、对外两个方面。对企业内部来说,该功能是对企业员工进行教育引导,使其意识到公共关系对企业的重要性,并对其传播公共关系的思想和技巧,进行知识更新,同时也要说服组织领导接受公共关系思想。对公众来说,公共关系主要是对公众加以引导,使其真实、客观、全面地了解企业,认同企业的产品或服务。

(6)科学预警,危机管理　医药企业危机是企业生存发展的最大障碍,若处理不好往往给企业造成致命打击,使其受到重大损失甚至致使企业倒闭,因而企业公共关系将危机处理作为其主要功能和工作重点之一。目前,预测、管理危机是公共关系对待危机的主要方法。

（二）医药公共关系的活动方式选择

公共关系活动方式指特定的公共关系运行机制或工作方式,企业围绕特定的公关目标和任务,将各种公众媒介与方法有机结合起来,形成具备特定的公共关系职能的工作方法系统。根据不同的分类方法,可将医药公共关系的活动方式分为不同的类型。

1.根据医药企业公共关系活动方式的特点分类

(1)日常事务型公共关系　日常事务型公共关系具有规范化、制度化、不间断的特点,企业始终如一地贯彻公共关系目标,树立和改善企业形象、扩大企业影响力、争取公众的公共关系活动模式。如企业内部联谊会、邀请员工家属参观企业等。

(2)宣传型公共关系　利用广告或新闻媒体平台,运用印刷媒介、电子媒介等宣传性手段,传播企业形象、传递企业信息以及企业产品,以达到影响公众舆论、扩大企业社会影响的效果。该类公共关系要把握好运用媒介、公众类型、宣传主题这三个主要因素,其主要特点是目的性强、时效性强、影响面广、宣传效果好。

（3）征询型公共关系　该类公共关系的活动方式以采集公众信息为主。企业通过开展各种征询业务,为企业的经营管理决策提供征询或咨询,形成良好的信息沟通渠道,以求掌握社会发展趋势的公共关系活动方式。其目的主要是为企业的经营管理决策提供依据,使企业及时调整自己的发展目标,以便与市场需求相适应。这种公共关系活动具有长期性、复杂性、艰巨性,如企业开展的消费者反馈调查活动。

（4）服务型公共关系　服务型公共关系是一种为公众提供优质服务,增进企业与社会公众之间的了解、信任,从而获得公众好感,树立企业良好形象的公共关系活动方式,其目的主要是树立企业形象和提高知名度及美誉度,必须长期坚持,切勿急功近利。这种公共关系活动具有实在性、隐蔽性、规范性和全员性。

（5）社会活动型公共关系　企业通过举办公益性、帮助性社会活动,与公众建立一种特殊联系,使公众产生特殊兴趣,有利于吸引公众的关注,提高企业的美誉度。这种公共关系类活动,社会参与面广,与公众接触面大,公益性和文化性较强,具有很强的社会影响力,但是投入较大。

（6）交际型公共关系　交际型公共关系活动一般不借助任何媒体,而是直接采用人际交往的形式联络感情、创造良好氛围,以达到建立良好关系的目的,如电话沟通、茶话会、联谊会或座谈会等,灵活性强、富有人情味,公关效果较好。

2. 根据不同的企业环境以及企业公共关系的具体状态分类

（1）建设型公共关系　建设型公共关系活动方式,指企业在创建时期、低谷时期,或者是推出新产品、新举措时期,为迅速打开局面,提高知名度而进行的一种公共关系活动。

（2）维系型公共关系　维系型公共关系活动方式,指企业在稳定发展过程中,要保持与社会公众的良好关系,为巩固企业良好的社会形象所进行的公关活动,这种活动应保持较低姿态,长期、不断地影响公众,起到潜移默化的效果。

（3）防御型公共关系　防御型公共关系活动方式,指企业在出现某些潜在问题甚至是危机时,为防范这些潜在的问题或危机所进行的公关活动。这种公共关系要求企业应具备危机意识,形成预警系统,采取主动措施,在公关活动中保持公开透明。

（4）进攻型公共关系　进攻型公共关系活动方式,指当企业所处的环境不利于企业发展或是企业与环境出现严重不协调时,必须主动通过调整与社会公众的关系来消除不利因素带来的不利影响,从而继续保持企业良好形象的公共活动。这种活动要求企业要研究环境变化,把握有利时机,发挥企业的主观能动性,主动出击,但是一定要注意适可而止,把握分寸,尤其是要注重公众利益,讲究道德原则。

（5）矫正型公共关系　矫正型公共关系活动方式,又称为补救型公共关系活动方式,指当企业遭遇较大风险或是发生危机事件而使企业形象遭到严重损害时,采取一系列有效措施来纠正这些不良影响,恢复企业良好形象和信誉的公关活动。企业必须要及时查明遭到损害的事实真相以及产生问题的原因,迅速采取积极有效的措施,并且要检验或调查事后的影响及公众的反应。

（6）开拓型公共关系　开拓型公共关系活动方式,指企业以创新为主要目标,需要开拓新局面,拓宽公关范围、渠道和方式,使企业的公关意识和手段方法与时俱进,从而推动企业开展新业务的公关活动。这种活动的特点具有时代性、竞争性和创新性。

（三）危机事件公共关系的认识与技巧

对于医药企业来说，公共关系危机是随时都有可能发生的，公共关系危机管理是现代管理领域的一个新的课题，企业公关人员必须树立公共关系危机意识，做好公共关系危机的预防工作，并能够组织调动可利用的资源，采用各种可行的方式和方法，消除危机和危机所带来的消极影响，降低企业在危机中受到的影响和损失。

1. 危机事件的概念

美国学者罗森豪尔特指出，危机是对一个社会系统的基本价值和行为准则架构造成严重威胁，并且在时间压力和不确定性极高的情况下必须对其做出关键决策的事件。

危机事件一般具有突发性、意外性、紧迫性、新闻性、可变性等特征。对于医药企业来说，危机事件指突然发生的、严重损害企业形象并且造成重大损失的突发性事件或工作事故，危机事件的发生会给企业带来不利的社会舆论，造成公众的不满和指责，以致公众对企业产生怀疑甚至是敌对的态度，从而严重损害企业的公众形象。

2. 造成危机事件的原因

企业危机产生的原因很多，一般来说，大致可以分为企业内部环境原因和企业外部环境原因。企业内部环境原因主要是部分企业工作人员自身素质偏低、企业缺乏危机意识、企业经营决策失误、法制观念淡薄、公共行为失策、不能及时处理突发事件等；企业外部环境原因主要是自然环境突变、企业恶性竞争、政策体制不利、社会公众误解等。

3. 危机公关技巧

（1）保证信息及时、准确　危机事件很容易使人产生恐惧心理，引发公众对企业不满或是产生抵触情绪。因此，保证信息及时和准确，让公众第一时间了解事件的情况，对危机公关是非常重要的。

（2）保证公众的知情权　社会不断发展变化，各种媒体技术也在快速发展，尤其在现今互联网时代，公众对话语权的诉求越来越强烈。当危机事件发生时，对企业来说，危机公关的目的不应该是转移公众视线，而应是及时把事件真相公之于众，使危机受众能够参与到危机管理的工作中来。

（3）关注受众的想法　危机事件发生时，企业一定要迅速了解危机受众的想法和要求，并给予足够的重视，表现出积极配合的态度，根据受众的要求主动去化解危机。

（4）真诚沟通，勇于承担责任　面对公众，企业要始终保持坦诚的态度来应对危机，敢于认真分析危机事件，承担相应的责任，以取得公众的信任和谅解。始终保持坦诚态度，真诚地和公众沟通是保证危机公关得以有效实施的基本条件。

（5）保证信源的一致性和可靠性　危机公关中最忌讳的就是信息传递的偏差，在互联网时代，能够传递信息的渠道太多，信息在传递过程中可能发生一定的改变，这样很容易误导公众。如果企业不能保证信源渠道的一致性和可靠性，那么危机管理将无从谈起。

（6）与媒体进行有效沟通　在科技越来越发达的今天，媒体在人们的生活中无孔不入，在危机公关中也扮演了非常重要的角色。媒体既是信息的传递渠道，又是危机事件发展的监督者，任何看起来非常微小的危机事件经过媒体的放大都可能会扩大其影响，甚至会导致品牌的美誉度及公众的信任被摧毁。所以，企业进行危机公关的关键之一是要与媒体进行有效沟通，重新树立良好的企业形象，获得公众信任。是否有效地与媒体沟通直接影响危机公关的走向和结果。

（7）整体策划　危机公关的起因虽然可能是某个突发事件，具有突然性和意外性，但企业在制订危机公关方案时，一定要站在整体层面进行全面策划，要及时迅速根据各方信息的反馈分析考虑各方利益，从中找到最合适的处理方案，才能保证危机公关的有效性。

（四）公益事业公共关系的认识与技巧

1. 公益事业的内涵

《中华人民共和国公益事业捐赠法》对公益事业做了如下定义。

（1）救助灾害、救济贫困、扶助残疾人等困难社会群体和个人的活动。

（2）教育、科学、文化、卫生、体育事业。

（3）环境保护、社会公共设施建设。

（4）促进社会发展和进步的其他社会公共和福利事业。

从上述定义可以看出公益事业具有外在性、社会性、共享性、无形性和福利性的特点。

2. 公益事业公共关系的技巧

医药企业可通过公益事业公关来提升企业品牌形象，这是最容易获得社会认同、最容易树立企业形象的公关方式，并且具有长期效果。企业开展公益事业公关活动，应从以下几方面考虑。

（1）公益公关的策划　企业公关人员应首先调查、分析企业公众形象现状，确定公关活动所要达到的目标以及需要达到的效果。通过公关活动，企业能树立什么样的形象，能赢得多少公众的信赖，能提高多少企业的美誉度等。

（2）公关活动的方式选择。

1）赞助体育活动。伴随着全民健身活动的蓬勃开展，体育运动目前成为参与人数最多的活动，全国各地经常组织开展一些大型甚至是国际性的体育盛会，这些活动能够吸引成千上万人的注意。医药企业向这类活动提供现金赞助或是必要的药品、器械赞助，可以迅速地提高企业知名度，扩大产品销售规模。

2）资助灾区活动。我国是自然灾害多发国家之一，当自然灾害发生之后，灾区人民需要大量的救援物资重建家园。医药企业要适时地组织此项公益公关活动，赞助一些必要的药品或是医疗物资帮助灾区人民，有利于企业树立起良好的公益形象。

3）资助社会福利事业。医药企业选择对各种慈善事业、社会福利事业进行资助，并作为一项长期的公益公关活动，能够比较容易获得社会公众的持续好感。

4）赞助文化教育事业。医药企业通过和部分学校合作，设立奖、助学金等，资助贫困大学生，或是捐助"希望工程"学校等，以帮助提升企业形象中的社会责任感，其对企业的影响是长远和深厚的。

（3）宣传媒体的选择　企业组织或参与社会公益活动，从自身的利益来说，必须进行及时、准确、全面的宣传，以便更好地提高企业的知名度。企业可以举行赞助或资助仪式，举办新闻发布会，在电视、报纸、企业网站与国内知名网站上进行宣传报道，也可在微博、微信等公众易于接受的媒体上宣传，或是借助社会名流和明星效应，邀请他们对活动进行评价，从而扩大企业在社会上的影响力。

营销案例

某大药房的慈善促销

某大药房自 2004 年成立起,一直持续举办纯公益的健康知识讲堂"健康大讲堂",至 2016 年 4 月份,参与组织慈善公益活动近百次。

2013 年 1 月 19 日(农历腊八节),该大药房在郑州 5 家门店门口,熬制"养生粥",开展"品粥"活动,意在通过此活动,将我国传统节日与现代的中医药养生文化相结合,弘扬中医药养生文化,向百姓普及健康养生知识。

2015 年 9 月,该大药房在河南慈善总会成立了"××大药房慈善基金",承诺"每售一笔药,捐出 5 分钱"。根据目前该大药房的销售数据,其一年将为此慈善基金注入一百多万元。

【实训任务】

实训一　对某家医药企业的某一 OTC 药品设计促销方案

实训目的

1. 从产品类别和产品生命周期两方面分析该企业某 OTC 药品的特点。

2. 分析该企业某 OTC 药品所处同类药品市场的特点。

3. 以上述两项为基础,结合促销目的为该企业设计 OTC 药品促销方案。

实训内容

设计某家医药企业的某一 OTC 药品的促销方案。

实训步骤

1. 在教师指导下,学生以实训小组为单位,共同商议选择每个实训小组的实训药品。

2. 教师安排实训任务,提出实训目标和实训要求;每个实训小组再分为 2 个分组,分工完成药品特点分析、药品所处同类药品市场的特点分析两个分项实训任务。

3. 学生以小组为单位,通过零售药店的实地走访、二手资料的调研等方式收集并整理信息资料,做好每次走访的记录和二手资料信息调研的记录,教师巡回指导并监控整个信息收集过程。

4. 以实训小组为单位整理分析结论,形成分析报告。

5. 实训小组根据分析报告进行小组讨论,确定促销方式及每种促销方式的具体形式,最终形成促销方案。

实训体会

通过实训,了解促销组合方案设计的步骤和需要考虑的影响因素,学会在分析的基础上设计医药产品的促销组合。

实训作业

1. 在每个实训小组分为 2 个分组的基础上,以每个分组为单位分别提交药品特点分析报告和该药品所处同类药品市场特点的分析报告。

2. 制订走访记录单,提交走访中的所有原始记录单。

3. 以实训小组为单位,撰写促销组合方案。

实训考核的内容和标准

每个分组提交的分析报告	制订走访记录单和原始走访记录单	促销方案
30分	20分	50分

实训二　医院拜访技巧实训

实训目的

1.分析某处方药的市场特点(价格、药理作用、不良反应、优势、劣势等)。

2.收集拜访对象个人信息。

3.以上述两项为基础,为该药制订医院拜访计划并实践。

实训内容

扮演某公司负责某处方药的医药代表,到医院进行日常的拜访活动。

实训步骤

1.在教师指导下,学生以实训小组为单位,共同商议选择每个实训小组的实训处方药。

2.教师安排实训任务,提出实训目标和实训要求;每个实训小组再按照2人一组分成不同的小分组。每个小分组2位同学共同完成某药的市场特点分析,再分别以对方为拜访对象收集个人信息,制订拜访计划。

3.每个小分组内两位同学按照各自制订的拜访计划,轮流扮演医药代表和临床科室医生,实施拜访计划,要求在拜访过程中合理运用所学到的拜访技巧。

4.拜访结束,每位同学总结自己的拜访工作,写出拜访工作总结,列出使用过的拜访技巧。

实训体会

通过实训,了解医院拜访计划的制订和技巧,能够合理使用医院拜访技巧,进行日常医院拜访。

实训作业

1.在每个实训小组内,2人分为一组,以每个分组为单位提交某药的市场特点分析报告。

2.每位同学制订拜访计划,提交拜访计划书。

3.每位同学完成的拜访工作总结。

实训考核的内容和标准

每个分组提交的分析报告	拜访计划书	拜访实施过程	拜访工作总结
20分	20分	40分	20分

实训三　药房拜访技巧实训

实训目的

1.分析某OTC药的市场特点(价格、药理作用、不良反应、优势、劣势等)。

2.收集拜访药房的资料。

3.以上述两项为基础,为该OTC药制订药房拜访计划并实践。

实训内容

扮演某公司负责某 OTC 药的医药代表,到药房进行日常的拜访活动。

实训步骤

1.在教师指导下,学生以实训小组为单位,共同商议选择每个实训小组的实训药品和拜访药房。

2.教师安排实训任务,提出实训目标和实训要求;每个小组内按照 2 人一组分为不同的小分组,小分组内 2 人分工完成某药的市场特点分析和拜访某药房的资料收集两个实训任务。

3.学生以小分组为单位,通过零售药店的实地走访、二手资料的调研等方式收集并整理信息资料,做好每次走访的记录和二手资料信息调研的记录,教师巡回指导并监控整个信息收集过程。

4.以实训小分组为单位整理分析结论和收集结果,每个小分组形成分析报告,并以对方为拜访药房负责人制订拜访计划。

5.两位同学按照拜访计划,轮流扮演药店代表和药房负责人实施拜访,要求在拜访过程中合理运用所学到的拜访技巧。

6.拜访结束,每位同学总结自己的拜访工作,写出拜访工作总结,列出使用过的拜访技巧。

实训体会

通过实训,了解药房拜访计划制订的流程和技巧,能够合理使用药房拜访技巧,进行日常药房拜访。

实训作业

1.在每个实训小组内 2 人分为一组,以每个分组为单位提交某药的市场特点分析报告和拜访某药房的资料收集报告。

2.每位同学制订拜访计划,提交拜访计划书。

3.每位同学完成的拜访工作总结。

实训考核的内容和标准

每个分组提交的分析报告	拜访计划书	拜访实施过程	拜访工作总结
20 分	20 分	40 分	20 分

实训四　实践某一 OTC 药品的会展营销推广活动

实训目的

1.分析该 OTC 药品的市场特点(价格、优势等)。

2.分析该 OTC 药品目标顾客群特点。

3.以上述两项为基础,为该 OTC 药品策划营业推广促销活动并实践。

实训内容

实践某一 OTC 药品的会展营销推广活动。

实训步骤

1.在教师指导下,学生以实训小组为单位,共同商议选择每个实训小组的实训药品。

2.教师安排实训任务,提出实训目标和实训要求;每个实训小组再分为 2 个分组,分工完成 OTC 药品的市场特点分析、OTC 药品目标顾客群特点分析两个分项实训任务。

3.学生以小组为单位,通过零售药店的实地走访、二手资料的调研等收集并整理信息资料,做好每次走访的记录和二手资料信息调研的记录,教师巡回指导并监控整个信息收集过程。

4.以实训小组为单位整理分析结论,形成分析报告。

5.实训小组根据分析报告进行小组讨论,确定该OTC药品会展营销推广活动并实践。

实训体会

通过实训,了解营业推广促销活动的策划,能够将方案付诸实践,学会在分析的基础上策划实施营业推广促销活动。

实训作业

1.在每个实训小组分为2个分组的基础上,以每个分组为单位分别提交OTC药品的市场特点分析报告和OTC药品目标顾客群特点分析报告。

2.制订走访记录单,提交走访中的所有原始记录单。

3.以实训小组为单位,撰写并实施会展营销计划。

实训考核的内容和标准

每个分组提交的分析报告	制订走访记录单和原始走访记录单	营业推广促销方案文案	营业推广促销方案的实施
20分	20分	20分	40分

【小结】

模块十四讲述了医药市场营销组合策略中的促销策略,主要包括认识促销策略、医药人员推销、医药广告、医药营业推广和医药公共关系五部分内容。其中认识促销策略包括医药促销的内涵、作用、方式和促销组合;医药人员推销包括人员推销的内涵、销售代表的管理和人员推销的方案设计和技巧;医药广告包括医药广告的内涵、我国医药广告的政策、医药企业广告策略的制订和医药企业广告宣传工具的选择;医药营业推广包括医药营业推广的内涵、推广方式的选择和组合技巧;医药公共关系包括医药公共关系的内涵、活动方式的选择、危机事件公共关系的认识与技巧和公益事业公共关系的认识与技巧。

【能力检测】

1.如何理解医药促销组合?

2.如何进行人员推销方案的设计?

3.如何制订医药企业广告策略?

4.如何选择组合医药营业推广方式?

5.如何选择医药公共关系活动方式?

（胡彦涵）

模块十五　撰写医药市场营销计划

【模块解析】

医药市场营销计划是在医药市场开发工作中制订的,是后期执行营销方案的重要依据,将成为企业下一年度(或较长时间内)的营销指南。医药市场营销计划直接关系到企业营销战略的实施和营销目标的实现,是医药市场营销活动开展的重要环节。通过本模块的学习和训练,学生能够对医药市场营销计划撰写的要点及构架有一定认知和理解;能够运用已有医药市场营销知识,按照企业发展规划设计符合市场开发需要的市场营销计划;可以正确、规范撰写一份合格的医药市场营销计划书。

【知识目标】

- ◆ 掌握设计医药市场营销计划的基本结构及其主要内容。
- ◆ 熟悉医药市场营销计划书撰写的格式。
- ◆ 了解医药市场营销计划中的财务管理及其风险控制。

【能力目标】

- ◆ 认知医药市场营销计划在药品市场开发中的作用以及设计医药市场营销计划的原则。
- ◆ 学会根据企业市场状况,设计医药市场营销计划,并对其内容进行调查和分析。
- ◆ 撰写医药市场营销计划书,实施医药市场营销计划,具备管理开发医药市场的能力。

【案例导读】

某制药企业谋局大健康产业布局

2014年12月28日,河南某制药集团投资建设的黑龙江省漠河县北极村××养生院进入试运营阶段。该养生院按照五星级酒店标准设计建造,依托北极村的自然优势,集养生、保健、医疗、旅游、度假休闲功能于一体。该养生院除了在祖国最北端的漠河北极村建设外,还在海南三亚、中原南阳、郑州等地布局,让消费者可以随着季节的变化到不同的地方养生,形成一个候鸟式的旅居养生体系。

近年来,我国居民在吃、住、行、游等方面的需求满足之后,开始越来越注重健康,这种需求推动着养生产业的扩容。另一方面,中药材价格、劳动力成本、物流成本等纷纷上涨,企业的经营利润愈加稀薄,倒逼企业不得不进行产业转型。

该企业以中药工业起家,向上、下游拓展,逐步发展成为集中药工业、农业、商业、食品、医疗、养生等为一体的大健康产业链。在传承中医药文化的理念下,该企业编织的大健康产业链,现今在资本市场已是炙手可热的概念。

目前,该制药集团及其旗下××大厨房股份有限公司都已启动上市计划。据了解,该公司业务范围包括食品配料和食品酱类两个板块,其中食品配料业务为康师傅、统一、肯德基等食品企业巨头提供优质配料;食品酱类则是利用西峡香菇独特的资源优势,生产香菇酱。自

2008年8月8日第一瓶香菇酱下线伊始,市场中迅速掀起一股营养佐餐酱热潮。产品上市3年后就实现了3亿元的突破。2013年,产值更是达到了6亿多元。短短的数年间,该公司就完成了在全国的布局。

在该制药集团的"大药房"板块,其主要经营中药饮片、中西成药、保健食品、医疗器械等近万个品种。经过10年布局,到2014年公司已有超过300家店。除了在河南本土和周边的布局外,还把触角伸到了更远的地方,比如海南、漠河等地。

【实践与探索】

1.医药企业战略与医药市场营销计划的关系。

2.如何制订医药市场营销计划?如何实施?

市场营销计划在企业实际工作中常常被称作市场营销策划,指企业有关营销活动各方面的具体安排。对于专业营销公司而言,营销计划也就是公司计划,比如其他经营领域的企业,营销计划是公司计划的其中一个组成部分。值得注意的是,营销计划是营销战略分解的具体的实施方案,需要注意其可行性和可操作性。一份完备的营销计划,包括以下内容:执行概要和要领、企业目前营销状况、SWOT分析、企业目标、营销策略、行动方案、财务计划、风险控制。企业根据上述内容拟定营销计划书。

一、执行概要和要领

市场营销计划书的开头需要概括说明本计划主要的策划背景、总体目标、任务对象和建议事项。概要给整份计划书起到统领和介绍作用,目的是让计划审议者能够迅速把握本计划的要点。

二、企业目前营销状况

营销状况分析是对企业所处的社会客观环境、市场环境以及产品状况、竞争状况、分销状况等方面的调查研究。

1.宏观环境

宏观环境包括人口、经济、技术、政治法律、社会文化等对企业营销活动的影响。

2.市场状况

营销计划需要了解一系列市场背景,包括市场规模和容量、市场增长状况、过去几年市场总销量、细分市场状况,以及顾客需求、品牌认知、购买行为等内容。

3.产品状况

产品状况分析需要考虑近几年有关产品的价格、销售、边际收益和净利润等方面。

4.竞争状况

竞争状况分析本企业及产品的主要竞争对手,了解竞争者的产品特征、生产规模、发展目标、市场占有率,并且分析其营销策略,了解其发展意图、方向和行为,为本企业制订营销策略打好基础。

5.分销状况

分销状况分析企业分销渠道的销售规模、地位、策略、管理能力等内容,是对企业所有形态的分销渠道的总体对比研究。同时,还要分析每一个分销实体激励方案的科学性、有效性、费用等方面。

三、SWOT 分析

SWOT 主要通过对当前机会和威胁、优势和劣势以及产品面临的问题进行分析,制订可行性目标。

1. 优势

企业优势将在分析中体现,如优于竞争对手的企业资源、经营管理能力,或者独有的生产技术优势等,这些因素是企业开发机会、对付外来威胁的关键力量。

2. 劣势

劣势在分析中显露出企业内部与行业内其他企业的一些能力差别。如"生产设备老化""人力资源结构不合理""原材料供应链不健康"。

3. 机会

企业营销机会是营销管理的重要任务之一,要求从环境现状分析中寻找新的市场需求;从企业内部经营资源中,找到诸如资金、技术、生产、分销中的有利条件,决定自己的发展方向和努力目标,使之成为营销计划中的突破点。

知识链接

65 家连锁药店成立医药 O2O 联盟

2016 年 5 月,百佳惠苏禾、德生堂、百草堂、康爱多等 65 家连锁药店联合互联网企业阿里健康,共同宣布成立"中国医药 O2O 先锋联盟"(以下简称"联盟")。联盟成立后,覆盖全国近百个城市的万余家药店,将致力于打造 O2O 生态圈和会员管理平台,探索医药 O2O 新模式。

随着我国医药改革的不断深入,从推进医药分开、禁止医院限制处方外流,到药品流通行业的"两票制"政策环境的临界点呼之欲出,连锁药店在经过多年的运营和发展后,也具备了以社区为核心的专业化药事服务、以顾客为中心的健康管理服务以及互联网营销互动服务等能力。联盟建立后,除了打造 O2O 生态圈和会员管理平台外,还将推进医药分开,探索与医院建立良性合作关系,并为联盟成员提供医药零售与互联网相关培训、教育服务等。

4. 威胁

威胁指在分析现状时通过大量可靠数据,找出营销环境中的问题,包括企业面临的严重的竞争局面、原有良好市场不可控制地逐渐萎缩等,以便在计划中采取必要的对应手段。

四、企业目标

市场营销策划的目标是营销计划中最基本的要素,是企业营销活动所要达到的最终结果。营销目标一般包括以下内容:销售量、销售利润率、市场占有率、市场增长率、产品/品牌知名度和美誉度等。

企业目标如"在明年度获得总销售收入 2 千万元,比今年提高 10%""经过该计划的实施,品牌知名度从 15% 上升到 30%""扩大分销网点 10%""实现 390 元的平均价格"。

此外,产品经理可为产品确立财务目标,如"在明年,净利润达到 200 万元""下半年现金流量达到 180 万元""在第 6 个五年获得 16% 的税后投资报酬率"。

企业目标的确定需要注意以下几方面。

（1）目标是不含糊的，以可以测定的方式表达，如数据和指标。

（2）如果是双目标，目标之间应该彼此协调，具有一定的层次关系。

（3）设置一定的期限。

（4）目标具有挑战性，但必须可达。

在某些企业的营销策划中，企业目标也可放在营销现状分析之前。

知识链接

药企如何降低成本还能保持竞争优势？

生产合格的药品，并拥有较高的成本优势，将是一些生产型药企生存和发展的基础。成本推动型运营模式转型就是要求药企从单一的成本运作向市场需求成本运作转型。市场需求成本运作是双向的，企业既要考虑药品在运输仓储、生产、人工、设备、污染治理、税负等方面的自身成本运作，也要考虑市场上原材料、市场招投标价格、市场零售价格和消费者的接受价格等方面因素。

就营销方面来说，很多大型医药集团公司下属多家药企，但基本都是一家药企一个营销队伍。这不仅浪费了大量的营销成本，而且使珍贵的营销资源不能合理地被运用。同时，同一医药集团公司的不同营销队伍在市场上活动还可能造成内部竞争，尤其是同一集团药企的同类药品，本身就具有较强的竞争性。比如哈药六厂和三精制药在很多药品上就存在竞争，通过对二者的营销体系的整合，可以在同一个营销平台上合理运用营销资源，降低内部竞争，强化外部的市场竞争能力。

成本推动型转型是药企目前必须要做的事情，也是未来生存的关键。成本推动型转型药企可以在更注重自身内部资源的前提下，借助外部资源进行整合，这样可能更有利于优化资源，提升整体成本优势。

‖课堂练习‖

医药企业的营销目标主要包括哪些？

五、营销策略

医药企业在进行市场营销分析、选择好目标市场之后，下一步就是要制订出最优的营销策略，以便达到企业的预期目标。营销策略主要包括目标市场的选择、产品市场定位、市场营销组合等主要方面。

1. 目标市场的选择

目标市场选择的前提是进行市场细分，将市场划分成若干个细分市场。所谓细分市场，是指按照消费者欲望与需求把一个总体市场划分成若干个具有共同特征的子市场。因此，分属于同一细分市场的消费者，他们的需求和欲望极为相似；分属于不同细分市场的消费者对同一产品的需要和欲望存在着明显的差别。细分市场不仅是一个分解的过程，也是一个聚集的过程。所谓聚集的过程，就是把对某种产品特点最易做出反应的消费者集合成群。这种聚集过程可以依据多种标准连续进行，直到识别出其规模足以实现企业利润目标的某一个消费者群。

在市场细分的基础上,企业可以从中选定目标市场,同时制订相应的目标市场范围战略。由于不同的细分市场在顾客偏好、对企业市场营销活动的反应、营利能力及企业能够或愿意满足需求的程度等方面各有特点,营销管理部门要在精心选择的目标市场上慎重分配力量,以确定企业及其产品准备投入哪些市场部分,如何投入这些市场部分。

2.市场定位

目标市场范围确定后,企业就要在目标市场上进行定位了。市场定位指企业全面地了解、分析竞争者在目标市场上的位置后,确定自己的产品如何接近顾客的营销活动。市场定位离不开产品和竞争,所以市场定位常与产品定位和竞争性定位的概念交替使用。市场定位强调的是企业在满足市场需要方面,与竞争者相比,应处于什么位置;产品定位指就产品属性而言,企业与竞争者的现有产品,应在目标市场上各处于什么位置;竞争性定位指在目标市场上,和竞争者的产品相比,企业应提供什么样有特色的产品。可以看出,三个概念形异实同。

3.市场营销组合

市场营销组合对企业的经营发展,尤其是市场营销实践活动有重要作用,它是制订企业市场营销战略的基础,它能保证企业从整体上满足消费者的需求,是企业应付竞争者的强有力的武器。市场营销组合包括以下几方面。

(1)产品策略 指企业为目标市场提供的产品及其相关服务的统一体,具体包括产品的质量、特色、外观、式样、品牌、包装、规格、服务、保证、退货条件等内容。

(2)价格策略 指企业制订的销售给消费者商品的价格,具体包括价目表中的价格、折扣、折让、支付期限和信用条件等内容。

(3)分销策略 指企业有选择地把产品从制造商转移到消费者的途径及其活动,具体包括分销渠道、区域分布、中间商类型、营业场所、运输和储存等内容。

(4)促销策略 指企业宣传介绍其产品的优点和说服目标顾客来购买其产品所进行的种种活动,具体包括广告、人员推销、销售促进和公共宣传等内容。

六、行动方案

企业要将营销策划战略与策略方案付诸实施,还要将这些战略与策略落实成各项具体的工作、各时段具体的任务,即制订出周密细致的行动方案。行动方案依旧要运用6W2H分析法,进行周密安排,具体包括:做什么、何时做、何地做、何人做、怎么做、对谁做、为什么做、需要多长时间、需要多少物资、人员及费用、达到什么程度等。按照这些问题为每项活动编制出详细的程序,以便于执行和检查。具体的行动方案可以用文字进行表述,也可设计表格进行编制,见表15-1。

表 15-1 某公司营销计划行动方案表

程序	负责人	人员	地点	效果	开始时间		结束时间		费用		备注
					计划	实际	计划	实际	计划	实际	
事件1											
事件2											
事件3											
...											

七、财务计划

损益报告根据目标、策略和行动方案来编写,包括收入和支出两个模块。收入栏涉及预估的销售数量和平均可实现价格;支出栏反映研发成本、生产成本、实体分销成分、物流成本和各项营销活动的费用。收入与支出的差额就是预估利润。损益预期是企业采购、生产、人力资源分配以及营销管理的依据。

企业预算年度的预计利润＝主营收入预算－主营成本预算－主营业务税金及附加预算＋其他业务利润－管理费用预算－销售费用预算－财务费用预算－所得税,或者为销售收入预算－变动成本－固定成本－所得税;其中所得税按预计利润乘以适用税率来确定。

编制依据:

(1)其他业务利润＝其他业务收入－其他业务支出(包括税费支出)。

(2)销售毛利＝销售收入－销售成本(不包括主营业务税金及附加)。

(3)营业利润＝销售毛利－主营业务税金及附加＋其他业务收入－其他业务支出－管理费用－销售费用－财务费用。

(4)利润总额＝营业利润＋投资收益＋营业外收支净额。

为便于进行直观数据分析,损益报告可通过预计利润表来表征,见表15-2。

表15-2　预计利润表

项目	上年实际	本期预算	比上年增长额	比上年增长率/%
主营业务收入				
主营业务成本				
销售毛利				
销售毛利率/%				
主营业务税金及附加				
其他业务收入				
其他业务支出				
税金及附加				
人工费				
材料费				
折旧				
其他业务利润				
管理费用				
销售费用				
财务费用				
营业利润				
营业利润率%				

项目	上年实际	本期预算	比上年增长额	比上年增长率/%
投资收益				
营业外收入				
营业外支出				
利润总额				
所得税				
净利润				

八、风险控制

风险控制指如何在一个肯定有风险的环境里把风险减至最低的管理过程。风险控制中包括了对风险的量度、评估和应变策略。理想的风险控制是一连串排好优先次序的过程,使其中可以引致最大损失及最可能发生的事情优先处理、而风险相对较低的事情则押后处理。现实情况里,优化的过程往往很难决定,因为风险和发生的可能性通常并不一致,所以要权衡两者的比重,以便做出最合适的决定。

医药市场营销过程中风险控制包括产品风险、定价风险、分销渠道风险、促销风险等风险分析及风险控制。

1.产品风险

产品风险指产品在市场上处于不适销对路时的状态。产品风险主要包括产品设计风险、产品功能质量风险、产品入市时机选择风险和产品市场定位风险、产品品牌商标风险等。

2.定价风险

定价风险指企业为产品所制订的价格不当导致市场竞争加剧,或用户利益受损,或企业利润受损的状态。具体有低价风险、高价风险、价格变动的风险。

3.分销渠道风险

分销渠道风险指企业所选择的分销渠道不能履行分销责任和不能满足分销目标及由此造成的一系列不良后果。分销渠道风险分为分销商风险、储运风险和货款回收风险等。

4.促销风险

促销风险主要指企业在开展促销活动过程中,由于促销行为不当或干扰促销活动的不利因素出现,导致企业促销活动受阻、受损甚至失败的状态。促销风险由广告风险、人员推销风险、营业推广风险及公共关系风险等方面组成。

风险控制的基本方法有:风险规避、损失控制、风险转移和风险保留。风险是客观存在的、不可避免的,在一定条件下还带有某些规律性。因此,企业只能试图将风险降至最低程度,而不可能完全避免或消除。降低风险最有效的方法就是要意识到并认可风险的存在,积极地去面对、去寻找,才能够有效地控制风险,将风险降至最低程度。尤其是在编制企业市场营销计划书时,更应该对可能存在的风险进行控制,以便实现企业的目标。

【实训任务】

为某家医药企业制订市场营销计划

实训目的

1. 掌握医药市场营销计划的主要内容。
2. 学会科学制订市场营销计划。
3. 熟悉医药市场营销计划的实施与管理要点。

实训内容

选择当地一家医药生产企业,假设你是该企业的一名市场营销业务负责人,主要负责市场营销计划的制订,请依据企业自身的情况,进行市场调研并制订可行性的市场营销计划。

实训步骤

1. 在教师指导下,学生以实训小组为单位,对该企业进行市场调研。
2. 分析汇总调研结果,并制订营销计划。

实训体会

通过实训,了解设计市场营销计划的步骤,能够运用 SWOT 分析企业市场环境,学会撰写营销计划。

实训作业

1. 在分组的基础上,每小组提交一份营销计划设计方案。
2. 根据小组设计安排,提供相关市场调查分析报告。
3. 以实训小组为单位,撰写一份医药市场营销计划书。

实训考核的内容和标准

设计方案	市场状况分析	市场营销计划书
30分	20分	50分

【小结】

模块十五讲述了医药市场营销计划撰写的步骤与具体内容。营销计划是商业计划的一部分,是在分析企业所面临的主要机会与威胁、优势与劣势以及存在问题的基础上,对企业目标、市场营销策略、市场营销行动方案、财务计划以及风险控制等的系统设计,并要在行动上、经济上及管理控制上保证计划的落实。

【能力检测】

1. 医药市场营销计划的含义是什么?
2. 如何撰写一份有效的市场营销计划书?

(杨显辉)

参考文献

[1]菲利普·科特勒.营销管理[M].北京:中国人民大学出版社,2002.

[2]董国俊.药品市场营销学[M].北京:人民卫生出版社,2009.

[3]金文辉.市场营销学[M].北京:中国中医药出版社,2015.

[4]李建峰,董媛,张馨予.市场营销实务[M].北京:北京师范大学出版社,2011.

[5]常永胜.营销渠道:理论与实务[M].北京:电子工业出版社,2009.3.

[6]官翠玲,李胜.医药市场营销学[M].北京:中国中医药出版社,2014.

[7]张蕾.市场营销基本理论与案例分析[M].北京:中国人民大学出版社,2012.

[8]王成业,邹旭芳.药品营销[M].北京:化学工业出版社,2010.

[9]戴宇,李梅.医药市场营销[M].北京:化学工业出版社,2013.

[10]张丽.药品市场营销[M].北京:中国中医药出版社,2013.

[11]吴志利.药品市场营销学[M].武汉:湖北科学技术出版社,2007.

[12]严振.药品市场营销技术[M].北京:化学工业出版社,2014.

[13]吴虹.医药市场营销实用技术[M].北京:中国医药科技出版社,2008.

[14]王树春.药品经营企业管理学基础[M].北京:人民卫生出版社,2009.

[15]王麦成.医药市场营销[M].杭州:浙江大学出版社,2012.

[16]王育红.医药市场营销实务[M].北京:北京大学出版社,2011.

[17]莫小平.市场营销综合案例[M].重庆:西南财经大学出版社,2013.

[18]张景明,张登本.医药营销[M].西安:西安交通大学出版社,2011.

[19]陈宇,陈焕亮.论我国中药资源现状与可持续开发利用[J].辽宁中医药大学学报,2014,
(04):95.

[20]刘维军,王继斌.我国中药产品2005—2012年出口结构分析[J].现代药物与临床,2013,
(04):129.

[21]张莉娜.论我国中药出口障碍及其对策[J].中国商贸,2011,(20):84.